Nach dem Umbruch sucht Moskau seine vorrevolutionäre Geschichte. Nur die Literatur hat sie sorgfältig bewahrt. Sigrun Bielfeldts Literarischer Führer schafft das alte Moskau – neu. Der Leser besucht Dichtermuseen, Adressen und literarische Schauplätze; er streift durch den Kreml und durch verlassene Hinterhöfe. Moskau steckt voller unentdeckter Überraschungen. Es gibt Straßen, Gassen, wo der Verkehrslärm abrupt verstummt: ein altes Frauenkloster erhebt sich, Nebelkrähen hausen im wuchernden Gesträuch, ein- und zweigeschossige Häuser stehen aneinander, der bunte Verputz bröckelt. Neben den großen Sehenswürdigkeiten sind solche stillen Winkel reich an der Zahl. Das bekannte, aber auch dieses unbekannte alte Moskau entdeckt Sigrun Bielfeldt in ihrem Literarischen Führer.

insel taschenbuch 1382

Moskau

Der literarische Führer

MOSKAU

Der literarische Führer

Von Sigrun Bielfeldt

Mit zahlreichen Abbildungen

Insel Verlag

Meiner Tochter Ruth

insel taschenbuch 1382
Erste Auflage 1993
Erstausgabe

Vertrieb durch den Suhrkamp Taschenbuch Verlag
Umschlag nach Entwürfen von Willy Fleckhaus
Satz: Fotosatz Otto Gutfreund GmbH, Darmstadt
Druck: Nomos Verlagsgesellschaft, Baden-Baden
Printed in Germany

1 2 3 4 5 6 – 98 97 96 95 94 93

INHALT

Vorwort 9

SECHS SPAZIERGÄNGE DURCH DAS ALTE MOSKAU

1. Die literarische Ankunft 11
2. Krieg und Frieden. (Arbater Adressen aus Lew Tolstois Roman »Krieg und Frieden«) 37
3. Die vergessenen Träume Rußlands. Puschkinadressen um die Mjasnickaja und den Arbat 61
4. Der Kreml: »Wunder, Geheimnis, Autorität«. (Dostojewski, Puschkin, Kuhlmann, Seume, Custine, Lew N. Tolstoi, Alexej Tolstoi) 87
5. Verspätete Aufklärung. Alte Universität, Kitaj-Gorod, Arbat 123
6. Jenseits der Moskva, jenseits der Literatur? Das Zamoskvoreč'e 151

DIE MUSEEN DER RUSSISCHEN KLASSIKER

7. Die Überflüssigen. (Dostojewski, Turgenew, Gogol). . . 177
8. Lew Tolstoi in Chamovniki 203
9. Tschechow und die unendliche Traurigkeit des Seins . . . 237

ADRESSEN DER MODERNE

10. Moskau vor der Revolution I. (Belyj, Blok, Brjussow, Zwetajewa). 259
11. Moskau vor der Revolution II. (Gorki, Sawinkow, Majakowski, Jessenin, Ehrenburg, Wja. Iwanow, Gerschenson) 287

12. »Marina, die stürzenden Sterne!« (Rilke, Pasternak, Zwetajewa) 313
13. Abermals: Licht aus dem Osten? (Die literarischen Rußlandfahrer Benjamin, Toller, Roth, Gide, Feuchtwanger) 337
14. Das Böse in Moskau (Michail Bulgakows Roman »Der Meister und Margarita«) 361
15. Moskauer Leerstellen (Zwetajewa, Mandelstam, Pasternak) 387

Literaturhinweise 408
Bildnachweise 409

VORWORT

Lesen und Wandern – dazu fordert ein »Literarischer Führer« geradezu auf. Aber ist es nicht ein Widerspruch? Wer liest, wandert nicht; wer wandert, liest nicht.

Das heutige Moskau braucht beide Varianten: den Fußgänger, der durch sein Interesse das sterbende Alt-Moskau erhält, und den Leser, der durch seine neu erworbene Moskauer Anschauung die russische Literatur belebt und damit – wieder einmal – nach Europa heimholt.

Eine kleine Einschränkung: Das Buch wurde auch für die wenigen modernen Oblomows geschrieben, die nirgendwohin mehr reisen und sich ihre Stadt Moskau in der Imagination erschaffen.

Die Mehrzahl der Benutzer dieses Führers wird sich aber notgedrungen dem Kurzprogramm der Reiseunternehmen anbequemen müssen. Der eilige Tourist sollte nicht versäumen: den Spaziergang auf dem Kreml (4. Kapitel), den Spaziergang durch das Zamoskvoreč'e (6. Kapitel) und den Besuch des Tolstoi-Hauses (8. Kapitel). Dazu gehört die Reiselektüre der Erzählung »Drei Jahre« von Anton Tschechow und »Der Tod des Iwan Iljitsch« von Lew Tolstoi. 1992 ist ein Gedenkmuseum für Marina Zwetajewa (10., 12. und 15. Kapitel) im Borisoglebskij pereulok eingerichtet worden, das sich nur aus Spenden finanziert. In diesem Haus verbrachte Marina Zwetajewa die Revolutionszeiten (vgl. »Dachbodennotizen«). Und wer Rilkes altrussisches Moskaubild (12. Kapitel) mit dem nachrevolutionären von J. Roth und W. Benjamin (13. Kapitel) vergleicht, wird die Vielfalt des heutigen Moskau verstehen lernen.

Die Moskauer Stadtväter ringen um eine Rekonstruktion des alten Stadtbilds. Ein schneller Erfolg ist nur in der Umbenennung der Straßen erzielt worden. Aber auch hier ist noch alles in Fluß. Der Führer bringt in der Regel den neuen (vorrevolutionären) Straßennamen an erster Stelle, den bis zum Umbruch üblichen in Klammern.

Bei den meisten Personennamen wird die im Deutschen eingebürgerte Schreibweise, bei den Straßennamen die wissenschaftliche Transkription gebraucht.

Der Moskauforscher Juri Fedosjuk stellte bereitwillig Ansichten des alten Moskau aus seiner Privatsammlung zur Verfügung. Seinen Büchern verdanke ich viele Hinweise. Weitere Illustrationen vermittelte das Literaturmuseum in Moskau (mit Hilfe Vera Pavlenkovas). Lidija Sazonova half mir durch Moskau, Eberhard Schroeder durch das Manuskript. Ihnen allen danke ich herzlich.

1. DIE LITERARISCHE ANKUNFT

Bahnhofsvorplatz

Das literarische Moskau ist eine andere Stadt.

Es ist wie bei einem Vexierbild. Unter verändertem Blickwinkel treten unvermittelt andere Oberflächenfiguren hervor. Freilich sind die literarischen Wahrnehmungen Moskaus durch die Jahrhunderte mannigfaltig. Dürfen wir hoffen, daß sich so etwas wie eine durchgängige Identität der Stadt erhält? Weniger formt sich ein Urbild Moskaus bei der Wahrnehmung durch ausländische Besucher, die selten die exotische Fremdheit durch einen gefühlsmäßigen Überschwang (wie Rilke) oder politischen Enthusiasmus (wie die Touristen nach der Oktoberrevolution) überwinden konnten. Viel eher tritt das alte und neue Moskau hervor in den Werken der russischen Dichter, in ihren Lebenszeugnissen. Da öffnen sich die Tore zu den Moskauer Höfen, die Türen zu den Wohnungen, die wie Seelenlabyrinthe sind, und wir erfahren das Innenleben einer Stadt jenseits von Zahlen und numerierbaren Sehenswürdigkeiten.

Aber nicht nur bedarf der Tourist einer neuen Anschauung; noch mehr bedarf die Großstadt Moskau einer neuen Wahrnehmung. Allzu aufdringlich suchen uns die ungelösten Verkehrsprobleme der Weltstadt heim; noch ist Moskau keine Heimstätte für die unzähligen Menschen, die mit unlösbaren Alltagsproblemen durch die Straßen hasten. Es ist aber auch keine Stadt für den ausländischen Touristen, der in eigens vorgesehenen Hotelzentren verwaltet wird, dem in unheiliger Eile ein paar sogenannte Sehenswürdigkeiten vorgestellt werden. Dabei ist Moskau voller unentdeckter Überraschungen. Es gibt Straßen, Gassen, man betritt sie und erschrickt: der Verkehrslärm verstummt abrupt, als habe man ihn mit einem schwarzen Tuch erstickt. Ein altes Frauenkloster erhebt sich, das Filigran seiner Zeltdachtürme zeichnet Muster gegen den blauen Himmel, Nebelkrähen hausen im wuchernden Gesträuch. Ein- und zweigeschossige Häuser, die alte Moskauer Bauweise, reihen sich aneinander, der bunte Verputz bröckelt, die weißen Stuckzierleisten bersten, Kräuter und Gesträuch schieben sich hervor, die Scheiben blind und staubig, anscheinend sind viele der hundertjährigen Häuser bereits aufgegeben und warten auf eine neue Bestimmung. Sind sie noch Kunst oder schon Natur? Sinken sie in die Erde zurück, überwuchert wie antike Ruinen? Oder werden sie gar, kurz vor der Verwahrlosung, abgerissen, damit sich gesichtslose Neubauten in den Himmel schieben? In solchen stillen Winkeln fühle ich mich erleichtert; ich weiß, ich bin angekommen im alten Moskau, da wo es noch schläfrig ist, »asiatisch golden«. Und ich wünsche mir, daß viele Besucher dieses unbekannte alte Moskau auffinden, damit es gerettet und erlöst werde.

Aber mißlingt uns nicht bereits die Ankunft? Zugegeben: das Erlebnis, von dem die Reisenden früherer Jahrhunderte sprachen, werden wir nicht mehr haben: daß die Stadt wie ein orientalischer Märchenzauber mit den zahllosen Kuppeln der Pfarr- und Klosterkirchen aus der staubigen Ebene auftauchte. Dennoch gehört der weite Raum zu dieser Stadt: der Raum, den Freund und Feind durchmessen mußten, um in diese Stadt zu gelangen.

Oft bin ich in Moskau angekommen, und lange wußte ich nicht, daß der internationale Flughafen Šeremet'evo im Norden liegt. Zu einförmig führen alle Wege in die Stadt. Nicht einmal die Panzersperre, die auf dem Weg vom Flughafen ins Zentrum zu sehen ist, klärte mich über die Himmelsrichtung auf. Dort, ca. 50 km nördlich vor Moskau, war die deutsche Invasion 1941 zum Stehen gekommen – eine feindliche Ankunft, die man gerne vergessen möchte, die sich aber nicht vergessen läßt.

Nur das allererste Mal habe ich mich nicht um die Ankunft in Moskau betrogen gefühlt, als ich mit dem Zug fuhr über Warschau und Brest. Alle Klischees erfüllten sich: das Glas Tee im Zug bei Sonnenaufgang, eintönig die Birkenwälder, die ewige Wiederholung, die schwermütig macht, aber auch sehnsüchtig, geradeso, wie es die russische Literatur beschreibt. Die goldenen Kuppeln des Kreml von Smolensk, die im Morgenlicht strahlten wie ein Glücksversprechen für die Ewigkeit. Nur die Ankunft in Moskau ist vergessen.

So ist es naheliegend, sich auf die Suche nach der schönsten literarischen Ankunft zu begeben, um sie in der Phantasie oder in der Realität nachzuvollziehen.

Diese Ankunft in Moskau ist beschrieben in A. S. Puschkins Versroman »Eugen Onegin«. Der Leser möge nicht gleich erschrecken, wenn er jetzt nicht mit dem jüngsten deutschsprachigen Reisebericht in das moderne Moskau einfahren darf, sondern sich mit dem ureigensten Sohn Rußlands Alexander Puschkin in einer Postkutsche in das Moskau vor hundertvierundsechzig Jahren begibt. So ist es nachzulesen im 7. Kapitel, Vers 34 bis 39 des »Eugen Onegin«. Dem Musikfreund wird das Byronsche Thema aus der gleichnamigen Oper von Tschaikowski bekannt sein: der Held Onegin, romantisch gebrochen, unruhig, aber tatenlos, entzieht sich der Liebe der schönen Tatjana Larina; diese stürzt sich in eine reiche Heirat; nachdem sie Onegin so durch weiblichen Pragmatismus entzogen ist, entdeckt der seine Tatkraft und möchte sich Tatjana zurückerobern; dazu ist es zu spät.

Mit den Larins fahren wir nach Moskau ein, um Tatjana auf dem Moskauer Heiratsmarkt unterzubringen. Die ursprüngliche Freude, mit der Puschkin das Wiedersehen mit Moskau literarisch erleben läßt, geht auf ein Ereignis in seiner Biographie zurück.

Es war am 5. September 1826, als A. S. Puschkin von einem Feldjäger des Zaren Nikolai I. von seinem Gut Michajlovskoe im Gouvernement Pskov, wo er unter Arrest stand, abgeholt und nach einer halsbrecherischen Fahrt am 8. September nach Moskau verbracht wurde. Puschkin war Moskauer von Geburt; in Moskau verlebte er elf Kindheitsjahre, bis er 1811, ein Jahr vor dem großen Brand, nach Petersburg in die neugegründete Eliteschule Carskoe Selo geschickt wurde. Was wir Westeuropäer von Puschkin wissen, ist nicht allzu viel: daß er eher Petersburger war und dort 1837 im Duell umkam; daß seine Dichtung den Raum Rußlands durchmißt – bis zu den freiheitsliebenden Völkern des Kaukasus.

Nach fünfzehn Jahren sieht Puschkin zum erstenmal Moskau wieder, und sein eigenes Erleben finden wir im 7. Kapitel des Versromans. Manch eifriger Leser mag sich jetzt schon eine deutsche

Übersetzung geholt haben; den müssen wir ein wenig enttäuschen, denn viele Übersetzungen wahren das Versmaß des fünffüßigen Jambus und den Reim; da geht so manche kostbare Einzelheit aus dem alten Moskau Anfang des 19. Jahrhunderts verloren. Bei einer genauen Prosaübersetzung lernen wir dagegen die architektonische Struktur der Stadt, ihr Leben und Treiben, kennen.

Noch sind wir nicht in Moskau eingetroffen; bei einer literarischen Reise können wir uns Zeit lassen. Bleiben wir doch zunächst bei Reisegefährt, Wegstrecken und Zeiträumen. Man denkt unwillkürlich an prächtige deutsche Postkutschen, wo nach jeder Wegeskurve, jeder Flußbiegung sich eine neue kleine Welt auftut. Nicht so die Strecke von Petersburg nach Moskau: von Kargheit und Eintönigkeit sprechen die Reisenden – die Strecke will schnell bewältigt sein –, und der Weg ist hier durchaus nicht das Ziel, sondern das Ziel ist alles. Es fällt auf, daß Puschkin aus dem Pskower Gouvernement nach Moskau nur drei Tage unterwegs ist; auf einem alten Atlas läßt sich feststellen, daß die Strecken von Pskow (Pleskau) und von Petersburg nach Moskau etwa die gleiche Länge haben. Die Larins aus dem »Eugen Onegin« machen aber sieben Tagesreisen, obwohl sie im Winter fahren und die »Fahrt angenehm und leicht ist«, weil die beschneite Straße »glatt (ist), wie ein gedankenloser Vers in einem modischen Gedicht«.

Warum die Larins sich so langsam fortbewegen, rekonstruiert der Forscher Lotman bemerkenswert genau aus dem Puschkintext. Die Durchschnittsgeschwindigkeit im Winter betrug nicht mehr als 12 Werst (1 Werst = 1,066 km) pro Stunde, im Sommer nicht mehr als 10, im Herbst wegen der ungünstigen Witterungsverhältnisse nicht mehr als acht. Daß Tatjana Larina sich so langsam auf Moskau zubewegte, lag nicht an ihrer Heiratsunlust, sondern an der Sparsamkeit der alten Larina: sie vermied die staatlichen Reisegebühren für die Postpferde, die an jeder Poststation neu zu entrichten waren. Ein Pferd kostete für eine Werst acht bis zehn Kopeken. Um dieses Geld zu sparen, fuhren die Larins nicht mit Postpferden, sondern mit »eigenen« Pferden. Das hatte wiederum den Nachteil, daß an den Poststationen nicht die Pferde gewechselt wurden, sondern daß man dort übernachten mußte, um die Pferde ausruhen zu lassen. Mit »seinen eigenen« Pferden zu reisen war zwar kostensenkend, aber die Fahrt »zog sich dahin«. Ein Postpferdbenutzer ließ die Pferde an den Stationen auswechseln und fuhr natürlich auch nachts. Bei der Postpferdbenutzung herrschten von alters her harsche Gesetze zum Schaden der gequälten Kreaturen: der Freiherr zu Herberstain, der 1526 in diplomatischer Mission des Wiener Hofs nach Moskau unterwegs war, erzählt im Kapitel ›Post‹ aus seinem Memoirenbuch ›Moscovia‹ vom Schicksal der Postpferde:

Alte Werstsäule an der ehemaligen Rogožskaja Zastava

»Jeder darf die Pferde im schnellsten Gang gebrauchen; auch wenn eins erliegt und nicht weiter kann, dann darf er aus dem nächsten besten Haus ein andres rauben oder auch jedem, der ihm begegnet, nur nicht dem Läufer des Fürsten, das Pferd ungestraft wegnehmen ... Sobald man in die Posthöfe kommt und Sattel und Zaum abgenommen sind, treiben die Postknechte die Pferde auf den Anger oder in den Schnee, je nach der Jahreszeit, pfeifen ihnen zu, und die überwälzen sich zwei-, dreimal. Dann treiben sie sie in den Stall und geben ihnen nichts, bis sie so abgekühlt sind, als ob sie frisch vom Stall gekommen wären.«

Zunächst aber noch ein Wort zur Geschwindigkeit. Puschkin legte den Weg in drei Tagen zurück. Das war, wie auch Herberstain schon andeutet, deshalb möglich, weil die Bediensteten des Zaren – Kuriere und Feldjäger – Pferde »außerhalb der Reihe« bekamen. Sie konnten auch über besondere Troikas verfügen; standen keine Kurierpferde bereit, nahmen die Kuriere alles, was sie bekommen konnten. Der normale Sterbliche wartete dann sehr lange auf Pferde. Ohnehin wurde der »persönliche Bedarf« an Postpferden bereits vom Staat festgelegt: jeder bekam Pferde gemäß seinem öffentlichen Rang. Onegin, den sein Schöpfer Puschkin mutigerweise nicht im Staatsdienst beschäftigt sein ließ, und Puschkin selbst, der nur Beamter 13. Klasse war, hatten das Recht lediglich auf drei Pferde. Persönlichkeiten der Ersten Klasse waren zu zwanzig, Personen zweiter und dritter Klasse zu fünfzehn bzw. zwölf Pferden berechtigt. Da gab es schon allerlei Bürokratie (die übrigens von den Deutschen abgeschaut wurde), denn solcherlei Ansprüche auf Postpferde wurden in einen Reiseausweis mitsamt Rang und Titel eingetragen und an den Stadttoren sorgfältig registriert. Resigniert stellt der Leser fest: man konnte schon damals nicht ohne festgelegte Reiseroute und erheblichen Kontrollaufwand reisen.

Wer sich auf Nachtlager und längere Aufenthalte in den Poststationen einstellen mußte wie die Larins, den klärte Puschkin über einige zu erwartende Leiden auf:

»Auf den Stationen lassen Wanzen und Flöhe Dir nicht eine Minute Schlaf; Gasthäuser gibt's nicht. In einer kalten Hütte hängt bloß eine angeberische, durch ihren Anblick nur zu vergeblichem Appetit reizende Speisekarte. Inzwischen bearbeitet der Dorfschmied mit russischem Hammer das leichte europäische Gefährt und segnet im Stillen die löchrige Fahrrinne des Vaterlands.«

»Denn jetzt sind die Straßen bei uns schlecht ...«, so beginnt der 36. Vers. Über den Straßenzustand hatte 1790 schon A. N. Radischtschew in seiner kritischen »Reise von Petersburg nach Moskau« gemurrt. Besonders ärgerte ihn, daß die Straßen als eine Art Potjomkinscher Dörfer nur bei Besuchen von hochgestellten Persönlichkeiten instand gesetzt wurden: »Bei der Abreise aus Petersburg hatte ich den besten Eindruck von der Straße. So ging es allen denen, die auf den Spuren des Gosudar' fuhren. Die Straße war wirklich in Ordnung, aber nicht sehr lange.«

Ausländische Reisende boten bei der Schilderung des Straßenzustandes meist ihren grimmigsten Humor auf. Nicht allen ist bekannt, daß Johann Gottfried Seume nicht nur einen zweijährigen »Spaziergang nach Syrakus« machte, sondern von April bis September 1805 über Polen nach Rußland und Skandinavien reiste. Seume ging hier, gegen seine Gewohnheit, nicht zu Fuß: er machte die Reise von Petersburg nach Moskau – über 100 Meilen – in weniger als fünf Tagen mit der Postkutsche:

»Nun ging eine Höllenfahrt an und dauerte ohne große Unterbrechung wahrscheinlich so fort bis Moskau. Der Weg ist das solideste, gröbste, etwas ausgefahrene Steinpflaster mit abwechselnden Knüppelbrücken; das Fuhrwerk gilt zwar für eine Postkibitke, ist aber bloß ein offener, sehr massiver, backtrogähnlicher Karren, Telege genannt, fest auf der Achse liegend und bei jedem Stoß durch alle Sehnen dröhnend. Ich bat um Heu und Stroh, da war aber selten etwas zu haben, so daß ich in der besten gewöhnlichen Richtung im Kasten auf der Achse saß und nur die Wahl hatte, mich gelegentlich durch eine schlimmere Wendung auf kurze Zeit etwas zu verbessern. Nun jagt der gemeine Russe mit seinen Stahlknochen über kleine und große Steine polternd hinweg, daß die Haare fliegen, und fragt nicht, was Kopf und Schenkel des Reisenden dabei empfinden ... Auf einer solchen Fahrt sollte man sich mit Bruchbändern versehen. Ich setzte mit aller Kraft meine Hände in meine Seite und hielt mir den Brustknochen so fest, als ich konnte, um mir den Thorax nicht zu zerbrechen.«

Bei Alphonse de Custine sind ähnliche Aufschreie des Grauens und des fast masochistischen Entzückens über das Reisen mit der russischen Postkutsche zu lesen.

Kehren wir wieder zu den Larins zurück. Sie sind schließlich in der Nähe des nordwestlichen Stadttors von Moskau (Tverskaja Zastava) angelangt. Auf dem Plan eines alten Baedekers von 1902 ist die Tverskaja Zastava noch verzeichnet. Heute heißt der Platz vor dem Weißrussischen Bahnhof wieder Tverskaja Zastava. Es empfiehlt es sich, die Route der Larins während der »zwei Stunden«

durch Moskau auf dem Stadtplan zu verfolgen und nur teilweise selbst zu unternehmen.

Puschkin ist vom Anblick der fünfzehn Jahre vermißten Moskauer Heimat so überwältigt, daß er im »Eugen Onegin« von sich und seinen Gefühlen zu sprechen anfängt:

»Ach Freunde! Wie war ich froh, als sich plötzlich das Halbrund von Kirchen und Glockentürmen, von Gärten und Stadtpalästen unvermittelt vor meinen Augen auftat! Wie oft hab ich, Moskau, an Dich gedacht, in schmerzlicher Trennung von Dir, in meinem irrenden Geschick! Moskau ... in diesem Klang, was schwingt da nicht alles im russischen Herz, was hallt nicht alles wider!«

Puschkin nennt Moskau die Belokamennaja, die Stadt »aus weißem Stein«, wo, »glutvoll, die goldenen Kreuze der altehrwürdigen Kuppeln glänzen«. Bevor wir auf das »Halbrund«, die Struktur der Stadtanlage, näher eingehen, ein Wort zur Belokamennaja. Moskau, die weißsteinerne Stadt: diese berühmte poetische Benennung hat durchaus einen realen Hintergrund. Als erster dachte Dimitrij Donskoj im 14. Jahrhundert daran, den Kreml mit einer Steinmauer zu umgeben, und ließ aus diesem Grund weißen Kalkstein aus Mjačkov auf Schlitten nach Moskau bringen. Im 15. Jahrhundert baute man zum Beispiel die Erlöserkathedrale im Andronikov-Kloster ganz aus weißem Stein oder setzte einen Kalksteinsockel wie bei dem anmutigen Kirchlein zu Annas Empfängnis »im Winkel« (beim Hotel Rossija). Im 16. Jahrhundert wurden vor allem die mächtigen Stadtmauern aus weißem Stein gebaut, zunächst eine Mauer 1538 um Kitaj-Gorod, das Viertel, das östlich an den Kreml grenzt, und 1593 eine Mauer um die »Weiße Stadt« (der heutige Boulevardring). Die unersetzlich schöne Mauer mit ihren Stadttoren um Kitaj-Gorod fiel in den dreißiger Jahren des 20. Jahrhunderts der »Rekonstruktionswut« der Stadtplaner und Metrobauer zum Opfer. In der Metrostation Kitaj-Gorod kann man noch ein paar Kalksteinquader der ehemaligen Mauer anschauen.

Im 17. Jahrhundert, im Zeitalter des Moskauer Barock, dient der weiße Stein vor allem zur Verzierung. Auf diese Formen möchten

Ehemalige Mauer um Kitaj-Gorod mit Wladimirtor

wir besonders aufmerksam machen, da der Schmuck Holzschnitzwerk imitiert und vielfältig wiederholt wird bei Fensterumrahmungen, Portalverzierungen, Schmuckleisten an den Häuserfronten. Edle Beispiele dieses weißen Zierwerks sind die Kirchen »Mariae Schutz in Fili« und »Dreieinigkeit in Nikitniki«. Der Hang zu den etwas schnörkeligen, verspielten, teils wie gehäkelte Spitze gebildeten Fenster- und Türumrahmungen verbindet sich mir unmittelbar mit russischer Eigenart.

Zu Puschkinzeiten, also in der Spätblüte des russischen Klassizismus, baute man mit Vorliebe den Säulenportikus aus weißem Kalkstein. Oft täuschte man auch den Beschauer, und die prächtigen weißen Säulen, die sich gegen das satte Gelb des Hauses abhoben, waren aus Ziegelstein, mit einer dicken Schicht weißen Mörtels bedeckt.

Wenn Puschkin vom Halbrund oder Halbkreis der Stadt Moskau spricht, klärt er uns über die Stadtstruktur und ihr Entstehen auf. Das Kerngebiet schmiegt sich an das nördliche Moskva-Ufer.

Damals konnte man wirklich nur von einem »Halbrund« oder ei-

КЛОП

Der Gartenring Anfang des 20. Jahrhunderts, zweites Gebäude von links das ehemalige Varietétheater

nem »Amphitheater« sprechen, denn das Gebiet jenseits der Moskva, das Zamoskvoreč'e (vgl. Kap. 6), das ehemalige Siedlungsgebiet tatarischer Kaufleute, ausländischer Handwerker und Soldaten, schließlich altrussischer Kaufleute, galt lange als Vorstadt. Die Stadtgrenze, der sogenannte Erdwall (später: Gartenring), endete im 16. Jahrhundert jeweils im Westen und Osten am Nordufer der Moskva. Zunächst war die Grenze eine hölzerne Festungsmauer mit Türmen und Toren, die 1611 niederbrannte. An ihrer Stelle entstand der »Erdwall« (Zemljanoj val) mit einem Wassergraben davor. Mit abnehmendem Verteidigungsbedürfnis zerfiel dieser Wall, und es bildete sich eine Durchgangsstraße, zu deren beiden Seiten nach und nach Häuser gebaut wurden. Nach dem Brand von Moskau (1812) wurde der Erdwall endgültig eingerissen und der Wassergraben aufgeschüttet. Es entstand eine Durchfahrtsstraße von ca. 25 Metern Breite, deren Anwohnern die Anlage von umzäunten Gärten und Gärtchen auferlegt wurde, so daß die Straße ganz zwischen Gärten durchführte – daher der Name Gartenring (Sadovoje Kol'co). Auf der Abbildung (vgl. Abb. S. 22/23), die den heutigen Majakowski-Platz mit einem Teil des Gartenrings zeigt, ist dieser paradiesische Zustand noch gut zu erkennen. Die Gärten fielen der Verbreiterung der Straße zum Opfer, über die heute eine ununterbrochene Lawine von Schwerverkehr donnert, so daß die Häuser zu beiden Seiten in ihren Grundfesten erzittern und allmählich in sich zusammenfallen.

Ein bißchen ist Moskau nach dem Schachtelprinzip der Matrjoschkas gebaut: mit dem Kreml als innerstem Kern. Der Gartenring war aber nicht die früheste Abgrenzung nach außen. Wie bereits gesagt, gab es einen inneren Ring um die Weiße Stadt. Der Teil zwischen ihr und dem Erdwall hieß Erdstadt. Im 15. und 16. Jahrhundert war die obengenannte weiße Wehrmauer entstanden. Ihr Name – Weiße Stadt (Belyj Gorod) – ging schließlich auf den ganzen Stadtteil zwischen dem Boulevardring einerseits und dem Kreml mit Kitaj-Gorod andererseits über. Die Bezeichnung »Weiße Stadt« mag auch daher kommen, daß die Bewohner teilweise steuerfrei – »geweißt« – lebten. Puschkin neigt aber, nennt er Moskau die Stadt aus weißem Stein, zur anderen Version, wonach die Stadtmauer aus weißem Stein errichtet war. Auch die Weiße Stadt war von einem Wassergraben umgeben, der von den nahen Flüßchen und Teichen gespeist wurde. 1775 wurde entschieden, an Stelle der baufälligen Mauern Boulevards anzulegen: als erster wurde 1796 der Tverskoj-Boulevard bepflanzt, im Laufe der Jahre folgten die zehn anderen Boulevards. Zunächst wuchsen hier nur Birken, hell, luftig, sonnig, später auch Linden, Ahorn, Ulmen. Der Tverskoj-Boulevard ist die beliebteste Promenade der Moskauer, der aufmerksame Leser wird ihr immer wieder in der russischen Literatur begegnen.

Wo die wichtigsten Ausfallstraßen (Soljanka, Pokrovka, Mjasnickaja, Sretenka, Petrovka, Tverskaja, Bol'šaja Nikitskaja, Arbat, Prečistenka) die Boulevards schnitten, befanden sich Stadttore gleichen Namens. Als letztes Stadttor wurde 1792 das Arbater Stadttor eingerissen. An der Stelle der Stadttore bildeten sich breite Plätze, die teilweise noch heute »-tor« (vorota) im Namen führen, z. B. der Nikitskie-Vorota-Platz.

Soweit sich in diesem Jahrhundert noch ein Tor in der Mitte eines Platzes erhalten hatte, wurde es – aus Verkehrsgründen – beseitigt: ein Beispiel ist der Krasnye-Vorota-Platz, auf dessen weitem Areal 1709 ein Triumphtor zur Erinnerung an den Sieg von Poltawa errichtet wurde. 1742 wurde ein Tor aus Stein errichtet; auch dies fiel mannigfachen Zerstörungen zum Opfer, wurde aber immer wieder restauriert. »Was das Feuer nicht vermocht hatte«, klagen alte Moskauer, das passierte 1934: das Tor wurde endgültig abgetragen. Das Foto auf Seite 27 zeigt die »Säuberung« des Roten-Tor-Platzes als Zeichen des technischen Fortschritts.

Auch der Sucharevturm (erbaut 1692-1695 auf Befehl Peters des Großen) am Ausgang der Sretenka, da, wo sie auf den Gartenring trifft, hat das Jahr 1934 nicht überlebt. Der Sucharevturm gehörte zu den Wahrzeichen Moskaus. Auch der berühmte Moskauer Trödelmarkt um den Turm herum wurde aufgelöst, wo Rilke noch ein

Der Krasnye-Vorota-Platz vor dem Abriß des Roten Tors

Bojarenkreuz aus dem 17. Jahrhundert entdeckt hatte. Von der alten Bausubstanz haben sich nur Klosterreste erhalten: die nördlich der Moskva gelegenen Wehrklöster des Roždestvenskij-, Petrovskij- und Sretenskij-Klosters, deren Besitzungen im Bereich der Stadttore lagen. Ende des 18. Jahrhunderts, Anfang des 19. Jahrhunderts begann der Adel mit Vorliebe am Boulevardring prächtige Stadtpaläste zu bauen. Einige sind erhalten: das Gagarinhaus (heute: Stadtklinik, 1812: der Englische Klub; an der äußeren Durchfahrt des Strastnoj-Boulevards, Haus 15/29), das Gubinhaus (Petrovka 25) am Petrovskie-Vorota-Platz, das Lunin-Haus am Nikitskie-Vorota-Platz (Suvorovskij-Boulevard, Haus 12 a) und andere.

Der älteste Halbring war um den Kreml gezogen; um den Roten Platz herum hatte sich ein Handelsviertel, die alte China-Stadt (Kitaj-Gorod) gebildet, die sich ebenfalls mit einer Mauer abschottete: errichtet 1534-1538. Sie verlief vom Kreml an dem damals noch nicht untertunnelten Flüßchen Neglinnaja entlang, über den heutigen Lubjanskaja-(ehemals: Dzeržyński-)Platz, entlang dem Novaja Ploščad' und Staraja Ploščad'; dann bog die Mauer zur Moskva und

Blick auf den Platz nach dem Abriß des Roten Tors

führte am Flußufer entlang bis zum Kreml-Eckturm Beklemiševskaja. Die Mauer mit ihren so malerischen Toren wurde 1935 beim Metrobau zerstört.

Der älteste Mauerring schlang sich um die Kremlfeste selbst, die seit ihrer Gründung 1156 eine kleine selbständige Siedlung bildete. Derart in das Ringsystem und Radialsystem eingeweiht, wird sich der Besucher auch leichter in Moskau zurechtfinden.

Wir kehren zurück ins 19. Jahrhundert und fahren mit den Larins auf einer der wichtigsten Radialen, auf dem Petersburger Trakt, der zu Puschkins Zeiten gerade einigermaßen fertiggestellt war, nach Moskau hinein. Verfolgen wir einmal die Route auf einem modernen Stadtplan: von Peters Reiseschloß (Petrovskij Putevoj Dvorec), das jenseits des Stadtrands von Moskau lag, geht es durch das Twerer Stadttor (Tverskaja Zastava), an dessen Stelle ungefähr sich heute der Weißrussische Bahnhof (Belorusskij Vokzal) befindet, die Tverskaja Jamskaja (Leningradskij Prospekt) entlang über den Triumphplatz (Majakowski-Platz), weiter die Tverskaja, am Strastnoj-Kloster vorbei (an dessen Stelle sich heute der Puschkin-Platz befindet), wahrscheinlich weiter durch die Kamergerskij-Gasse (Proezd Chudožestvennogo teatra), dann nach Überquerung der Bol'šaja Dmitrovka (ul. Puškina) auf dem Kuzneckij Most und der Mjasnickaja (ul. Kirova) entlang in die Chariton'evskij-Gasse (früher: B. Chomutovskij per.) hinein; dort wohnt Tatjana Larinas Tante, die sie für den bevorstehenden Moskauer Heiratswinter aufnimmt, dort hat aber auch Puschkin seine Kinderjahre verbracht (vgl. Kapitel 3).

Beginnen wir die Einfahrt. Wer will, kann sich mit der Metro, Station Dynamo, dorthin begeben (Haus 40), um das Monument, dem Puschkin Strophe 37 und den Anfang der Strophe 38 widmet, zu besichtigen: Drei Werst vor der Stadtgrenze Moskaus liegt der Reisepalast Peters des Großen:

»Und hier, umgeben von einem Wäldchen, liegt Peters Schloß. Düster und stolz blickt es auf vergangenen Ruhm. Vergeblich wartete Napoleon, letztmalig trunken vor Glück, Moskaus, kniegebeugt, mit den Schlüsseln des alten Kreml: Nein, mein Moskau kam nicht zu ihm mit schuldgesenktem Haupt. Keinen Festtag, kein Willkommensgeschenk hielt es dem ungeduldigen Helden bereit, sondern den Brand. Von hier aus, gedankenversunken, starrte er auf das grausige Flammenmeer.

Leb wohl, Peters Schloß, Du Zeuge sinkenden Ruhms. Na! Bleibst nicht stehn. Schon fort!«

Das Schloß wurde von Kazakow 1775-1779 für Katharina II. gebaut, die Innenarbeiten erst 1782 fertiggestellt. Die Zaren und ihre Suite ruhten hier von der Anreise aus Petersburg aus, um sich dann in feierlichem Einzug in den Kreml zu begeben. Am Beispiel des Reiseschlosses kann man bereits das skurrile Stilgemisch studieren: von strengem klassizistischen Grundriß (zentraler Portikus und eine mit einer flachen Kuppel gedeckte Rotunde) und verwirrendem Schmuckdekor aus weißem Kalkstein auf rotem Ziegel. Die Schmuckelemente sind stilisierende Übernahmen altrussischer Formenfreude.

Von dem »Wäldchen«, das Puschkin erwähnt, ist nichts mehr zu sehen. Dieser kleine Hain war vom Peterskloster übriggeblieben, an dessen Stelle dann das Schloß errichtet wurde. Alphonse de Custine mißfiel 1839 das Bauwerk: man weiß nicht wem, dem formliebenden Romanen oder dem französischen Patrioten.

In Peters Schloß ging das Moskauer Geschick Napoleons seiner Vollendung zu. Die Napoleonischen Truppen marschierten im Westen durch das Dorogomilov-Tor ein; am Kamerkolležskij Val erwartete Napoleon vergeblich die Abgesandten mit den Schlüsseln der Stadt. Napoleon zog in den Kreml. Als der Brand sich immer mehr ausweitete, wurde der Aufenthalt im Kreml für Napoleon unmöglich, und er zog sich in Peters Schloß zurück. Übrigens wertet Puschkin den Brand Moskaus als heroische Tat seiner Landsleute, Tolstoi dagegen nimmt an, daß der Brand sich wegen der Flucht der Moskauer und der vielen verlassenen Feuerstellen ausgebreitet habe.

Auch am Petersschloß huscht die Kutsche der Larins vorbei und mit ihr die Geschichte. Moskau erstrahlt für Puschkin in schöner Gegenwart:

»Schon erglänzen die Säulen des Tors; schon rumpelt das Gefährt durch Schlaglöcher die Tverskaja entlang. Blitzartig huschen Häuschen vorüber, alte Weiber, kleine Jungen, Laternen, Paläste, Gärten, Klöster, Bucharen, Schlitten, Gemüsegärten, Kaufleute, Muschiks, Boulevards, Türme, Kosaken, Apotheken, Modegeschäfte, Balkone, Löwen an den Toren und Dohlenscharen auf den Kreuzen.«

Die chaotische Aufzählung entspricht der flüchtigen ungeordneten Wahrnehmung aus dem Gefährt: aber sie gibt auch einen Eindruck vom herzerwärmenden Chaos Moskaus jener Zeit. Der Puschkinforscher Lotman entnimmt dieser Aufzählung erstaunlich viele Einzelheiten.

Zunächst: Einfach so hineinfahren nach Moskau durfte man auch damals nicht. Der Reisende mußte erst einmal an der Stadtgrenze anhalten; an einem Schlagbaum mit Schilderhäuschen ließen die Reisenden beim Wachhabenden Namen und Anliegen eintragen. Nach dem Moskauführer von Lecointe de Laveau von 1835 gab es sechzehn solcher Grenzbarrieren. Die Larins fuhren, auf der Petersburger Strecke von der alten Stadt Twer' kommend, durch die Tverskaja Zastava. Diese Barriere befand sich ungefähr auf der Höhe des Weißrussischen Bahnhofs (1870 erbaut). Der Platz vor dem Bahnhof heißt heute wieder Tverskaja Zastava.

Lotman glaubt aber, daß es sich bei den »hell erglänzenden Torsäulen« um den Bau des Triumphtors handelt, der 1826 gerade an dieser Stelle im Gange war: zum Andenken an den Moskauer Aufenthalt der russischen Garde, die nach siegreichem Einzug in Paris aus Frankreich über das Meer nach Petersburg gekommen und schließlich im Triumphzug in Moskau eingezogen war.

Eine Kopie des Triumphtors befindet sich heute auf dem Kutuzovskij Prospekt, also auf Höhe des damaligen Dorogomilov-Tors, durch das Napoleon in die Stadt einmarschierte.

Die Larins haben die Einreise also hinter sich gebracht und fahren die alte Tverskaja-Jamskaja entlang. Jamskaja hieß sie deshalb, weil dort die Jamščiki, die Kutscher, ihre Vorstadt hatten und ihre Kutschwagen für die Ankömmlinge und Abreisenden bereithielten. Die Straße führte bis zum Triumphplatz.

Auf die »Boulevards« treffen die Larins, wenn sie die Strecke durch die ehemalige »Erdstadt« zum Boulevardring zurückgelegt haben. Sie gelangen zum Tverskoj-Boulevard, der damals schon angelegt war. Als Puschkin seine literarische Gestalt Tatjana am Tverskoj-Boulevard vorbeifahren läßt, kann er nicht ahnen, daß der Platz vor dem Boulevard nach ihm benannt und sein Denkmal tragen würde. Vielleicht hätte er nicht einmal seine Freude daran gehabt. Denn der heute sehr veränderte Platz hieß früher Strastnoj-Platz (Passionsplatz), und das hatte seine Gründe. Oberhalb des Platzes erstreckte sich das Strastnoj-Frauenkloster mit seinen Ländereien. Wenn Puschkin »Klöster« erwähnt, meint er vor allem dieses Kloster, das bis 1937 dem Platz das Gepräge gab. Es war 1614 gegründet und von Katharina II. 1779 restauriert worden. Es hatte mehrere Klosterkirchen und einen markanten Glockenturm. Heute breitet sich dort das häßliche Kino »Rossija« für das Massenvergnügen aus, und jüngst eröffnete eine Filiale von MacDonald's.

Die Larins fahren eine Tverskaja entlang, die sie heute gewiß nicht wiedererkennen würden. Leider bildeten sich die sowjetischen Mächtigen ein, sie müßten sich hier in einer breiten Prachtstraße zum Kreml verewigen. Einst war sie »krumm und eng«. Sie wurde maßlos verbreitert, begradigt, alte Häuser wurden wie Spielzeug verschoben oder abgerissen. Seit 1937 hieß sie Gorki-Straße. Auch wenn man sie im Zuge der neuen Tendenz zur Wiedereinführung der alten Straßennamen 1990 wieder umbenannt hat, ist sie doch nicht mehr die gute alte Tverskaja.

Zu Puschkins Zeiten (und bis zur Revolution) war sie eine belebte Geschäftsstraße. Da gab es kleine baufällige Läden, aber auch große prächtige, die es sich leisten konnten, »Botenjungen« mit den bestellten Waren auszusenden. Bucharen aus dem Osten verkauften auf der Straße die 1820 sehr beliebten orientalischen Seidenschals. Etliche Muschiks, Straßenhändler mit Bauchladen, versuchten loszuschlagen, was sie nur konnten. Die Straßenlaternen auf gestreiften Pfählen brannten mit Öl: bei Einbruch der Dunkelheit wurden sie angezündet und bei Tagesanbruch gelöscht – von eigens angestellten Bediensteten; das war schon damals eine passable Arbeitsbeschaffungsmaßnahme.

Der Lebensraum des Adels war großzügig bemessen; er konnte seine Paläste hinter baumbestandenen Vorgärten und Parks verstecken. Mit Wirtschaftsräumen in den Höfen, Wohnhäusern für die Bediensteten bildeten diese Adelshäuser autarke Inseln gegen das geschäftige Treiben auf den Straßen. Ein Palais, an dem die Larinkutsche mit Sicherheit vorbeifuhr, ist das Razumovskij-Palais (seit 1807) in der Tverskaja 21. Seit 1831 war dieses Palais der berühmte Anglijskij Klub (Englischer Klub, vgl. 2. Kap.). Bei den »Löwen auf den Portalen« könnte es sich tatsächlich um die untypischen, etwas ratlosen Tiere handeln, die auf den Torpfeilern des Palais hocken. Nach einhelliger Moskauer Meinung sind sie lieb und sympathisch. Ich habe mir angewöhnt, bei Spaziergängen durch

Der Strastnoj (Puschkin)-Platz in den zwanziger Jahren des 20. Jahrhunderts

Moskau nach den letzten auf Torpfeilern kauernden Löwen Ausschau zu halten. Meine Lieblingslöwen wachen in der Kropotkinskaja, Haus 16. Lotman meint allerdings, bei Puschkins Portallöwen handele es sich um heraldische Löwen, das verbreitete Wappentier des russischen Adels.

An einigen Gebäuden in der Tverskaja fuhr die Kutsche der Larins vorbei, z. B. am Haus des Moskauer Generalgouverneurs, heute Tverskaja 13. Ursprünglich hatte es Kazakov 1782 als dreigeschossiges Gebäude errichtet, das von 1786 bis 1917 Amtssitz des Moskauer Generalgouverneurs blieb. Der weiße Kalkstein der Mauer der Weißen Stadt wurde für den Bau verwendet. Der ursprüngliche architektonische Rhythmus wurde durch Aufstockungen in den dreißiger Jahren zerstört.

Gegenüber, etwas weiter stadtauswärts, zweigt heute die Straße Nemirovič-Dančenko ab. Im Haus Nummer 6, dem ehemaligen Hotel du Nord, dann Hotel Angleterre, nächtigte Puschkin häufig. 1829 traf er sich hier mit dem polnischen Dichter Adam Mickiewicz. Das berühmte Hotel Lux, Tverskaja 10, wurde erst 1911 errichtet. Im Laufe der zwanziger, dreißiger, vierziger Jahre beherbergte es die gesamte europäische Linke.

Das Haus Nummer 14 war Puschkin wohl bekannter als alle anderen. Hier befand sich der berühmte Salon der Zinaida Volkonskaja. Allerdings ist zu bezweifeln, ob Puschkin das Haus heute wiedererkennen würde. Ein Stich im Puschkinmuseum, Arbat 53, zeigt das Palais mit prächtigem Portikus. Wahrscheinlich fiel er den Umbauten um 1900 zum Opfer, als hier mit Jugendstildekor das weithin bekannte Delikateßgeschäft Eliseev eingerichtet wurde. Wenn Walter Benjamin seine Delikatessen zum Weihnachtsfest 1926 in sein Hotelzimmer schleppt, hat er gewiß »bei Eliseev« gekauft (vgl. Kap. 13).

Eine erste, noch harmlose Bekanntschaft mit der langen Tradition der russischen Bücherzensur machen wir bei Puschkins Verszeile: »Dohlenscharen auf den Kreuzen«. Der Metropolit hielt diesen Vers für religiös verunglimpfend. Der Zensor verteidigte sich

Alte Tverskaja auf der Höhe des Hotel Lux (heute Hotel Zentral)

folgendermaßen gegenüber der Zensur: »Dohlen säßen, soviel ihm bekannt sei, tatsächlich auf den Kreuzen der Moskauer Kirchen, aber in dieser Angelegenheit sei doch eher der Moskauer Polizeimeister als der Dichter oder gar der Zensor verantwortlich.«

Inzwischen hat Larins Kutsche die Kammerherrngasse (heute Proezd Ch. teatra) und die Schmiedebrücke (Kuzneckij Most) erreicht, wo einst die französischen Modesalons zu Haus waren. Schließlich biegt nach zweistündiger und ermüdender Fahrt der Wagen in den Chariton'evskij pereulok ein: und schon »beim heiligen Chariton in der Gasse hält der Wagen vor dem Tor« .

Dem Leser empfehlen wir einen Besuch der Charitongasse erst im dritten Kapitel. Mit einem Umstand wollen wir ihn aber noch vertraut machen. Es sind die alten Moskauer Adressenangaben, die zuerst verdeutlichen, wie der lebendige Organismus dieser Stadt aufgebaut war. »Beim heiligen Chariton in der Gasse« ist nicht etwa eine poetische Wendung Puschkins, sondern bezieht sich auf die alte Form der Moskauer Adressenangabe. Erste Angabe war immer der Name der Pfarreikirche. Die Eltern Puschkins wohnten in verschiedenen Häusern der Charitongasse, aber immer in der Pfarre des heiligen Chariton. Nach der Angabe der Pfarreikirche folgte der Name des Hausbesitzers und schließlich folgte der eigentliche Adressat und noch die eine oder andere lokale Lagebeschreibung der Wohnung. Somit unterschied sich Moskau mit seiner fast »erzählerischen« Adressenangabe von Petersburg, wo Straßen und Häuser, wie üblich, gezählt wurden.

Die Aufgliederung der alten Stadt Moskau, wo sich die einzelnen Viertel mit ihren Bewohnern um ihre Pfarrkirche scharen, ist nur noch in der Literatur lebendig. Die meisten dieser Pfarrkirchen sind abgerissen, so auch die Kirche des heiligen Chariton, die sich unweit des heutigen Hauses 21 im Chariton'evskij pereulok befunden haben wird (vgl. 3. Kapitel). Die Kirche wurde 1652 unter dem Zaren Alexej Michajlovič gebaut, der am Tag des Hl. Chariton gekrönt worden ist.

2. KRIEG UND FRIEDEN

Arbater Adressen aus Lew Tolstois Roman
»Krieg und Frieden«

Der ehemalige Trödelmarkt auf der Sucharevka

Vor einigen Jahren zeigte mir ein Moskauer ein Gebäude: »Das ist der Englische Klub aus Tolstois ›Krieg und Frieden‹.« Das Gebäude war schnell vergessen; zurück blieb das unbestimmte Gefühl, daß so etwas wie das Moskau Tolstois, ein Moskau Anfang des 19. Jahrhunderts mit seinen klassizistischen Palästen und dem behäbigen Leben darin, wirklich vorhanden und heute noch auffindbar war.

Schließlich wurde das Gefühl zur festen Überzeugung, der nächste wichtige Schritt zur Annäherung an das literarische Moskau sei, die Adressen aus Tolstois Roman »Krieg und Frieden« aufzusuchen und dabei nachzulesen, wie die fiktiven Bewohner sich darin tummelten: Wo tanzte und liebte Natascha Rostowa?

Zugegeben: das heutige Moskau macht es dem literarischen Besucher nicht leicht. Wer die Tverskaja entlanggegangen ist, über den Puschkinplatz etwa gar bis zum Majakowski-Platz, wird resignieren: er kann die Atmosphäre der Adelsgesellschaft nicht einmal erahnen. Vielleicht floh der Leser rechtzeitig den Verkehr und bog am Puschkinplatz in den Tverskoj-Boulevard ein: auf einer Bank unter schattigen Bäumen sitzend, sieht er beiderseits des Boulevards Stadtpaläste schimmern, oft brechen die Linien der Fassaden, weil die Grundmauern erdwärts sinken. Da ist noch das Haus 25 gut erhalten, wo Herzen 1812 geboren wurde. Die Palais unter den Nummern 14, 16, 18, 20, 24 und 26 müssen kämpfen mit der Vergänglichkeit.

Nur die Natur selbst auf dem Tverskoj-Boulevard, dem ältesten Boulevard der Stadt, erhält sich jung im ewigen Kreislauf. Zuweilen siegt sie auch gegen den Menschen in ihrem Beharrungsvermögen: eine alte zweihundertjährige Eiche steht gegenüber vom Haus 14; sie ist älter als der Boulevard selbst; die damaligen Planer des Boulevards haben sie nicht abgehauen, sondern in die Anlage einbezogen. Die gute alte Eiche hat Lew Tolstoi gesehen und auch seine literarischen Gestalten, die hier spazierengingen: etwa Kitti Schtscherbazkaja aus dem Roman »Anna Karenina«, die zum Entzücken Lewins ihre reizende Garderobe auf dem Tverskoj-Boulevard ausführt.

Tolstois Roman »Krieg und Frieden« ist ein Naturereignis wie diese Eiche. Schon die Entstehungsgeschichte ist eruptiv und unlogisch. Er schrieb diesen Roman in den sechziger Jahren des vergangenen Jahrhunderts; ursprünglich wollte er die Dekabristen von 1825 und ihre Schicksale in der Verbannung darstellen; die Vorstudien zu dieser Zeit gerieten ihm so umfangreich, daß wir schließlich das Moskau von 1805, den Großen Brand von 1812 und Napoleons Rußlandfeldzug vor uns haben. Wenn wir die Lebensweise der Adelsfamilien in jenen unruhigen Jahren vor und nach 1812 mit Tolstoi nachvollziehen, beleben wir auch die schönen alten Palais des Moskauer Klassizismus und entreißen sie für kurze Zeit ihrem ersterbenden Geschick.

Wir besuchen vier Adressen, die nicht weit voneinander entfernt sind. Wir steigen bei der Metrostation Arbatskaja aus, nehmen einen nördlichen Ausgang zum Novyj Arbat (Kalininprospekt), gehen an der kleinen Simeon-Stylites-Kirche (1676-1679, vgl. 7. Kap.) vorbei in die Povarskaja (ul. Vorovskogo) hinein.

1. Adresse: Povarskaja 52:

Dort lassen wir uns bei Haus 52, rechts, beim Tolstoidenkmal auf einer Bank nieder und lesen Szenen aus »Krieg und Frieden«.

Als die Vorovskij-Straße ihren alten Namen »Povarskaja«, Straße der Zaren-Köche, wiederbekam, hatte niemand etwas einzuwenden, so einheitlich ist das alte Straßenbild geblieben. Der Name »Straße der Köche« stammt aus dem 17. Jahrhundert, als die Verantwortlichen des Zarentisches hier ihre Vorstadt hatten. Auch andere Namen erinnern an die Tafel der Zaren – Brotgasse (Chlebnyj pereulok), Tischtuchgasse (Skatertnyj pereulok). Als der Hof mit Peter dem Großen nach Petersburg zog, baute der Adel hier mit Vorliebe seine Paläste. Heute residieren hier ausländische Botschaften und Firmenniederlassungen.

Auf dem Weg zu Haus 52 sollten wir nicht versäumen, einen Blick nach links auf Haus 25a zu werfen. Es ist ein spätklassizistisches Palais, das ca. 1820 von D. I. Gilardi für den Fürsten S. S. Ga-

Haus der Rostows, Povarskaja 52, mit Tolstoidenkmal

garin erbaut wurde. Von 1840 an war hier der Staatliche Marstallhof untergebracht. Heute sind in dem Gebäudekomplex das Gorki-Literaturmuseum und das Institut für Weltliteratur der Akademie der Wissenschaften untergebracht.

Haus 48, ebenerdig mit Mezzanin, erinnert an die Bebauung der Straße Anfang des 19. Jahrhunderts; 1858, als das Gebäude den Naryškins gehörte, war hier Alexandre Dumas zu Gast.

Haus 50, 1890 in Art eines Miniaturschlößchens gebaut, macht hin und wieder in der Presse von sich reden: es ist das Schriftstellerhaus: Dom Literatorov, bestückt mit passablem Restaurant und Buffet; im oberen Stock gibt es Ausstellungen; vor kurzem eine über die Theosophin Blavatskaja. Das Haus ist leider nur mit Ausweis der »Kaste« der Schriftsteller zu betreten.

Kehren wir in die Zeiten des Moskauer Adels zurück. Wir nähern uns dem Gartenring und dem Haus 52, Schauplatz aus Tolstois Roman »Krieg und Frieden«.

Das Stadtpalais ist ein prächtiges Beispiel für den Moskauer Klassizismus. Die gängige Form der Anlage war ein offenes Rechteck, ähnlich dem kyrillischen Druckbuchstaben П. Die Seitenlinien bildeten Flügelanbauten, die mit dem Hauptgebäude verbunden sein, aber auch freistehen konnten. Die Adelsfamilien brachten in den Seitengebäuden ihr Gesinde oder ihre Gäste unter. Als die Familien allmählich verarmten, wurden diese Flügel an Untermieter vermietet. Die Hauptfassade, gewöhnlich mit einem Portikus, befand sich an der Stirnseite des Hauses; aber auch die Fassade, die zum Innenhof zeigte, konnte prächtig gestaltet sein. Der Innenhof, mit der offenen Seite zur Straße, war meistens mit einem schmiedeeisernen Gitter abgetrennt. Moskauer Formenfreude spricht sich besonders in den Schlingen und Figuren der Torgitter aus. Oft waren die Torsäulen mit Moskaus bevorzugten Torwächtern, den steinernen Löwen, geschmückt. Die Hauptfassade des Hauses 52 ging auf die andere Straße, die Große Nikitskaja, hinaus. Gegen die Povarskaja öffnet sich zu einem weiten Halbrund der Hof, die Kolonnade, die schönen Seitenflügel, die mit dem prächtigen Paradetor den Kreis schließen. Die strenge Rechteckform ist hier großzügig zu einem weiten Halbkreis aufgelöst. Ursprünglich wurde das Gebäude als Adelssitz des Fürsten A. N. Dolgorukij 1787 gebaut. Der letzte Besitzer hieß Sologub, so daß das Palais im Volksmund noch lange Haus Sologub hieß (vgl. 10. Kap. Marina Zwetajewa). In den zwanziger Jahren des 20. Jahrhunderts residierte hier der Palast der Künste (Dvorec iskusstv). Alle Großen des russischen Parnaß lasen hier ihre Werke oder hielten Vorträge, nach der unverfestigten Oktoberrevolution, noch ganz erfüllt von kulturellen Visionen: Bely, Blok, Zwetajewa, Achmatowa, Pasternak, Majakowski. Heute ist hier die Direktion des Schriftstellerverbandes untergebracht.

Wir schlendern zum Hauptgebäude und finden die Gedenktafel: »Architekturdenkmal des Moskauer Klassizismus. Stadtpalais vom Ende des 18./Anfang des 19. Jahrhunderts. L. N. Tolstoi diente es als Vorbild für das Haus der Rostows aus ›Krieg und Frieden‹. Vom Staat unterhalten.«

Hier ist es also, das Haus der lebensvollen Adelsfamilie des Grafen Rostow? Zugegeben: einige Moskauer haben daran ihre Zweifel. Die Povarskaja wurde durch den Brand von 1812 völlig zerstört.

Auch Tolstoi läßt seine Romangestalt, den alten Grafen Rostow, nach 1812 nicht mehr in das Haus zurückkehren. Wir hören, daß er es verkauft; nach 1812 ist in dem Roman nicht mehr die Rede vom Moskauer Stadthaus der Rostows.

Gefühlsmäßig jedenfalls spricht vieles dafür, daß gerade dieses Palais etwas von der russischen Brot- und Salz-Gastlichkeit der Rostows ausstrahlt. Auch der weiträumige Hof, von dem im Roman die Rede ist, gehört so ganz zum Rostowschen Anwesen.

Wir kehren in diesen Hof zurück und betrachten das Tolstoidenkmal. In den späten fünfziger Jahren errichtet, stellt es den Alten versponnen dar, skrupulös, nicht mehr seiner fast sinnlichen Schaffenskraft aus der Zeit des Entstehens von »Krieg und Frieden« vertrauend.

Doch gastlich lädt – auch er – uns zum Sitzen auf einer der Bänke ein. Wir schlagen »Krieg und Frieden« auf und lassen uns nach wenigen Minuten überzeugen, daß nur auf diesen Hof die zahlreichen Kaleschen der Moskauer Adelsgesellschaft einfahren konnten, um Mutter Rostow und ihrer unsterblichen Tochter Natascha zum Namenstag zu gratulieren:

»Bei den Rostows feierten die Mutter und die jüngste Tochter, die beide Natalja hießen, ihren Namenstag. Schon vom frühen Morgen an fuhr ein Wagen nach dem andern mit Gratulanten vor dem großen, ganz Moskau bekannten Hause der Gräfin Rostowa auf der Povarskaja-Straße vor.«

Zwei weitere markante Szenen führen bis an die Wageneinfahrt des Hofes und in den Paradehof hinein: der älteste Sohn, Nikolai Rostow, kehrt Anfang 1806 aus den Feldzügen in das Haus an der Povarskaja zurück:

»Sind wir denn noch nicht bald da? Diese endlosen Straßen, Läden, Kalatschen, Laternen und Fuhrleute! dachte Rostow, als sie bereits in Moskau eingefahren und am Schlagbaum ihren Urlaubspaß vorgezeigt hatten ... Da ist die Straßenecke, wo immer Sachar, der

Droschkenkutscher, hielt. Und da ist er wirklich auch selber, der Sachar, und hat auch noch dasselbe Pferd... Und da ist das Büdchen, wo wir uns immer Pfefferkuchen kauften... Nach welchem Haus denn? fragte der Kutscher. ›Zu dem großen dort, an der Ecke, siehst du das nicht? Das ist unser Haus‹ rief Rostow... Ihm kam so vor, als kämen die Pferde nicht von der Stelle. Endlich bog der Schlitten nach rechts zur Einfahrt hinüber, und Rostow sah über seinem Haupt das bekannte Gesims mit dem abgebröckelten Stuck, erblickte vor sich den Prellstein, den Treppenaufgang. Er sprang noch im Fahren aus dem Schlitten heraus und stürmte in den Vorsaal. Das Haus stand stumm und teilnahmslos...«

Aber dann wird Nikolai doch ein stürmischer Empfang der Familie zuteil. Ganz anders ist es sechs Jahre später, 1812, kurz vor dem Einmarsch der Franzosen. Da ist der Rostowsche Paradehof Schauplatz für eine bewegende Szenerie (11. Teil, 13. Kapitel).

Der alte Rostow hatte, aus seiner üblichen Sorglosigkeit heraus, Moskau noch nicht verlassen. So gehören die Rostows zu den letzten der verbliebenen Moskauer Zivilbevölkerung; sie müssen erleben, wie durch das Dorogomilov-Tor im Südwesten der Stadt immer mehr russische Verwundete der Schlacht bei Borodino in die Stadt gebracht werden. Inzwischen haben die Rostows eine große Anzahl von Bauernwagen auf dem Hof mit ihrer gesamten Habe bepackt. Das Chaos auf den Wagen wird schließlich so groß, daß die praktische Natascha dafür sorgen muß, daß nur das Kostbarste und Notwendigste mitgenommen wird. – Da fährt ein langer Wagenzug mit russischen Verwundeten durch die Povarskaja: »... und fuhren auf Einladung der Stadtbewohner hin Dutzende von Wagen mit Verwundeten in die Höfe und Torwege der Nachbarhäuser in der Povarskaja.«

Der auf den Tod verwundete Fürst Andrej Bolkonski ist unter ihnen; er ist der ehemalige Verlobte Nataschas, den sie wegen einer unseligen kindischen Leidenschaft zu Anatol Kuragin verließ. Fürst Andrej Bolkonski suchte, tief verletzt, den Tod auf dem Schlachtfeld.

Der Verwundete, Fürst Bolkonski, wird ins Haus gebracht, ohne daß es die Rostows zunächst merken; wie Andrej stirbt und sich sterbend mit Natascha versöhnt, gehört zu den anrührendsten Szenen, die in diesem Haus spielen.

Die dreißig Fuhren waren beladen, worum die Rostows von den Nachbarn beneidet wurden, denn kaum einer hatte die Möglichkeit, so viel von seiner Habe mitzunehmen. Aber angesichts der Verwundeten siegt Menschlichkeit und Patriotismus. Natascha Rostowa ordnet an, die ganze Habe von den Wagen wieder abzuladen und die Verwundeten hineinzubetten. So sind die russischen Soldaten vor Gefangennahme und Tod bewahrt, die Habe der Rostows aber fällt den französischen Plünderern in die Hände. Das bedeutet auch das Ende des Reichtums der Rostow-Familie.

Aber nicht nur diese letzte Großherzigkeit im Moskau von 1812 hat den alten Rostow finanziell in die Knie gezwungen. Der Abstieg in die Verarmung hat sich lange zuvor angekündigt.

Eigentlich müßten wir uns das Innere eines solchen Palais jetzt anschauen können. Die Raumaufteilung folgte immer einem gewissen Schema, das den Anforderungen des Lebens eines adeligen Gutsbesitzers entsprach und auf die strikte Trennung zwischen Öffentlichem und Privatem hinauslief. Öffentliche Person war der Adelige, soweit er zu Staats- und Militärdienst verpflichtet, soweit er gehorsamer Untertan seines Zaren war und seinen Adelsstand gegenüber anderen untergeordneten Ständen vertrat. Als Privatperson regelte der Adelige seine familiären und wirtschaftlichen Angelegenheiten.

Auch in der Raumaufteilung eines Hausbesitzes kann man diese Zweiheit von öffentlich und privat ablesen: da gibt es die hochpräsentable Enfilade der Paraderäume entlang der Prachtfassade und die kleineren, niedrigeren Privatzimmer, die meistens in den hinteren unzugänglichen Teilen des Hauses plaziert waren. Wesentlicher Mittelpunkt des Palais ist immer der große »Saal«, in dem Banketts und Bälle stattfinden, wohl auch Konzerte oder Dichterlesungen. Dann gibt es die diversen Salons, von denen gewiß einer der Dame des Hauses vorbehalten war, wo sie ihre eigenen Empfänge abhielt.

Bleiben wir noch ein wenig auf der Bank sitzen und blättern im Roman. Der anfangs erwähnte Namenstag von Mutter und Tochter Rostow führt uns zusammen mit den geladenen Gästen ins Innere des Palais. So wie Tolstoi die Feier des Namenstags schildert, bemerken wir auch eine seiner literarischen Eigenheiten. Er kann kein öffentliches Zeremoniell schildern, ohne es durch beißende Ironie zu verfremden. Das öffentliche Leben mit seinen formalen Verrenkungen war für Tolstoi der Inbegriff des Scheins und der Lüge. Lesen wir, wie sich der alte Rostow seinen gesellschaftlichen Verpflichtungen stellt.

Die Gräfin sitzt mit der ältesten Tochter im Salon und empfängt. Natascha gibt sich mit solch langweiligen Empfängen nicht ab und vergnügt sich in den Privaträumen mit anderen jungen Leuten. »Die Jugend, die es nicht für nötig gehalten hatte, an dem Besuchsempfang teilzunehmen, befand sich in den hinteren Gemächern.« Die Gäste werden vom Grafen nacheinander hereingeführt und hinausbegleitet, durchs Vorzimmer, wobei er die Gäste zum Festessen einlädt. Graf Rostow leistet Schwerstarbeit:

»Dann erhob er sich wieder mit der Miene eines abgespannten Menschen, der aber doch in der Erfüllung seiner Pflichten festbleibt, um einen Gast hinauszubegleiten, und lud auch ihn zum Diner ein, indem er sich die wenigen grauen Haare seiner Glatze zurückstrich ... Hin und wieder ging er, wenn er aus dem Vorzimmer zurückkehrte, durch das Blumenzimmer und den Bedientenraum in den großen Marmorsaal, wo ein Tisch für achtzig Personen gedeckt wurde. Er sah den Dienern zu, die das Silber und Porzellan brachten ...«

Manch einer wird jetzt neugierig sein, wie der Adel zu speisen pflegte. Wir blättern im Roman herum und stellen fest: Tolstoi läßt sehr gezügelt essen. Das Namenstagsdiner entsteht nicht in üppigen Einzelheiten vor unseren Augen, leider. Wir erfahren kaum, was sich »inmitten von Kristallflaschen und Schalen von Früchten«

noch so auf dem Tisch tut. Der dicke, gemütliche Pierre Besuchow ist da, ißt viel, läßt keinen Gang aus, »angefangen von den beiden Suppen, von denen er die Schildkrötensuppe wählte, bis zur Fischpastete und den Haselhühnern«. Er läßt auch keinen der Weine aus, »die der Hausmeister in den mit Servietten umwickelten Flaschen hinter der Schulter seines Nachbarn geheimnisvoll hervorholte, indem er dazu bald ›Dry Madeira‹, bald ›Ungar-‹, bald ›Rheinwein‹ sagte«. Statt dem deutschen Leser einen genußwilligen Blick in die Töpfe zu gestatten, erteilt Tolstoi ihm noch einen Hieb, denn:

»Der deutsche Erzieher bemühte sich, die Namen der Speisen, Desserts und Weine zu behalten, um sie in einem Brief ausführlich seinen Angehörigen in Deutschland zu beschreiben, und ärgerte sich sehr, daß der Haushofmeister mit den in Servietten eingewickelten Flaschen ihn manchmal überging. Der Deutsche zog die Stirne kraus, bemühte sich aber, so auszusehen, als ob er diesen Wein nicht möge. Er ärgerte sich darüber, daß niemand zu verstehen schien, daß er den Wein nicht etwa aus Gier und um seinen Durst zu stillen, haben wollte, sondern aus reinem Erkenntnisdrang.«

Die Jagd nach einer Schilderung eines üppigen Mahls sollten wir aber noch nicht aufgeben, wenigstens nicht bis zum großen Festbankett, das für den Helden der Schlacht bei Schöngraben, den Fürsten Bagration, ausgerichtet wird. Die Feierlichkeiten finden im »Englischen Klub« (Anglijskij Klub) statt. Nun dürfen wir die Gebäude nicht verwechseln: ab 1831 waren die Clubräume in der Tverskaja 21: die Löwen mit den stumpfen Nasen an der Toreinfahrt sind das Erkennungszeichen (vgl. Kap. 1). Um 1805 befand sich der Englische Club wahrscheinlich in einem Palais am Strastnoj-Boulevard, das M. F. Kazakov von 1786 bis 1790 für den Kammerherrn Gagarin gebaut hatte. Nach dem Brand von 1812 hat es O. I. Beauvais neu errichtet. 1833 wurde in dem Gebäude ein Krankenhaus eingerichtet (auch heute noch Stadtklinik, Strastnoj-Boulevard, Haus 15/29). In einer älteren Quelle findet sich noch die Angabe: Haus Murav'ev auf der Bol'šaja Dmitrovka (heute: ul. Puškina).

Über den Englischen Klub lesen wir in dem Reiseführer Lecointe de Laveaus von 1835: zwar von Engländern gegründet, sei er dem russischen Adel vorbehalten, einige wenige Kaufleute und Ausländer ausgenommen. Sehr wichtig: auch Frauen waren nicht zugelassen, deshalb fanden dort keine Bälle statt. Für ein stattliches Diner zahlte man 3 Rubel, der Preis für den Wein war gesondert festgelegt. Es gab Zimmer mit Billardtischen und anderen Spieltischen; offiziell waren Glücksspiele untersagt. In einem Leseraum lagen russische, aber auch eine große Anzahl ausländischer Zeitschriften. Der Club durfte nicht mehr als ca. 600 Mitglieder haben. Man mußte jahrelang warten, um einen durch Todesfall oder andere Unbill freiwerdenden Platz einzunehmen. Im Eintrittsjahr waren 100 Rubel zu zahlen, dann 50 Rubel. Besucher konnten mitgebracht werden; für Benehmen und etwaige Schulden haftete aber das den Besucher einführende Mitglied. Immerhin kamen im Jahr 1831 32217 Personen, im Jahr 1832 gar 37447 Personen, und das ohne Frauen.

Der Graf Rostow also will und muß als Vorsitzender des Englischen Clubs von 1806 den Empfang für den Fürsten Bagration ausrichten. Die Ehre, Vorsitzender dieser adeligen Männergesellschaft zu sein, war offensichtlich nicht ganz billig:

»Der Graf ging im Schlafrock im Saal auf und ab und erteilte dem Ökonomen und dem Koch des Englischen Klubs, dem berühmten Feoktist, Aufträge auf Spargel, frische Gurken, Erdbeeren, Kalbfleisch und Fische ... Der Graf war seit Gründung des Klubs dessen Mitglied und Vorstand. Ihm waren vom Klub die Vorbereitungen dieses Diners für Bagration übertragen worden, ... und hauptsächlich auch deshalb, weil sonst kaum jemand zu finden gewesen wäre, der ein Festessen so großzügig und gastlich auszurichten verstanden hätte, weil sich selten jemand fand, der so von seinen eigenen Mitteln zuschießen konnte und auch wollte, wenn die für das Essen angesetzte Summe einmal nicht ausreichte.«

Der Koch ist zufrieden, er konnte seine Schäfchen ins Trockene bringen: das Diner kostet mehrere tausend Rubel. Den Grafen verlangt es nach exotischen Hahnenkämmen für eine soupe en tortue, nach Stör, nach Erdbeeren und frischen Ananas aus dem Gewächshaus vom Landgut des Fürsten Besuchow; aus seinem eigenen Gut will Rostow zweihundert Blumentöpfe, alle gut in warme Decken verpackt zur Dekoration herbeischaffen lassen. Und das alles im März 1806.

Bei der Ananas wird mir etwas klar: der Heißhunger des heutigen Russen nach Ananas rührt nicht etwa von einem willkürlichen Geschmack her, der seine Zunge mit beliebiger Exotik befriedigen will. Nein, die Ananas ist ein russischer Atavismus, der auf die Feudalzeiten zurückgeht; die Ananas reifte in den Wintergärten der russischen Adeligen und wurde nur von ihren Tellern gespeist. Der Sozialismus löste das Problem des verbreiteten Ananasheißhungers nicht etwa so, daß er jetzt Ananas unters Volk verteilte. Nein, das Ananasessen blieb weiter als anrüchige Tätigkeit des Bourgeois verurteilt, und die Ananas eine verbotene und begehrte Frucht.

Markzeichen zum Weg in den wirtschaftlichen Ruin finden wir im Leben des alten Grafen Rostow noch einige. Sein Aufwand für das gesellschaftliche Leben in Moskau ist beträchtlich.

Er hat zwei heiratsfähige Töchter, von denen die ältere einen Deutschen heiraten will, der bei den Mitgiftforderungen kräftig zulangt. Zwei Söhne sind beim Militär, wobei der Vaterländische Krieg ohnehin durch große Spenden des Adels und der Kaufmannschaft zu finanzieren war. Aber auch die Privatwünsche der Kinder hatten es in sich: der jüngere Sohn hielt sich ein eigenes Pferd und trug die allermodernsten Reithosen von ganz besonderem Schnitt, »wie sie in Moskau noch kein Mensch kannte, und dazu die allerelegantesten Stiefel mit ganz schmalen Spitzen und kleinen silbernen Sporen«.

Der alte Rostow verlor wohl auch einiges Geld beim Kartenspiel oder anderen Glücksspielen. Im Extremfall konnte man Hab und Gut verspielen. Tolstoi selber hat in seiner Jugend mit dieser Leidenschaft nicht selten Bekanntschaft gemacht; Dostojewskis Spielerkrankheit an den Spieltischen Westeuropas ist bekannt.

Dennoch fragt man sich natürlich, ob das Leben eines Gutsbesitzers eine Option auf eine unerschöpfliche Goldgrube war. Das Geheimnis des Grafen Rostow verschweigt uns Tolstoi nicht. Der Graf hatte nur das große Geld, wenn er die Güter neu mit Hypotheken belastete.

Diese scheinbare ökonomische Balance konnte kippen bei Krisen, Besitzverlusten oder Abgaben zum Krieg wie 1812; flugs war der reiche Rostow verarmt, mußte das Stadthaus und sogar das Stammgut auf dem Land verkaufen. Der finanzielle Ruin setzte dem alten Rostow so zu, daß er darüber starb.

Reichtum und Armut lagen im Adelsstand eng beieinander. Der russische Adel war ein Stand der Grund- und Seelenbesitzer: eine »Seele«, wie wir das aus Gogols Roman die »Toten Seelen« gelernt haben, ist ein leibeigener Bauer, kein Rechtssubjekt, sondern ein Handelsobjekt; er kann verkauft und gekauft werden. Die Besitzverhältnisse eines adeligen Gutsbesitzers ließen sich nach dem Besitz von leibeigenen »Seelen« messen: der Kleinadel hatte etwa achtzig bis hundert Seelen. Der mittlere Gutsbesitzer deren mehrere Hundert, und die Großgrundbesitzer einige Tausend. Es gab eine dünne Schicht von Magnaten mit dem Besitz einiger hunderttausend Seelen. Ein solcher Magnat machte auch Unterschiede im Benehmen, wenn er in der Hierarchie der Seelenzählung unterlegenen Gutsbesitzern begegnete: Ab zweihundert Seelen reichte er die Hand und sagte mit liebenswürdigster Stimme: Wie geht es Ihnen, mein hochverehrter Martjan Prokof'evič? Bei achtzig bis zweihundert Seelen verneigte er sich leicht und sagte liebenswürdig, aber nicht allzusehr: Sind Sie gesund, mein verehrter Herr Ivan Ivanyč? Unter achtzig Seelen gab's nur ein »Guten Tag, mein lieber Soundso«.

Der Adel bei Hof in Petersburg, aber auch in Moskau, befand sich durch die immensen gesellschaftlichen Aufwendungen ständig in Schulden. Die permanente Verschuldung war seit den Zeiten

Katharinas auch eine Art Kavaliersdelikt geworden, insofern es für einen Adeligen »schick« war, großzügige Geldausgaben zu machen, besonders wenn dieser Lebensstil in keiner Weise seinen Geldverhältnissen entsprach. Rostow mit seiner geradezu lustvollen Freigebigkeit ist hier das beste Beispiel. Immerhin macht er sich nicht die grausame Torheit der Mittel- und Kleinbesitzer zu eigen, den Leibeigenen immer größere Abgaben abzuzwingen, ohne irgend etwas zur erhöhten Produktivität des Bodens beizutragen – dieser Weg führte schließlich unausweichlich zur Verarmung von Leibeigenen und auch ihren Besitzern, wobei letztere natürlich nicht dem Hungertod ausgesetzt waren.

Schulden ließen sich machen, wenn man entweder Geld von Privatleuten lieh, die nicht selten bei den Schuldzinsen kräftig zulangten, oder wenn man seine Güter mit Bankhypotheken belastete. Im Jahr 1754 wurde die Adelsbank eingerichtet, die sich auf Befehl Katharinas II. ab 1786 Staatliche Anleihebank nannte. Im Ukas hieß es: auf Dörfer könnten Hypotheken aufgenommen werden: 40 Rubel pro Seele. Die Hypotheken liefen 20 Jahre, 5 Prozent Schuldzinsen, 3 Prozent Kapitalabzahlung, also im ganzen 8 Prozent. Es schien der direkte Weg in die Verarmung zu sein. Rostow machte es so: er belieh seine Güter nacheinander, verfügte zwischenzeitlich über Unsummen von Geld, das er »nach adliger Manier« mit vollen Händen zum Fenster hinauswarf, für Toiletten, Einladungen, Bälle, Mitgift. Irgendwann stürzte das Kartenhaus zusammen, Rostow ist verarmt, er stirbt vor Kummer, die Familie zieht in eine kleine Wohnung auf dem Arbat; der Sohn Nikolai heiratet die reiche Marija Bolkonskaja. Dies war dann auch wieder eine adelige Form des Gelderwerbs: reich zu heiraten oder zu erben.

2. Adresse: Tverskaja 21.

Sehr spannend schildert Tolstoi, wie der illegitime Sohn des Grafen Besuchow im Hause seines Vaters (wahrscheinlich Tverskaja 21, Anglijskij Klub ab 1831; möglicherweise auch Znamenka 12 [ul. Frunze 12]) von diversen schlauen Tanten fast ums Erbe gebracht

Der Englische Club, mutmaßlich das Palais des alten Besuchow aus »Krieg und Frieden«, Tverskaja 21

wird. Der Vater liegt auf den Tod darnieder, und drei Erbhyänen lauern um ihn herum. Das Innere des Hauses und die Sterbeszene des alten Besuchow ist genial von Wahrnehmungsmoment zu Wahrnehmungsmoment dargestellt.

Vorbild des alten Besuchow soll der Graf Kyrill Razumovskij gewesen sein, der neben zahlreichen anderen Palästen auch einmal das Haus Tverskaja 21 besaß.

Im Haus Besuchows läßt Tolstoi auch die berühmten Jugendtanzbälle des Tanzmeisters Jogel (den es wirklich gab) stattfinden.

Bälle und Tänze bilden im Roman »Krieg und Frieden«, im Adelsleben der damaligen Zeit, ein belebendes Element, um die starren gesellschaftlichen Strukturen, die etwa die unbefangene Annäherung der Geschlechter verhinderten, aufzubrechen. Adelige Kinder lernten schon mit fünf, sechs Jahren tanzen, Puschkin lernte 1808 tanzen; bis 1811 besuchte er mit der Schwester Tanzabende bei den Trubeckojs, Buturlins und Suškovs, und am Donnerstag

Kinderbälle beim Moskauer Tanzmeister Jogel. Tanzen war damals eine anstrengende Sache: in Tanzregeln von 1825 wird empfohlen, das Training nicht soweit zu treiben, daß etwa die Gesundheit schaden nähme. Da wird die Geschichte erzählt, daß ein sonst gutgewachsener Zweiundzwanzigjähriger, mit O-Beinen ausgestattet, sich plötzlich vier Leuten gegenübersieht, von denen zwei am Schienbein herumbiegen, während die anderen das Knie halten; der Junge schreit und tobt, sie aber lachen, und machen weiter bis es im Bein knirscht... Das Ergebnis einer solchen Roßkur des Tanzunterrichts war offensichtlich Anmut, Eleganz, Körperbeherrschung, aber auch moralische Zucht. Es war unmöglich, sich öffentlich gehenzulassen. Immerhin galt schon der Walzer (damals im Zweivierteltakt) als nicht ganz anständig. Alte Tanzregeln empfahlen, bei diesem Tanz angemessene Vorsicht walten zu lassen, daß man sich nicht allzu nahe komme und damit den gebotenen Anstand verletze.

Die Mazurka war der Höhepunkt eines Balls; sie wurde mit vielen Figuren und einem Solo des Mannes getanzt. Die Improvisation war zugelassen.

Und welch schöne Bälle schildert Tolstoi in »Krieg und Frieden«: unvergeßlich ist Nataschas erster Ball in Petersburg, wo sie sich in den Fürsten Andrej verliebt; auf einem Ball in Moskau lernt sie auch die gefährliche und verderbliche Nähe Anatol Kuragins kennen.

Beim Kinderball des Tanzmeisters Jogel im Haus Besuchow tanzt die Dreizehnjährige noch mit der Anmut des übermütigen Kindes (Teil 1, 11. Kapitel).

»Das Besondere bei diesen Bällen bestand eben darin, daß weder ein Hausherr noch eine Hausfrau da war, sondern nur der gutmütige Herr Jogel, der wie eine Feder durch den Saal flog... Der Saal war Jogel im Hause des Grafen Besuchow zur Verfügung gestellt worden, und der Ball war, wie alle behaupteten, vorzüglich gelungen... Man spielte die neuaufgekommene Mazurka... Jogel tanzte mit Natascha, die seine beste Schülerin und sein Stolz war, als erstes Paar. Weich und zart mit seinen in zierlichen Schuhen steckenden

Füßchen auftretend, flog Jogel mit der etwas schüchternen, aber eifrig ihre Pas ausführenden Natascha durch den Saal.«

Dann geht es aber erst richtig los, als Denissow mit Natascha eine polnische Mazurka vorführt:

»... stampfte dann plötzlich mit dem einen Fuß, sprang leicht wie ein Ball vom Boden auf und flog den Kreis entlang, indem er seine Dame nach sich zog. So schassierte er lautlos auf einem Bein durch die Hälfte des Saales, schien die vor ihm stehende Stuhlreihe gar nicht zu sehen und schoß geradewegs auf sie los, hielt aber plötzlich, die Beine spreizend und mit den Sporen einhakend, auf den Absätzen an, blieb einen Augenblick stehen, stampfte dann sporenklirrend mit beiden Füßen auf einem Fleck auf, drehte sich ein paarmal wirbelnd im Kreis herum und flog dann, mit dem linken Bein gegen das rechte schlagend, abermals durch den Saal ...«

Es ist keine vorschriftsmäßige Mazurka, diese polnische, aber die Zuschauer sind voll Begeisterung und Natascha ist hingerissen.

3. Adresse: Vozdviženka 9.

Dieses zweigeschossige Haus wurde bereits im 18. Jahrhundert gebaut; es gehörte dem Großvater Lew Tolstois, N. S. Volkonskij. Er ist das Vorbild für den alten Fürsten Bolkonski in »Krieg und Frieden«. Unnachahmlich ist die Beziehung Bolkonskis zu seinen Kindern Andrej und Marija geschildert. Besonders die Tochter, die häßliche Marija mit den schönen Augen, fürchtet ihren Vater und die langen Wintertage, die sie in diesem Haus mit ihm verbringen muß. Tolstoi wird nicht müde, immer wieder auf das »innere Leben dieses Hauses« zurückzukommen. Natascha erfährt von dieser vibrierenden Atmosphäre, als sie aus dem Haus im Čistyj pereulok 7 kommt, um sich, als Verlobte Fürst Andrejs, ihrem künftigen Schwiegervater und ihrer Schwägerin vorzustellen. Die unglückselige Begegnung verleitete Natascha dazu, ihren Verlobten aufzugeben.

Erst nach 1812 spielen die glücklichen Szenen in diesem Haus. Nikolai Rostow verliebt sich in die unschöne, aber liebenswürdige

Marija; er kommt aus seiner ärmlichen Wohnung von der Gasse Sivcev Vražek 36 her, um Marija einen Antrag zu machen. Nach dem Tod des alten Rostow lebt er mit Mutter und Schwester in beengten Verhältnissen. Er schämt sich seiner Armut und will nicht wahrhaben, daß ihn Prinzessin Marija mit aufrichtiger Liebe liebt. Aber schließlich kommt es zu dieser vielleicht seltsamsten, doch schließlich sympathischsten ›Paarung‹ in »Krieg und Frieden«.

Tolstoi hat selber von 1850 bis 1851 im Sivcev Vražek 36 gelebt. Auch das Haus 9 in der Vozdviženka hat er besucht: 1858 nahm er an einem Ball teil, den die damaligen Besitzer, die Rjumins gaben. Dort traf er die junge Fürstin Schtscherbatovaja, die Vorbild für Kitti Schtscherbazkaja in »Anna Karenina« werden sollte.

1897 wurde die Fassade neu ornamentiert. Das runde Eckgebäude mit dem Turm wurde erst 1907 angebaut. Vor der Revolution war das Gebäude im Besitz der Ölmagnaten Asadulaev.

Da wir gerade in der Vozdviženka sind, wollen wir einige Bauten der Jahrhundertwende kurz anschauen. Haus 14 gehörte der Mutter des reichen Fabrikanten Morozov. Wer vom Autolärm des Novyj Arbat genug hat, trete kurz in den Vorgarten dieses Anwesens. Lauschiger Frieden. Ein kleiner Brunnen trocknet vor sich hin. Von der reichen stuckverzierten Fassade grüßen Fabeltiere des Jugendstils. Berühmter ist Haus 16, das die Mutter ihrem Sohn schenkte. Mit seinem Geschmack war sie allerdings nicht zufrieden. Das Haus im »mauretanischen Stil«, das Ergebnis einer Spanienreise ihres Sohnes, mochte sie nicht (vgl. Kap. 10). Im Haus 13 gab es Anfang des Jahrhunderts die »möblierten Zimmer« der Pension »Amerika«. Rilke lebte dort einige Wochen im Mai 1900.

4. Adresse: Čistyj pereulok 7.

Die 4. Adresse aus »Krieg und Frieden«, der Ort, wo sich die Verwirrungen der kleinen Natascha abspielen, findet sich nicht allzu weit von der Vozdviženka. Es ist eine Gasse des ehemaligen Marstallviertels im alten Arbat, da, wo die Pferdeknechte des Zaren einst lebten. Der Čistyj pereulok ist eine Seitengasse der Prečistenka

(Kropotkinskaja). Haus Nummer 7 ist zweigeschossig, bescheiden, wenig eindrucksvoll.

Vater Rostow mit seinen Töchtern stieg hier ab, weil Mutter Rostow auf dem Landgut geblieben war. Die Mädchen sollten aber nach Meinung des Vaters nicht ohne weibliche Aufsicht sein, deshalb wohnte er mit ihnen nicht im eigenen Stadthaus auf der Povarskaja, sondern hier bei einer energischen Dame namens M. M. Ofrozimowa. »Spät abends kamen die Rostows in vier Schlitten vor dem Hause Marija Dmitrijewnas in der Staraja Konjušennaja an« (8/6).

Allerdings scheint die Aufsicht einer fremden Gastgeberin nicht viel genützt zu haben. Natascha vermißt die Mutter und kommt dabei auf allerlei dumme Gedanken.

Von hier fährt Natascha zu dem berühmten Theaterbesuch, der allerdings noch nicht im uns bekannten Bau des Bol'šoj-Theaters stattfindet. Von hier aus macht Natascha auch den schicksalhaften Antrittsbesuch in der Vozdviženka 9 bei Vater und Schwester ihres Verlobten Andrej Bolkonski. Die höhnische Kälte des Alten und die Eifersucht der Schwester verhärten die Seele Nataschas, und sie

Der Arbat-Platz vor der Revolution mit Boris-und- Gleb-Kirche

gibt der Verführung Anatol Kuragins nach. Die Flucht mit ihm ist schon geplant, der Schlitten hält schon im Čistyj pereulok 7, da werden die Absichten entdeckt. Natascha möchte danach ihrem Leben ein Ende setzen – »vor Scham und Selbsterniedrigung«. Pierre Besuchow, der sie schon lange liebt, besucht sie im Salon des unteren Geschosses. Der dankbare Blick, den Natascha ihm zuwirft, und der Komet des Jahres 1812 machen Pierre über die Maßen glücklich.

Wir wissen nicht, welchen Weg der Kutscher und der Schlitten nimmt, als Pierre »nach Hause!« befiehlt, doch der Weg führt über den Arbatplatz:

»[Er] knöpfte trotz der zehn Grad Kälte den Bärenpelz über seiner breiten, glücklich atmenden Brust auf. Es war ein kalter, klarer Tag. Über den schmutzigen, halbdunklen Straßen, über den schwarzen Dächern der Häuser wölbte sich der dunkle Sternenhimmel. Pierre schaute empor und empfand in diesem Augenblick nicht wie sonst die bedrückende Kleinlichkeit alles Irdischen, weil das, was er fühlte, so herrlich, hoch und unendlich war. Als er auf den Arbat-Platz hinausbog, erschloß sich vor seinen Augen das ganze unendliche, sternenübersäte Himmelsgewölbe. Fast in der Mitte dieses Himmels, gerade über dem Prečistenskij-Boulevard, stand der riesengroße helle Komet von 1812, von allen Seiten von Sternen umringt und umstreut...«

Diese Passage gehört zu den schönsten des Romans. Zwar muß man sich im modernen Moskau jede Nostalgie verbieten. Der Arbat-Platz hat sich heute bis zur Unkenntlichkeit verändert. Die Boris-und-Gleb-Kirche ist abgerissen. Der Bau des Kalininprospekts und der Metro haben überhaupt die ganze Platzstruktur verändert. Besser gesagt: von einem Platz ist nichts mehr übriggeblieben.

Deshalb wünschte man sich für manche Szenen der Weltliteratur eine Wiederholbarkeit bis in alle Ewigkeit. Der Schlitten Pierres möge ewig auf einen unveränderten Arbat-Platz mit seinen alten Kirchen hinausbiegen, und von einem winterlichen stillen und strahlend reinen Moskauer Himmel möge der Komet von 1812 strahlen.

Das brennende, von Franzosen besetzte Moskau von 1812 schildert Tolstoi ausführlich: wir wollen nur einige Hinweise geben.

Pierre faßt den Entschluß, wie wir uns erinnern, Napoleon zu töten; er hält ihn für den erschienenen Antichristen. Diesen düsteren Plan schmiedet er, als er um die Kirche Nikolaj Javlennyj auf der Arbatstraße schleicht. Natürlich möchte jeder diese Kirche suchen und sehen, wie ich. Neben dem Haus 14 auf dem Arbat dehnt sich ein leeres, mit Bäumen bepflanztes Gelände aus; die Kirche ist ein sinnloses Opfer architektonischen Vernichtungswillens Ende der zwanziger Jahre des zwanzigsten Jahrhunderts geworden.

Von einer weiteren Leerstelle haben wir schon im ersten Kapitel berichtet: Es ist der bekannte Markt um den Sucharevturm. Pierre geht zu diesem Trödelmarkt, um sich dort eine Pistole für die geplante Tat zu kaufen.

Tolstoi hat wohl selber gerne auf diesem Markt herumgestöbert; er kaufte dort einen Teil seiner Möbel für das Moskauer Stadthaus.

Tolstois Stadthaus (vgl. Kap. 8) lag im ehemaligen Weberviertel.

Ein Dorf bei Moskau im Winter

An der Vorstadtkirche der Weber, des Hl. Nikolaus »in Chamovniki«, zogen die abrückenden Franzosen vorbei. Ein Toter hing am schmiedeeisernen Gitter (vgl. auch Kap. 8).

Pierres Schicksal vollendet sich in der Nähe des Neujungfrauenklosters; er ist von den Franzosen gefangen, wird gezwungen, an Hinrichtungen teilzunehmen, ist selber von Hinrichtung bedroht.

Schlimmer ist seine innere Zerrüttung. Beim Anblick des sinnlosen Mordens kommt ihm die Welt wie ein Kehrichthaufen vor. Ordnung schafft die Bekanntschaft mit dem einfachen Soldaten Platon Karatajew: in ihm zeigt Tolstoi den idealen russischen Menschen, der alles, was »gut, rund und russisch« ist, verkörpert.

Platon Karatajew ist Tolstois Preislied auf das organische Leben, das nach alten notwendigen Rhythmen der Natur abläuft; im Gegensatz dazu zeigt sich die westeuropäische Perversion, alles vom freien Willen des einzelnen ableiten zu können, verkörpert in der Figur Napoleons. In Wahrheit müßte alles einer unmenschlichen, lebentötenden Geschichtsmaschine unterliegen, gelänge es nicht, durch eine andere Lebensweise aus dem Geschichtsprozeß herauszutreten und sich in die uralten Rhythmen der Natur einzupassen.

Diesen patriarchalischen Traum Rußlands träumt auch Oblomow, wenn er auf dem Sofa liegt und sich voller Ekel an das öffentliche Leben Petersburgs mit all seiner Verlogenheit erinnert. Vor Depressivität fällt er in tiefen Schlaf und träumt. »Oblomows Traum« ist das entscheidende Kapitel aus Gontscharows Roman »Oblomow«.

Auf dem russischen Land entspricht der Ablauf des Tages, des Jahres, des ganzen Lebens den jahreszeitlichen Wechselfällen der Natur. Das archaische Kreisen der Natur, die Trägheit der Wiederholung, die Formlosigkeit der Zeit und des Raums haben vielleicht im Nationalcharakter eines Volks Spuren hinterlassen. Vielleicht gehört der Wunsch nach dem organischen Einssein mit der Natur zur metaphysischen Kindheitssehnsucht der russischen Literatur. Die langen und strengen Winter, die heißen Sommer, die Beharrlichkeit der Witterung machen auch den Menschen beharrlicher, träger, gleichmütiger.

3. DIE VERGESSENEN TRÄUME RUSSLANDS

Puschkinadressen um die Mjasnickaja und den Arbat

Die Moskva von der Moskvoreckij-Brücke

Eigentlich sollten wir die geschichtliche Faktizität auch im Architektonischen akzeptieren: Moskau ist nun einmal dieses Gemisch aus verblichenem adeligem Glanz und neuerer und neuester Architektur, wobei das Alte dem Neuen weichen muß. Bald sieht man ein: es war ein ungleicher Kampf – die Proklamierung einer einzigen ewiggültigen Gegenwart, der sozialistischen, und eine Stadt überzog sich mit dem Einheitsgrau. Moskau, was machst du heute mit den steingewordenen Kindheitsträumen deiner Geschichte? Die Paläste mit den gelb verputzten Fassaden und den weißen Säulen müssen sich nicht mehr ideologisch rechtfertigen. Jetzt träumen sie die wahre Geschichte weiter. Diesen Gedanken sollten wir im Auge behalten, wenn wir den folgenden weiten Spaziergang, einen der schönsten in Moskau, machen.

Die Große Charitongasse, Haus 21, wartet. Hier war der dreijährige Alexander Puschkin herumgelaufen; hier in dieser Gasse, »beim heiligen Chariton«, waren auch die Larins aus »Eugen Onegin« nach langer Kutschfahrt angelangt.

Das erstemal machte ich mich an einem grauen und merkwürdig schwülen Apriltag auf den Weg; wohlwissend, daß ich die Pfarrkirche des Heiligen Chariton nicht mehr antreffen würde, bog ich recht unwillig vom Čistye-Prudy-Boulevard kommend in die Große Chariton-Gasse ein. Die erste Gasse, die links abzweigte, nannte sich Bolschewisten-Gasse: nachdem die Bebauung dem Namen durchaus entsprach und ein Blick auf den alten Stadtplan mich überzeugt hatte, daß die Gasse früher so ähnlich wie »Gänsehüter-Gasse« geheißen hatte, machte ich kehrt, der Tag war verdorben.

Ein Jahr später war ich glücklicher; an einem warmen Juniwochenende stieg ich aus der Metrostation Mjasnickaja (Kirovskaja), ging die Mjasnickaja stadtauswärts und gelangte auf Umwegen zum sogenannten Wolkow-Palast: N. 21. Dort wurde mir zum erstenmal Puschkin lebendig; dort begriff ich auch, daß wir die Kindheitsträume eines Dichters träumen müssen, um ihn zu verstehen. Und noch etwas: auch Völker haben Kindheitsträume; die Träume

Alte Ansicht des Wolkow-Palais: Chariton'evskij per. 21

der Völker sind zu Stein geworden in der Architektur; zeichnen wir in der Phantasie den naiven Schwung nach, das Ornament, den Strich, dann begreifen wir weit mehr vom Fremden als durch leeres Datenstudium.

Gehen wir nun von der Metro Mjasnickaja nordostwärts. Kehren wir dem Denkmal des Dichters A. S. Gribojedow (errichtet 1959) und dem Čistye-Prudy-Boulevard den Rücken und blicken auf die linke Straßenseite. Die alte Magistrale namens Mjasnickaja beginnt bereits am Lubjanskaja-Platz (Dzeržyński-Platz). Die Sehenswürdigkeiten stadteinwärts werden wir noch erwähnen. Haus 39 dürfen wir nicht übersehen: es ist ein Werk Le Corbusiers, eines der einprägsamen Beispiele des Moskauer Konstruktivismus, erbaut von 1929 bis 1936. Zweckmäßigkeit, in reinen geometrischen Formen ausgedrückt, flaches Dach, Glasfassade, Verkleidung aus rosafarbenem armenischem Tuff.

Das kleine Palais stadteinwärts, rosafarben, mit Mezzanin, muß erwähnt werden, weil Rilke hier nicht nur einmal gewesen ist. Der Besitz gehörte von 1857 bis 1901 dem reichen Kaufmann K. T. Soldatenkov, der seine wunderschöne Gemäldesammlung der Öffentlichkeit zur Verfügung stellte. Rilke hat diese Gegend gut gekannt.

Ein paar Schritte weiter stadteinwärts befindet sich das Juškov-Haus, die Kunstschule, wo auch sein Freund Leonid Pasternak, der Vater des Dichters, wohnte. Hier war Rilke zu Gast. Davon später.

Haus 43, eine ungewöhnliche Perle unter den klassizistischen Gebäuden; der Architekt F. I. Campopresi, der es 1790 für den Großmagnaten Panin baute, hat das strenge Kolonnadenschema aufgelöst zugunsten eines zentralen Rundbogens, der sich auf zierliche korinthische Säulen stützt, die wie zufällig zueinander gruppiert sind. 1820 lebte hier der Direktor des Moskauer Archivs des Kollegiums für Auslandsangelegenheiten A. F. Malinowskij; ihn dürften Puschkin, Fürst Odojewski, Wenewitinow besucht haben. 1825 eröffnete man hier eine Kunstschule – die Stroganow-Lehranstalt –, die noch heute an anderer Stelle existiert. 1836 kam das Haus in den Besitz der Butenops, die die berühmte Uhr des Spasskij-Turms am Kreml einer gründlichen Revision unterzogen. Ab 1874 siedelte sich hier gar eine Fabrik für Baumaterialien und Landwirtschaftsmaschinen an; sie gehörte der Familie Lipgart. Nach der Revolution okkupierte den Besitz, unumgänglich in Moskau, eine Verwaltungsinstitution.

Der Klassizismus des Hauses 42, auf der rechten Seite der Mjasnickaja (ul. Kirova), ist ganz anders geartet. Wieder schließt ein altes schmiedeeisernes Gitter den ganzen Komplex gegen die Straße hin ab. Wir können eindeutig die offene Rechteckstruktur erkennen. Die Seitengebäude, die mit dem Hauptgebäude fest ver-

Mjasnickaja 42

bunden sind, reichen bis an die Straße; ihre blockartigen Vorderfronten führen gleichsam die Häuserfassaden der Straße fort, während das Hauptgebäude hinter einem Paradehof von der Straße zurücktritt. Der ganze Komplex bildet so das kyrillische П, das bekannteste Grundrißschema des Klassizismus. Überhaupt hat hier der Baumeister M. F. Kazakow in glänzender Manier den ursprünglichen Stil des Landguts mit den Erfordernissen der Stadtarchitektur verbunden. Freilich, würde der massige sechssäulige Portikus nicht noch prächtiger wirken, wenn er in die weiträumige russische Landschaft hineingebaut wäre, sein Weiß-Gelb mit den Farben der Natur verschmelzen würde? So wird es uns fast ein wenig zu eng, wenn wir uns im Innenhof rechts, auf einem Treppenabsatz, niedergelassen haben und der Blick die mächtigen Säulen entlang hochwandert zum Himmelsblau. Gras und Gesträuch schiebt sich aus den Mauerritzen, aber noch hat die Natur das Gebäude nicht vollständig in Besitz genommen.

1797 bis 1802 wurde es von Kazakow für die Gutsbesitzer Baryšnikov erbaut. Das Innere, besonders der rechteckige Tanzsaal, soll noch weitgehend erhalten sein. In den zwanziger Jahren des letzten Jahrhunderts wohnte hier S. T. Begičev, der eine Baryšnikova geheiratet hatte.

A. S. Gribojedow logierte bei ihm 1823 und 1824 und schrieb zwei Akte seiner Komödie »Verstand schafft Leiden«, in der die Sitten der damaligen Gesellschaft aufs Korn genommen werden. Auch war bei Begičev der Puschkinfreund W. K. Küchelbecker zu Besuch. Den Namen Begičev dürfen wir nicht so schnell vergessen; seine reiche Heirat bescherte ihm noch weitere prächtige Wohnstätten.

Bevor wir durch die ul. Griboedova zur Charitongasse weitergehen, werfen wir noch einen Blick auf Haus 44 an der linken Ecke der ul. Griboedova: es ist das Haus der »drei Komponisten« – Liszt, Tschaikowski und der junge Debussy waren hier nacheinander zu Gast.

Und nun zu A. S. Puschkin im Chariton'evskij pereulok 21: Hier lebten die Eltern im linken (nicht erhaltenen) Flügel des Hauses von

Barock-Schmuck des Wolkow-Palais, Chariton'evskij per. 21

1801 bis 1803. Die Eltern hatten sich in der Deutschen (Ausländer-) Vorstadt angesiedelt: in der Nemeckaja ulica (Baumanskaja ulica). Am Haus Nummer 40 ist eine Gedenktafel angebracht, daß Puschkin an dieser Stelle geboren sein könnte. Das Haus ist nicht erhalten. Puschkinforscher sprechen auch von einer möglichen anderen Adresse: der Malaja Počtovaja ulica 4, auch dieses Haus ist nicht erhalten. 1879 wurde aber jedenfalls der Eintrag ins Taufregister der Pfarrkirche Epiphania zu Elochov (Cerkov' Bogojavlenija »čto v Elochove«, Baumanskaja Ploščad' 15) gefunden: demnach wurde Puschkin am Abend des 26. Mai geboren und am 27. Mai 1799 getauft (6. und 7. Juni neuen Stils). Die Pfarrkirche zu Elochov ist 1812 leider niedergebrannt. 1835-1845 wurde die Kirche im klassizistischen Stil umgebaut.

Für Puschkinchronisten möchte ich nicht versäumen, all die Orte aufzuzählen, wo er seine Moskauer Kindheit bis 1811 verbracht hat, bevor ihn sein Onkel ins Lyzeum von Carskoe Selo mitnahm. Außer dem Volkov-(Jusupov-)Palast ist nichts erhalten. Puschkins Mutter litt an innerer Unruhe und zog ständig um: von 1800 bis 1801 lebten die Puschkins im Haus 7/2 an der Ecke Chariton'evskij pereulok und Čistoprudnyj-Boulevard; von 1801 bis 1803 im Flügel des Jusupow-Palasts. 1803 im Haus des Grafen Santi, Bol'šoj Chariton'evskij per. 8; etwas später im Haus F. O. Odojewskis (No. 7/9), Ecke Kozlovskij und Furmannyj-Gasse. 1808 lebten die Puschkins im Haus M. Danilows auf der Povarskaja; dann ging es wieder zurück in die Deutsche Vorstadt, Ecke Malaja Počtovaja ulica und Gospital'nyj pereulok.

Wir können nur sicher sein, daß die Füßchen des Dreijährigen über den ehemaligen Besitzgrund des Fürsten N. B. Jusupow gelaufen sind. Die Palastanlage liegt abseits der Fluchtlinie der Straße; in ihren Grundbestand sind Bauten aus dem 17. Jahrhundert eingegangen. Unter Peter dem Großen gehörte sie dem Bojaren Alexej Wolkow; in späteren Zeiten schenkte Peter II. sie dem Fürsten G. D. Jusupow, dessen Geschlecht sie bis zur Revolution besaß. Ein Nachfahre, N. B. Jusupow, war der Besitzer zur Puschkinzeit. Eine karmesinrote Fassade und überreicher weißer Schmuck im barocken Schnitzwerkstil leuchten durch das fast undurchdringliche Laubwerk. In solchen verspielten Palästen müßten russische Märchenfiguren gehaust haben. Die Dachrinnen tragen weiße Spitzenkrause. Auf dem First thront ein Dachreiter aus durchbrochenem Holzschnitzwerk: die Abbildung eines gekrönten Löwen streckt sich darin, wahrscheinlich das Adelswappen der Jusupows. Erst bei näherem Hinschauen löst sich die russische Märchenmelodie in Rot und Weiß auf, und wir entdecken einzelne architektonische Einheiten. Es ist das typische altrussische Bauprinzip der choromy, eine Art Schachtelprinzip, wo die einzelnen Baukörper unterschiedlichen Umfangs durch eigene Dächer und auch eigene überwölbte Zugänge zu einem Ganzen zusammengefügt sind. Vor allem sind zwei Gebäudekomplexe zu unterscheiden: nur der Ostteil gehörte den Jusupows, der Besitzer des Westteils ist unbekannt. Bald wurden die Teile durch Übergänge verbunden, und schon in der zweiten Hälfte des 19. Jahrhunderts waren die Jusupows Besitzer des ganzen Gebäudes. Aus dieser Zeit rühren dann auch erhebliche Restaurierungen; die Innenräume wurden altertümlich gestaltet. Ende

Hofseite mit der Freitreppe, Chariton'evskij per. 21

des letzten Jahrhunderts machte man schließlich den Versuch, auch das altrussische Ornament wiederherzustellen. So finden wir ein Nebeneinander von gotisierenden spitzgiebeligen Fenstern und barocken rechteckigen Fenstern mit allerlei Säulchenzierde. Ein bezauberndes architektonisches Durcheinander, zusammengehalten von wilder russischer Schmucklust »mit dem weißen Stein«.

Betrachtet man den Ostteil des Gebäudes von der Hofseite, so hat man noch mehr den Eindruck, daß das Erdgeschoß mit den kleinen Fenstern allmählich in die Erde versinkt. Zum Paradestock führt vom Hof eine prächtige terrassenartige Außentreppe.

Bald soll hier ein Museum eingerichtet werden; dann wird man die Paradetreppe im Inneren, den Tanzsaal, die düsteren Kreuzgewölbe mit ihrer Wandmalerei, die Majolikaöfen länger betrachten dürfen. (Die Inneneinrichtung stammt aus dem späten 19. Jahrhundert.)

Vielleicht kann einer meine Begeisterung für dieses Palais nicht teilen und fragt, was das alles mit Puschkin zu tun habe; schließlich haben die Eltern nur kurz im nicht erhaltenen linken Flügel der Anlage gewohnt.

Ich meine, dieser Ort birgt das poetische Geheimnis Puschkins, ist der ewige Kindheitstraum des Dichters geblieben, sein schöpferischer Quell. Um das zu beweisen, fehlt uns ein Element. Zum Jusupow-Palais gehörte noch ein weiträumiger Park; angeblich soll er Haus 31 gegenüber gelegen haben. Puschkin hat 1830 seine frühesten Kindheitserinnerungen skizziert; dazu gehört ein Erdbeben, die Amme und »Jusupov sad«, der Garten Jusupows. Dieser Park scheint ein wahrer Garten Eden für den Dreijährigen gewesen zu sein. Aber auch später hat er sicher hier gespielt, denn die Eltern fanden immer wieder Wohnungen in dieser Gasse. Ein vom Architekten N. A. Pustochanow gefundener Plan – schreibt A. A. Winogradov in seinen Untersuchungen – zeigt, daß das ein Garten war, der nach dem Muster der Versailler Gärten geplant war (eine Desjatine Umfang), mit geraden Alleen und rundem Teich, zu dem die Stufen zweier Treppen hinunterführten; von der Straße kam man durch das Paradetor und dahinter standen, auf dem kleinen Vorplatz beim Eingang in die Hauptallee, zwei Marmorstatuen, wie sich aus den skizzierten zwei Piedestalen schließen läßt. In diesem Garten konnte der kleine Puschkin mit der Nanja Arina Rodionowa bis zum Alter von 7 oder 8 Jahren spazierengehen. Auch Tynjanow hat dieses Faktum in seiner Puschkinbiographie zu einem Bild angeregt:

»Dieser Park war wunderschön. Jusupow hatte die Leidenschaft der Tataren für Efeu, Kühle und Fontänen und die Vorliebe des Parisers für schnurgerade Wege, Laubengänge und Weiher. Aus Venedig und Neapel, wo er lange als Gesandter weilte, hatte er alte Statuen mit schwellenden Hinterteilen und geschwärzten Knien mitgebracht. Obgleich geizig wie ein Mann des Orients, tat ihm für seine Phantasie nichts leid. So entstand mitten in Moskau, nahe der Kirche Chariton in Ogorodniki, dieser Park.

Der vom westeuropäischen Lebensstil entzückte Moskauer stieg die Versailler Treppe hinab, von der er gelesen oder gehört hatte, und sein Moskauer Gang veränderte sich. Statuen, Wächtern gleich, empfingen ihn. Er schritt munter aus und umwandelte, von den gezirkelten Alleen angezogen, mit elegantem Gang das Bassin, das so rund war, daß sich sogar das Wasser darin rund zu wölben schien, und wenn er nach einer Stunde ebenso beschwingt in sein Ogorodniki zurückkehrte, wähnte er einige Zeit, er sei schön.«

Es muß dieser Kontrast gewesen sein zwischen russischer Gemütsart und romanischer Formenstrenge, der Puschkin zum formvollendetsten Dichter Rußlands machte. Jedes Volk träumt auch einen Traum, der es unterscheidet von sich selbst. So träumte Hölderlin vom griechisch-antiken Feuer, das er germanischer Nüchternheit hinzugewinnen wollte. Puschkin träumte den Traum der romanischen Form, die er im Jusupowschen Park fand und seiner düsteren unruhigen Leidenschaft anverwandelte. Das Moskau seiner Kindheit prägte Puschkin und eben dieses russische Palais mit seinen verschnörkelten Verzierungen, der Unübersichtlichkeit der architektonischen Ordnung; sein Besitzer ist ein Tatar, wild und irgendwie großzügig, und das geheimnisvolle Asien auch in seinem Geschmack ... zugleich ist er hochgebildet, mit Diderot, Voltaire,

Jusupows Park in Archangel'skoe

Beaumarchais bekannt – und dann dieser einsame schattige Park, die Nachahmungen, die westeuropäische in Stein gehauene Form der mythischen Gestalten. 1830 besucht Puschkin den Fürsten Jusupow auf seinem Landgut Archangel'skoe und geht in dem weitläufigen an der Moskva gelegenen Park spazieren. Vielleicht wurde ihm damals klar, was die Moskauer Kindheit und »Jusupovs Garten« für ihn bedeutet hat, was er in dem Gedicht vom Herbst 1830 »Lebensbeginn« ausdrückt:

Und oft lief ich heimlich
in die grandiose Düsternis des fremden Gartens,
Unter kunstvollem Gewölbe aus Porphyrfels

Schattige Kühle schreckte mich nicht;
Meinen jugendlichen Sinn überließ ich den Träumen
Und müßiges Grübeln war mir Freude.

Ich liebte die hellen Wasser und das Blätterrauschen,
Und die weißen Göttergestalten im Schatten der Bäume,
Und das Siegel unbeweglicher Gedanken auf ihrem Antlitz

Alles – Zirkel und Leier aus Marmor,
Schwerter und Papyrus in marmornen Händen,
Auf den Häuptern der Lorbeer, auf den Schultern Porphyr –

Alles erfüllte mit süßem Schrecken
mir das Herz; und Tränen der Begeisterung
bei ihrem Anblick, traten in die Augen ...

Im Hof des Anwesens Haus 21 steht noch ein altes Tor mit einem Stück Mauer. Im Giebel des Tors sind korinthische Säulen, geöffnete Muscheln, ein Adelswappen. Das schöne Muster der schmiedeeisernen Türe wirft Schatten im Gegenlicht. Das Tor mit der Mauer steht in seltsamem Winkel zum Gebäude; das Tor führt nir-

Das Tor an der Hofseite, Chariton'evskij per. 21

gendwohin; da ist kein Park, weder hinter noch vor dem Tor. Wo kommt es her? Zu welchem Zweck steht es noch da? Ich stelle mir vor, daß es das Tor war, das in den Garten des Fürsten Jusupow führte; heute ist es das Tor, das zu den vergessenen Träumen Rußlands führt.

Wir gehen Richtung Zentrum zum Čistye-Prudy-Boulevard zurück. Zunächst waren dort durchaus keine »reinen Teiche«. Sie hatten sich durch den Wasserlauf des Flüßchens Račka gebildet, das die Stadtmauer der »Weißen Stadt« entlangfloß. Die Wasserstellen waren gar nicht sauber, denn die ortsansässigen Fleischer auf der Mjasnickaja (Fleischerstraße) warfen den Abfall vom Schlachtvieh hinein. Schließlich erwarb Peters Günstling Menschikow das Land und verbot strengstens, die Teiche weiter zu verunreinigen; seitdem nannten sie sich die Reinen Teiche.

Werfen wir noch einen Blick auf den ehemaligen Besitz von A. D. Menschikow. Von dem Telegrafnyj pereulok aus, der früher Erzengelgasse hieß, haben wir einen schönen Blick auf das Kleinod dieser Gasse: die Erzengel-Gabrielkirche, die im Volksmund auch

Menschikow-Turm genannt wurde, nachdem A. D. Menschikow die Kirche 1704 bis 1707 auf seinem Grund hatte bauen lassen. Sein Palais lag in der Tiefe eines Hofs, der auf die Mjasnickaja hinausging. 1783 wurde das Moskauer Postamt in diesen Besitz verlegt; 1912 wurde ein neues Gebäude an eben dieser Stelle errichtet; lange war es das geliebte Hauptpostamt der Moskauer. Majakowski hat es besungen. Rilke schickte hier gewiß seine Post nach Deutschland, mußte er doch nur über die Straße gehen, wenn er Leonid Pasternak im Haus 21, dem Juškov-Haus (ein Werk des Architekten V. I. Baženov von 1793, vgl. 12. Kapitel) besuchte. Auch das mit Drachen, Schlangen und Pagoden chinesisch stilisierte Haus Perlovs unter Nummer 19 der Mjasnickaja, wo traditionell Kaffee und Tee verkauft wird, hat Rilke schon gesehen, da es von 1890 bis 1896 erbaut worden ist.

Zurück zum Telegrafnyj pereulok und weiter durch die Sverčkov- und Potapovskij-Gassen zur Armenier-Gasse (Armjanskij pereulok). Ich nehme diesen Weg immer wieder gern, führt er doch so still an wundersamen Palästen und wunderlichen Gebäuden vorbei, die ich alle nicht zu identifizieren vermag. Erst in der Armeniergasse, Haus 2, werden wir wieder bewußt geschichtsträchtig: die armenische Familie Lazarev nahm hier Mitte des 18. Jahrhunderts ihren Besitz. Anfang des 19. Jahrhunderts wurde hier eine Schule, später mit einem Internat, eröffnet, das auch Turgenew als Schüler besuchte. Die armenische Kirche, die zum Besitz gehörte, sucht man natürlich vergebens.

Armeniergasse, Haus 11. Wir stehen vor einem gut restaurierten Gebäude in stumpfem Vergißmeinnichtblau mit weißem Dekor. Der Entwurf von Kazakov ist im Architekturmuseum des Donskojklosters zu sehen. Fast streng und sparsam wird mit der Fassade umgegangen. Zwei Seitentrakte mit zwei Eingängen treten an der Hauptfassade vor, aber nur leicht, damit der Mitteltrakt die Aufmerksamkeit auf sich zieht. Verstärkt wird die Betonung durch einen Balkon, der sich unter bogenförmigen Terrassenfenstern die ganze Front entlangzieht. Nachdenklich machen die vier Säulen, die den Balkon abstützen. So sparsam sind sie gezählt, daß es fast ein wenig kläglich aussieht. Ob Kazakovs Entwurf wirklich so ausgesehen hat?

Sieht man es dem Bau an, daß in ihm ein weiteres Glückskind der russischen Literatur aufgewachsen ist? Sieht man es ihm an, daß der junge Dichter geradewegs aus diesem Haus seinen Weg nach München genommen hat, wo er heiratete, mit Schelling verkehrte, Jahrzehnte seines Lebens verbrachte?

Den Eltern F. I. Tjutschews gehörte dieses Stadtpalais, nachdem es für die Fürsten Gagarin gebaut worden war. Tjutschews Mutter kaufte sich von ererbtem Geld das Anwesen für 55 000 Rubel; es befand sich in der Pfarre der Kirche des Hl. Nikolaus des Wundertäters. Die Kirche stand dem Anwesen schräg gegenüber. Die Tjutschews waren auch mit der Familie Lazarev befreundet.

1812 flohen die Tjutschews auf ihr Landgut Ovstug im Orlover Gouvernement, wo auch Fjodor 1803 geboren worden war; das Haus blieb 1812 verschont, 1814 kehrte die Familie wieder zurück.

Dank außergewöhnlicher Begabung und bester Erzieher trat Tjutschew 1819 schon vorzeitig in die Moskauer Universität ein, die er glänzend an seinem 18. Geburtstag abschloß. Nicht nur das: Die Tochter eines Hofbediensteten gebar ihm mit 15 Jahren ein Kind; Fjodor war gerade 17. Kurz vor Tjutschews Abreise 1822 nach Deutschland tauften die jungen Eltern noch ein Kind.

Dank der Beziehungen zu den Fürsten Gagarin bekommt er einen Posten bei der russischen diplomatischen Mission in München. Mit den Gagarins hat Tjutschew auch weiter zu tun; 1833 wird ein Sohn russischer Botschafter in Bayern und damit Vorgesetzter Tjutschews in München. Ein anderer Gagarin dient ebenfalls in München und bemüht sich um den Abdruck von Tjutschews Gedichten in Puschkins Zeitschrift »Sovremennik«. Das Haus in der Armeniergasse wird 1831 von den Eltern verkauft. Auf seinen seltenen Moskaureisen betrachtet Tjutschew es mit Trauer von außen.

Bis 1844 ist er im Ausland, meist in München. 1828 hat er dort

Schelling kennengelernt. Seinen Moskauer Bekannten und Freunden, die begierig auf die Bekanntschaft sind, stellt er Schelling vor. Dies ist aber nicht der Anfang, sondern der Endpunkt einer ungezügelten Schellingbegeisterung in Rußland (vgl. Kap. 5). Vielleicht hat Schellings Naturphilosophie Tjutschew angeregt, Naturgedichte zu schreiben, in denen Natur unheimlich, zum Bösen veranlagt, regellos erscheint. Tjutschews Lieblingswort ist Chaos. Das so eigenartig russische Gefühl des horror vacui ist auch in Tjutschews Gedichten angelegt.

In München heiratet er nacheinander zwei bayerische Adelige. Dann ist er wieder in Rußland (ab 1844). Im Alter erfährt er noch eine Liebesleidenschaft, die sich in schönsten Gedichten ausdrückt, zu A. E. Denis'ewa. Für den russischen Menschen hat Tjutschew den Satz geschrieben: »An Rußland kann man nur glauben!«

Nach einem reichen vielfältigen Leben im Ausland war ihm die Rückkehr nach Rußland, zur »armen Mutter« unumgänglich:

Diese armen Siedlungen,
Diese karge Natur –
Heimatland, langmütig und duldsam,
Land Du des russischen Volks!

Puschkin und Tjutschew sind sich nie begegnet, aber vielleicht haben sie sich auf Kinderbällen auf der Pokrovka (ulica Černyševskogo), im »kommodenförmigen« Haus der Fürsten Trubeckoj getroffen. Am Ausgang der Armeniergasse schauen wir nach rechts stadtwärts in die Marosejka, die Straße der Kleinrussen; nach links in die Pokrovka. Wer Zeit hat, möge sich das Haus 22 auf der Pokrovka ansehen! Es gehört zu den architektonischen Denkwürdigkeiten Moskaus. Gebaut wurde es Ende 1760 Anfang 1770 von einem unbekannten Architekten aus der Schule Rastrellis, ein seltenes Beispiel elisabethanischen Barocks in Moskau: Miniatur-Winterpalast wurde es genannt und erinnert auch wirklich an das Petersburger Winterpalais. Ein Fassadenspiel im hellen Blau des Verputzes

Alte Ansicht der Pokrovka

und im Weiß des Stucks. Zunächst gehörte es den Apraksins, dann zu Zeiten Tjutschews und Puschkins den Trubeckojs.

Krivokolennyj pereulok 4: Diese Gasse hat die Form eines gebogenen Knies. Sagen wir: unterhalb der Kniekehle liegt das klassizistische Stadtpalais, Haus 4, gelb mit weißen Pilastern auf hohem Sockel und hohen Fenstern der Beletage. Hier lebte D. W. Wenewitinow, ein weiterer Puschkin-Freund, Schellingianer und Mitbegründer des philosophischen Kreises um W. F. Odojewski. Das Freiheitspathos der deutschen idealistischen Philosophie galt alles. Beim Dekabristenaufstand von 1825 wurden auch die Protokolle der geheimen Sitzungen von den Teilnehmern des Ljubomodry-Kreises verbrannt, möglicherweise hier in diesem Haus. Philosophie war unter Nikolai I. eine gefährliche Angelegenheit (vgl. Kap. 5). Zwei Gedenktafeln sind angebracht: eine erzählt davon, daß hier Wenewitinow gelebt hat; die andere berichtet, daß Puschkin 1826 hier sein Drama »Boris Godunow« (vgl. Kapitel 3) gelesen hat.

Die eigenartige widersprüchliche Atmosphäre dieser Gasse verstärkt sich durch die Anwesenheit einer Fabrik, offensichtlich noch aus der Frühzeit der Industrialisierung. Sie liegt neben dem Stadtpalais und überzieht seine hellen Farben mit einem Grauschleier.

Wenn das Anwesen restauriert sein wird, darf man sich Haus 4 im Petroverigskij pereulok nicht entgehen lassen. Das Palais besticht durch seinen prächtigen architektonischen Entwurf, seine herrliche Lage auf einem Hügel über der Moskva und eine lange Geschichte.

Ein zweiter Spaziergang führt in die Arbatstraße 53, wo Puschkin nach seiner Heirat 1831 ein paar Monate mit seiner Frau gelebt hat. Heute ist in dieser einzigen erhaltenen Puschkinwohnstatt ein Museum eingerichtet. Wer nur Zeit für dieses Museum hat, fährt zur Metro Arbatskaja. Wer die Umwege liebt und sich noch in den Anblick klassizistischer Palais verlieren möchte, fährt zur Station Kropotkinskaja, geht diese gutbewahrte Straße des Adels, die Prečistenka (Kropotkinskaja), entlang und wieder zurück und nähert sich, über den Prečistenskij-Boulevard (heute: Gogol'evskij-Boulevard) und die Arbatstraße kommend, der Adresse Arbat 53.

Die Prečistenka war schon im 16. Jahrhundert entstanden, als Verbindungsstraße zum Neujungfrauenkloster; Zar Alexej Michajlovič, der Vater Peters des Großen, zog sich auf diesem Wege oft ins Kloster zurück, um zu meditieren. 1658 wurde die Straße Prečistenka genannt zu Ehren der Ikone der Allerreinsten Gottesmutter im Neujungfrauenkloster. Im 18. und 19. Jahrhundert war es ein bevorzugtes Wohngebiet des Moskauer Adels, bis dann die reichen Kaufleute Mitte und Ende des 19. Jahrhunderts das Terrain eroberten. Nach der Revolution wurde die Straße 1921 in Kropotkinskaja umbenannt, weil der Anarchist Pjotr Kropotkin in einer Seitengasse geboren ist.

Wir zählen nur einige besonders wichtige Adressen auf. Beginnen wir mit der linken, ungeraden Seite, so finden wir unter Nummer 7 ein Gebäude aus dem Jahr 1775. Es gehörte den Vsevoložkijs. Einer von ihnen, der Begründer der Freimaurergesellschaft »Grüne Lampe«, war mit Puschkin befreundet.

Haus Nummer 11 ist das berühmte, vom Baumeister A. G. Grigor'ev erbaute Lopuchin-Palais. 1920 wurde hier ein Tolstoimuseum eröffnet mit zahlreichen Exponaten aus dem Leben und Werk Tolstois; dieses Museum ist nicht zu verwechseln mit dem Wohnhaus Tolstois, das ebenfalls Museum ist (vgl. Kap. 8). Haus Nummer 15 hat die Puschkinzeit erlebt und ist restauriert.

Haus No. 17, das Anwesen der Bibikows, gefällt durch seine Lage, weg von der Straße im Schatten der Parkbäume. Bausubstanz aus dem 17. Jahrhundert wurde für die Anlage verwendet, die Ende des 18. Jahrhunderts errichtet ist. Bibikow liebte es, Bälle und musikalische Soireen zu veranstalten; Puschkin tanzte 1831 auf einem seiner Bälle. Dann warf ein so ganz anderer Zeitgenosse ein Auge auf das Palais. Der Dichter und Husar Denis Dawydow hatte sich 1835 darein verliebt. Tolstoi hat ihn in »Krieg und Frieden« als kühnen Freischärler Denissow gegen die Franzosen dargestellt. Bald kann er das Haus nicht mehr halten: der Palast auf der Prečistenka ist dem Kosakenkämpfer in mancher Hinsicht zu eng geworden. Der Tod des Freundes Puschkin hat Dawydow zutiefst getroffen.

Haus 19 ist von M. F. Kazakow 1780 für Fürst A. N. Dolgorukij gebaut. Nach dem großen Brand war es zerstört; die Umbauten waren erst 1847 vollendet.

Haus 21, nach 1812 gebaut, beherbergte die Brautführerin bei Puschkins Heirat, die Fürstin Potemkina. Vor der Revolution hatte der bekannte Industrielle und Mäzen Morozow hier seine Kunstsammlungen untergebracht.

Gehen wir nun, auf der anderen Seite, denselben Weg zurück: Im Haus 32 war das berühmte Privatgymnasium Poliwanows untergebracht. Lew Tolstoi schickte seine Söhne zum Unterricht. Belyj und Brjussow durften hier recht keck ihre künstlerischen Anfänge in der Décadence demonstrieren.

Bei Nummer 22 müssen wir aufmerken: erbaut ist das Haus bereits Ende des 18. Jahrhunderts. Anfang unseres Jahrhunderts fanden hier Abendkurse für Arbeiter statt. Die Lehrerin und Rilke-

Das frühere Spielzeugmuseum, heute Puschkin-Museum auf der Prečistenka 12

freundin Sofija Schill hat den Dichter dorthin mitgenommen; mit einem der Teilnehmer hat Rilke sogar korrespondiert (vgl. Kap. 12).

Haus 20 hat auch eine berühmte Geschichte; Anfang des 19. Jahrhunderts erbaut, mußte es sich 1873 erhebliche Umbauten gefallen lassen. 1921 wurde für die Tänzerin Isadora Duncan hier ein Tanzstudio eingerichtet. Der traurige und jungenhafte Dichter Sergej Jessenin lebte hier mit ihr.

Haus Nummer 16 steht seit den Zeiten Katharinas. Aus welcher Epoche die prächtigen Löwen auf den Torpfosten stammen, hat niemand geschrieben. Diese königlich-hochmütigen Tiere und das hinter Baumgrün versteckte Palais geben dem Ort eine geheimnisvolle Atmosphäre, als könnte hier die vergangene Zeit mit Leichtigkeit wiederauferstehen. Von 1829 an war der Besitzer I. A. Naryškin, ein Onkel der Frau Puschkins. Es ist nicht von der Hand zu weisen, daß Puschkin sich in diesem Haus aufgehalten hat.

Das Glanzstück der Straße ist Haus 12: ehemaliger Besitzer der Adelige A. P. Chruščev. Von 1815 bis 1817 wurde es von dem schon erwähnten Baumeister A. G. Grigor'ev gebaut. Die Innengliederung eines klassizistischen Palais läßt sich hier gut studieren: die Enfilade der Paraderäume, der Saal, die kleineren Wohnräume im rückwärtigen Seitenteil. Die Ecklage brachte es mit sich, daß wir hier zwei Paradefassaden vorfinden, beide mit dem Säulenportikus geschmückt. In der nachrevolutionären Zeit befand sich hier das Spielzeugmuseum. Für Walter Benjamin war es einer seiner liebsten Aufenthaltsorte, wenn Asja Lacis ihn in trübe Stimmung versetzte (vgl. Kap. 13). 1961 wurde hier das Puschkin-Museum eröffnet, wenn Puschkin auch in dem Gebäude nicht verweilt haben dürfte. In zehn Sälen finden sich Exponate aus seinem Leben und Werk.

In Nummer 10 war oft der Student Boris Pasternak und hat die Söhne des Galanteriefabrikanten Filippov unterrichtet.

Wir gehen jetzt schnurstracks zum Arbat 53. 1811 verließ Puschkin Moskau, 1826 kehrte er wieder, aber er blieb immer nur kurz und wohnte in Petersburg bis zu seinem Tod im Duell 1837. Der längste Aufenthalt fand von Januar bis Mai 1831 statt; er heiratete in Moskau, und hier verbrachte er mit seiner Frau die ersten Monate, wobei er zu diesem Zweck sogar eine Wohnung anmietete.

Im Dezember 1828 hatte Puschkin auf einem der Jogelschen Bälle im Haus Kologrivov (n. erh.) auf dem Tverskoj-Boulevard die sechzehnjährige Schöne Natalja Nikolajewna Gontscharowa kennengelernt. Erst der zweite Heiratsantrag vom 6. April 1830 wurde angenommen und die Hochzeit für den 18. Februar 1831 in der Kirche Bol'šoje voznesenie (am Nikitskie-Vorota-Platz, erhalten) festgesetzt, zu deren Pfarrei die Gontscharows gehörten. (Ihr Haus in der Bol'šaja Nikitskaja 50 ist nicht erhalten.) Puschkin mietete eine Fünfzimmerwohnung auf dem Arbat beim Hausbesitzer und Fähnrich N. N. Chitrovo. Der Hochzeitsring fiel in der Kirche zu Boden, was dem abergläubischen Puschkin als schlechtes Vorzeichen galt. Ohnehin begab sich der ungebärdige geniale Feuerkopf ungern in die Ehefesseln. Zwar betete er die Schöne an, doch allerlei Familienstreitigkeiten und ein Schwiegermuttersyndrom hatten sich schon in der Zeit der Werbung herausgebildet.

Haus 53 ist, wie gesagt, das einzige Wohnmuseum Puschkins in

Moskau. Es ist kürzlich eröffnet worden, nachdem es mit liebevoller Mühe eingerichtet worden ist. Freilich ist nicht so ganz gesichert, auf welche Weise Puschkin die einzelnen Zimmer bewohnt hat. Auch ist kaum Originalmobiliar vorhanden. Das gewisse, für das russische Wesen so typische, feierliche Pathos, das in den Räumen durch Lautsprecher erzeugt wird, möchte gleichsam das gewesene Liebesglück Puschkins mitrekonstruieren.

Das Museum ist nur mit Führung zu besichtigen; für das Betrachten von Details bleibt bei dem üblichen hohen Tempo russischer Führungen fast keine Zeit. Im oberen Stockwerk befindet sich die Fünfzimmerwohnung der Puschkins, im unteren Geschoß widmet sich eine Literaturausstellung dem Thema »Puschkin und Moskau«. Zeitgenössisches finden wir da über die Stadt und Puschkins Bekanntenkreis, den Moskauer Alltag, die Moskauer Salons, das literarische Leben, die Zeitschriften etc. Auf einer Abbildung können wir den Salon der Zinaida Volkonskaja in der Tverskaja bewundern (das heutige Gebäude Tverskaja 12 ist dabei nicht wiederzuerkennen). Eine kleine Ecke ist dieser gebildeten und schönen Frau gewidmet. Teilweise stammt die Zimmereinrichtung aus den Häusern der Dichterfreunde Puschkins.

Die Wohnung: Über das glänzende Empireparkett huschen wir in unseren Filzpantoffeln in einen geräumigen Saal, wo sich bei geöffnetem Fenster die prächtigen Empirevorhänge bauschen. Es ist wohl anzunehmen, daß hier Puschkins Polterabend stattfand, wo er zusammen mit seinen Dichterfreunden Abschied vom Junggesellenleben nahm. Nach der Hochzeit wurde ein bescheidener Ball für die Freunde gegeben; in diesem Saal ist auch eine Sesselgruppe aus der Puschkinzeit.

In einem Arbeitszimmer erfreut ein Originalstehpult; auch ein Toilettentischchen von Natalja Gontscharowa ist vorhanden. Ihr Porträt aus späteren Jahren hängt an der Wand: sie ist nach dem Tod Puschkins bereits wiederverheiratet; mit Puschkin hatte sie drei, mit dem zweiten Mann vier Kinder.

Aus dem Lautsprecher raunt eine Stimme mit allem russischen

Pathos, dessen sie fähig ist, Worte über Puschkin, sein Glück, seine Liebe zu Moskau.

Alexander Puschkin

Aber blättern wir in seinen Briefen aus der damaligen Zeit. Da ist die gewisse Puschkinsche Düsternis; Ärger mit den Verwandten, Schulden, quälende Fragen, wie der Hausstand zu finanzieren sein werde. Wir lesen auch mit Erstaunen, daß Puschkin die Wohnung nur für drei Monate gemietet und schon die feste Absicht hat, nach einem halben Jahr Moskau zu verlassen. Carskoe Selo bei Petersburg: dorthin zog es ihn wieder. Wir wissen zwar nicht genau, wo Puschkin seine Briefe verfaßte; aber was er aus der Wohnung im Arbat 53 schrieb, wissen wir genau.

Seinem Freund P. A. Pletnjow am 13. Januar 1831: »Liebe Seele, so sieht mein Lebensplan aus: ich heirate in diesem Monat, ein halbes Jahr verbringe ich in Moskau, im Sommer komme ich zu Euch. Ich mag das Moskauer Leben nicht. Hier kannst Du nicht leben, wie Du willst, sondern wie die alten Tanten wollen. Meine Schwiegermutter ist auch so eine ... Geld, Geld: die Hauptsache, schick mir Geld. Und ich sag Dir meinen Dank.«

Um den 16. Februar wieder an Pletnjow: »In einigen Tagen heirate ich: hier breite ich vor Dir meine wirtschaftlichen Verhältnisse aus: ich habe eine Hypothek auf meine 200 Seelen genommen – dafür gab es 38000 – und so sind sie verteilt: 11000 für die Schwiegermutter, die unverzüglich ihre Tochter mit einer Mitgift ausgestattet sehen will – also Verlustanzeige. 10000 für Naščokin, weil er mir aus einer üblen Bredouille herausgeholfen hat: dieses Geld ist richtig ausgegeben. Bleiben 17000 für Anschaffungen und die laufenden Jahresausgaben. Im Juni werde ich bei Euch sein und en bourgeois leben, denn mit den alten Tanten hier auszukommen ist unmöglich – lauter dumme und lächerliche Forderungen – man kann nichts machen. Verstehst Du jetzt, was Mitgift bedeutet und wieso ich so böse war? Eine Frau ohne Besitztümer zur Frau zu nehmen, bin ich imstande; aber Schulden zu machen für ihre Putzlappen, bin ich nicht imstande.«

Am 24. Februar: »Ich bin verheiratet – und glücklich; ich hab nur einen Wunsch, daß sich in meinem Leben nichts ändert – mehr erwarte ich nicht.«

Am 26. März ist der Groll wieder da: »Ich habe keinerlei Absicht, in Moskau zu bleiben, die Gründe sind Dir bekannt – und jeder Tag bringt neue . . . aber mein Frauchen ist entzückend, nicht nur äußerlich, und ich betrachte nicht als Opfer, was ich hatte tun müssen.«

Am 11. April an Pletnjow: »Moskau habe ich satt. Du sagst, Petersburg sei kaum besser: aber ich bin wie Arthur Potockij, der auf den Vorschlag, Fische zu fangen, antwortete: ›ich möchte mich lieber anders langweilen‹.«

Um den 20. Mai schreibt er bereits aus Petersburg an Freund Naščokin nach Moskau. Dort wird Puschkin sich auch das letzte Mal in Moskau aufhalten, bei Naščokin im Vorotnikovskij per. 12. Auch Naščokins Haus in der ul. Ryleeva No. 4 hat Puschkin besucht. Aber es sind nur flüchtige Moskauer Streifzüge. Der Kindheitstraum Moskau konnte nicht mehr weiter geträumt werden; er war literarische Form geworden.

Innerlich sind wir mit diesem Kapitel an ein Ende gekommen, aber es fehlen natürlich noch ein paar wichtige Adressen der Freunde und Zeitgenossen Puschkins. Da ist der andere große dämonische Dichter und Jüngling der Epoche: M. Ju. Lermontow (1814-1841). Ein Wohnmuseum befindet sich in der Malaja Molčanovka 2. Im August 29 hatte die Großmutter Arsen'eva dort ein gemütliches Haus mit Mezzanin gemietet. Lermontow verbrachte hier lärmende und lustige Studentenjahre bis zu seiner Abreise aus Moskau 1832. Auch er war ein »Held unserer Zeit« (so der Titel seines Hauptwerks). Aber der dämonische Byronsche Jüngling läßt sich schwer mit Moskauer Kategorien fassen. Zwar ist er Moskauer von Geburt: sein Geburtshaus stand am Krasnye-Vorota-Platz. Nicht nur das Rote Tor ist abgerissen (vgl. 1. Kapitel), auch das Haus, wo er geboren ist. Den Tod fand er, wie anders, im Duell.

Nennen wollen wir noch zwei Adressen in der ul. Stankeviča, dem ehemaligen Bol'šoj Černyševskij pereulok. Im Haus Nummer 9 lebte Anfang der zwanziger Jahre der enge Puschkinfreund Fürst P. A. Wjasemski (1792-1878). Im Hof soll noch ein altes Flügelgebäude stehen, in dem Wjasemski wohnte, wenn er von seinem Gut Ostaf'evo nach Moskau kam. Puschkin war häufiger Gast auf dem Landgut, N. M. Karamsin schrieb dort Bände seiner »Geschichte des russischen Staates«. Das Gut wird heute leider, als Sanatorium, fremdgenutzt; es muß ein wunderschöner Besitz gewesen sein mit weitläufigem Park. Lange Zeit wurden dort viele Exponate der Puschkinzeit bewahrt, die heute in alle Winde zerstreut sind. Vielleicht wird der Besitz einmal der Öffentlichkeit zurückgegeben.

Im Haus Nummer 6, der Stankevič-Straße, lebte Jewgeni Abra-

Lermontov-Museum in der Molčanovka 2

mowitsch Baratynski (1800-1844). Er hatte einige Jahre in Finnland gedient, wohin er strafversetzt worden war. Die Schwermut der Landschaft, die Härte der Natur spricht aus den Gedichten dieser Zeit. Am 31. Januar 1826 wurde Moskau sein Aufenthaltsort; aber auch dort fühlte er sich ausgesetzt, in geistiger Isolation. Im Juni 1826 heiratete er die Moskauerin deutscher Abstammung Engelhardt; er lebte mit seiner Frau beim Schwiegervater im oben genannten Haus. Puschkin las hier seine »Erzählungen Belkins«. Das Haus ist sehr alt, wurde aber erheblich umgebaut.

Baratynski interessiert sich schließlich immer mehr für das Landgut der Engelhardts in Muranovo, 55 km vor Moskau. Heute ist in Muranovo ein F. I. Tjutschew-Museum: Nach Tjutschews Tod 1873 brachten seine Verwandten das Familienarchiv, persönliche Dinge, Familienporträts nach Muranovo und legten so den Grundstock für das künftige Museum; der letzte Besitzer Muranovos war Tjutschews Sohn; nach der Oktoberrevolution wurde der Besitz in ein Museum umgewandelt. Man sollte sich dieses Beispiel anheimelnder russischer Landhauskultur nicht entgehen lassen; die »Lindenallee« entlang wandern und bewundern, mit welcher Vollendung russische Architekten Kunst und Natur auf dem Lande zu verschmelzen wußten.

Und der wichtigste Puschkinfreund, Pjotr Tschaadajew? Er hatte eine Adresse in der Novaja Basmannaja 20, wo er ab 1836 bis zu seinem Tode lebte. Natürlich ist die Adresse nicht mehr vorhanden. Fixieren wir ihn nicht weiter; auf den folgenden Seiten (und am Schluß des Buchs) wird er immer wieder auftauchen wie ein Schatten, wie die geheime Seele dieses Buchs, dieser Stadt.

4. DER KREML: »WUNDER, GEHEIMNIS, AUTORITÄT«

Dostojewski, Puschkin, Kuhlmann, Seume, Custine,
Lew N. Tolstoi, Alexej Tolstoi

Blick auf den Kreml

»Der Tag verrinnt, die finstere, heiße, leblose Nacht von Sevilla bricht herein.« Nicht wenige Leser werden bei dieser Zeile an die Erzählung vom »Großinquisitor« aus den »Brüdern Karamasow« denken. Was hat das mit dem Kreml zu tun? Nichts scheint uns bei Betrachtung des Kreml ferner zu liegen als eine spanische Nacht.

Dostojewski schreibt nicht über den Kreml, er schreibt vom Spanien der Inquisition, von dem Brot, das man den unruhigen Massen gibt, um ihre Instinkte zu bändigen, vom Aufruhr der individuellen Freiheit, die man durch drei Heilmittel zum Schweigen bringt: »Wunder, Geheimnis, Autorität«.

Wir stehen neben dem Historischen Museum und überschauen den Roten Platz und die Kremlmauer mit ihren Türmen.

Bei aller Freude des Anblicks meldet sich ein Vorbehalt, daß Macht sich hier in ihrer unverfälschten Gestalt anschauen läßt; der Vorbehalt wird zur Abwehr angesichts des Leninmausoleums: Macht verbindet sich mit dem Numinosen, wird undurchschaubar und ungesetzlich.

Aber es ist leicht, die Naivität des Schauens wiederzugewinnen. Wir betrachten die unvergleichliche Anmut, mit der der Rote Platz anhebt, um dann leicht abzusinken und in dieser Senke die Basiliuskathedrale aufzunehmen. Wie oft wurde sie geschmäht, diese Basiliuskathedrale – asiatisch-exotisch, eine Konfitürenschachtel; sie wurde gar vom Abriß bedroht, und doch ist gerade sie das Herzstück der Stadt. Sie ist immer schön, im Januarlicht sind ihre Farben mild, deutlicher im klaren Herbst, staubiger, verschwommener im kontinentalen Sommer. Wer sie genau betrachtet, staunt über die Einzelheiten, die Zeltdachtürme, die farbigen Kuppeln, die zusammengewürfelt sind – zu einer verschachtelten Einheit; so viele selbständige Teile, und doch eine formlose Einheit, wie eine schöne fremde Melodie, deren Tonsystem man nicht kennt.

Lesen wir den Baedeker um die Jahrhundertwende über den

Kreml, Zeilen, die auch Rilke gelesen haben wird, um sich dem Kreml anzunähern:

»Im Mittelpunkt der Stadt, auf einem ganz Moskau beherrschenden, 40 m über der Moskva gelegenen Hügel, erhebt sich der Kreml, in dem sich alle Erinnerungen aus Moskaus Vergangenheit vereinigen. Für den Russen ist derselbe eine geheiligte Stätte: im Kreml erst erhält die Gewalt des Zaren ihre priesterliche Weihe, die Glocken des Ivan Velikij verkünden den Russen, daß ihr Zar den Thron ihrer Väter bestiegen hat ... Der alte, festungsartige Kreml (Kreml, früher auch Djetinez, Burg genannt ...), ist eine große Vereinigung von kirchlichen Bauten, Palästen und Staatsgebäuden, eingeschlossen von einer 20 m hohen zinnengekrönten Backsteinmauer von ca. 2 km Umfang, mit 21 Türmen. Die für ganz Rußland charakteristische Vereinigung von Kaisertum und Kirche kommt nirgends greifbarer zum Ausdruck als hier, wo zahlreiche Kirchen den Kaiserpalast umgeben.«

Rilke hatte diese Verbindung von weltlicher und geistlicher Macht, von der hier die Rede ist, akzeptiert. Besser sagt man vielleicht, ihn hat nur die reine Frömmigkeit des einfachen Menschen interessiert, die Zarenmacht an sich war ihm wohl gleichgültig. Sein Moskaubild trägt jedenfalls keinen Schatten eines aufklärerischen Zweifels.

Anders dagegen Gottfried Seume. 1805 hat er sein ganzheitliches Moskau- und Kremlerlebnis. Leider ist für uns die Möglichkeit unwiederbringlich dahin, Seumes betörend sinnliche und zugleich auch skeptische Erfahrung nachzuerleben:

»Einen anderen Tag fuhren wir hinaus über die Moskva auf die sogenannten Sperlingsberge, wo die Vegetation sehr reich ist und die Gegend mancher Schweizergegend nichts nachgibt. Von diesen Bergen übersieht man das ganze Amphitheater des Tals, in und an welchem die große Stadt gebaut ist. Es ist einer der auffallendsten Anblicke, den man haben kann. Wer die Lokalität gut inne hat, kann alles unterscheiden bis auf die andere Seite an den kaiserlichen Garten und die deutsche Vorstadt. Hervorstechend ist der ganze

Kreml. Für mein eigenes Gefühl hatte ich noch einen andern Moment, wie man ihn nur selten hat. Man zählt, wie ich höre, in Moskau gegen sechshundert Kirchen. Die Kirchen sind dort voll Türme und die Türme voll Glocken. Ich habe auf mancher Kirche sieben Türme gezählt, und unter dreien sieht man in Rußland selten eine, weswegen die Rechtgläubigen Ketzerei rochen, weil die Isaakskirche in Petersburg nur zwei Türme hat. Es war ein schöner, heller, stiller, freundlicher Nachmittag, wo der Wind sanft über die Stadt herüberwehte. Den Morgen darauf war ein Festtag, der mit allen Glocken den Abend vorher eingeweiht wurde. Stelle Dir nun das Gesumme vor, auf manchen Türmen sind über zwanzig Glocken. Ich habe in meinem Leben kein so magisches, gefühlbetäubendes, vernunfttötendes Tongewirre gehört als hier und in Warschau vor elf Jahren den grünen Donnerstag und Karfreitag. Du erinnerst Dich wohl der Periode, wo Glocken und Kanonen konzertierten. Hier begriff ich in einer Minute mehr von der Kirchentaktik, als mich viele Jahre Nachdenken und Studium der Geschichte gelehrt hatten. Bemeistere Dich mit Deiner großen Leidenschaft der kleinen Leidenschaft anderer, und Du bist ihr Herr: das Schiboleth der geistlichen und der weltlichen Despotie. Von Vernunft und Moralität behält man sodann nur die Namen, damit die heilige Sophistik daraus modeln und drehen kann, was sie nötig hat.«

Das ist das sinnliche Ganzheitserlebnis des Kreml, das aber mit der Betörtheit zugleich die skeptische Unruhe des Westeuropäers nach der Französischen Revolution im Angesicht der geheimnisvollen Macht der Kirche spüren läßt. Der Kreml als ein riesiges Kloster, das vernunfttötende Tongewirre als die Verführung der kleinen Leidenschaften einzelner und Indienstnahme für die Mächtigen. Seume war 1805 in Moskau, als die Herrschaft des jungen Zaren Alexander I. noch Hoffnung versprach, das Zarentum könne sich auf eine konstitutionelle Monarchie hin bewegen.

Auch Alphonse de Custine, dem man nachsagt, er habe alle Vorurteile gegenüber Rußland nicht bestätigt, sondern allererst her-

Der Kutaf'ja-Turm

vorgerufen, ist dem Zauber des Kreml ganz erlegen. Sein erster Besuch des Kreml fand 1839 im Mondschein statt.

Nach seinen Aussagen wird er durch Kutaf'ja-Turm und Tajnickaja-Tor in den Kreml hineingegangen sein – ein Weg, der mehr oder weniger auch heute vorgeschrieben ist:

»Ich möchte Ihnen eine Vorstellung von dieser Steinmasse geben können, die sich stufenförmig am Himmel abzeichnete. Seltsamer Widerspruch! Dieses Asyl des Despotismus wurde im Namen der Freiheit errichtet, denn der Kreml war ein Wall, den die Russen den Kalmücken entgegensetzten: seine Mauern haben die Unabhängigkeit des Staates begünstigt und der Tyrannei des Herrschers gedient. Sie folgen kühn den tiefen Einschnitten des Terrains; wird der Abhang des Hügels zu steil, so steigt die Mauer in Treppenabsätzen hinunter. Diese Stufen, welche zwischen dem Himmel und der Erde liegen, sind ungeheuer groß; sie sind eine Leiter für die Riesen, welche die Götter bekriegen wollen ... Das Dunkel trug ohne Zweifel dazu bei, die Gegenstände größer erscheinen zu lassen und ihnen ungewöhnliche Formen und Farben zu geben, ja Farben, denn die Nacht hat ihr Colorit wie der Kupferstich. Ich weiß nicht woher der Wunderglanz kam, dessen Einfluß ich fühlte, so viel aber weiß ich, daß ich mich eines geheimen Grauens nicht erwehren konnte ... Über einem langen Gewölbe, durch das ich hindurchschritt, bemerkte ich einen schwebenden Weg, auf welchem Fußgänger und Wagen in die heilige Stadt gelangten. Dieses Schauspiel war mir unbegreiflich; nichts als Thürme, Thore, Terrassen übereinander; nichts als steile Rampen, Bogenwölbungen, welche

Die Kreml-Mauer

die Straßen tragen, auf denen man aus dem jetzigen gemeinen Moskau in den Kreml, in das Moskau der Geschichte, das wunderbare Moskau gelangt.

Den Kreml bewohnen, heißt nicht leben, sondern sich vertheidigen. Der Druck ruft die Empörung hervor, die Empörung nöthiget zu Vorsichtsmaßregeln, die Vorsichtsmaßregeln vergrößern die Gefahr und aus dieser langen Reihe von Druck und Gegendruck, von Streben und Widerstreben geht ein Ungeheuer hervor, der Despotismus, der sich in Moskau ein Haus gebaut hat – den Kreml.«

Custines fast widerwillige Faszination schlug um in ein ausschließliches Interesse für den Kreml: »Ich interessiere mich hier nur für diese ehrwürdige Citadelle, die Wurzel eines Reichs, das Herz einer Stadt.«

Seumes Kreml von 1805, Custines von 1839, Rilkes von 1900 und 1901? Was haben sie gesehen, was sehen wir?

Seume und Custine sahen einen anderen Kremlpalast; Rilke erlebte bereits an dieser Stelle den Großen Kremlpalast. Jedenfalls unterschied sich in diesen hundert Jahren Distanz die Kremlsil-

Kreml: Orientierungsplan
A Borovickij-Tor – B Wasserhebeturm – C Verkündigungsturm – D Geheimturm – E 1. namenloser Turm – F 2. namenloser Turm – G 3. namenloser Turm – H Moskva-Turm – I Konstantin-Helena-Turm – J Sturmgeläuteturm – K Zarenturm – L Erlöser-Tor – M Senatsturm – N Nikolaustor – O Arsenalturm – P Mittlerer Arsenalturm – Q Dreifaltigkeitstor mit Kutaf'ja-Turm – R Kommandantenturm – S Waffenturm

1 Mariä-Entschlafens-/Mariä-Himmelfahrts-Kathedrale – 2 Mariä-Verkündigungs-Kathedrale – 3 Erzengel-Kathedrale – 4 Glockenturm ›Ivan der Große‹ – 5 Zarenglocke – 6 Kirche der Gewandniederlegung Mariä – 7 Patriarchenpalast mit Zwölf-Apostel-Kathedrale – 8 Facettenpalast – 9 Terempalast – 10 Großer Kremlpalast – 11 Rüstkammer – 12 Senat – 13 Gebäude des Obersten Sowjets – 14 Kongreßpalast – 15 Arsenal – 16 Zarenkanone – 17 Vergnügungspalast

Zerstörte Komplexe (nach der Oktoberrevolution)
- I Kirche des Erlösers im Walde (älteste Kremlkirche)
- II Čudov-(Männer-)Kloster, Voznesenskij-(Frauen-)Kloster mit Kathedralen, Petit Palais
- III Zarenkaserne (an dieser Stelle 17. Jh. Godunow-Palast) und weitere Dienstgebäude der Zaren

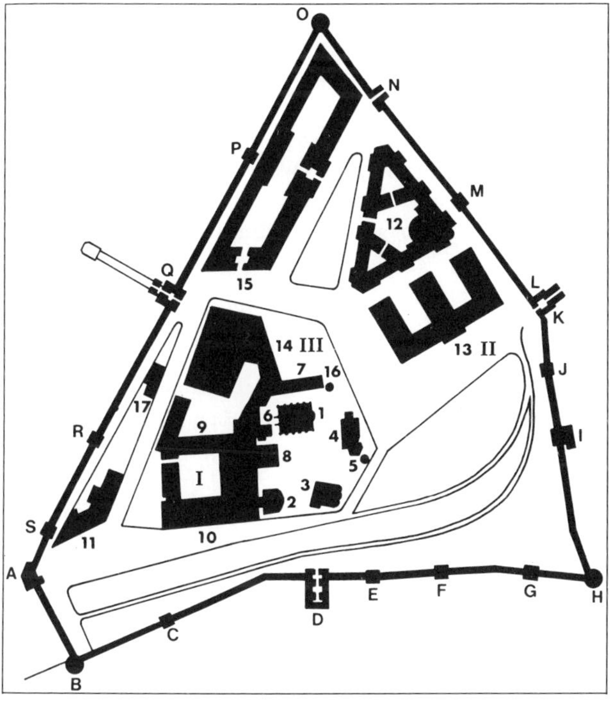
O
N
P
M
12
Q
15
L
K
14 III
13 II
7
16
J
17
6
1
R
9
4
I
8
5
I
3
2
S
11
10
A
E
F
G
H
D
C
B

houette nicht allzu sehr. Erst die Sieger der Oktoberrevolution meinten, die Zarentradition beerben, sich des topographischen Machtzentrums bemächtigen und ihre Zerstörungen hinterlassen zu müssen. In einem älteren sowjetischen Architekturführer liest man, auf dem Kremlgelände habe sich im Vergleich zur übrigen Altstadt am wenigsten geändert. Wie das? Rechnet man so wenig mit dem Gedächtnis der Menschen?

Wir befinden uns immer noch an dem Standort am Historischen Museum; uns hilft kein Gedächtnis, wir müssen mit Hilfe alter Karten das Kremlareal rekonstruieren.

Unser Standort markiert gleichsam eine besondere architektonische Wunde und damit auch eine geschichtliche Leerstelle. Hier beim Historischen Museum, an der Einfahrt zum Roten Platz, befand sich vielleicht das schönste und traditionsreichste der sieben Tore, die sich einst in der Mauer von Kitaj-Gorod befanden: die Voskresenskie Vorota. Das Auferstehungstriumphtor wurde 1680 errichtet. 1930 wurde es abgerissen, um Platz für »Durchfahrten zu schaffen«. (In erster Linie ging es darum, den militärischen Aufmarsch für die Maiparaden zu sichern.) Es trug zwei Zeltdachtürme über den beiden bogenförmigen Durchfahrten. Zwischen diesen Durchfahrten war die kleine Kapelle zur Iberischen Gottesmutter. Das Tor hat mehrfach seinen Namen gewechselt: Neglinkator, Iberisches Tor, Auferstehungstor, Löwentor nach dem Raubtierkäfig, den der Zar sich in der Nähe hielt.

Laut Baedeker (1902) war die Ikone eine 1648 angefertigte Kopie des wundertätigen Marienbildes des Iberischen Klosters auf dem Berg Athos. »Kein Russe geht vorbei, ohne einen Augenblick heranzutreten und das Zeichen des Kreuzes zu machen. Die Kapelle ist meist dichtumdrängt; man hüte sich vor Taschendieben.«

Von seinem Hotelzimmer aus hat Rilke (1899 nächtigte er im Bol'šaja Moskovskaja Gostinica am Auferstehungsplatz) die rote Lampe unter der Ikone der Iberischen Gottesmutter leuchten sehen; durch dieses Tor ging er, um in der Osternacht »mit seiner kleinen Kerze« den Gottesdiensten auf dem Kreml beizuwohnen. Ein

Das Auferstehungstor mit der Iberischen Kapelle

Jahr später bemühte er sich um die nämlichen Hotelzimmer im Moskauer Grandhotel, denn er wähnte sich nicht heimgekehrt, wenn er nicht das rote Lämpchen der Iberischen Gottesmutter leuchten sähe (vgl. Kap. 12; auch Kap. 13, Toller). Die Bereitschaft, sich auf Rilkes Frömmigkeit einzulassen, wird getrübt, wenn man in einem zeitgenössischen Reiseführer vom Kult liest, der um russische Wundertaten getrieben wurde: »Die Ikone der Iberischen Gottesmutter macht auch – gegen Geld – Ausfahrten, um in Privathäusern ihre wundertätige Wirkung zu beweisen; währenddessen wartet in der Kapelle eine Kopie den Frommen auf, die von ebenso wundertätiger Wirkung sein sollte.«

Wir erkennen von unserem Standort aus drei Türme an der Ostfassade der Kremlmauer: den Arsenaleckturm, benannt nach dem dahinterliegenden Arsenalgebäude, das unter Peter I. 1701 bis 1736 errichtet und 1828 durch den Architekten Beauvais (Bove) umgebaut wurde. Der Nikolaus-Turm schließt den Gebäudekomplex ab. Wir unterscheiden unmittelbar über dem Leninmausoleum die flache Kuppel des ehemaligen Senatsgebäudes, unter Katharina 1776 bis 1787 von Kazakov errichtet.

Das Gebäude des ehemaligen Obersten Sowjet (erbaut 1923/24) müssen wir im Geiste abtragen; hinter dem Erlösertor befand sich ein Kloster- und Kirchenkomplex, der Rerbergs Neubau zum Opfer fiel (vgl. Kreml-Plan).

Betreten konnte man das Kremlgelände durch das Erlösertor (die Spasskie Vorota): In der Zarenzeit genoß die Weise des Zutritts zum Kreml durch das Erlösertor besondere Verehrung. Über dem Eingang hing eine uralte Christus-Ikone, vor der eine Lampe brannte. Dieser Ikone wurde wundertätige Wirkung, besonders auch in der Abwehr der äußeren Feinde, zugesprochen. Alle siegreichen Zaren haben ihre Truppen hier im Triumph hindurchgeführt. In einem Moskaukunstführer um 1900 lesen wir: »Wer diesen Durchgang betritt, muß, gleichgültig welcher Religion er auch angehören mag, seine Kopfbedeckung abnehmen und darf sie erst wieder aufsetzen, wenn er am Ende des Thores angelangt ist…

Sollte ein Ausländer vergessen sich dieser Sitte zu unterwerfen, so würde er von den Vorübergehenden durch den Zuruf ›Väterchen, den Hut!‹ (›Batjuschka, schljapa!‹) in vorwurfsvollem Ton daran erinnert werden.«

1491 baute der italienische Architekt Pietro Antonio Solari auf alten Fundamenten den Erlöserturm mit Hilfe Moskauer Meister. 1624 bis 1626 schmückte ein russischer Architekt den Turm mit einem Zeltdach. 1625 wurde die erste Kremluhr angebracht, die der englische Meister Galloway angefertigt hatte. Peter I. ließ sie durch eine holländische Uhr auswechseln. Die Uhr, die wir heute sehen, ist in den fünfziger Jahren des 19. Jahrhunderts in der Fabrik der Brüder Butenop (vgl. 3. Kap., Fabrik auf der Mjasnickaja = ul. Kirova) hergestellt. Heute sehen wir schwarze Limousinen durch das Tor rauschen und die Posten salutieren. Dem Bürger, dem Touristen ist der Eingang in den Kreml eben durch dieses Tor verwehrt, ein Zeichen, daß man sich der numinosen Aura dieses altehrwürdigen Tors auch in modernen Zeiten weiter bedient: Wunder, Geheimnis, Autorität.

Hätten wir mit Rilke (1899 und 1900) oder mit Joseph Roth (1926) den Kreml durch das Erlösertor betreten können, so wären wir unmittelbar nach dem Tor auf den Nikolauspalast oder das Kleine Zarenpalais gestoßen; es war von der Anlage zweier Klöster um-

Der Nikolaj-Palast (Petit Palais) und das Erlösertor, dazwischen das Auferstehungskloster

geben, dem Čudov-Männerkloster und dem Voznesenskij-Frauenkloster.

1775-1776 wurde unter dem Architekten Katharinas Kazakov mit dem Bau des Palais begonnen. Nachdem es ursprünglich für den Metropoliten Platon errichtet war, ging es 1818 in Zarenbesitz über. Für uns ist es insofern ein verschwundenes literarisches Denkmal, weil Puschkin hier wahrscheinlich seine denkwürdige Unterredung mit dem Zaren Nikolai I. gehabt hat. Erinnern wir uns (Kap. I): Puschkin wurde im September 1826 von einem Feldjäger aus Michajlovskoe abgeholt. Im 7. Kapitel des »Eugen Onegin« hat er seine Ankunft in Moskau geschildert; in der literarischen Fiktion läßt er das Kutschengefährt zu den Stätten seiner Kindheit (3. Kap.) abbiegen. In Wirklichkeit brachte man ihn die Tverskaja entlang durch das Auferstehungstor über den Roten Platz durchs Erlösertor direkt zu Nikolai in das Petit Palais.

Nikolai soll den aufrührerischen Dichter über seine Beziehungen zum Dekabristenaufstand (Dezember 1825) ausgefragt haben. Puschkin gab seine Sympathien für die Dekabristenfreunde zu erkennen. Küchelbecker, einer seiner besten Freunde, hatte am Aufstand teilgenommen. Die Dekabristen hatten sich aus den russischen Regimentern formiert, die siegreich aus Frankreich zurückgekehrt waren; Unzufriedenheit mit den herrschenden politischen Verhältnissen hatten sie mitgebracht. Der Vorgänger Nikolais, Alexander I. ging offensichtlich den Weg jedes Selbstherrschers, am Anfang der Regierungszeit Reformfreudigkeit zu zeigen, schließlich aber erzkonservativ zu werden. Bei seinem Tod ergriffen einige Adelige die Gunst der Stunde und stellten ein Regiment vor dem Winterpalast in Petersburg auf; dieser zaghafte Putschversuch wurde grausam geahndet. Fünf der Teilnehmer wurden gehenkt, darunter der Dichter Rylejew; tiefe Verstörung breitete sich unter den aufgeklärten Adeligen aus, waren es doch die ersten Todesurteile nach fünfzig Jahren. Puschkin trat also Nikolai als dem Henker seiner Freunde gegenüber.

Puschkin hatte sein Historiendrama »Boris Godunow« 1824 be-

Das Čudov-Kloster (Kloster der Wunder)

gonnen. Ob er jetzt, 1826, noch einmal die Gelegenheit benutzt hat, die Kremlstätten zu besichtigen? Dann wird er sich die Schauplätze seines Dramas neu vergegenwärtigt haben: besonders das Čudov-Männerkloster. Aus diesem Kloster war der falsche Dimitri, mutmaßlich der Mönch Grischa Otrepjew, entlaufen. Das Kloster hatte eine lange Tradition: nachdem es 1365 vom Metropoliten Alexios gegründet worden war, war es schließlich bis vor der Revolution Sitz des Moskauer Metropoliten. Der Leichnam des Gründers Alexios konnte in der Alexioskathedrale des Klosters verehrt und auf seine wundertätige Wirkung geprüft werden. Das Faktum des Leninmausoleums wird erst auf dem Hintergrund dieser langen Tradition der religiösen Leichnam-Verehrung deutlich. 1610 mußte der dem falschen Dimitri nachfolgende Zar Vasilij Šujskij auf die Zarenwürde verzichten und sich ins Čudov-Kloster zurückziehen.

Ein solches »Entsagungs«-Kloster war auch das Voznesenskij (Himmelfahrt)-Kloster. Entmachtete Fürstinnen fanden hier ihre letzte Zuflucht oder ihr Gefängnis bis zum Tode. Das Kloster war ebenfalls eine frühe Gründung: von 1389. Die in der Mitte des Klosterhofs von 1407 bis 1467 gebaute Himmelfahrtskathedrale trug

Blick vom Glockenturm Ivan Velikij, rechts das Erlösertor, davor das Auferstehungskloster, links davon die Kathedrale des Klosters

mit ihren fünf vergoldeten Kuppeln zur märchenhaften Kremlsilhouette bei. Sie war auch die Grabkirche der Großfürstinnen und Zarinnen.

Aber nicht nur die nachrevolutionären Regierungen taten den falschen Schritt zur Aufklärung, indem sie Klöster und Kirchen mitleidlos abrissen. Die ständigen Brände in dieser, vornehmlich aus Holz gebauten Stadt, die erstaunliche Bauenergie mancher russischen Potentaten wie Katharina II. ließen Kreml und Stadt nicht zu einer einheitlichen architektonischen Ruhe kommen. Katharina plante gar ein Großprojekt auf dem Kreml, dem alle alten Bauten zum Opfer fallen sollten; glücklicherweise ging ihr das Geld aus (vgl. auch den von Katharina geplanten Zarenpalast in Carycino; die Restruinen dieser hochfliegenden kaiserlichen Pläne sehen heute sehr eindrucksvoll aus).

Betrachten wir den Großen Kremlpalast: er ist ein relativ spätes Werk: erbaut von Thon auf Geheiß Nikolais in der Zeit von 1839 bis 1848. An seiner Stelle stand der unter Elisabeth I. errichtete Rastrellipalast; Rastrelli, der geniale Baumeister des Petersburger

Winterpalais, hatte um seinen zierlichen barocken Palast eine Schar von Hofkirchen gruppiert. Durch den Großbau unter Nikolai wurde die lockere Anordnung in ein festes Baukorsett gezwängt. Die älteste Kirche auf dem Kreml »Spas na Boru«, die Erlöserkirche »im Walde«, wurde von dem Riesenkomplex eingeschlossen.

Custine hat mit bewundernswert prophetischer Weitsicht den Kahlschlag an der altehrwürdigen Substanz und die russische Restaurierungswut angeprangert: Custine zitiert zunächst den alten Reiseführer von Lecointe de Laveau aus den zwanziger Jahren des 19. Jahrhunderts: »... die Bauwuth mag die Gärten in Häuser verwandeln, man wird dann für Moskau eine der größten europäischen Städte erhalten, die aber die Neugierde nicht mehr reizt.«

Custine selbst wird 1839 bei Nikolai vorstellig und bittet ihn, von seinen Kremlpalastplänen Abstand zu nehmen.

»Die jetzige Wohnung des Kaisers ist ärmlich und beschränkt, ich gebe es zu, aber um diesem Übelstande abzuhelfen, vergreift man sich an den ehrwürdigsten Gebäuden des alten Nationalheiligtums; das ist eine Profanation. Ich hätte an der Stelle des Kaisers meinen neuen Palast lieber in die Luft gehangen, ehe ich einen Stein von den alten Wällen des Kremls verrückte. Als der Kaiser in Petersburg mit mir über diese Arbeiten sprach, sagte er, sie würden Moskau verschönern; das bezweifle ich, dachte ich; es ist als wollte man die Geschichte ausschmücken. Die Architektur der alten Feste entsprach allerdings den Regeln der Kunst nicht; aber sie war der Ausdruck der Sitten, der Handlungen und Ideen eines Volkes und einer Zeit, welche die Welt nie wiedersehen wird; das war heilig wie das Unwiderrufliche ... Aber in Rußland legt die Gewalt ihre Hand an alles.«

Custine beklagt, daß der neue Große Zarenpalast das älteste Heiligtum, die kleine Kirche des Erlösers »im Walde« einschließen wird. »Diese Profanation geschieht übrigens mit einer spöttischen Ehrfurcht, die sie mir noch verhaßter macht; man rühmt sich nämlich, daß man das alte Gebäude stehen lasse. Es wird nicht abgetragen, aber in einem Palaste lebendig begraben.« Die Kirche vom Erlöser

Die 1930 zerstörte älteste Kreml-Kirche Spas na Boru
(Erlöserkirche im Walde) im Hofe des Kreml-Palastes

»im Walde«, ein Name, der noch an die Zeiten der Kremlgründung erinnert, als die ersten Ansiedlungen auf dem Kremlberg noch im Wald lagen. Wo ist sie? Sie war ursprünglich aus Holz gebaut: 1330 wurde sie von Ivan Kalita in Stein erneuert; ein verehrungswürdiges Denkmal aus den Anfängen Moskaus. Wie, fragen wir uns, mag sie im Bauch des Kremlpalastes überdauert haben? 1930 wurde sie abgerissen, ein Opfer der Čistka, die sich auf architektonischem Gebiet »Rekonstruktion« nannte. Custine formuliert seinen Abschied aus Moskau:

»Wäre ich ein Russe, ich vertheidigte jeden einzelnen Stein dieser alten Mauern und die zauberischen Thürme der Feste der Ivane, ja ich zöge den Kerker unter der Newa oder die Verbannung der Schmach vor, ein stummer Mitschuldiger dieses kaiserlichen Vandalismus zu sein! ... Denken Sie sich die alten Klöster mit ihren unzähligen Spitzen, mit ihren kleinen Metallkuppeln, die über der heiligen Stadt ewig betende Priesterriesen vorstellen; denken Sie sich dazu das sanfte Klingen der Glocken, deren Klang in diesem Lande ganz besonders harmonisch ist, ein frommes Gemurmel, das zu der Bewegung einer ruhigen und doch zahlreichen Menge paßt ... – und Sie werden eine Vorstellung von dem Untergange der Sonne in dem Staube dieser alten Stadt haben. Alles dies trägt dazu bei, daß Moskau an jedem Sommerabende eine in der Welt einzige Stadt ist. Sie ist weder Europa, noch Asien, sondern Rußland und zwar das Herz Rußlands.«

Wir gehen jetzt zum Kathedralenplatz durch den Kutaf'ja-Turm und das Troickie-Tor. Statt des Alexandergartens floß hier das Flüßchen Neglinka, an dem sich ständig Mühlen drehten. Etwa zu Beginn des 19. Jahrhunderts wurde die Neglinka untertunnelt. Nach dem Tor steigt der Weg leicht an, wir sehen linker Hand, zwischen Arsenal und ehemaligem Senat, den Senatsplatz, wo sich 1905 das Attentat gegen den Großfürsten Sergej ereignete (vgl. 11. Kapitel). In vorrevolutionärer Zeit konnte man den Platz durch das von Solari 1491 erbaute Nikolaustor betreten. Die Nikol'skie Vorota bekamen ihren Namen von der hier beginnenden Ausfallstraße Nikol'skaja, die nach Wladimir führte (vgl. die Geschichte der Nikol'skaja im 5. Kapitel).

Der Kathedralenplatz empfängt uns in unberührter Würde. Man wird ruhig, wie immer, wenn man der nationalen Kultur eines anderen Volkes in Vollendung begegnet.

Puschkins »Boris Godunow« entfaltet sich, so kann man es vielleicht nennen, aus dem Geist dieses Kathedralenplatzes heraus. Das ist für den Fremden nicht leicht zu fassen. Wir kennen besser die gleichnamige Oper von Modest Mussorgski (in der Bearbeitung von Rimski-Korsakow). Meine frühesten Erinnerungen an diese Oper sind wie an ein düsteres trauriges Kostümfest.

Vergewissern wir uns einmal der Geschichte:

Moskau war über den engen regionalen Rahmen des Großfürstentums hinausgerückt; es hatte das Tatarenjoch abgeschüttelt, hatte Polen und Litauern die Stirn geboten, russische Erde gesammelt. Iwan der Schreckliche machte es endgültig zur Großmacht, indem er Moskau zum Dritten Rom erklärte und seine Machtansprüche als Kampf für die Rechtgläubigkeit ausgab. Die Zarennachfolge nach dem Schrecklichen Iwan war ungeregelt, nahm indessen finstere und bizarre Formen an. Den Thronnachfolger hatte Iwan in wahnhaftem Zorn selbst erschlagen. Für den nachgebliebenen, geistig beschränkten Sohn übernimmt Boris Godunow die Regentschaft. Boris Godunow gehört nicht zum Hochadel, in seinen Adern fließt tatarisches Blut; seinen Machthunger beweist er für Historiker dadurch, daß er die Tochter des Opričniks Maljuta (Mitglied der Leibgarde Iwans) heiratet; er nimmt sich zum Schwiegervater ausgerechnet den, der im Auftrag des Schrecklichen den Metropoliten Filip erdrosselt hat. Dieser Filip war offensichtlich unfähig gewesen, das ihm von Zarenmacht auferlegte Schweigen zu den kaiserlichen Untaten einzuhalten und starb daher, ein Opfer seiner Kritiklust. Wir bewegen uns jetzt auf den Knoten der Handlung des »Boris Godunow« zu: der Schwachsinnige, für den Godunow regiert, hat noch einen kleinen Halbbruder Dimitri, der zusammen mit seiner Mutter nach Uglič verbannt ist. Dort stirbt der

Kleine eines seltsamen Todes; angeblich hat er sich bei einem epileptischen Anfall selbst erdolcht. Das Urteil der Geschichtsschreibung hinsichtlich Godunows Schuld am Tod des Kindes ist nicht endgültig. Für Puschkin ist wichtig, und da folgt er der Darstellung der entsprechenden Kapitel Karamsins aus der »Geschichte des russischen Staates«, daß Godunow den Mord veranlaßt hat.

Puschkins Drama setzt ein, als der Schwachsinnige eines natürlichen Todes stirbt und Godunow sich ins Neujungfrauenkloster zurückzieht, um sich von Bojaren und Volk bitten zu lassen, die Zarenwürde anzunehmen.

Die Szene von Godunows Krönung zum Zaren erspart sich Puschkin; 1826 hatte Nikolai sein Amt als gesalbter Zar angetreten und diesen Amtsantritt durch die Morde an den Dekabristen befleckt. Ähnlich befleckt ist Godunow für Puschkin. Die Zarenkrönung fand seit Iwan dem Schrecklichen in der Mariä-Entschlafens-Kathedrale (Uspenskij Sobor) statt. Godunow wurde dort die Krone Monomachs und der breite Pelzkragen (barmy) zugeteilt. Die Krone Monomachs, die sich heute in der Schatzkammer befindet, ist eine Fiktion, die dazu dient, den Gedanken vom Dritten Rom und damit auch von der universalen Macht des Alleinherrschers im Ritual zu fixieren. Angeblich sollen die Regalien von einem byzantinischen Kaiser dem Kiever Fürsten Vladimir Monomach (Anfang des 12. Jahrhunderts) überreicht worden sein, zum Zeichen der Anerkennung seiner fürstlichen Würde. Ein Karneolschächtelchen stammt gar aus dem Besitz des Kaisers Augustus. Kraft der Legenden, die sich an diese Regalien knüpften, sollte die Verbindung des Moskauer Fürstentums mit dem ›ersten‹ und dem ›zweiten Rom‹ hergestellt werden. Diese Krönungsreliquien waren bis 1498 unbekannt (Dmitri Tschiżewski).

Das Krönungsritual sah so aus: Dem Zaren wurden mit einem feinen Pinsel, der in ein Gefäß mit heiligem Öl getaucht worden war, auf dem Altar nacheinander Stirn, Augenlider, Nase, Lippen, Ohren, Brust und Hände bestrichen, zum Zeichen, daß alles, was er mit den Sinnen in sich aufnehme, reinen christlichen Ursprungs sei

Der Ivan Velikij mit dem Čudov-Kloster

und daß dieser heilige Charakter auch allem, was von ihm ausgehe, innewohne.

Die nächsten Szenen des »Boris Godunow« spielen im Čudov-Kloster. Der Mönch Grischa Otrepjew äußert die Absicht, aus dem Kloster zu entlaufen, um Dimitris Ermordung an Godunow zu rächen. Wie wir wissen, verbündet er sich mit der polnisch-litauischen katholischen Fraktion.

Fünf Jahre läßt Puschkin im Handlungsverlauf seines Dramas vergehen, bevor Godunow wieder auftritt. Im Zarenpalast vernimmt er im sechsten Jahr seiner Regentschaft, nicht froh geworden, von Vasilij Šujskij die Kunde, daß Dimitri angeblich überlebt habe und mit polnischem Kriegsgefolge sich auf dem Marsch nach Moskau befinde. Mit »Zarenpalast« mag eine der Holzbauten gemeint sein, die sich auf dem Gelände des Großen Kremlpalastes befanden; vielleicht auch der Terem-Palast (heute unzugänglich), dessen Sockel aus dem 15. Jahrhundert und dessen nächstes Stockwerk aus dem 16. Jahrhundert stammt. Godunow, von unbestimmten Gewissensqualen geplagt, schreckt weniger die Nachricht von einer militärischen Bedrohung als die Tatsache, daß unter dem Namen

Die Archangel'skij (Erzengel)-Kathedrale

des Dimitri sich doch der echte, nur vermeintlich ermordete, verbergen könne: quasi als Strafgericht, als Wiedergänger Rache nehmen könne. Er ist sofort bereit, an eine geheimnisvolle Auferstehung zu glauben, und fragt Šujskij: War er wirklich tot, als du ihn damals in Uglič gesehen hast? Und Šujskij versichert mit fast pervers listiger Überzeugungskraft, wie tot der Jüngling auf der Bahre gelegen und wie blühend dabei sein Gesichtchen, unverletzt wie im Schlaf, ausgesehen habe (Sinjawski). Wie sehr muß auch die neue Sowjetmacht die historischen balsamierten Leichname auf dem Kreml gefürchtet haben, daß sie gar als politische Wiedergänger zurückkehren und politische Rache nehmen möchten! Anders läßt sich das monumentale Mausoleum auf dem Roten Platz nicht erklären. In neuester Zeit fordern immer mehr feinfühlige russische Historiker die Schließung und Entfernung des Mausoleums.

Standen die Massen bis in die jüngste Zeit für Lenin Schlange, so hat Rilke noch den Leichnam des kleinen Dimitri, der schließlich aus Uglič in die Erzengel (Archangel'skij)-Kathedrale übergeführt worden ist, betrachten können. Ein Kunstführer von 1900 schreibt: »Rührung erfaßt uns, wenn wir vor den vertrockneten Körper eines zehnjährigen Knaben treten, von dem nur die Stirn freigelegt ist und von den Lippen Andächtiger berührt wird, des letzten Sprößling Rjuriks, Dimitri, der wahrscheinlich auf Befehl von Boris Godunow 1591 in Uglič ermordet wurde. An Festtagen wird der geschmückte Sarg den Gläubigen geöffnet.«

Der Standort des Godunowpalastes, Schauplatz weiterer Szenen, ist noch im alten Baedeker verzeichnet. Er hat sich an der Stelle der auf dem Plan verzeichneten Kaserne befunden (vgl. Kreml-Plan). Heute erhebt sich dort, recht widersinnig, der Kongreßpalast von 1961. Die Carskaja Duma tagte im Facettenpalast (Granovitaja Palata).

Die wichtigste Szene spielt auf dem Kathedralenplatz vor der schönen, von Italienern gebauten Uspenskij-Kathedrale. Aristotele Fioravanti errichtete sie 1474 bis 1479. Die schlanken, nach oben strebenden Apsiden und die Krönung aus fünf kompakten Kuppeln bilden eine schöne Einheit aus romanischer Formstrenge und russischem gemütvollen Inhalt.

In dieser Szene vor der Mariä-Entschlafens-Kathedrale hat Puschkin sich selbst porträtiert und mit diesem Porträt allen von totalitären Systemen verfolgten Freisinnigen ein Denkmal gesetzt.

Godunow verläßt die Uspenskij-Kathedrale nach einem Gottesdienst. Vor dem Eingang hockt ein Jurodivyj, die russische Variante des Narren in Christo; er trägt eine eiserne Kappe über den Ohren, als Symbol des Eingekerkertseins, wohl das Gegenstück zur Zarenkrone. Er ruft Godunow kühne und zugleich kindlich-törichte Worte zu. Er klagt, Kinder hätten ihn töten wollen, ebenso wie einst Godunow den Dimitri getötet habe. Die Wachen wollen den Narren ergreifen. Godunow weiß aber, daß es das Volk gegen ihn aufbringt, wenn man diesen heiligen Narren etwas zuleide tut. Die Jurodivye, die russischen Narren in Christo, arm und versteckt hinter der Maske des Lächerlichen, waren die einzigen freien Menschen in Rußland. Der verehrteste Narr in Christo ist Vasilij Blažennyj, der es wagen konnte, auch Iwan dem Schrecklichen manche Wahrheit zu sagen. Seine Grabkirche ist die Basiliuskathedrale auf dem Roten Platz. Die Kirche war auf alten Fundamenten im Auftrag Iwans des Schrecklichen als Mariä-Schutz-und-Fürbitte-Kirche (ca. 1555-61) erbaut worden. Doch für das Volk war sie immer die Basiliuskathedrale, nach dem heiligen Narren Vasilij, der 1588 in ihr sein Grab gefunden hat. Es ist schön und bezeichnend, daß die Kirche außerhalb des Kreml, außerhalb des Bereichs von Herrschermacht, liegt.

In neueren Inszenierungen des Dramas »Boris Godunow« ist das Volk der geheime Mittelpunkt, das Bewegungszentrum. Eine solche Interpretation ist sicher nicht im Sinne Puschkins; er nämlich hat dem Volk eine einzige Stimme der Wahrheit gegeben, die Stimme des Narren, die Stimme des Dichters. Und das Volk liebt seine Narren und seine Dichter, weil es sonst keine Stimme hätte.

Auf eine kuriose Szene in Tolstois Roman »Krieg und Frieden«, im Zusammenhang mit der Uspenskij-Kathedrale, möchte ich noch aufmerksam machen. Alexander I. tritt aus dem Palast, um in der Uspenskij-Kathedrale dem Gottesdienst beizuwohnen. Eine huldigende Menge hat sich auf dem Kathedralenplatz versammelt. Der jüngste Sohn der Rostows, Petja, wird von dem neugierigen Volk fast erdrückt, schließlich wird er aber von Gutmütigen auf die Große Kanone gehoben, damit er den Zaren besser sehen könne. Dann kommt es zu einem merkwürdigen Ereignis: der Zar läßt ein Stück Biskuit fallen in das sich balgende Volk und füttert es schließlich wie eine Taubenschar mit dem kaiserlichen Nachtisch. Das Stück, das seiner Hand entfällt, wird zur Reliquie, und der jüngste Rostow balgt sich darum kurioserweise mit einem alten Weib. Vielleicht hat Tolstoi, als junger Mann, diese Szene am eigenen Leibe auf dem Kreml erfahren. Übrigens ließ der Kreml ihn nicht los, da er schließlich die Tochter des Kremlarztes Behrs am 23. September 1862 heiratete. Die schöne Silhouette der Kremlhofkirche »Roždestva Bogorodicy« (Mariä-Geburt-Kirche), in der Tolstoi heiratete, kann man nur noch flüchtig vom Alexandergarten erspähen.

Eine Anekdote, die ein anderes Schaustück des Kreml betrifft, die Große Glocke: 1735 war die Glocke gegossen, zu schwer befunden und liegengelassen worden. Ein Stück sprang heraus, als man die erhitzte Glocke bei einer Feuersbrunst löschen wollte. Touristenführer schwelgen in Zahlen bei ihrem Anblick. Seume erzählt eine andere komische Anekdote, die von einem vergleichbaren Touristenverhalten auch durch die Jahrhunderte hindurch zeugt:

»Gleich unten am Fuße des Turms liegt ziemlich tief in der Erde

Ivan Velikij und die Zarenglocke, rechts das Nikolaj-Palais (Petit Palais)

die bekannte große Kanone: ein Kammerstück, das einem Göttinger Arzt, der noch tiefer hinein nach Rußland auf die Güter des Fürsten Kurakin zog, so ungeheuer merkwürdig vorkam, daß er ihren Anblick für den glücklichsten Augenblick seines Lebens hielt, wozu er auch rechnete, daß er soeben seinen Namen an die große Glocke geschrieben hatte. So, so, dachte ich und hatte in diesem Augenblick nicht die beste Hoffnung für die Kranken des Fürsten Kurakin.«

Der Turm, von dem bei Seume die Rede war, ist der Ivan Velikij. Lange Zeit, bis nach der Revolution, konnte man das Wahrzeichen Moskaus besteigen: das märchenhaft-wunderliche Mütterchen Moskau hatte man zu seinen Füßen liegen, die vierzig mal vierzig Kirchen reckten Kuppeln und Zeltdachtürme, in der Ferne glänzten die südlichen Wehrklöster, das Donskoj-, das Simonov- und das Danilov-Kloster, die die erste Welle der anstürmenden Feinde abfangen sollten. Außer Lermontow hat so mancher seine Moskauer Eindrücke vom Ivan Velikij herab geschildert. Seume hat gar verkündet, das erste, was er in einer Stadt tue, sei, die höchste Stelle zu erklimmen, um zunächst einmal den schönsten Rundblick zu haben.

Diesen »Ivan Velikij« dürfen wir nicht mehr besteigen. Zu seinen Füßen ereignete sich manches Aufregende. Vielleicht gehörte zum Schulwissen des Lesers auch die historische Tatsache, daß der schlesische Barockdichter Quirinus Kuhlmann in Moskau verbrannt worden ist. So dürr und gleichzeitig so geheimnisvoll lautete die Mitteilung vom Tod des Kuhlmann. Wenn nicht alles täuscht, müssen sich die Moskauer Schicksalsstunden des Kuhlmann auch in der Nähe des Ivan Velikij abgespielt haben. Der mächtige Glockenturm des Ivan Velikij wurde 1600 von Boris Godunow vollendet: Mancher wird vom Fuße des Ivan die goldene Aufschrift in altslavischen Lettern erspähen. Sie lautet: Auf Wunsch der Heiligen Dreieinigkeit und auf Wunsch des Zaren und Großfürsten von ganz Rußland Boris Fedorovič und seines Sohnes, des wohlgeborenen Carevič und Großfürsten von ganz Rußland, Fedor Borisovič, ist das Gotteshaus vollendet und vergoldet worden im zweiten Sommer ihrer Herrschaft 108 (1600).

Was ging vor in Moskau während der neunundachtzig Jahre bis zum Tode Kuhlmanns 1689? Godunow starb überraschend, als der falsche Demetrius mit den Polen vor der Tür stand. Der Carevič wurde ermordet. Aber auch Demetrius, der die Polin Marina nach katholischem Ritus auf dem Kreml geheiratet und dort mit großem Pomp seine angebliche Mutter, Nonne im Voznesenskij-Kloster, begrüßt hatte, erfreute sich seines Überraschungscoups nicht lange. 1605 wurde sein blutbefleckter Leichnam auf dem Lobnoe Mesto (auf dem Roten Platz) gezeigt. Vasilij Šujskij wurde geschoren und ins Čudov-Kloster geschickt. Dann folgte die Zeit der Wirren, bis die Dynastie der Romanows das Zepter übernahm. 1676 nach dem Tode des Zaren Aleksej Michajlovič flammten die Nachfolgekämpfe wieder auf. Unter Umgehung des schwachsinnigen Ivan wurde Peter als Zar und seine Mutter (eine Naryškina) als Regentin eingesetzt.

Doch der Ehrgeiz ließ Peters Halbschwester Sofija (aus der Fa-

Die Aufschrift des Ivan Velikij

milie Miloslavskij) nicht ruhen. Sie bediente sich der Aufsässigkeit der Strelitzenregimenter, die von der Freitreppe im Kreml (Krasnoe kryl'co, 1930 abgerissen) die Naryškins auf ihre Speerspitzen warfen. Wie der junge Peter dies mit ansehen mußte und selbst um sein Leben fürchtete, hat Alexej Tolstoi im Roman »Peter der Große« lebhaft geschildert. Ivan wurde nun erster Zar, Peter zweiter Zar und Sofija Regentin. Das war auch schon der Beginn von Sofijas Niedergang. Innenpolitisch muß sie die Macht der Strelitzen wieder eindämmen. Außenpolitisch hat sie mit ihrem Geliebten Vasilij Vasil'evič Golicyn auch keine glückliche Hand. Nach der Belagerung Wiens durch die Türken 1683 trat Rußland einem vom Papst geförderten antitürkischen Bündnis bei (1686). Offensiven gegen die Türken auf der Krim scheiterten 1689 endgültig. Sofijas Tage und die ihres Günstlings Golicyn waren gezählt.

In diese politische Konstellation brach am 1. April 1689 Quirinus Kuhlmann: unternehmungslustig, feurig, von seiner Vision durchdrungen. Am Grenzübergang in Pskov hatte er bereits den ersten Fehler gemacht: er hatte sich in die Staatliche Gesandtschaftskanzlei mit falschem Namen eingeschrieben. Das konnte bei dem schon damals spionageängstlichen Staat gefährlich werden.

Der zweite gefährliche Umstand war sein poetisches Werk und seine chiliastischen Tendenzen. Kuhlmann predigte, quasi in Konkurrenz zu der in Rußland herrschenden Lehre vom Dritten Rom, die Rußland als Endreich und Bewahrerin des Christentums ansah, eine andere Variante. Ihm kam es auf ein »jesuelitisches« Zeitende an, wo sich Türken, Orthodoxe und Juden vereinigten, um die »Päbstlichen« in den Hintergrund zu drängen. Diese Lehre wollte er in einem Rußland verkünden, für das die Türken Erzfeinde waren und das obendrein gerade Krieg mit der Türkei führte. Kuhlmann war das wohl bewußt, doch als energiegeladener, unternehmungslustiger Weltverbesserer gedachte er gerade den »Großfürsten von Muscaw« für seine Lehre zu gewinnen. Zu diesem Zwecke hatte er ihm den 23. Kühljubel gewidmet, der mit der munteren Aufforderung beginnt: Auf Czare zur Standart mit Türken und mit Tatarn! / Bleibt einig mit dem Volk des umgekehrten haupts! / Es büsse Pohlen recht was es verdient an Schweden/ Und sei Europ das Päbstisch haupt zerstöhrt! / etc.

Als dritter verdächtiger Umstand kam hinzu, daß Kuhlmann in die Ausländervorstadt (Nemeckaja Sloboda) zog. Sie war den Orthodoxen wegen der freizügigeren Sitten einer pluralistisch-religiösen Gesellschaft ein Dorn im Auge. Unter Iwan dem Schrecklichen hatte es sie bereits gegeben, als schottische Söldner, livländische Söldner und Kaufleute außerhalb des damaligen Zentrums zwischen den Flüßchen Jausa und Kukuj angesiedelt wurden. Zum Unterhalt wurde ihnen erlaubt, Wein, Bier und andere Getränke zu verkaufen. Auch Handwerk wie Mehlmahlen war ihnen gestattet; deswegen stauten sie die Jausa und errichteten Mühlen. Die livländischen Deutschen überwogen, sie gelangten zu Reichtum durch Alkoholverkauf. Nachdem Iwan IV. dort ein Pogrom veranstaltet hatte und auch die Polen dort gewütet hatten, verwaiste die Vorstadt (1613 bis 1645). Es bildeten sich dort freie Flächen, die Ogorodniki (vgl. 3. Kap.: Puschkin war »v Ogorodnikach« geboren).

Bald aber entstand die Ausländervorstadt an anderer Stelle neu, diesmal rechts von der Jausa, ungefähr mit dem Zentrum der heutigen Baumanstraße, die lange »Deutsche Straße« (Nemeckaja ulica) hieß. Das Gebiet nannte sich jetzt das Neue Ausländerviertel: Generäle, Offiziere, Komödianten, Handwerker, Künstler deutscher, holländischer, englischer, schwedischer Nationalität hatten sich schöne Paläste gebaut. Die Bande zwischen Moskauern und Ausländern wurden immer stärker und erreichten unter Peter einen Höhepunkt. Patrick Gordon und der Deutschschweizer Franz Lefort (heute noch: Stadtteil Lefortovo) gehörten zu Peters ersten Lehrmeistern. Nachdem das Regierungszentrum nach Petersburg verlegt war, verschwand die Bedeutung der Nemeckaja sloboda.

Aber noch war es nicht soweit. Als Kuhlmann sich dort niederließ, herrschte Freizügigkeit der Religion: Kalvinisten und Lutheraner waren zugelassen. Auch Anhänger Johann Arndts und Jakob Böhmes hatten großen Zulauf. Die orthodoxen Priester betrachteten die Vorstadt mit äußerstem Mißfallen. Kein Wunder, wenn das Denunziantentum blühte und manch einer auf diese Weise versuchte, sich bei der herrschenden Klasse beliebt zu machen. Einem solchen Denunzianten aus den eigenen Reihen fiel auch Kuhlmann zum Opfer. Er wohnte bei Nordermann, einem niederländischen Kaufmann, der zu den Moskauer Böhmistenkreisen gehörte. Kuhlmann scheint bei den Versammlungen Erfolg gehabt und die Eifersucht des damaligen Pastors der lutherischen Gemeinde, Joachim Meincke, geweckt zu haben. Meincke denunzierte Kuhlmann.

Kuhlmann und Nordermann werden am 25. oder 26. Mai auf Befehl Sofijas und des Moskauer Patriarchen Joakim verhaftet. Man bringt sie in die Moskauer Gesandtschaftskanzlei, den sogenannten Posol'skij prikaz.

Diese Ortsangabe war mir Anlaß, mich in den Schriften des bekannten Moskauer Stadtforschers Zabelin umzusehen, wo sich denn die Verwaltungsgebäude der vorpetrinischen Zeit befunden haben könnten.

Zwischen der Erzengelkathedrale und dem Turm Ivan Velikij befindet sich ein kleiner Platz, der früher Ivan-Platz hieß.

1680, so berichtet der Moskauforscher Zabelin, war ein »Verwaltungs«-bau unter einem Dach auf dem Kreml neu errichtet worden, ein Gebäude, das sich östlich der Erzengelkathedrale hinzog und sieben einzelne Kanzleien unter seinem Dach vereinigte. Allerdings waren sie streng voneinander getrennt, zu jeder einzelnen führten

Freitreppen ins obere Geschoß, auf denen die Bittsteller (»Čelobitniki«, weil man zu diesem Zweck mit der Stirne gegen den Boden schlagen mußte) und Straftäter vor die Beamten und Richter geführt wurden. Bei jedem Prikaz (Kanzlei) befand sich eine Kammer zur peinvollen Befragung; oft wurden die Prügelstrafen mit Ruten und Knuten dann in aller Öffentlichkeit vollzogen, so daß das Wehgeschrei der Gepeinigten über den Platz hallte. Im Roman »Peter der Große« von Alexej Tolstoi zeigt ein solches Opfer »seinen geschwollenen Hintern voll blauer und blutunterlaufener Striemen« (5. Kapitel, 10. Teil). Nun, er hatte zeigen wollen, wie er mit selbstgebastelten Flügeln »wie ein Kranich« fliegen könne. Man lieh ihm Geld zum Bau der Flügel, die Vorführung auf dem Kreml mißlang. Es setzte nicht nur zweihundert Stockhiebe, Hab und Gut mußte er auch noch verkaufen. Alexej Tolstoi erzählt hier eine überlieferte Geschichte, die sich tatsächlich am 30. April 1695 zugetragen hat. Der Ivan-Platz war also Ende des 17. Jahrhunderts der lauteste und volkreichste Platz des ganzen Kreml.

In der Gesandtschaftskanzlei unter dem Vorsitzenden der Untersuchungskommission Golicyn (Sohn des Vasilij) wurde eine Art Ermittlungsverfahren durchgeführt. Der Leidensweg von Kuhlmann und Nordermann begann. Zum Verdacht der Ketzerei kommt das erschwerende Moment der Verschwörung hinzu, da Kuhlmann ja unter falschem Namen eingereist war. Allerdings ahnen die Beklagten noch nicht, daß sie sich in Lebensgefahr befinden, war es doch üblich in Europa, den sogenannten Ketzer Kuhlmann zu verspotten und auszuweisen.

Am 29. Mai spricht Kuhlmann ausführlich über die chiliastische Selbstausdeutung seines Namens; da ist von Kühlung und Jubiläus die Rede und daß alle Konfessionen, mit Ausnahme der Katholiken, sich in einer christlichen »jesuelitischen« Gemeinde zu vereinigen hätten, deren Verkünder er, Kuhlmann sei. Nun wittert er auch schon Gefahr, er spricht von prophetischen Gesichten, die er gehabt habe, und fügt die Drohung hinzu, man werde schon sehen, was geschehe, wenn ihm etwas zustoßen würde.

Am 31. Mai ist bereits Hauptverhandlung unter Anwendung der Folter, um ein Geständnis abzupressen. Es gibt einen Bericht (von Arnold zit. bei Dietze, op. cit. S. 514, Anm. 76):

»Man hat ihn aber zuvorher im gefängniß auff das allergrausamste gepeiniget / indem sie mit zweiyen grossen glüenden eisen ihm ein hauffen creutze auff den rücken gebrant / und wann die wunden in etwas zu heilen angefangen/ ihn wieder auffs neue hervorgezogen / und selbige mit saltz und eßig wieder auffgerieben. / Dergestalt haben sie ihm alles fleisch am rücken und heimlichen orten weg gebrant / und zwar gantzer drey wochen nach einander.«

Auch nach zweimaliger Folter bleiben Kuhlmann und Nordermann standhaft und bestreiten, zur Aufwiegelung des Volkes beigetragen zu haben. Schließlich werden Gutachten der drei wichtigsten in Westeuropa vertretenen christlichen Religionen angefordert. Der Calvinist hält sich heraus und sagt, er habe die Schriften Kuhlmanns nicht gelesen; der lutheranische Pastor Meincke wiederholt seinen denunziatorischen Standpunkt. Zwei Jesuiten antworten jesuitisch: der Inhalt der Schriften Kuhlmanns betreffe mehr oder weniger den Papst und nicht Moskau.

Am 30. Juni wurde Kuhlmann und Nordermann mitgeteilt, sie seien zum Verbrennen bei lebendigem Leibe verurteilt. Keine Urteilsschrift ist überliefert.

Warum das Urteil letztlich so hart ausfiel, ist unklar: am ehesten ist das endgültige Verdikt des ausländerfeindlichen Patriarchen Joakim wahrscheinlich: »Tut nichts, der Ketzer wird verbrannt.«

Das Urteil wird zunächst nicht ausgeführt; es scheint, als hätten die Todgeweihten noch eine Chance. Am 9. September 1689 zieht Peter feierlich in Moskau ein. Doch Peters Machtkampf gegen Joakim ist nicht abgeschlossen; seine aufklärerischen Tendenzen können noch nicht siegen, weil er Konzessionen an Joakim machen muß. So stellt es Alexej Tolstoi im Roman »Peter der Große« dar, wenn er im 5. Kapitel (6. und 9. Szene) das Schicksal Kuhlmanns streift.

Kuhlmann und Nordermann werden in ein »Gefängniß nahe bey

der Rußischen Druckerey« gebracht. Die Staatsgefährlichkeit der Auffassungen Kuhlmanns ist tödlich. Der Rebell muß verbrannt werden. »Der Ketzer und Poet wird deshalb verbrannt, weil seine Richter mehr als alle anderen erkannt hatten, welch rebellische Potenzen in ihm verborgen sind. Noch nach seiner Hinrichtung bleibt der Besitz seiner Schriften in Rußland mit der Todesstrafe bedroht« (Dietze).

Zehn Jahre nach Kuhlmanns Tod erschien ein anonymes Leichengedicht: »Ein Liecht dein Leben stets mit grossem Glantz umgab / drum sinckest auch du nicht / wie wir / ins düstre Grab; / Wer stets im Feuer lebt/ muß auch im Feuer sterben.«

Auch in Rußland hat die Verehrung für diesen Mystiker weiter gelebt und lebt noch weiter.

Die Exekution fand wahrscheinlich am Ufer der Moskva statt, am 4. Oktober 1689. Als Hinrichtungsart kam angesichts der ketzerischen und staatspolitisch gefährlichen Delinquenten ohnehin nur der Flammentod in Frage. Wir dürfen sie uns nicht auf dem Scheiterhaufen vorstellen, vielmehr wurde der Feuer- und Erstickungstod so herbeigeführt, wie es damals in Rußland üblich war: ›v srube‹: das heißt innerhalb eines kranzförmig-viereckigen oder runden, zaun- oder plankenartigen Holzbaues aus übereinandergelegten Balken und Brettern, die mit Stroh umlegt und mit Pechfässern umstellt wurden.

Es wird berichtet, daß die beiden Verurteilten ihrem gräßlichen Ende standhaft und tapfer, ohne Widerruf und Jammer entgegengegangen seien.

Ein Augenzeuge hat der Mutter Kuhlmanns berichtet, und sie gibt diesen Bericht in einem Brief wieder. Sie beschuldigt die Lutheraner und den Patriarchen: »... als haben die Jesuiten ihren Consens und gutachten wegen seiner Bücher und Schriften sagen sollen welche geantworttet, dass seine Bücher und Schriften nicht Moscau sondern den Pabst und Kayßer angingen. Die Reformierten haben gleichfalß nicht des Todes wehrt befunden. Der Patriarch und die Lutheraner Prediger haben inständig gebehten der Zaar solte sie aus dem Wege räumen, damit nichts neues aufgebracht und Moscau ruhig bliebe...«

Der Mutter Darstellung geht davon aus, daß sie mittags um 11 aus dem Gefängnis (vgl. 5. Kapitel) auf einen großen Platz in der Stadt gebracht wurden, »da ein kleines Haüßlein von leeren PechTonnen und Stroh Zubereitet gestanden, und diese zweene unschuldige Männer zu ihren Tode geführet...« Ein anderer Zeuge schreibt, sie seien »durch die Gassen und den langen Marckt eine gute Ecke Weges geführet worden zum Scheiter-Hauffen«.

Der alte Hinrichtungsplatz befand sich wahrscheinlich zwischen Moskva und heutigem Wasserableitungskanal. Geht man heute über die Steinerne Brücke (Kamennyj Most, die damals schon fertiggestellt war), so gelangt man unterhalb der Brücke zum Repin-Platz; er ist nach dem realistischen Maler und Tolstoifreund Ilja Repin benannt. Früher hieß er Sumpf-Platz (Bolotnaja Ploščad'), und der alte Baedeker versprach dem Touristen von einst einen reichen Gemüse- und Obstmarkt.

An heißen staubigen Moskauer Sommertagen ist die Luft dort, in der ehemaligen Sumpflandschaft, besonders stehend und stickig. Da empfiehlt es sich, in Alexej Tolstois »Peter der Große« die Hinrichtungsszene Kuhlmanns zu lesen (5. Kapitel, 9. Szene), die der Autor auf das Eis der Moskva verlegt hat. Es ist nicht sehr wahrscheinlich, daß die Moskva am Hinrichtungstag Kuhlmanns, dem 4. Oktober, Eis trug. Historisch überhaupt nicht zu belegen ist Tolstois Darstellung, daß mit Kuhlmann zusammen ein Mädchen wegen Unzucht bestraft worden sei.

Auch viele Strelitzen, an denen sich Peter nach deren Aufstand gegen die Naryškins bitter gerächt hat, wurden hier hingerichtet.

Wer an diesem Platz zur Muße finden kann, sollte sich literarisch in das nächstfolgende Jahrhundert begeben: 1775, in die Zeit der Großen Katharina. Da riß der Bauer und Jaizker Kosak Jemeljan Pugatschow, diesmal als angeblicher Peter III., die »Usurpatorenwürde« an sich und zog brennend und mordend durch die Uralgebiete. Katharina konnte ihn jahrelang nicht in ihre Gewalt bekommen. Schließlich wurde er in einem eisernen Käfig nach Moskau gebracht und am 10. Januar 1775 auf dem Sumpfplatz vom Leben zum Tode befördert.

Man muß unbedingt die beiden Darstellungen von Pugatschow bei Puschkin lesen: die poetische und die historische. Mitten aus einem Schneesturm läßt er Pugatschow, wie einen strahlenden Helden, in der Erzählung »Die Hauptmannstochter« auftauchen. Und doch hatte sich Puschkin mit ausführlichen historiographischen Studien in Archiven und an den ehemaligen Schauplätzen überzeugen können, daß Pugatschow ein Vergewaltiger und Mordbrenner war. Diese Darstellung gab er in der faktengetreuen Beschreibung »Die Geschichte des Pugatschow-Aufstandes«.

Ich stelle es mir eigenartig vor, in der stickigen Sommerglut des ehemaligen Hinrichtungsplatzes von den wilden Puschkinschen Schneestürmen zu lesen und von dem doppelgesichtigen Aufrührer Jemeljan Pugatschow, der hier auf dem Platz sein Ende fand. Seltsamerweise entstand das poetische nach dem historischen Werk, ein Zwiespalt in der Auffassung der Persönlichkeit Pugatschows, der auch Marina Zwetajewa erstaunte.

5. VERSPÄTETE AUFKLÄRUNG

Alte Universität, Kitaj-Gorod, Arbat: Herzen, Stankewitsch, Tschaadajew, Turgenew, Alexander von Humboldt, Seume, Belinski, Tschechow

Alte Ansicht von Kitaj-Gorod mit Griechischem Nikolaus-Kloster

Unser Interesse gilt der Moskauer Universität, der ehemaligen Nikol'skaja mit den Resten kirchlicher Bildungsstätten, einigen Adressen auf dem Arbat, den Treffpunkten von philosophischen Privatzirkeln. Unser Standort ist das Historische Museum an der Nordseite des Roten Platzes. Zunächst zwei Daten zum Nachdenken: 1826 feierte Zar Nikolai in der Uspenskij-Kathedrale (vgl. 4. Kapitel) einen Dankgottesdienst, daß mit der Hinrichtung von fünf Dekabristenaufständischen die Autokratie gesiegt habe. 1990 sagte eine Zeitungsmeldung, die Zensurbehörde sei abgeschafft. Auffällig ist daran weniger, daß die Zensurbehörde abgeschafft wurde, sondern daß es offiziell überhaupt eine Zensurbehörde gab, die abgeschafft werden konnte. Wenn wir in diesem Kapitel von Aufklärung sprechen, dann müssen wir einen doppelten Aspekt vor Augen haben: es gab die staatlich und kirchlich zugelassene selektive Aufklärung; und es gab die vielen Lichtgestalten und Märtyrer russischer Kultur, die gegen diese offiziell verordnete Aufklärung ihre eigene freie Bildung pflegten und nicht selten ihre ganze Existenz dafür einsetzten. Deswegen kann man paradoxerweise sagen, daß gerade russische Kultur das Ideal des freien Selbstdenkers hervorgebracht hat.

Zurück zur Nordseite des Roten Platzes: das Historische Museum dort wurde erst 1872 errichtet (Fassade von Sherwood); der russisch-neugotische Stil in dunklem Ziegelrot und Zuckergußweiß paßt zu den »Handelsreihen« (Torgovye Rjady) und der Basiliuskathedrale. Ursprünglich befand sich an dieser Stelle die Hauptapotheke. Unter Elisabeth I. zog hier die erste russische Universität ein. 1757 bezog die Universität bereits ein Gebäude an der Bol'šaja Nikitskaja, der heutigen Herzenstraße (ul. Gercena). Rechter Hand am Beginn der Straße ließ Katharina 1786 von M. F. Kazakow das sogenannte alte Universitätsgebäude errichten. Den heutigen Anblick verschaffte uns 1817 D. I. Gilardi, da das Gebäude 1812 stark beschädigt wurde. Gegenüber auf der anderen Straßenseite das Gebäude mit der Halbrotunde war ehemals die Universitätskirche zur heiligen Tatjana; im Hof ein 1876 errichtetes Denkmal für den Universitätsgründer Lomonossow. Ganz in der Nähe, auf der Mochovaja, leuchtet anmutig und in der Asphaltlandschaft vereinsamt, das Paškov-Haus, ab 1861 Rumjancev-Museum, mit seinem viersäuligen korinthischen Portikus das schönste Beispiel des Moskauer Klassizismus. Weniger anmutig reckt der moderne Universitätskomplex der Lomonossow-Universität auf den Sperlingsbergen (Leninbergen) eine der bekannten Moskauer Hochhauszacken gen Himmel.

Daß die Gründung der akademischen Lehranstalt Staatszwecken bzw. der Ausbildung von Beamtenlaufbahnen zu dienen hatte, machte aus der ersten Universität nicht gerade eine Genieschmiede. Zudem wurden zahlreiche ausländische Professoren berufen, die an der Ausbildung der einheimischen Jugend nicht allzu viel Interesse hatten. Der Universitätsgeist wurde in den dreißiger Jahren des letzten Jahrhunderts für kurze Zeit lebendig. Im ersten halben Jahrhundert nach der Gründung scheint äußerste Langeweile geherrscht zu haben, an der deutsche Professoren nicht unschuldig waren. Alexander Herzen erinnert sich an die Zeit von 1812:

»Es war eine Zeit, wo sich die Obrigkeit noch nicht mit der Universität befaßte. Die Studenten kamen zu den Vorlesungen oder auch nicht, die Professoren hielten sie oder auch nicht; überhaupt gab es nur ›deutsche‹ oder ›nichtdeutsche‹ Professoren... Die Deutschen, unter denen sich gute und gelehrte Leute befanden, wie Loder, Fischer, Hildebrandt und auch Heym, taten sich im allgemeinen dadurch hervor, daß sie nicht Russisch konnten und auch gar nicht den Wunsch hatten, es zu können, außerdem zeichneten sie sich durch kalte Gleichgültigkeit gegenüber den Studenten aus, durch den Geist westlichen Schützlingswesens, durch Banausentum, unmäßiges Rauchen von Zigarren und eine ungeheure Zahl von Ordenskreuzen, die sie niemals abnahmen.« (Byloe i dumy)

Daß ein solches Dasein Anfang des 19. Jahrhunderts aus der Perspektive der Professoren sehr angenehm sein konnte, erzählt Seume bei seinem Moskaubesuch von 1805. Man merkt es ihm an,

Die alte Universität

daß er selbst gerne Lehrer der Moskauer Universität geworden wäre. Seume hatte 1805 Kontakt mit dem Göttinger Professor Buhle:

»Die Universität hat jetzt ungefähr zweihundertfünfzig Studenten, worunter viele Stipendiaten sind, freilich eine sehr kleine Anzahl für die Hauptstadt eines so ungeheuren Reichs. Indessen geht es doch besser als vor zwanzig Jahren, wo nicht die Hälfte der Anzahl da war, ob man gleich damals Moskau fast die einzige Universität des Reichs nennen konnte. Die neuen Professoren sind mit den Vorkenntnissen der jungen Leute ziemlich zufrieden, die sich alle leidlich genug im Latein ausdrücken. Buhle sagte mir, daß er doch sechzig Zuhörer gehabt habe. Er mag aber freilich wohl die größte Anzahl gehabt haben, da seine Vorträge zuweilen auch von Privatleuten, die nicht zur Universität gehören, besucht wurden. Philosophie und philosophische Geschichte hört jedermann gern, zumal wenn sie gut vorgetragen werden. Die Professoren, welche aus Deutschland hingekommen sind, loben übrigens durchaus die freundliche Aufnahme und die gute Begegnung, die sie dort erfahren, von Russen sowohl als Deutschen, die schon längst dort sind, und das von allen Ständen. Auch können sie, wie sie selbst rühmen, von ihrem Gehalt von zweitausend Rubeln gemächlich, anständig und liberal leben, da in Moskau die meisten Bedürfnisse des Lebens ziemlich wohlfeil sind, weit mehr als in Dorpat, wo das Publikum klein und zugleich sehr reich oder ganz arm ist und wo die etwas feineren Artikel entweder gar nicht zu haben oder außerordentlich teuer sind.«

Herzen liebte seine Moskauer Universität, deshalb konnte er auch frei über sie spotten, wenn er zum Beispiel vom Besuch Alexander von Humboldts 1830 erzählt. Alexander von Humboldt ist auf der Rückreise von seiner Expedition vom Ural und wird mit einer feierlichen Sitzung der Gesellschaft der Naturforscher an der Universität willkommen geheißen:

»Humboldt kam nichtsahnend in einem blauen Frack mit goldenen Knöpfen angefahren und war verständlicherweise verlegen. Vom Vestibül bis zum Saal der Gesellschaft der Naturforscher – überall waren Hinterhalte vorbereitet: hier der Rektor, dort der Dekan, hier ein angehender Professor, dort ein Veteran, der am Ende seiner Laufbahn stand und eben deshalb sehr langsam sprach, jeder begrüßte ihn – auf lateinisch, auf deutsch, auf französisch, und das alles in diesen fürchterlichen, Korridore genannten, steinernen Röhren, in denen man sich keine Minute aufhalten konnte, ohne sich für einen Monat zu erkälten. Humboldt hörte sich entblößten Hauptes alles an und antwortete auf alles. Ich bin überzeugt, daß sämtliche Wilden, bei denen er gewesen war, die rothäutigen wie die kupferfarbenen, ihm weniger Unannehmlichkeiten bereitet haben als der Moskauer Empfang.«

Humboldt hätte sich gerne über seine meteorologischen Notizen vom Ural mit den Moskauer Professoren unterhalten, statt dessen führte ihn der Rektor herum und »zeigte ihm irgendetwas aus den allerhöchsten Haaren Peters I. Geflochtenes ...«.

Mag sein, daß im Moskau der damaligen Zeit unter dem Soldatenregime Nikolais I. offiziell »Unterwürfigkeit, Machtkult, Strammstehen« herrschte: für die wißbegierigen, leidenschaftlich an eine neue bessere Zukunft glaubenden jungen Männer der damaligen Zeit, Turgenew, Lermontow, Herzen, Ogarjow war die Universität doch Verständigungsmedium ihrer Gedanken und Pläne. Als die Universität allmählich durch ein ausgeklügeltes Spitzelsystem ein heißer Boden wurde – denn Nikolai hielt ja, nach einer Anekdote, auch die Geometrie für gefährlich, weil sie mit Beweisen arbeite –, gewannen die mündliche Kultur, die Geheimzirkel, die Diskussionen im privaten Kreis immer mehr an Bedeutung. Davon mehr beim Spaziergang auf dem Arbat.

Nehmen wir zunächst Abschied von der alten Universität mit einem Zitat Tschechows aus der »Langweiligen Geschichte«. Fast ist es eine Allegorie auf die achtziger Jahre des vergangenen Jahrhunderts, als in der »Un-Zeit« des Bezvremen'e russisches Denken zum Erliegen gekommen schien durch den gewaltigen staatlichen Druck und die platte Philosophie des Materialismus. Die »Langweilige Geschichte« (1889) klingt so: Ein Professor der Moskauer Universität schickt sich an zu sterben, ohne daß seine Familie oder seine Kollegen es bemerken. Die Situation des, von anderen unbemerkt, herannahenden Todes reißt den Schleier der Verlogenheit vom Alltagsleben, zeigt seine Hinfälligkeit und Nichtigkeit. Auch von der Moskauer Universität bleibt bei näherem Hinsehen nur der Schein einer Geistigkeit:

»Und dort ist auch schon die Universität; davor der gelangweilte Hausknecht im Bauernpelz, der Besen, die Schneehaufen ... Für einen frischen Jungen, der aus der Provinz gekommen ist und sich einbildet, der Tempel der Wissenschaft sei tatsächlich ein Tempel, kann ein solches Tor keinen günstigen Eindruck machen. Überhaupt nehmen die Baufälligkeit der Universitätsgebäude, die düsteren Korridore, der Ruß an den Wänden, der Mangel an Licht, das traurige Aussehen der Treppen, Kleiderständer und Bänke in der Geschichte des russischen Pessimismus den ersten Platz unter den prädisponierenden Ursachen ein ... Da ist auch unser Garten. Seit meiner Studentenzeit ist er wohl weder besser noch schlechter geworden. Ich mag ihn nicht. Es wäre bedeutend gescheiter, wenn dort statt schwindsüchtiger Linden, gelber Akazien und spärlicher, beschnittener Fliedersträucher hohe Kiefern und schöne Eichen wüchsen. Der Student, dessen Stimmung überwiegend von der Umgebung bestimmt wird, sollte dort, wo er studiert, auf Schritt und Tritt nur Hohes, Starkes und Schönes vor sich sehen... Bewahre ihn Gott vor dürren Bäumen, zerschlagenen Fenstern, grauen Wänden und Türen, die mit zerrissenem Wachstuch bezogen sind!«

Wir kehren zurück von der Universität zum Historischen Museum. Drei Personen sollten genannt werden, weil ohne sie bestimmte Tendenzen des russischen Denkens nicht deutlich werden. Es sind russische Freimaurer (unter Einfluß der Rosenkreuzer und Saint-Simonisten), die beileibe keine verschrobenen Sektierer waren, sondern durch das Ideal der moralischen Selbstvervollkommnung das Gewicht auf den einzelnen und nicht auf den Staatsnutzen verlegten. Besonders unter Katharina waren sie Verfolgungen ausgesetzt.

Ein leidenschaftlicher Kämpfer war N. I. Nowikow: die Winter seiner Kinderjahre verbrachte er im Zamoskvoreč'e (vgl. 6. Kap.) auf der Großen Poljanka, in einem Haus, das an der Stelle des heutigen Hauses 60 stand. 1779 pachtete Nowikow die Moskauer Universitätstypographie und betätigte sich als ehrgeiziger Herausgeber. Die Redaktion befand sich in den Räumen oberhalb des Auferstehungstors (seine Zerstörung von 1930 wurde schon im 4. Kapitel erwähnt). Durch das Auferstehungstor mit seinen schönen Zeltdachtürmen fuhr man von der Stadt kommend zwischen Historischem Museum und Stadtduma hindurch auf den Roten Platz. Nowikow wohnte auch in den Räumen über dem Tor. Die Universitätstypographie befand sich im Gebäude der Universität in verkommenem Zustand; Nowikow eröffnete bald eine neue Druckerei auf der Lubjanskaja ploščad' (n. erh.). Er druckte auch Zeitungen, kümmerte sich um den Vertrieb und Verkauf seiner Erzeugnisse und verlegte etwa tausend Bücher. »Der kluge und gefährliche Mensch« wurde gefangengesetzt und nach Schlüsselburg gebracht zu fünfzehnjähriger Festungshaft. Die Ereignisse der französischen Revolution, mehr aber noch die Zugehörigkeit zu den Freimaurern oder Rosenkreuzern und Illuminaten, machten ihn verdächtig.

Ganz allmählich rückten auch die Leiden der leibeigenen Bauern ins Themenfeld. Katharina hatte die letzten freien Bauern der Ukraine in die Leibeigenschaft gezwungen. In ihre Zeit fielen auch die Bauernkriege unter Jemeljan Pugatschow: alles, was nach Sympathie für die Leibeigenen aussah, rief ihr Entsetzen hervor: so das Buch »Die Reise von Petersburg nach Moskau« von A. Radischtschew, den sie schlimmer als Pugatschow und Washington zusammen fand. Er wurde verhaftet, als Anführer eines Aufstands behandelt und zum Tode verurteilt. Schließlich erfolgte Begnadigung zur Haft in Sibirien. Bevor Radischtschew nach Sibirien gebracht wurde, blieb er in Arrest im Hof des Gebäudes genau gegenüber dem Historischen Museum (Istoričeskij proezd 1). Wie schmerzlich muß auch ihn das Wiedersehen mit seiner Geburtsstadt berührt haben (geboren auf der Großen Ordynka [vgl. 6. Kapitel], an der Stelle des Hauses 69)! Das Hauptthema seiner »Reise« war die Leibeigenschaft. Seine Schilderungen steigern sich von Kapitel zu Kapitel. »Der Darstellung eines am Sonntag auf seinem Feld fleißig arbeitenden Bauern, der alle anderen Wochentage der Arbeit seinem Gutsbesitzer widmen muß, folgt eine Betrachtung über die üblichen Prügelstrafen, über den Mißbrauch der Bauersfrauen durch die Gutsbesitzer, dann das Bild der Versteigerung der Bauern, wobei die Familien getrennt wurden ..., endlich die Schilderung der traurigen Hochzeiten, die auf Befehl des Herrn stattfinden.« (Tschižewski) Nach Katharinas Tod wurde Radischtschew begnadigt; er endete 1802 mit Selbstmord.

N. M. Karamsin, zunächst ebenfalls Freimaurer, wird man kein revolutionäres Temperament nachsagen können. Für die russische Bildungslandschaft ist er dennoch unersetzlich. Er fuhr ins Ausland, als die Verfolgungen seines Freundes Nowikow begannen.

Berühmt ist sein Besuch bei Kant in Königsberg. Die Unterhaltung mit Kant hat er aufgezeichnet und in den »Briefen eines reisenden Russen« nacherzählt. Der in Moskau lebende Dichter Lenz hatte ihm diesen Besuch empfohlen. Nach seiner Rückkehr aus dem Ausland (1790) ließ er sich zunächst in der Tverskaja, dann 1800 in der Nikol'skaja nieder. Beide Häuser sind nicht erhalten. 1804 heiratete Karamsin ein zweites Mal und lebte im Bol'šoj Znamenskij pereulok (Marx-Engels-Straße) 5, Haus im Hof, aber umgebaut. 1804 begann er die »Geschichte des russischen Staates« zu schreiben. Puschkin benutzte sie für seine Vorstudien zum »Boris Godunow« (vgl. 4. Kap.); acht der zwölf Bände schrieb er in Moskau oder auf dem Gut der Vjazemskijs in Ostaf'evo. Dieses Gut ist leider, wie schon erwähnt (3. Kap.), nicht der Öffentlichkeit und schon gar nicht dem ausländischen Touristen zugänglich, obwohl es ein prächtiger Landbesitz und ein fürstlicher Park gewesen sein muß. Aber nicht nur die »Briefe eines russischen Reisenden« können deutsch gelesen werden: auch seine berühmte Erzählung »Die arme Lisa« ist übersetzt. In empfindsamer Manier ist ein »soziales« Thema behandelt: Lisa, ein armes Mädchen, erlebt eine unglückliche Liebesgeschichte mit einem Adeligen. Schauplatz ist die Gegend um das Simonov-Kloster. Der Teich vor dem Kloster – wir wollen es verraten –, in dem Lisa ihr Ende findet, ist von Karamsin in den anmutigsten Farben geschildert. »Auch Bäuerinnen können weinen«: dieser berühmte Spruch rankt sich um die Erzählung der armen Lisa. Empfindsame adelige Damen sollen erst nach der Lektüre eingesehen haben, daß die Leibeigenen um sie herum nicht nur unempfindliche Objekte waren. Die Atmosphäre der Erzählung hat auf russische Weise etwas Wertherähnliches, was die Moskauer noch lange zu Pilgerreisen zum »Teich der Lisa« veranlaßte. Auch der Baedeker von 1900 verzeichnet noch den Teich der Lisa auf seinem Moskauer Stadtplan; sogar eine Straßenbahnhaltestelle gleichen Namens gab es dort. Leser, lies die Geschichte der Armen Lisa, aber fahr nicht zum Simonov-Kloster. Zwar scheinen noch Klosterreste vorhanden; im wesentlichen macht sich dort aber ein

Das Simonov-Kloster

Automobilwerk breit. Das ehemalige Refektorium der Mönche ist gar Kultursaal der Arbeiter geworden. Von einem Teich keine Spur mehr.

Gehen wir jetzt ein paar Schritte (zunächst bis zum Haus 11) in die 700 Jahre alte Nikol'skaja (ul. 25-ogo Oktjabrja) hinein. Prägen wir uns die rechte Fassadenreihe ein und vergleichen sie mit Abb. 134-135. Die Postkarte zeigt uns das Aussehen der Straße in den achtziger Jahren des letzten Jahrhunderts. Der Turm im Hintergrund ist unschwer als der Nikolausturm in der Kremlmauer zu erkennen. Nach dem Moskauforscher Zabelin begann die Nikol'skaja bereits auf dem Kremlgebiet, setzte sich in die Straße gleichen Namens im Kitaj-Gorod fort bis zum Lubjanka-Platz (Dzierżyński-Platz). Weitere Ausfallstraßen führten dann in Richtung Wladimir, Suzdal', Rostow Welikij. Auf der alten Postkarte ist die direkte Verbindung von der Kremlstraße über den Roten Platz gut auszumachen. Rechts vom Nikolausturm erhebt sich schon das neu errichtete Historische Museum. Dann schließt sich eine Kirche an, die wir heute vergebens suchen: die Kathedrale zur Gottesmutter von Ka-

КТИРЪ
ПАРИКМАХЕРЪ
во ДВОРѢ

Nikol'skaja, Ende des 19. Jahrhunderts

zan', ein Opfer der Čistka der dreißiger Jahre. Sie soll jetzt wieder aufgebaut werden. Die kleinen ebenerdigen Lädchen wurden schon um die Jahrhundertwende durch pompöse Handelsbauten ersetzt, die wir unter Haus 7 und Haus 9 bewundern können.

Das Griechische Nikolauskloster befand sich auf dem Gelände des Hauses 11 (vgl. Abb. S. 124). Gegründet wurde es 1556; 1669 vertraute der Zar Alexej Michajlovič es dem Archimandriten Pachomij an, der vom Berg Athos (Iversk) die Kopie einer Marienikone gebracht hatte, die in der Klosterkirche aufbewahrt wurde. Die Ikone der Iberischen Gottesmutter fand schließlich ihren Verehrungsort in der kleinen Kapelle am Auferstehungstor. Griechische Mönche vom Berg Athos lasen hier traditionell den Gottesdienst in griechischer Sprache.

Gehen wir jetzt in den Hof des Hauses 9. Von dem Komplex des Zaikonospasskij-Klosters (des Erlöserklosters hinter den Bildern, d. h. hinter den Läden der Ikonenmaler) scheint nur noch die Erlöserkirche aus dem Jahr 1661 erhalten zu sein. Mit welcher Würde verteidigt sie sich heute gegen ihre Umgebung! In den Klostermauern wurde 1687 die Slavisch-Griechisch-Lateinische Akademie gegründet. Der Gründer der Moskauer Universität Lomonossow studierte hier, ebenso wie die Dichter V. K. Tretjakov und A. D. Kantemir. Aber gerade auch für die Vorpetrinische Zeit wäre es wichtig, ein paar ehrwürdige Steine aus dieser ersten russischen Bildungsanstalt anschaulich vor Augen zu haben. Simeon Polockij (1629-1680) lehrte hier und versuchte, westliche barocke Einflüsse, die über Polen und die Ukraine eindrangen, im Bildungswesen geltend zu machen. Sein Schüler Silvestr Med'vedev wollte sein Werk fortsetzen, doch geriet er, ebenso wie Quirinus Kuhlmann (vgl. 4. Kap.), in die Fänge des orthodoxen Patriarchen Joakim, was ihn das Leben kostete. Seit 1991 denkt man an eine Neugründung der Akademie.

Wir kommen zu Haus Nummer 15: 1563 befahl Iwan der Schreckliche, einen Staatlichen Druckereihof zu bauen: es war die erste russische Druckerei. 1564 druckten Iwan Fedorow und Pjotr Mstislawskij das erste Buch, eine Apostelgeschichte. 1721-1917 war im Pečatnyj Dvor die Synodaltypographie untergebracht: 1814 wurde zu diesem Zweck ein altrussisch stilisiertes Gebäude errichtet – mit Spitzbogenfenstern, wuchernden Pflanzenornamenten und über dem Eingang ein Wappen mit Löwe und Einhorn. Gerade dieses prächtige Einhorn kann die Phantasie schon anregen: sieht es nicht gerade so aus, als habe der Symbolist Andrej Belyj es zum Vorbild für das Wappen der Ableuchows im Roman »Petersburg« (1913) genommen? Im Hof erfreuen noch einige Gebäudereste des alten Druckereihofes (1679) aus der Vorpetrinischen Zeit. Man sollte sich in die Formen hineinsehen: in diesen Fensterdekor, die abgeschrägten, abfallenden Dächer, die Freitreppe, die in einem Kreuzgewölbe-Vorbau endet, der mit seiner Spitzhaube wie ein eigener Gebäudeteil aussieht. Die stämmigen Säulchen plustern, krausen und schnörkeln sich um sich herum, als ob die ganze Seele des Architekten nur mit dem Ausdenken solcher Zierformen beschäftigt gewesen sei. So könnten die alten Kremlpaläste ausgesehen haben. Übrigens muß es hier irgendwo gewesen sein, »in der Nähe der Russischen Druckerey«, wo Kuhlmann und Nordermann nach der Urteilsverkündung auf die Hinrichtung gewartet haben. Vielleicht gab es auch ein Gefängnis einige Schritte Richtung Roter Platz im Hof des ehemaligen Münzhofs (Istoričeskij proezd 1).

Erlöserkirche des Zaikonospasskij-Klosters

Haus 17 beherbergte das berühmte Hotel Slavjanskij Bazar. Gurow führte seine »Dame mit dem Hündchen« dorthin (vgl. Tsche-

Lubjanka-Platz mit Blick auf das alte Kitaj-Gorod

chow, 8. Kapitel). Aber nicht nur Liebenswürdiges geschah in den Zimmern des Hotels. Die Dynamitspezialistin Brilliant bastelte dort die Bombe für den Großfürsten 1905 (vgl. 11. Kapitel).

Gäbe es noch die alte Mauer des Kitaj-Gorod, dann würden wir bis zum Lubjanka-Platz gehen. Wir könnten die prächtigen alten Tore in der Stadtmauer bewundern, die Eingang boten zu den drei Parallelstraßen, die zum Roten Platz hin- und wegführten: die Varvarka (ul. Razina), die Il'inka (ul. Kujbyševa) und unsere Nikol'skaja. An den Stadttoren verkauften früher die Bukinisten ihre Schätze. Wer sich in diesem Viertel noch weiter umschauen will, versäume nicht die Dreifaltigkeitskirche in Nikitniki, Nikitnikov per. 3, das Bogojavlenskij-Kloster (Barockkathedrale von 1696), Kujbyševskij Proezd 2-6, das Kirchlein Začatija Anny »cto v uglu« (Empfängnis der Heiligen Anna im Winkel, Moskvoreckaja naberežnaja, 3). Und dann mag der Besucher, wenn er es erträgt, noch ein paar Schätze in den Krallen der Auffahrtrampen des Hotels Rossija anschauen. Das Haus des Bojaren Romanov hat Rilke wiederholt besichtigt.

Wir gehen nun einmal mehr ins Arbatviertel (Metro: Arbatskaja), wo in der ul. Mjaskovskogo 8 ein bescheidener Intellektuellenwinkel wartet: von da aus können nach Belieben noch andere Adressen besucht werden. Auf einer Bank des Gogol'evskij-Boulevards machen wir uns mit Geschichte und Lage des Arbat vertraut.

Beschaulichkeit und Selbstgenügsamkeit haben lange Zeit dieses einst verwunschene Viertel (vgl. auch Kapitel 10 und 14) ausgezeichnet. Zwischen der Ostoženka und der Bol'šaja Nikitskaja (Herzenstraße) bildet das Labyrinth von Sträßchen, Gassen, Boulevards und kleinen Plätzen eine eigene Welt. Im 19. Jahrhundert gehörte die südliche Region um die Kropotkinskaja zum Prečistenka-Viertel. Das sei der Genauigkeit zuliebe erwähnt.

Der eigene Charakter des Viertels erklärt sich aus der historischen Entwicklung des Arbat. Im 14. bis 16. Jahrhundert befand sich hier eine »Vorstadt« (arbad: ein Name arabischer Herkunft, den die hier siedelnden krimtatarischen Kaufleute mitgebracht hatten). Im 18. Jahrhundert setzte sich dann der Name Arbat für eine einzige Straße durch, die auch heute so genannt wird. Im 17. und 18. Jahrhundert entstanden hier Gutspaläste des Moskauer Adels. Autarke Güter reihten sich aneinander, hin und wieder unterbrochen von kleineren Häusern des Nicht-Dienstadels und der Handwerker. Lauschige, baumgesäumte Straßen folgten den Krümmungen der Flüßchen, die lange Zeit nicht unterirdisch kanalisiert waren: so auch der Čertoryj. Er floß in die Moskva. Schaut man von der Metro Arbatskaja den Gogolboulevard hinunter, wird man feststellen, daß seine rechte Seite bedeutend niedriger ist; das war einst das Flußbett des Čertoryj. Die nahe gelegene Gasse heißt auch heute noch Čertol'skij pereulok. An dem hohen Ufer erhoben sich die Festungsmauern (1593), die die Weiße Stadt gegen die Vorstadt abgrenzten. In den Čertoryj floß das Flüßchen Sivka: der Straßenname Sivcev Vražek erinnert an das einst freie und nun kanalisierte Gewässer.

Zur Moskva hin gab es weite Äcker und Schwemmwiesen. Dort lag zum Beispiel das Začat'evskij-Kloster (vgl. 14. Kapitel) mit seinen Ländereien. Der Name Ostoženka (Heumiete) erinnert an die

Wiesenlandschaft am linken Moskvaufer. Dort wurde Heu für den Zarenhof gemacht. Sinnvollerweise schloß sich von der Ostoženka bis zur Arbatstraße das Alte Marstallviertel an, jedenfalls solange der Zarenhof noch in Moskau verblieben war. Eine Seitengasse der Arbatstraße, der Bol'šoj Konjušennyj pereulok, erinnert noch an die alte Bestimmung.

Im 19. Jahrhundert lebte in diesem Gebiet der verarmte und aus irgendwelchen Gründen nicht am Hof in Petersburg dienende Adel (vgl. Turgenew, Kapitel 7). Eigenartig ist, daß in diesem so charakteristischen Rückzugsgebiet das existenzielle Abgeschottetsein dem intellektuellen Leben nicht entsprach: neue reformerische Ideen entstanden gerade in diesem Viertel: man denke nur an die Namen Herzen, Ogarjow, Kropotkin.

Der Anarchist Fürst Kropotkin verlebte seine Kinder- und Jugendjahre (bis zum 15. Lebensjahr) im Alten Marstallviertel; die Eltern zogen dreimal um, aber immer nur einen Steinwurf von der Pfarrkirche entfernt. Die Kropotkinskaja (inzwischen wieder Prečistenka) wurde nach dem Anarchisten benannt, da er in einer ihrer Seitengassen (Malyj Vlas'evskij per. 8/10) aufgewachsen war:

»Doch ist von allen Teilen Moskaus wohl keiner eigenartiger als das Labyrinth von sauberen, stillen, gewundenen Straßen und Gassen, das hinter dem Kreml zwischen zwei großen strahlenförmig verlaufenden Straßen, dem Arbat und der Prečistenka, liegt und das noch heute den Namen führt: Altes Marstallviertel – Staraja Konjušennaja.

Vor einigen fünfzig Jahren lebte hier, langsam aussterbend, der alte Moskauer Adel ... Aber der bodenständige Zweig, der im Alten Marstallviertel, unweit der grünen, gelben, rosa oder braunen durch die Familientradition so teuren Kirche wohnen blieb, galt als der wahre Stammhalter der Familie, ganz gleich, welche Stellung ihm eigentlich im Familienverbande zukam ... In diesen stillen Straßen, die weit ab lagen von Lärm und Getümmel der geschäftigen Stadt, sahen sich die Häuser sämtlich auffallend gleich. Sie waren meist von Holz und hatten glänzende grüne Dächer aus dünnen Eisenplatten; die Außenseiten wiesen Stuckverzierungen auf und waren mit Säulen und Portikus geschmückt; alle aber leuchteten in lebhaften Farben. Fast sämtliche Gebäude hatten nur ein Stockwerk und sieben oder neun große freundlich aussehende Fenster nach der Straße zu. Ein zweiter Stock fand sich nur über dem hinteren Teile des Hauses. Dieser schaute auf einen geräumigen Hof, den zahlreiche kleinere als Küchen, Ställe, Keller, Schuppen sowie als Wohnungen für Tagelöhner und Dienstboten dienende Baulichkeiten einfaßten. Ein weites Tor führte auf diesen Hof und trug gewöhnlich ein Messingschild mit der Inschrift ›Haus des So und So, Leutnant oder Oberst und Ritter‹; sehr selten las man ›Generalmajor‹ oder einen entsprechend hohen Ziviltitel.«

Welche Gedanken begannen in dieser scheinbaren Idylle zu gären? Das Bewußtsein, daß der einzelne frei sei, daß er unabhängig von Autoritäten seinen Begriff von der Welt und sich finden könne, wurde von der deutschen idealistischen Philosophie geformt. Von den jungen Schellinganhängern Wenewitinow und Odojewski, die 1825 die Protokolle ihres Geheimzirkels verbrannten, haben wir schon gesprochen. Ihre Ausbildung hatten sie am Moskauer Adelspensionat (ehemaliger Standort: Central'nyj telegraf, Tverskaja) erhalten, der Moskauer Eliteschule, die unter Alexander der Universität fast gleichrangig war. Pietisten, Rosenkreuzer und Schellingianer lehrten heimlich nur das eine: Erkenne dich selbst und sei durch freie vernunftgemäße Erkenntnis von dir auch anderen zum Nutzen. Vernunft und Freiheit waren aber Begriffe, deren Verwendung bereits den Tatbestand der Staatsverschwörung indizierten. Daher verkroch sich die Begeisterung in private Zirkel, z. B. auf dem Arbat.

Hegel war der geheime Herrscher der Moskauer Universität in den dreißiger Jahren. Aber auch der Schellingianer Pawlow stand an der Tür des Hörsaals, und statt Physik zu lehren, fragte er die Studenten: Du willst die Natur erkennen? Aber was ist Natur? Was heißt Erkennen? ... Als Antwort auf diese Fragen entwickelte Pawlow die Lehre Schellings und Okens in solch plastischer Klarheit,

Bildnis von N. Wl. Stankewitsch (1813-1840)

wie sie kein Naturphilosoph je besessen hat (erzählt von Herzen in: Byloe i dumy, 532).

In der Hegelbegeisterung fanden sich so verschiedene Temperamente wie die Feuerköpfe Belinski und Bakunin oder auch der Führer des Hegelkreises, Stankewitsch, ein stiller und spekulativer Geist. Er starb schon mit 27 Jahren in Italien an einem Lungenleiden. Turgenew und Bakunin hörten an der Berliner Universität 1841 die Hegelnachfolger, teils hörten sie auch den alten Schelling (mit rapide sinkender Begeisterung). Es gab auch einen Moskauer Kreis, der sich die Franzosen zum Vorbild nahm und die »Deutschen« verachtete: der Kreis um Herzen. Zwischen dem Herzen-Kreis und dem Stankewitsch-Kreis bestand zunächst keine große Sympathie:

»Ihnen gefiel unsere fast ausschließlich politische Richtung nicht, uns mißfiel ihre fast ausschließlich spekulative. Sie hielten uns für Frondeure und Franzosen, wir hielten sie für Deutsche und warfen ihnen Gefühlsüberschwang vor ...«

Aber schließlich erliegt auch Herzen der Faszination Hegels und findet in dessen Philosophie ein dynamisches Geschichtsprinzip, das das christliche stagnative ablösen soll:

»Als ich mich an die Sprache Hegels gewöhnt und seine Methode erfaßt hatte, begann ich zu erkennen, daß Hegel unsern Anschauungen weit nähersteht als denen seiner Anhänger; das ist in seinen ersten Werken und überall dort der Fall, wo sein Genius mit ihm durchgeht, vorwärts stürmt und das ›Brandenburger Tor‹ vergißt. Die Philosophie Hegels ist die Algebra der Revolution, sie befreit die Menschen in ungewöhnlicher Weise und läßt von der christlichen Welt keinen Stein auf dem anderen, jener Welt der Überlieferungen, die sich selbst überlebt haben.«

Herzen meint, die Herder, Michelet, Rosenkranz, Ruge hätten wohl heiße Tränen der Rührung vergossen, wenn sie gewußt hätten, welche Kämpfe sie in Moskau zwischen der Marosejka-Straße und der Mochovaja hervorriefen. Dabei spielte der ewig falsch verstandene Satz Hegels ›Alles Vernünftige ist wirklich und alles Wirkliche ist vernünftig‹ eine kuriose Rolle. Erbitterte Streitigkeiten entstanden seinetwegen. Ich habe einige Zitate zusammengestellt.

Herzen fragte Belinski gewollt harmlos, ob er wisse, daß er mit Hegels Standpunkt behaupten könne, daß »die ungeheuerliche Autokratie, unter der wir leben, vernünftig ist und daher vorhanden sein muß?«

Belinski hatte seine Antwort parat, und Herzen schied von ihm im Streit, den nicht einmal Bakunin schlichten konnte.

Wissarion Belinski führte in den dreißiger Jahren in Moskau diese typische fledermaushafte Intellektuellenexistenz des Raznočinec, eines Abkömmlings aus den niederen Ständen: hungererfahren, lungenkrank, aber leidenschaftlich und wißbegierig. So viele ärmliche Zimmerchen hatte er in Moskau; im Ipat'evskij pereulok, in der Ostoženka (zusammen mit Bakunin), in der Novaja Basmannaja 20.

Die schönste und lebendigste Schilderung Belinskis finden wir in den Erinnerungen von Turgenew. Der Leser möge uns nachsehen, daß wir von einer Szene berichten, die sich in Petersburg abgespielt hat. Es ging wieder um den berühmten Hegelsatz:

»Mit der ersten Hälfte des Ausspruchs waren alle einverstanden, aber wie sollte man die zweite verstehen? Mußte man etwa alles, was damals in Rußland existierte, als vernünftig anerkennen? Man beriet und beriet und entschied schließlich: die zweite Hälfte des Satzes wird nicht zugelassen. Hätte doch jemand damals den jungen Philosophen eingeflüstert, daß Hegel nicht alles, was existiert, als vernünftig angesehen hat, dann wäre eine Menge geistiger Arbeit und quälender Streitigkeiten erspart geblieben.«

Belinski schien mit dem Hegelsatz noch nicht seinen Frieden gemacht zu haben, denn als Turgenew ihn traf, quälten ihn Zweifel bis zur Schlaf- und Appetitlosigkeit:

»Ich kam einmal zu ihm, wo er augenblicklich vom Diwan aufstand, krank und abgemagert, wie er war (er hatte damals eine Lungenentzündung, die ihn fast ins Grab brachte), und mit kaum hörbarer Stimme, unter ständigem Husten, mit einem jagenden Puls und ungesunder Röte auf den Wangen die am Vorabend abgebrochene Unterhaltung wiederaufnahm. Seine Aufrichtigkeit wirkte auf mich, sein Feuer teilte sich mir mit, die Bedeutsamkeit des Gegenstands riß mich fort; aber als ich zwei drei Stunden gesprochen hatte, wurde ich schwach, der Leichtsinn der Jugend meldete sich, ich wollte ausruhen, dachte an einen Spaziergang, an ein Essen ... doch Belinski zu begütigen war nicht so leicht: ›Wir haben noch nicht die Frage der Existenz Gottes gelöst, – und Sie wollen essen!‹«

Wir biegen von der Arbatstraße nach links in die ul. Mjaskovskogo (Bol'šoj Afanas'evskij pereulok) und suchen das bescheidene Haus mit Zwischengeschoß unter Nummer 8. Das Mezzanin scheint versetzt, woraus sich schließen läßt, daß die rechte Seite des Hauses erweitert ist. Das Tor zur Straße ist später gebaut. An der Hofseite sind Spuren einer Terrasse zu finden, an die der Garten heranreichte. Im Hof sind noch ein paar alte Bäume. Als ich das Haus das letzte Mal sah, war es in kläglichem Zustand; es wurde restauriert; ein Museum soll eingerichtet werden. Das Haus könnte durchaus das ehrwürdige Alter von zweihundert Jahren haben: in den dreißiger Jahren des vorigen Jahrhunderts gehörte es Sofija Laptewa, vorher der Fürstin Gorčakowa. Mitte der dreißiger Jahre war das Mezzanin an Stankewitsch vermietet. Am 8. Januar 1835 schreibt Stankewitsch an Bakunin: »Ich lebe im alten Marstallviertel, in der Pfarrei Pjatnica Božedomska im Haus von Frau Laptewa.« Daß er im Mezzanin lebt, teilt er in einem Brief an Bakunin vom 22. Oktober 1836 mit.

In diesem Intellektuellennest saßen bei Stankewitsch um den runden Tisch: Belinski, Bakunin, zwei heute unbekannte Dichter, der künftige Anführer der Slavophilen, K. Aksakow, der 1832 in der Familie seines Vaters im Haus 12 nebenan lebte. (Gogol hat in diesem Haus 1832 zum erstenmal die Bekanntschaft der Aksakows gemacht.) Herzen und Turgenew haben Stankewitsch wahrscheinlich nicht besucht; Herzen war in Arrest während der dreißiger Jahre. Stankewitsch war mit Turgenew erst später in Berlin zusammengetroffen. Dennoch hat Turgenew in seinen Roman »Rudin« eine kleine Szene über den Stankewitsch-Kreis einbezogen. Im 6. Kapitel erinnert sich die Romanfigur Leshnew an seine Moskauer Studienzeit und an seinen Freund Pokorski, der nach Turgenews eigenen Worten Stankewitsch abbilden sollte: »Als ich Pokorski (im ›Rudin‹) darstellte, schwebte mir das Bild Stankewitschs vor, aber es ist nur ein schwaches Abbild daraus geworden«:

»... Er ist jetzt schon tot. Es war ein ungewöhnlicher Mensch. Er hieß Pokorski. Ihn mit wenigen Worten zu schildern, bin ich nicht imstande; wenn ich erst einmal von ihm zu sprechen begonnen habe, mag ich von keinem anderen mehr reden. Das war eine erhabene, reine Seele – und ein Geist, wie er mir danach nie wieder begegnet ist. Pokorski wohnte in einem kleinen, niedrigen Stübchen, im Zwischenstock eines alten Holzhäuschens. Er war sehr arm und schlug sich kümmerlich mit Stundengeben durch. Zuzeiten konnte er einen Gast nicht einmal mit einer Tasse Tee bewirten, und der Diwan war so durchgesessen, daß er einem Kahn glich. Aber trotz dieser Unbequemlichkeiten kamen eine Menge Leute zu ihm. Man hatte ihn gern, er gewann alle Herzen. Sie glauben nicht, wie angenehm und vergnüglich es sich in seinem ärmlichen Stübchen saß! ... Ich unterwarf mich, ich fragte, lernte, freute mich, ich betete an, mit einem Wort, es war, als wäre ich in einen Tempel getreten. Und in der Tat: Wenn ich an unsere Zusammenkünfte zurückdenke, ja, bei Gott, es war viel Gutes und sogar Rührendes daran. Stellen Sie sich vor, da sind fünf, sechs junge Leute zusammengekommen, ein einziges Talglicht brennt, abscheulicher Tee wird gereicht und dazu alter, ganz alter Zwieback – aber sie müßten unsere Gesichter sehen, unsere Reden hören! ... Pokorski sitzt mit untergeschlagenen

Beinen da, stützt die blasse Wange in die Hand, und seine Augen leuchten nur so... Und die Nacht fliegt leise und leicht dahin wie auf Flügeln. Da graut schon der Morgen, und wir gehen auseinander, gerührt, heiter, redlich und nüchtern (an Wein war bei uns damals gar nicht zu denken), mit einer gewissen angenehmen Müdigkeit im Inneren. Ich erinnere mich noch, man geht durch die leeren Straßen, ganz weich gestimmt, und blickt sogar zu den Sternen zutraulich auf, als wären sie einem näher gerückt und verständlicher geworden... Ach, es war eine wunderbare Zeit damals, und ich mag nicht glauben, daß sie nutzlos verstrichen ist!«

Man sollte sich hüten zu meinen, diese Schilderung sei veraltet und das geistige Leben in den Nischen endgültig tot. Was heute scherzhafterweise die Moskauer »Küchenkultur« heißt, lebt und wird leben. Wer mit ein paar Freunden des Nachts in einer Moskauer Küche Utopien einer künftigen Weltordnung entworfen hat, weiß, wo das wahre intellektuelle Leben in Moskau sich abspielt.

Aber nicht nur stritten in den dreißiger und vierziger Jahren die fortschrittlichen Intellektuellen untereinander, besondere Kämpfe lieferten sich auch Westler und Slavophile. A. S. Chomjakow, scharfzüngiger Sympathisant der Slavophilen, wohnte im Haus Nummer 7 am Hundeplätzchen. Das »Hundeplätzchen«, so genannt, weil der Hundezwinger des Zaren sich hier befand, war einst ein idyllischer Ort mit einem Brunnen, bis die Bagger es zugunsten des absurden Kalininprospekts zerstörten. Ein Teil soll in der Kompozitorskaja ulica erhalten sein, den ich aber nicht identifizieren konnte. Übrigens war auch Puschkin ein Besucher des Hundeplatzes: bei Sobolevskij im Haus Renkevič hatte er 1826 den »Boris Godunow« gelesen (vgl. auch 10. Kap. Marina Zwetajewa).

Als Turgenew seine Mutter im Winter 41, aus Berlin kommend, auf der Ostoženka besuchte (vgl. 7. Kapitel), war er zu Gast in all den Häusern und Salons, wo um das Schicksal Rußlands gestritten wurde, darunter auch bei Chomjakow auf dem Hundeplätzchen; das Haus war Anfang des 19. Jahrhunderts gebaut, ein gemütliches kleines Adelspalais im Empirestil, mit hohen, geräumigen Paradezimmern, niedrigen und engen Zwischengeschossen und einem Mezzanin. Die unterschiedliche Zimmerhöhe machte es, daß im Mezzanin der Fußboden unterschiedlich hoch war; viele Stufen auf und ab überbrückten die Höhenunterschiede. Im Haus waren eine Menge Holztreppen, dunkle Korridore und Durchgangsräume, lauter geheimnisvolle, verschwiegene Winkel. Schade, daß solch ein Gebäude, das so typisch war für die Lebensweise auf dem Arbat des 19. Jahrhunderts, moderner Gesichtslosigkeit weichen mußte. Walter Benjamin (vgl. 13. Kap.) hat das Museum am 28. Januar 1927 besucht:

»Bei herrlichem Tauwetter früh ausgegangen, um die Straßen rechts vom Arbat kennenzulernen, wie ich es schon längst vorhatte. Ich kam also auf den Platz, wo früher der Hundezwinger der Zaren gestanden hatte. Er wird von niedrigen Häusern gebildet, die teilweise säulengetragene Portale haben. Dazwischen stehen aber auf einer Seite häßliche hohe Häuser, die neuer sind. Hier ist das ›Museum der Lebensweise der vierziger Jahre‹ – kurz ein niedriges dreistöckiges Haus, dessen Räume sehr geschmackvoll im Stile der Wohnung eines reichen Bürgers aus der Zeit gehalten sind. Es gibt schöne Möbel, mit vielen Anklängen an den Stil Louis Philippe, Kästchen, Leuchter, Trumeaus, Wandschirme (einen sehr eigentümlichen, der dickes Glas zwischen hölzernem Fachwerk hat). All diese Räume hat man so eingerichtet, als seien sie noch eben bewohnt gewesen, Papier, Zettel, Schlafröcke, Shawls liegen auf Tischen oder hängen über den Stühlen. Immerhin hat man dies alles sehr schnell durchschritten. Ich fand zu meinem Erstaunen kein eigentliches Kinderzimmer (daher auch kein Spielzeug), vielleicht hatte man damals keine besonderen Spielzimmer? Oder fehlte es? Oder war es im abgesperrten obersten Geschoß?«

Das Rätsel des nicht aufgefundenen Kinderzimmers läßt sich nicht mehr lösen. Es war jedenfalls in diesem Haus (vielleicht aber auch im Haus des Slavophilen K. S. Aksakow, den Turgenew im Winter 41 kennenlernte), daß der westlich orientierte Turgenew mit dem Altvater der Slavophilen A. S. Chomjakow die Klingen kreuzte. Chomjakow scheint eine schillernde Persönlichkeit gewesen zu sein, ähnlich schildert ihn Herzen. Auch Turgenew gibt später zu, daß in den »Rudin« Züge Chomjakows eingeflossen seien. In Turgenews Nachlaß fand sich eine lebendige Skizze Chomjakows. Turgenew hatte gerade drei Semester in Berlin bei Werder gehört und war ganz durchdrungen von der Philosophie Hegels.

»In Moskau gab es damals einige Häuser, in denen fast jeden Abend rhetorische Auseinandersetzungen stattfanden über wichtige Gegenstände ... und sinnlose – über abstrakte und philosophische Gegenstände und politische. Die Leute kamen zusammen, stritten lange, heiß und absurd; die Zeit flog dahin; die Kutscher vereisten an der Toreinfahrt; die Diener schliefen im Vorzimmer; die Damen hörten zu und schliefen nicht, obwohl sie wenig Vergnügen empfanden ... Mir kam alles sehr zupaß – nicht umsonst hatte ich in Berlin gelebt, war kunstfertig in dialektischen Feinheiten, und, wenn auch nicht in vorderster Front, so ließ ich doch auch für meine Partei die Schwadronen aufmarschieren. Ich erinnere mich an meinen ersten Zusammenstoß mit dem großen A. S. Chomjakow: Innerlich war ich verzagt, aber die Selbstachtung hielt mich hoch. Von einem Sieg konnte selbstverständlich nicht die Rede sein, aber eine schmähliche Niederlage habe ich auch nicht erlitten: gegen zwei Uhr nachts bemühte ich mich zu erklären – teils Chomjakow, teils mir selber, auf welche Weise der Geist mittels des Begriffs sich setzt als Natur. Übereingekommen sind wir nicht, doch nachgegeben habe ich auch nicht.«

Wie sehr muß der bittere, unnahbare Pjotr Tschaadajew die Slavophilen gereizt haben. Tschaadajew hatte 1836 den berühmten Philosophischen Brief geschrieben und veröffentlicht, wo er Rußland eine »Lücke in der moralischen Weltordnung« nannte (vgl. 15. Kap. Schluß). Ein Jahr lang lebte er unter Aufsicht eines »Irrenarztes«. Dann verpflichtete er sich, nichts mehr zu publizieren. Herzen erzählt von ihm eine bezeichnende Anekdote, in der zwei liebgewordene Schaustücke auf dem Kreml hintersinnig verspottet werden:

»Es gibt nichts auf der Welt, das den Slavophilen stärker widersprochen hätte als die hoffnungslose Anschauung Tschaadajews, mit der er sich am russischen Leben rächte, als sein überlegter, aus dem Leid geborener Fluch, der diesem Leben galt, und mit dem er seine Existenz und die Existenz einer ganzen Periode der russischen Geschichte abschloß. Er mußte eine starke Opposition bei ihnen hervorrufen, denn er hatte bitter und trostlos-boshaft alles beleidigt, was ihnen teuer war, angefangen bei Moskau. ›In Moskau‹, sagte Tschaadajew oft, ›wird jeder Ausländer zur Besichtigung der großen Kanone und der großen Glocke geführt. Zu einer Kanone, aus der man nicht schießen kann, und einer Glocke, die heruntergefallen ist, noch ehe sie geläutet hat. Eine erstaunliche Stadt, in der die Sehenswürdigkeiten sich durch Unsinnigkeit auszeichnen; oder vielleicht ist diese große Glocke ohne Klöppel ein bildhaftes Zeichen für dieses ungeheure, schweigende Land ...‹«

Pjotr Tschaadajew

Wer dennoch das Innenleben eines kleinen Arbater Palais aus den vierziger Jahren des vergangenen Jahrhunderts nachvollziehen möchte, kann das Herzen-Museum Sivcev Vražek, Haus 27 besuchen. Herzen ist 1812 in einem Palast auf dem Tverskoj-Boulevard 25 geboren (vgl. Geschichte dieses Hauses, Kap. 14). Mehrere nichterhaltene Häuser bewohnte die Familie in dem alten Marstallviertel. 1830 ziehen sie ins »große Haus«, Sivcev Vražek 25 (erhalten). 1833 beendet Herzen die Moskauer Universität, 1834 fand er sich bereits verhaftet in der Krutickij-Kaserne; mit Unterbrechungen war er in der Verbannung in Wladimir: von 1841 bis 1843 in der Verbannung in Nowgorod. Er lebte vom Herbst 1843 bis Frühling 1846 im

Haus 27. Im Frühjahr 46 starb der Vater, und die Familie zog wieder ins »Große Haus« 25, von dem aus Herzen im Januar 1847 ins Ausland fuhr, um nicht mehr in die Heimat zurückzukehren. Vom Ausland organisierte er den publizistischen Widerstand gegen Rußlands Autokratie. Eine Zeitlang war er in Rom Hauslehrer der Kinder der Nietzsche-Freundin Malwida von Meysenbug.

6. JENSEITS DER MOSKVA, JENSEITS DER LITERATUR?

Das Zamoskvoreč'e: Benjamin, A. N. Ostrowski, Herberstain, Tschechow, Mandelstam, Dostojewski, Zwetajewa, Achmatowa

Kuppeln der Kirche des Heiligen Clemens

»Mit diesen (Moskauer) Straßen ist eins sonderbar: das russische Dorf spielt in ihnen Versteck. Tritt man durch irgend eine der großen Torfahrten – oft sind sie durch schmiedeeiserne Gitter verschließbar, aber ich habe nie eines versperrt gefunden – dann steht man am Beginn einer geräumigen Siedlung, die oft so breit und ausladend angelegt ist, als ob der Raum in dieser Stadt nichts kostet. So öffnet sich ein Gutshof oder ein Dorf. Der Grund ist uneben, Kinder fahren in Schlitten, schaufeln den Schnee, Schuppen für Holz, Gerät oder Kohlen füllen die Winkel, Bäume stehen herum, primitive Holzstiegen oder Anbauten geben der Seitenfront oder Rückfront von Häusern, die nach der Straße sich sehr städtisch präsentieren, das Äußere eines russischen Bauernhauses. So wächst die Straße um die Dimension der Landschaft.«

Was Benjamin im Winter 1926/27 für sich als die »Moskauer Hoflandschaft« entdeckt hat, ist Jahrzehnte später nur mit Mühe auszumachen. Aber die Mühe lohnt sich: wer heute zufällig eine Moskauer Hoflandschaft und ihren schläfrigen Frieden ausfindig macht, dem öffnet sich unerwartet und aus dem Verborgenen die längst verloren geglaubte Poesie der Stadt Moskau.

Paradoxerweise hat das Viertel jenseits der Moskva am ehesten diese poetischen Züge bewahrt: paradoxerweise deshalb, weil im Zamoskvoreč'e die altrussischen Kaufleute siedelten, ein Stand, der als der unliterarische schlechthin galt.

Für diese Wertung ist vor allen Dingen der russische Komödiendichter A. N. Ostrowski (geboren im Zamoskvoreč'e, heute ul. Ostrovskogo 9, Museum) verantwortlich, der sich gegen den durch Handel erworbenen Reichtum des Kaufmannsstandes wehrte, indem er ihn finsterster Dummheit entspringen ließ und dadurch verachten und verlachen konnte. Dieser Topos des verächtlichen, unglücklichen oder bösen Kaufmanns beherrscht die russische Literatur. Und lieben und verehren Dichter Mütterchen Rußland nicht deswegen, weil es arm und hilflos ist? Weil Demut und Güte im Armsein liegt? So wird auch Rilke Rußland verstehen. Ein wenig Völkerpsychologie darf man betreiben: hier liegt ein gravierender

Unterschied zum amerikanischen Kalvinismus, wo nur der Reiche beweisen kann, daß er kraft seines Reichtums auch der Gott Wohlgefällige ist.

Warum hat das Zamoskvoreč'e, unabhängig von der Literatur, eine eigentümliche Poesie? Seine Kirchen wurden nicht rigoros vom Erdboden getilgt; in vielen Seitengassen stehen sie noch: restauriert, fremdgenutzt, verfallend, aber sie sind da und erinnern daran, daß das gesellschaftliche Leben sich einst im Schatten der Pfarreikirche entfaltet hat. Um manche Kirchen herum gruppieren sich noch die typischen ein- und zweigeschossigen Moskauer Häuser, spielen in bunten Farben und verbergen ihr eigentliches Leben in den Höfen. Wir wollen einen kleinen Rundgang machen und ausführlich bei den Häusern um die Pjatnickaja 40 und die Ordynka 17 verweilen.

Ausgangspunkt ist die Kirche des heiligen Clemens (Pjatnickaja 26), die leicht über die Metro Tret'jakovskaja und Novokuzneckaja zu erreichen ist. An der Stelle der Metro Novokuzneckaja (1944) stand die Kirche Paraskeva Pjatnica: hier haben wir eines der wenigen Beispiele, wo die alte Straßenbezeichnung blieb, obwohl der bezeichnete Gegenstand der Modernisierung weichen mußte.

Wir können unseren Ausgangspunkt auch leicht zu Fuß erreichen. Wir gehen vom Roten Platz über die Moskvoreckij-Brücke. Vom linken Fuße (kremlwärts gesehen) der Moskvoreckij-Brücke am anderen Moskvaufer lassen sich die schönsten Kremlaufnahmen machen. Rechts von der Brücke liegt am Kai das Hotel Bukarest, das ehemalige Novomoskovskoe, in dem Rilke bei seiner 2. Moskaureise logierte (vgl. Kap. 12) und sich im Anblick des Kremls und dem Summen seiner Glocken so wunderbar aufgehoben fühlte. Wir gehen dann stadtauswärts die Straße entlang mit dem wunderlichen tatarischen Namen Balčug (Kot, Schmutz), welcher an die ehemalige Versumpfung des Gebiets erinnert, über die »eiserne« Brücke des Wasserableitungskanals die Pjatnickaja hinunter. Auf der rechten Seite unter Nummer 12 hat seit 1985 ein kleines Tolstoimuseum geöffnet, das an die Zeit seiner Aufenthalte in den späten fünfziger Jahren erinnert. Einen Blick schenken wir auch Nummer 18, einem Stadtpalais für die Familie der Demidows, von dem bekannten Baumeister Beauvais erbaut. Man kann auch den Spaziergang im Zamoskvoreč'e mit dem Besuch der Tret'jakovskij-Galerie (Lavrušinskij per. 10) verbinden. Wer solches unternimmt, dem sei gleich das Erlebnis Walter Benjamins mitgegeben, daß man sich bei der Suche nach der Galerie leicht in den Gassen verirren könne: »Aber ich fand sie nicht und irrte bei schneidender Kälte am linken Ufer der Moskva zwischen Baustellen, Exerzierplätzen und Kirchen umher.«

An der Clemenskirche (1754 bis 58 errichtet, zu Ehren der Thronbesteigung Elisabeths vom 25. November 1741, auch Tag des Heiligen Clemens Romanus) mit ihren schön restaurierten fünf Kuppeln wollen wir uns niederlassen und über die Geschichte des Zamoskvoreč'e lesen.

Von Süden schiebt sich zungenförmig die Moskva an den Kreml heran. In diese Schleife ist das Zamoskvoreč'e eingebettet. Sehr viel früher hieß es bloß Zareč'e – jenseits des Flusses. Natürlich war das ein ausgezeichneter strategischer Punkt, den Kreml anzugreifen: deshalb bedurfte die Lage als südlicher Vorposten gegen die Krimtataren auch immer eines besonderen Schutzes. Gleichzeitig muß man beachten, daß die Angreifer in Friedenszeiten zu Handeltreibenden wurden. Diesen doppelgesichtigen Charakter des Zamoskvoreč'e, einerseits Vorposten gegen die Feinde, anderseits Handels- und Gewerbestützpunkt, müssen wir bei Geschichte, Besiedlung und Namengebung immer vor Augen haben.

Das Kreissystem war im 16. Jahrhundert schon geschlossen. Der Erdwall (heute das südliche Kreissegment des Gartenrings) sollte die Tataren am Eindringen hindern. Sie suchten sich dennoch ein Schlupfloch, kamen westlich über die Moskva durch die Krimfurt und drangen über die Ostoženka zum Kreml vor. In Friedenszeiten dagegen hatten die Khane für ihre Gesandten einen Hof am Krim-Wall: die Namen Krymskij Most, Krymskij Val und Krymskij Brod erinnern noch heute an die wechselnde Geschichte.

Frühere Wehrmaßnahmen waren die Klostergründungen im Süden: als erstes gegen Ende des 13. Jahrhunderts das Danilov-Kloster, dann nach einem zweiten Einfall 1592 das Festungskloster Donskoj, einige Jahre später unter Boris Godunow das Alekseev-Kloster (Sytin).

Die Abwehrhaltung durch das Gürtelsystem wird im Prinzip »durchkreuzt« durch das System der Radialstraßen, auf denen die Handelsverbindungen mit den Städten des Südens Kaluga und Rjazan' aufrechterhalten wurden. Die südlichen Zufahrtswege beschränkten sich auf drei Straßen: die älteste verlief vom Serpuchovskij-Tor über die Bol'šaja Poljanka; vom 16. Jahrhundert an verlagerte sich das Schwergewicht auf die Bol'šaja Ordynka, dann auf die Pjatnickaja. Heute läuft der Schwerverkehr im Westen über die ulica Dimitrova (Bol'šaja Jakimanka). Die Ordynka und Pjatnickaja haben wieder die goldene Schläfrigkeit Asiens.

Die Besiedlungspolitik der Zaren entsprach ihren Bedürfnissen: im 16. Jahrhundert wurden Strelitzenregimenter angesiedelt, insbesondere 1500 Litauer und Polen sollten Moskau verteidigen. Ein Anreiz scheint wieder die Brauerlaubnis (vgl. 4. Kapitel, die Ausländervorstadt) gewesen zu sein.

Herberstain (vgl. Kap. 1) erzählt: »Es sind auch noch andere Häuschen nicht fern von der Stadt, und über dem Fluß sind Häuser, wo vor nicht vielen Jahren der Fürst Basilius für sein fremdes Kriegsvolk eine neue Stadt, Nali, gebaut hat, das bedeutet nach ihrer Sprache schenk ein; dies darum, weil den anderen gemeinen Russen Met und Bier zu trinken die meiste Zeit im Jahr verboten ist, allein denen als Kriegsleuten ist es vom Fürsten erlaubt, und deshalb auch sind sie vom Verkehr mit den übrigen getrennt, um die andern nicht durch ihr Leben zu verderben. Nicht weit von der Stadt liegen ein paar Klöster, die schon allein, wenn man sie von fern anschaut, wie eine Stadt aussehen.«

Für das fremde Kriegsvolk wurde eine besondere Vorstadt in der Nähe der hochgefährdeten Krimfurt gebaut. An den Namen Nali ›schenk ein!‹ erinnern heute noch die Spasonalivovskij-Gassen.

Östlich von der Pjatnickaja gibt es mit der Tatarengasse die Tatarenvorstadt. In Friedenszeiten trieben die Tataren hier Handel und Handwerk. Auch die Bol'šaja Ordynka erinnert in ihrem Namen an die Goldene Horde. Die große und die alte Dolmetschergasse verweisen auf den hochgeachteten Stand der Dolmetscher, die mit den Tataren die Verhandlungen führen mußten. Die Kosakengasse erzählt von den hier einst siedelnden Kosakenregimentern.

Auch die Friedenszeiten sprechen durch die Namen zu uns. Handwerkervorstädte bildeten sich. Besonders wohlhabend scheinen die Böttcher und die Weber gewesen zu sein, die sich die schöne Auferstehungskirche »im Böttcherviertel« (v Kadašach) bauen konnten. Der rote Ziegelbau mit weißem Kalksteinschmuck ist ein Beispiel für den Moskauer Barock Ende des 17. Jahrhunderts. Diese Kirche liebte auch Walter Benjamin, denn sie war ihm schließlich freundlicher Wegweiser zur Tret'jakovskij-Galerie:

»Sehr froh gestimmt trat ich aus dem Museum. Im Grunde war ich in dieser Stimmung schon eingetreten und daran hatte am meisten die ziegelrot angestrichene Kirche schuld, die an der Haltestelle der Trambahn stand. Es war ein kalter Tag, nur vielleicht nicht so kalt wie damals als ich zum ersten Male hier nach dem Museum herumgeirrt war und, zwei Schritt nur von ihm entfernt, es doch nicht auffinden konnte.« (Benjamin schildert anschließend ausführlich seine Eindrücke von der russischen Genremalerei in der Tret'jakovskij-Galerie).

Kehren wir zur Geschichte zurück. Als der Zarenhof sich Ende des 17. Jahrhunderts nach Petersburg begab, lösten sich die regional streng umrissenen Handwerkervorstädte auf; teilweise baute der Adel seine Paläste, mehr noch nahmen die Kaufleute das Gebiet in Besitz. Die Bojaren hatten ihnen nicht erlaubt, im Kitaj-Gorod vor den Toren des Kreml ihre Häuser zu bauen; sie durften dort nur ihre Handelslager haben (vgl. Tschechow weiter unten). Nun bauten sie im 18. und 19. Jahrhundert ihre Wohnpaläste im Zamoskvoreč'e, und die böse Zunge der Tradition erzählt, wie sie ihre Häuser mit festen Zäunen und Gittertoren umgaben, wie sich schon morgens die Tore öffneten und die Kaufleute ausfuhren, um ihrer freudlosen und düsteren Beschäftigung des Handeltreibens und Geldverdienens nachzugehen. Spät abends kehrten sie dann aus ihren Kontoren der Innenstadt zurück, um sich wiederum freudlos hinter ihre Gitter zu verkriechen. Tatsächlich waren sie wahrscheinlich aufgeschlossene Unternehmer, die weite Handelsbeziehungen zu England, Deutschland und bis nach China pflegten. Auch viele Fabriken wurden hier gegründet. Wer sich für eine Ästhetik aus der Frühzeit der Industrialisierung interessiert, ist hier am richtigen Ort.

Wir gehen die Pjatnickaja stadtauswärts. Gegenüber der Kirche des heiligen Clemens liegt Haus 31, der ehemalige, klassizistische Palast der Kologrivovs, Ende des 18. Jahrhunderts erbaut. 1830 kaufte der Staat das Gebäude und richtete das Polizeirevier der Pjatnickaja ein.

Kleinere bescheidene Häuser und üppigere, anspruchsvollere Palais säumen die Straße. Der Verputz blättert, der Stuck bröckelt, aber alle Häuser bewahren noch ihr zärtlich anmutiges Moskauer Aussehen. Wie lange noch? Noch spielt die Natur mit der Kunst; sie treibt Gesträuch durch die Ritzen, säumt die Simse mit Gras. Wie lange noch, und sie wird mit einem Schlag das Menschenwerk überwuchern und zu sich holen. Hübsch sind die überdachten Hauseingänge mit dem Zierwerk am Dach.

Die Häuser 30 bis ca. 46 zeugen für die so inkriminierten Kaufmannspalais. »Gefängnisse« sind es, sagen Tschechow und Dostojewski. Wir treten durch die zerfallenden Säulen der Hoftore; die schönen Schmiedegitter tragen sie schon längst nicht mehr. In welchen ominösen Kreislauf der Formwandlung, doch Erhaltung der Materie sind sie wohl geraten? Im Hof sind noch alte Wirtschaftsgebäude. Sie wachsen in die Erde; manchmal sind die Scheiben zersplittert; manchmal verdecken Spitzenvorhänge den Einblick ins Innere. Ist es möglich, daß sich mancher im Zamoskvorečʼe sein hygienisch vielleicht unkomfortables, aber idyllisches Plätzchen in Moskau bewahrt hat? Manchmal leben sie hinter alten, wunderschön geschnitzten Holztüren. Ich wüßte gerne, wer hier wohnt, wer sich nicht hat in die Wohnblöcke verbannen lassen. Im Golikovskij pereulok – eine Garage aus rotem Backstein, ein Schmuckgesims aus eben diesem Stein läuft um die obere Abgrenzung. Im Hintergrund die strahlenden Kuppeln der Clemenskirche. Die Garage war ein Pferdestall, sagt ein Schild, oder habe ich es geträumt, ich weiß es nicht mehr.

Überdachter Hauseingang in der Bol'šaja Ordynka

Wir haben uns in die literarische Landschaft von Tschechows Erzählung »Drei Jahre« begeben. 1895 erinnerte er sich in diesem Text an die schwere Zeit seiner Kindheit und Jugend (Daten vgl. Kap. 9). Tschechows Vater war Kolonialwarenhändler in Taganrog. Dort machte er Bankrott. Die Familie ging nach Moskau, Anton Tschechow beendete in Taganrog das Gymnasium. In der ersten schweren Zeit arbeitete der Vater als Kontorist beim Kaufmann Gavrilov im Pyževskij pereulok 6 (Seitengasse der Ordynka). Die sklavische Gesinnung, zu der ein Dasein im Schatten der Kaufleute zwang, hat Tschechow meisterhaft dargestellt. Man könnte Nummer 40 (Vorschlag Fedosjuk) als Prototyp des »Hauses auf der Pjatnickaja« nehmen, in dem Tschechow die Kaufmannsfamilie Laptew, bestehend aus Vater und zwei Söhnen, angesiedelt hat.

Die Kaufmannspalais sind nach einem Schema gebaut. Die obere Etage ist das Wohngeschoß, unten befinden sich Küche, Kontor, auch Bedienstetenräume. Die Belétage des Haupthauses geht auf die Straße hinaus mit großen Fenstern, hinter denen sich die Paraderäume des Saals und des Salons verbergen. Nach dem Sa-

Paradestock, Pjatnickaja 40

lon folgt in der Regel ein großes Eßzimmer und ein Kabinett. Alle Präsentationsräume haben die hohen Decken, während die Wohnräume, die sich in einem dritten Stock befinden, auf den Hof hinausgehen und bescheidener entworfen sind. Eine breite Freitreppe aus Stein führt in den Hof und in den Garten.

Die Handelslager lassen sich auch heute noch in den Höfen von Kitaj-Gorod, im Zentrum, entdecken, so auch das Lager der Laptews auf der Nikol'skaja:

»Die Laptews trieben in Moskau Engroshandel mit Kurzwaren: Fransen, Band, Zierborten, Strickbaumwolle, Knöpfen und dergleichen. Die Bruttoeinnahmen beliefen sich auf zwei Millionen Rubel im Jahr; wie hoch der Reingewinn war, wußte niemand außer dem Alten ... Die wichtigsten Geschäfte wurden in dem städtischen Handelshof, in einem Raum, der das Lager hieß, abgeschlossen.«

Wir laufen ein wenig in den Höfen herum; in den Souterrainzimmern der Seitengebäude haben sie also gewohnt, die Bediensteten der reichen Kaufleute. Tschechow hat ihre mollusken widerstandslosen Seelen so prägnant geschildert, daß man davon ausgehen kann, er habe diesen verhaßten Sklavensinn an seiner Familie und an sich selbst erfahren:

»Den Verkäufern war nichts unbedingt verboten, daher wußten sie nicht, was ihnen erlaubt war und was nicht. Man verbot ihnen nicht zu heiraten, aber sie heirateten trotzdem nicht, weil sie fürchteten, sie würden es ihrem Chef nicht recht machen und könnten die Stelle verlieren ... und jeden Morgen musterte der Chef mißtrauisch alle Angestellten und prüfte, ob nicht einer von ihnen nach Wodka roch: ›Los hauch mich an!‹ ... Sie wohnten in dem unteren Stockwerk des Hauses in der Pjatnickaja-Straße und im Seitengebäude, wo sie zu dritt und zu viert in einem Zimmer untergebracht waren; zu Mittag aßen sie aus einer gemeinsamen Schüssel, obwohl vor jedem ein Teller stand. Wenn während des Mittagessens jemand von den Chefs hereinkam, standen sie alle auf.«

Der junge Laptew haßt die Atmosphäre des Hauses in der Pjatnickaja. Er fährt nur hin, um seine junge Frau dem Vater vorzustellen. Mit der Kutsche nähern sie sich dem »erst vor kurzem verputzten, zweistöckigen Haus in der Pjatnickaja«. Laptew fürchtet das alberne Benehmen seines Vaters. Er fürchtet die leere Zeremonie der Andacht, die der Pope im großen Paradesaal zelebriert. Der junge Laptew fühlt, daß die Religion für den Vater nur gesellschaftliche Konvention und bar jeden frommen Sinns ist. Die orthodoxe Kirche und ihr Zeremoniell ist nur dazu da, das Milieu zu rechtfertigen: »Das war allzusehr Kaufmannsart.«

Laptew, der Sohn, hat bereits ein gebrochenes Verhältnis zum Geld. Er haßt es, Waren zu verkaufen und Geld einzunehmen. Dabei macht es offensichtlich keinerlei Mühe, denn im Laptewschen Handel fließt das Geld auf eine geradezu mystische Weise herein. Laptew fürchtet nichts so sehr, wie in diesen Kreislauf des Handelns und Geldverdienens hineingezogen zu werden. Er will nicht, daß dies zum einzigen Lebensrhythmus wird, der ihn schließlich mit seiner unendlichen Leere überwältigen würde.

Im elterlichen Hof auf der Pjatnickaja hat der junge Laptew einen dieser so seltenen und lebhaften Momente der Wahrheit. Unvermittelt meint er, alles ändern zu können, zugleich aber erkennt er sein Unvermögen zum Wandel. Das Haus an der Pjatnickaja wird zum Bild für das Gefängnis des Lebens, das wir durch unsere Entschlußlosigkeit selber sind. Wir lesen eine der schönsten Szenen:

»Es war eine stille, schwüle Mondnacht; die weißen Mauern der Häuser von Zamoskvorečʼe, die schweren verschlossenen Tore, die Stille und die schwarzen Schatten erinnerten an eine Festung, es fehlte nur ein Posten mit Gewehr. Laptew ging in den Garten und setzte sich auf eine Bank an dem Zaun, der den Nachbarhof abtrennte, wo auch ein Gärtchen war. Der Faulbeerbaum stand in voller Blüte. Laptew fiel auf, daß dieser Faulbeerbaum in seiner Kindheit genauso knorrig und genauso groß gewesen war und sich seitdem gar nicht verändert hatte. Jede Ecke im Garten und auf dem Hof erinnerte ihn an längst vergangene Zeiten. Auch in seiner Kindheit hatte man wie jetzt durch die weit auseinanderstehenden Bäume den von Mondschein überfluteten Hof gesehen; auch die Schatten wirkten noch geheimnisvoll und streng wie früher, in der Mitte des Hofs lag genauso ein schwarzer Hund, und die Fenster bei den Verkäufern standen damals auch weit offen. Das waren traurige Erinnerungen ... Er trat in die Mitte des Hofs, knöpfte das Hemd über der Brust auf, blickte zum Mond empor und ihm schien, er brauche nur zu befehlen, daß man die Pforte aufschloß, dann würde er hinausgehen und niemals wiederkommen; im Vorgefühl der Freiheit krampfte sich sein Herz vor Freude zusammen, er lachte fröhlich und stellte sich vor, was das für ein wunderbares, poetisches, vielleicht sogar heiliges Leben sein könnte ... Aber den Hof zu verlassen, daran hinderte ihn und diesen Hund offenbar der gleiche Umstand: die Unfreiheit und das Sklavendasein, die ihnen zur Gewohnheit geworden waren.«

Und am Ende der Erzählung »Drei Jahre« fragt er sich: Wie lange noch so? Drei Jahre? Dreizehn Jahre? Dreißig Jahre?

Im Hof von Haus 42 setzte ich mich auf einen Baumstamm. Einer dieser wunderbaren alten Baumriesen, die die Moskvorecker

Igumnow-Haus, Bol'šaja Jakimanka 43

Höfe beherrschten, mußte fallen. Gelbe Taubnesseln blühen, Bäume und Sträucher bilden einen kleinen Urwald. Die hintere Fassade des Hauses 42 sieht erbarmungswürdig aus. Welches Geschlecht haben Häuser? Sind sie weiblich oder männlich? Ist dieses Haus ein Greis oder eine Greisin? Muß es, er oder sie, bald gehen? Es wird nicht mehr genutzt. Ich widerstehe der Versuchung, mir einen Zugang zu verschaffen; der Paradesaal, wie mag er heute aussehen? Ist er überhaupt noch erhalten? Aber wir müssen ja dankbar sein, daß diese uralten Häuser überhaupt noch stehen.

Blättern wir noch ein bißchen in den Zamoskvorecker Biographien russischer Dichter. In der Bol'šaja Jakimanka, im Westen des Zamoskvoreč'e, sind die kleinen Palais alle abgetragen. Wer sich nicht die bezaubernde Kirche »Ivan des Kriegers« anschauen will, kann sich den Weg dorthin sparen. Auf der Bol'šaja Jakimanka (ul. Dimitrova) haben wir eine nicht mehr erhaltene Adresse Tschechows und Mandelstams. Dem Haus Igumnovs (Nummer 43), einem pseudorussischen verspielten Bau (heute französische Botschaft), schloß sich noch in den siebziger Jahren Haus 45, ein mit einem Viersäulenportikus geschmücktes Kaufmannspalais an. Ende 1885, Anfang 1886 hat Anton Tschechow hier für einige Zeit gewohnt. Der Besitzer Klimenkov hatte die erste Etage den Tschechows (Vater, Mutter, Schwester, diverse Brüder zusammen mit Anton) vermietet. Die zweite Etage ging an einen Küchenmeister, der seinerseits seine Räume für Hochzeits- und Begräbnisfeierlichkeiten zur Verfügung stellte. Der Küchenmeister inserierte in den Zeitungen: »Ich teile hiermit meinen Bekannten mit, daß ich weiterhin Bestellungen annehme für Hochzeiten, Bälle und Diners; in meinen Räumlichkeiten und auch außerhalb; ich stelle meine Räume zur Verfügung für Hochzeiten, Bälle, Diners etc. Auf der Bol'šaja Jakimanka, gegenüber der Kirche ›Ivan des Kriegers‹.« Hier wurde Tschechow zu dem Stück »Die Hochzeit« inspiriert.

Interessant ist, daß Mandelstam ebenfalls im Haus 45, Wohnung 8, im Winter 23/24 gewohnt hat. Seine Frau Nadeshda erinnert sich:

»Den Winter 1923/24 verbrachten wir in einem Mietzimmer in der Jakimanka. Von außen sahen die komfortablen Moskauer Einfamilienhäuser gemütlich und bezaubernd aus, innen sahen wir dann, was dort für eine Verwahrlosung herrschte. Jedes einzelne Zimmer hatte eine ganze Familie in Beschlag genommen – an der Spitze stand jeweils eine leidende, doch zugleich eiserne alte Frau, die scheuerte, putzte und wischte, immer bemüht, ländliche Sauberkeit in dem verkommenen, zerfallenden und morschen Haus aufrechtzuerhalten. Wir wohnten in einem großen quadratischen Zimmer, dem früheren Eßzimmer, mit einem kalten Kachelofen und einem gegen Morgen ausgehenden provisorischen Eisenofen. Holz wurde an der Uferstraße verkauft, die Lebensmittelrationen erschöpften sich, irgendwie lebten wir schon und gaben ungeheure Summen für Kutscher aus, denn damals war die Jakimanka am Ende der Welt.«

Wir sind nun schon gewarnt durch den traditionell schlechten Ruf des Kaufmannsstandes. Wie stark muß Mandelstam, der geprägt war von seiner Vorliebe für die hellenistische und jüdischchristliche Kultur, seine Abneigung gegen das asiatisch-»buddhahafte« Moskau gerade im Zamoskvoreč'e empfunden haben? Vom Ivan Velikij (im Kreml) blickt er auf das Viertel und dankt seinem Herrgott, daß er dort nicht geboren ist:

»Neben mir wohnten finstere Philisterfamilien. Gott hatte diesen Menschen die Gabe der Freundlichkeit versagt, die immerhin ein Leben verschönert. Mürrisch hatten sie sich zu einer leidenschaftlich verbrauchsseligen Gesellschaft zusammengekettet, rupften die ihnen zustehenden Tage von einem mit Hautausschlag befallenen Couponsystem ab und lächelten so, als würden sie das Wort ›Konfitüre‹ aussprechen ...

Und ich dankte meiner Geburt dafür, daß ich nur ein zufälliger Gast im Zamoskvoreč'e-Viertel war und nicht meine besten Jahre in ihm verbringen würde. Nie und nirgendwo habe ich mit solcher Heftigkeit Rußlands Kürbisleere gefühlt.«

Diese Sätze klingen hart, und sie sind nicht nur durch die Erfahrung der Reise nach Armenien (»dieser jüngeren Schwester judäischer Erde«) diktiert, dessen uralte, sonnendurchflutete Kultur »Rußlands Kürbisleere« Mandelstam besonders empfinden ließ. Es ist ein Hunger besonders nach der romanischen Lebensart, der ihn und andere in Moskau überfallen hat, wie ein wildes Tier. Mandelstam erfährt diese Sehnsucht, als er unter einer Treppe einer »schmutzig-rosafarbenen Villa an der Jakimanka« ein zerschlissenes Buch vom französischen Impressionisten Paul Signac findet, »als ob man mich beim Namen gerufen hätte«:

»Es kam mir vor, als hätte ich das hufartige, durch und durch staubige städtische Schuhwerk eingetauscht gegen eine leichte muselmanische Fußbekleidung ... Zu allem fiel eine Leichtigkeit in mein Leben ein, das immer dürr und unordentlich gewesen war und mir wie das kitzlige Warten auf eine bestimmte Lotterie erschien, wo man nicht verlieren kann, wo ich alles herausziehen würde, was mir gefiel: ein Stück Erdbeerseife, die Erlaubnis, in einem Archiv sitzen zu dürfen, in den Räumen der Frühdrucke, oder die ersehnte Reise nach Armenien, von der zu träumen ich nie aufgegeben hatte ...«

Nach Armenien durfte Mandelstam im Sommer 1930 reisen. Armenien und der Hellenismus der Schwarzmeerküste waren ihm die Wiege der Weltkultur. In seinen dichterischen Anfängen war es die klassizistische Form, die Mandelstam begeisterte. Später war ihm der Süden: Beweglichkeit, Farbe, Rausch, Glanz – eine andere Geburt aus anderem Geist.

Übrigens überfällt ein ähnliches Glücksversprechen Walter Benjamin, wenn er unverhofft (damals noch in Privatsammlungen) den späten Cézanne oder eine frühe Phase von Picasso entdeckt. (Hier muß der Leser sich selbst um den Text des »Moskauer Tagebuchs« bemühen, sonst zieht es ihn gar aus dem Zamoskvoreč'e weg ins Puschkinmuseum: »Museum der bildenden Künste« auf der Volchonka.)

Wir sitzen aber noch auf dem gefällten Stamm im Hof hinter dem Gebäude 42. Und dieser ehrwürdige Stamm erinnert uns an ein anrührendes Prosastück aus der »Reise nach Armenien«:

»Zwei hartgewordene, vom Alter taube Linden erhoben im Hof ihre braunen Gabeln. Sie waren furchteinflößend durch eine gewisse stattliche Dicke, hörten und verstanden nichts ... Einmal hatte die Versammlung der volljährigen Männer, die das Haus bevölkerten, bestimmt, die ältere Linde zu fällen und aus ihr Brennholz zu hacken ... Eine Axt schlug gegen die gleichgültigen Wurzeln ... Der Baum leistete indessen mit der Kraft seines Denkens Widerstand – das volle Bewußtsein war anscheinend in ihn zurückgekehrt. Er verachtete seine Beleidiger und die Hechtzähne der Säge ... Er wankte wie im Fleisch der Zahn und war noch immer Fürst auf seiner Lagerstatt. Noch einen Augenblick – und die Kinder liefen zum niedergeworfenen Götzen hin.«

Fast ist die Bol'šaja Ordynka noch schöner. Wir gehen die Pjatnickaja hinunter, biegen in den Bol'šoj Maratovskij pereulok ein, nicht ohne einen Blick auf »Nummer 51« zu werfen, die Kirche Troice v Višnjakach: Grigor'ev hat sie Anfang der zwanziger Jahre des letzten Jahrhunderts auf den Fundamenten einer Kirche aus dem 17. Jahrhundert erbaut. Die Kirche erinnert an das Strelitzenregiment des Višnjakov, das hier lagerte. Wir kreuzen die Ostrovskij-Straße und biegen nach rechts in die Bol'šaja Ordynka und gehen stadteinwärts.

Links und rechts grüßt uns das alte gemütswarme Moskau mit seinen zärtlichen niedrigen Häusern: blauweiß Nummer 43, grünweiß Nummer 41, erzählen sie von jahrhundertealtem stummen geduldigen Dasein. Nummer 39 ist wieder einmal eine Kirche, fremdgenutzt, klassizistischer Rundbau, der Iberischen Gottesmutter einst angehörig. Unter 27 a betrachten wir die unbedingt sehenswerte Kirche Nikola »v Pyžach«. Hier lagerte das Strelitzenregiment des Pyžev (vgl. auch den Pyževskij pereulok). Der Glockenturm spricht vom ewigen Zauber der Stadt Moskau.

Manch einen wird im Vorbeigehen auf der gegenüberliegenden Seite ein geschwungener spitzbogiger Eingang (34 a) gelockt haben. Kann es denn sein, daß der Spitzbogenschwung altrussische Märchenherrlichkeiten verbirgt? Wir gehen durch das Tor und sind verblüfft: wir sehen eine jener seltenen Beispiele des frühen einkuppeligen Kirchenbaus vor uns, wie er in Novgorod und in Pskov gepflegt wurde, ein bezauberndes Kirchlein mit sorgfältig restaurierten Ikonenmalereien an den Außenwänden. Muß man enttäuscht sein, wenn man liest, der Architekt A. V. Ščusev habe sich dieses Ensemble 1908 bis 1912 erbauen lassen? Wohl doch. Aber der Frieden und die wohlgeordnete reinliche Anmut locken zu einem näheren Besuch. Ein Zaun hindert. Ich versuche durch den Pyževskij und Staromonetnyj pereulok von der anderen Seite einzudringen. Mißglückt. Dabei stelle ich aber fest, daß das Kontor des Kaufmannes Gawrilow, bei dem Tschechows Vater arbeitete, schwerlich erhalten sein kann. Im Staromonetnyj pereulok feiere ich Wiedersehen mit einer Backsteinkirche, an deren verwahrloster Front Gerüste lehnen. Jedes Jahr schaue ich einmal nach, wie weit die Restaurierung fortschreitet; der Kirchenanblick in der Junisonne stimmte diesmal optimistisch. In der Biegung des Staromonetnyj pereulok stadtauswärts liegt noch eine alte Fabrik. Ob sie etwas mit den einst hier ansässigen Münzprägern zu tun hatte? Ich

Anwesen in der B. Ordynka 34 a

hoffe nicht, daß sie die verschwundenen eisernen Torgitter verarbeitet hat.

Nicht jedenfalls das prächtige Gitter zur Einfahrt ins Anwesen Bol'šaja Ordynka 21. Der ideale Traum eines klassizistischen Palais – gelbweiß – 1779 von V. I. Baženov für einen Kaufmann gebaut. Der Stuckfries ist natürlich neueren Datums: die Chimären werden jeden Symbolisten erfreut haben. Gegenüber liegt die klassizistische Kirche »aller Bedrängten Freude«. Nomen est omen. Die Kirche ist Kirche, und viele Menschen gehen aus und ein; bereitwillig spenden sie Geld den bittenden Armen, Alten und behinderten jungen Menschen. Plötzlich fühlt man, so muß Moskau, so muß Rußland sein. Und erschrickt zugleich: erliegt man nicht dem sentimentalen und abgedankten Mythos von der russischen Frömmigkeit? Dabei wirkt die Kirche etwas spröde in ihrem Klassizismus. Den Glockenturm hat V. I. Baženov bereits 1791 errichtet. Beauvais hat die Rotunde mit großer Kuppel im ersten Drittel des letzten Jahrhunderts gebaut.

Wir kommen zum Haus Bol'šaja Ordynka, Nummer 17. Ich suchte es einmal auf, um mir eine Vorstellung zu machen, wo sich, nach der Rückkehr aus der Emigration, 1939 Marina Zwetajewa mit Anna Achmatowa getroffen hatte. Ich studierte kurz die Hausnummer 17, ärgerte mich über das langweilige Gebäude und über die unregelmäßigen Krusten der Balkone, die sich um die Hausecken zogen. Ein Aufsatz von Georgij Fedorov und ein Artikel von Kolova und Bagmet in der Moskauer Architekturzeitschrift informierten mich, wieviel geballte Geschichte in diesem Haus steckt, was durch die Architektur der Zwischenkriegszeit verkleistert worden ist. 1930 wurde endgültig ein klassizistisches Palais zu moderner Dutzendware verkleidet.

Um den Komplex als klassizistische Anlage zu identifizieren, mußten wir nicht nur Abbildungen und Skizzen zu Hilfe nehmen, sondern alles, was wir in Kapitel 2 und 3 über die Struktur des Adelspalais gelernt haben. Es handelt sich vor allem um die Struktur des offenen Rechtecks, die die klassizistische Bauweise auszeichnet. Stellen wir uns auf die gegenüberliegende Straßenseite frontal zum Toreingang, tragen im Geiste drei Stockwerke ab, so erkennen wir – mit einiger Mühe zwar – das Rechteck: hinter dem Toreingang, von der Straße in den Hof versetzt, erstreckt sich das Hauptgebäude; die Blöcke an der Straßenseite waren einst die typischen Flügelanbauten. Wir hätten vor uns ein klassisches Palais mit einem Viersäulenportikus und einem Mezzanin mit Bogenfenster darüber, den weiten Hof mit dem Paradegitter davor und die Flügel, die nicht nur senkrecht auf das Hauptpalais treffen, sondern auch ausladende Fronten zur Straßenseite haben. Auch müßten die typisch russischen kreuzgewölbeartigen Überdachungen aus der Mitte des 18. Jahrhunderts vorhanden gewesen sein, die beim Umbau von 1930 endgültig verlorengingen.

Mit diesem Haus ist der Name Fjodor Dostojewski verbunden. Wie? wird der Leser sich fragen, Dostojewski, der Dichter Petersburgs und der »Erniedrigten und Beleidigten«, in einem Moskauer Palais? Es ist so gewesen. Um das aber zu entfalten, müssen wir uns in die Familiengeschichte einer der reichsten Kaufmannsdynastien Moskaus begeben: der Kumanins.

Ursprünglich geht die Palastanlage (aus Stein) mindestens bis zur Mitte des 18. Jahrhunderts zurück; die ersten bekannten Besitzer sind die Kaufleute der Žuravlevs. Die Geschichte des Stammhauses der Kumanins beginnt 1790, als es von einem Kumanin (Vasilij Alekseevič, Kaufmann aus Pereslavl') für 30000 Rubel erworben wurde. Das Haus bestand damals aus drei großen zweigeschossigen Gebäuden aus Stein mit einem Garten und einer Orangerie; es gehörte zur Pfarrei der Kirche »aller Bedrängten Freude«. 1793 ging der Besitz an den Bruder Aleksej Alekseevič über, der ebenfalls aus Pereslavl' gekommen war und zusammen mit seinem Bruder sogleich in die Erste Moskauer Kaufmannsgilde eingereiht wurde. Dieser Kumanin lebte bis 1818, und man sollte seine unternehmerischen Tätigkeiten nicht unterschlagen, denn er erwarb sich Verdienste um das Vaterland. Offensichtlich war er ein unternehmerisches Genie, leitete große Transaktionen, hatte Handelsbeziehungen mit mittelasiatischen Khanen, mit dem Westen und China, leistete große Schenkungen an öffentliche Institutionen. 1811 wurde er wegen seiner Verdienste zum Stadtoberhaupt gewählt. 1812, im schweren Jahr Moskaus, sollte dies seine Bedeutung haben. Ihm oblag es, die Militärabgaben der Moskauer Kaufmannschaft zu organisieren. Zur Aufstellung eines Moskauer Regiments der Kaufleute bekam er den Auftrag, 500000 Rubel auszubezahlen, was die Hälfte der gesamten Verpflichtungen ausmachte. Er selbst trug zur Summe mit 50000 Rubel bei, wofür er an den Marmortafeln der Christ-Erlöser-Kirche ehrenvoll erwähnt wurde (an Stelle der Kirche ist bekanntlich heute ein Freischwimmbad). 1812 wurde das Haus zwar von den Franzosen geplündert, doch Aleksej Alekseevič ging nicht Bankrott, hinterließ seinen drei Söhnen das renovierte Haus in der Ordynka mit der Auflage, daß sie das Geschäft (eine Textilfabrik, den Teehandel mit China) gemeinsam unter dem Namen Kumanin und Söhne weiterzuführen und für zehn Jahre das Stammhaus gemeinsam zu bewohnen hätten. Konstantin wird

Oberhaupt der Familie und wiederum Oberhaupt der Stadt Moskau und darf beim feierlichen Einzug Nikolais I., des Henkers der Dekabristen, den Zaren im Namen der Stadt begrüßen. Große Schenkungen z. B. an die Kommerzschule verschaffen den Brüdern 1830 den Erbadel.

1828 hatten die Brüder, nach Ablauf der Frist, ihre Haushalte getrennt. Nun kommt die Verbindung zu Dostojewski, die sich durch weitere verschlungene Familienbande herstellen muß: der mittlere Bruder Aleksandr Alekseevič hatte 1813 eine verarmte Kaufmannstochter Aleksandra Fedorovna Nečaeva geheiratet. Ihre Schwester Marija Fedorovna hatte eine weniger gute Partie gemacht: sie hatte sich 1819 mit dem Armenarzt M. A. Dostojewski verbunden, und 1821 wurde ihre Schwester Aleksandra Kumanina Taufpatin des zweiten Sohnes Fjodor. Bis zum 7. Lebensjahr konnte der kleine Fjodor sich im weitläufigen Palais an der Ordynka tummeln und die Schüsseln der Reichen mit seiner armseligen Existenz im Armenkrankenhaus vergleichen (vgl. 7. Kap.). Dann zog die Tante Kumanin mit Mann in den Kosmodamjanskij pereulok 9 (heute: Starosadskij pereulok; das heutige Gebäude wurde auf den Grundmauern des ehemaligen Kumaninpalastes errichtet).

Die Geschichte mit Fjodor Dostojewski könnte zu Ende sein; doch meint der Forscher Fedorov, Dostojewski habe das Haus noch öfters besucht, mindestens aber im November 1859, als er aus der sibirischen Verbannung kam. Inzwischen hat das Geschlecht der Kumanins den Niedergang erlebt. Das Haus wurde 1858 für 10000 Rubel verkauft, nachdem es 1840 150000 Rubel wert war. Noch lebt ein Kumanin in einer Wohnung, Konstantin Konstantinovič, und verbraucht das ererbte Kapital. Man muß sich das vorstellen: Dostojewski kehrt aus Sibirien zurück, besucht das Haus, dessen weitläufige Enfiladen verwaist sind, wo nur noch einer haust, verbittert, verdüstert, denn Konstantin Konstantinovič wurde von seiner Frau verlassen. Vielleicht hat Dostojewski wirklich um Geld gebeten für seine Zeitschrift und wurde abgewiesen. Jedenfalls läßt sich lebhaft vorstellen, daß dieses riesige verlassene Haus zum Prototyp des

Hauses Parfen Rogoshins im Roman »Der Idiot« und der Sohn Konstantin – Konstantin Konstantinovič – zum Prototyp Rogoshins selbst wurde: »Mit Geld kaufe ich alles.«

Lesen wir die Szene, das Haus betreffend, wo Fürst Myschkin Rogoshin besuchen will; seine negative Erwartungshaltung gegenüber dem Wohnsitz eines Kaufmannes läßt ihn das richtige Haus erraten. Daß es im Roman in Petersburg liegt und dreistöckig ist, soll uns nicht stören:

»Ein Haus zog, wahrscheinlich durch seine besondere Physiognomie, schon von weitem seine Aufmerksamkeit auf sich, und der Fürst erinnerte sich später, daß er zu sich gesagt hatte: ›Es wird gewiß dieses Haus sein!‹ Es würde ihn freuen, wenn er es erraten hätte . . . Es war dies ein großes, finsteres, dreistöckiges Haus, ohne allen architektonischen Schmuck, von schmutzig-grüner Farbe . . . Ein solches Haus macht von außen und von innen einen ungastlichen, unfreundlichen Eindruck; es sucht sich gleichsam zu verstecken und zu verbergen; aber warum eigentlich schon die bloße Physiognomie des Hauses einen solchen Eindruck macht, das ist schwer zu sagen. Die architektonischen Linien müssen wohl auf geheimnisvolle Weise diese Wirkung ausüben. In diesen Häusern wohnen fast ausschließlich Kaufleute.«

Der Moskauforscher Fedorov ist der Meinung, daß an einer winzigen Einzelheit sich festmachen lasse, daß Dostojewski bei der Schilderung des Rogoshinschen Hauses das Ordynka-Palais vor Augen hatte. Es sind dies die paar Stufen, die Myschkin treppauf und treppab gehen muß, um zu Rogoshin zu gelangen. Diese Treppchen innerhalb des Hauses sollen sich trotz Umbau noch erhalten haben. Ob diese Theorie so überzeugend ist, läßt sich anzweifeln: man weiß ja, daß die russischen Häuser verschachtelt waren, daß unterschiedliche Zimmerhöhen immer durch Stufen ausgeglichen wurden. So singulär sind die Dostojewskischen »Stufen« wohl nicht. Wie dem auch sei, gehen wir mit Myschkin die alte Treppe hoch in den Paradestock:

»Seinem Zaudern ein Ende machend, öffnete er die Glastür, die hinter ihm geräuschvoll wieder zuschlug, und begann die Haupttreppe zum zweiten Stock hinaufzusteigen. Die Treppe war dunkel, kunstlos aus Steinstufen gebaut, die Wände mit roter Farbe angestrichen. Er wußte, daß Rogoshin mit seiner Mutter und seinem Bruder das ganze zweite Stockwerk dieses düsteren Hauses bewohnte. Der Diener, der dem Fürsten öffnete, führte ihn ohne Anmeldung hinein; die Führung dauerte lange: sie passierten einen für Festlichkeiten bestimmten Saal mit marmorartig bemalten Wänden, eichenem Parkettfußboden und schweren plumpen Möbeln aus den zwanziger Jahren; sie gingen auch durch einige kleine Zimmerchen, wobei sie Bogen und Zickzacke machten, ein paar Stufen hinauf- und dann wieder ebenso viele hinunterstiegen, und klopften endlich an eine Tür.«

Parfen Rogoshin öffnet. Die Lichtgestalt Myschkin und das durch Geld definierte Böse schlechthin begegnen sich. Der Fürst lächelt und betrachtet das Porträt von Rogoshins Vater; es müßte Ähnlichkeit gehabt haben mit dem des Konstantin Alekseevič Kumanin, der wirklich scharfgeschnittene, kühne Züge zeigt. Nichtsdestoweniger sieht Dostojewski in ihm die pure Geldgier. Und spätestens hier fragt man sich, sind der reine Myschkin und der elementar gierige Rogoshin nicht eine Person? Und hatte nicht Dostojewski selbst diesen Januskopf? Anders könnte er nicht Rogoshin in seiner faszinierenden Gebrochenheit darstellen. Fürst Myschkin ist von dem Zwiespalt in Rogoshin fasziniert:

»Es kam mir der Gedanke, wenn dir dieses Unglück nicht zugestoßen und diese Liebe nicht über dich gekommen wäre, dann würdest du vielleicht genauso werden wie dein Vater, und zwar in sehr kurzer Zeit... keinem Menschen trauen, den freundschaftlichen Verkehr mit Menschen auch gar nicht vermissen und nur schweigend und mit finsterer Miene Geld zusammenhäufen...«

Ähnlich hat auch der Gegenstand von Rogoshins Liebe, Nastasja Filipowna, die Gebrochenheit Rogoshins erkannt: »... und dein Geld würdest du so liebgewinnen, daß du nicht zwei Millionen, sondern vielleicht zehn Millionen zusammenbringen und auf deinen

Geldsäcken Hungers sterben würdest; denn du bist in allen Dingen leidenschaftlich, alles treibst du bis zur Leidenschaft.«

Da die ausschließliche Leidenschaftlichkeit Rogoshins ihr Ziel nicht erringen kann, bleibt nur der Tod. Die Aggression gegen sich selbst zu richten, ist dem vitalen Rogoshin jedoch nicht möglich: Das Hirschhornmesser, das Myschkin bei seinen Besuchen im Rogoshinhaus bemerkt hatte, trifft die geliebte und nicht errungene Frau. Fürst Myschkin betritt in unheilvoller Vorahnung zum letzten Mal das Haus: Nastasja ist tot.

Mit Dostojewski war die literarische Geschichte des Hauses in der Ordynka nicht erschöpft: Apollon Grigorjew und wahrscheinlich auch A. A. Fet sind Besucher gewesen.

Wichtiger ist das bisher letzte literarische Kapitel dieses Hauses: beim Ehepaar Ardow stieg Anna Andrejewna Achmatowa bei ihren Moskaubesuchen ab: in der Zeit von 1938 bis 1966. Die Frau Ardows, die Schauspielerin Nina Antonowna Ol'ševskaja, war Anna Achmatowa eine der engsten Freundinnen. 1966, kurz vor Achmatowas Tod, brachte sie die nach einem Herzinfarkt Todkranke aus dieser Wohnung in ein Sanatorium in der Nähe Moskaus, wo Anna Achmatowa nach drei Tagen starb.

Wir gehen durch das Tor von der Straße in den Vorderhof, dann weiter durch einen offenen Durchgang des Haupthauses in den

Anna Achmatowa mit W. Ardow 1961 in der Wohnung Ordynka 17

Hinterhof. Ich fühle mich nicht recht wohl, es ist, als dringe man in eine für Fremde verschlossene Welt ein. Doch es ist niemand da, der Hof ist leer. Es ist auch nicht ein Hof, es sind mehrere Höfe mit wunderlichen Ecken, gegeneinander abgetrennt. Wäsche flattert, ein schwarzer Hund kommt an den Zaun, er bellt nicht, hier fürchtet niemand etwas. Ich lehne mich an ein ebenerdiges Häuschen, um den Blick auf den Glockenturm der Kirche »aller Bedrängten Freude« zu fotografieren. Die Fenster des zweiten Stocks sollen der ehemaligen Wohnung (No. 13) der Ardows gehören. Ich kann nicht sagen, ob es sich um das Rück- oder Vordergebäude handelt. Das ebenerdige Häuschen hinter mir muß ein Wirtschaftsgebäude aus dem letzten Jahrhundert gewesen sein. Führt hier jemand heute eine Spitzwegexistenz?

Das Wohnungsinnere soll sich nicht verändert haben. Für Anna Achmatowa wurde immer das kleine Zimmer des Sohns von Nina Ol'ševskaja freigemacht: ein winziges Zimmer mit großer Höhe, so daß es wie ein Schrank ausfiel. Ihre Gäste und Verehrer empfing Anna Achmatowa im Eßzimmer der Familie. Schwere Zeiten erlebte sie in den späten dreißiger Jahren. Ihr Sohn, Lew Gumiljow, war verhaftet und vom Tode bedroht. Der Vater Lews und Achmatowas erster Mann, der Dichter Nikolai Gumiljow, war bereits 1921 wegen angeblicher Konterrevolution erschossen worden.

Das Mißtrauen traf auch den Sohn, der in den dreißiger Jahren einige Male verhaftet wurde. Anna Achmatowa bemühte sich in Moskau um Begnadigung des Sohnes. Wie der versteinerte Schmerz von antiken Grabstelen klingen ihre Gedichte in der Sammlung »Requiem«:

> Nein, das bin nicht ich, das leidet jemand anderes.
> Ich könnte das so nicht. Und das, was geschah,
> Sollen schwarze Tücher bedecken,
> Und man soll die Laternen forttragen ...
>
> Nacht.

Im Juni 1941 trafen sich hier, wahrscheinlich zum ersten und einzigen Mal, die Dichterinnen Marina Zwetajewa und Anna Achmatowa. Es ist wenig bekannt über diese Unterredung, und das ist auch gut so.

Aber ein Satz, den Nadeshda Mandelstam erzählt, schien mir so glaubhaft. Marina hatte nach der Rückkehr aus der Emigration bei ihren Wanderungen durch Moskau einen Baum ihrer Kindheit wiedergefunden. Sie bat Anna Achmatowa, keinem Menschen davon zu erzählen: denn »wenn sie es wissen, werden sie den Baum abhauen«.

7. DIE ÜBERFLÜSSIGEN

Dostojewski, Turgenew, Gogol

Der Park in Petrovsko-Razumovskoe, Landwirtschaftsakademie imeni Timirjazeva

Dostojewski, Turgenew, Gogol – was haben sie gemeinsam? Nicht viel. Nicht einmal Moskau haben sie gemeinsam. Dostojewski ist in Moskau geboren; Turgenew hat hier studiert; Gogol ist in Moskau gestorben. Dostojewskis Natur ist glühend, Gogol ist der Bleiche und ewig Frierende, Turgenew ist einfühlsam bis zur Tränenseligkeit.

Gemeinsam ist ihnen: Nicht mehr der Adelige steht im Mittelpunkt der Literatur, sondern der armselige kleine Mensch aus anderen Ständen (der rasnočinec), eine quantité négligeable für die Gesellschaft: der überflüssige Mensch (lišnij čelovek).

Topographisch haben wir weniger Schwierigkeiten, die drei zusammenzubringen: der Suvorovskij(Nikitskij)-Boulevard und die Ostoženka liegen nicht weit auseinander. Für das Dostojewski-Museum müssen wir uns in den Norden Moskaus auf den Weg machen. Dem Vorsatz gemäß, möglichst nur mit der Metro zu fahren, schlagen wir die neue Metrostation Sav'olovskaja vor und den Weg zu Fuß in die Dostojewskistraße 2.

Wenn in den nächsten Jahren die Metrostation Timirjazevskaja gebaut ist, wird es ein leichtes sein, den Park der Landwirtschaftsakademie »im. Timirjazeva« zu besuchen. Dort sind wir am Schauplatz des Fememords an Schatow, einer der Hauptfiguren aus Dostojewskis Roman »Die Dämonen«. Wer nicht das Dostojewski-Museum besucht, kann den Bus 87 vom Bol'šoj-Theater zur Landwirtschaftsakademie »imeni Timirjazeva« nehmen; der Bus hält an der Nordfront des Hauptgebäudes.

Steigen wir wieder einmal auf dem Arbatplatz aus. Das Gogol-Denkmal am oberen Ende des Gogol'evskij-Boulevards hat seine Geschichte oder Nicht-Geschichte; es wurde hier 1952 errichtet, nachdem man das klassische Gogold-Denkmal von N. A. Andrejew (1909) entfernt hatte. Irgendein optimistischer Heilsideologe hatte den Vorwurf gemacht, der schon Gogols Helden traf, es fehle dem alten Denkmal an Positivität. So wurde der verdüsterte, sich frierend in einen Mantel hüllende, in sich gekehrte Gogol in die Verbannung geschickt. Und diese tut dem alten Denkmal sogar gut, denn ins Laubwerk des Hofes vom Suvorovskij-Boulevard 7 a gehüllt, abseits vom Verkehr, scheint es sich für die Ewigkeit eingerichtet zu haben.

Wir lesen auf einer Bank des Gogol'evskij (ehemals Prečistenskij)-Boulevards über das Leben Gogols.

Die Entfernung des ursprünglichen Denkmals ist typisch für die Bewertung eines Dichters, der in geradezu enthusiastisch schäumender Übertreibung das Kleine, Seelenlose, Banale darstellen konnte. Gogols Tschitschikow, der Held der »Toten Seelen«, mag ein negativer Held sein, doch gerade so ist er modern: durchschnittlich, phantasievoll und ein wenig gesetzlos. Tschitschikow kauft Gutsbesitzern die verstorbenen leibeigenen Bauern, »die toten Seelen«, ab, um den neuerworbenen Besitz den Banken für zweihundert Rubel pro Kopf zu verpfänden. Bei den Gutsbesitzern rannte er dabei offene Türen ein, denn, da die Kopfsteuer nur alle fünf Jahre von den Behörden abgerechnet wurde, schleppten sie alle innerhalb der Fünfjahresfrist Verstorbenen als Steuerlast mit sich herum. Folglich freuten sie sich, die toten Seelen an Tschitschikow loszuwerden. Tschitschikow ist somit ein wahrer kapitalistischer Bösewicht, aber seine kriminelle Phantasie ist leicht und farbig. Daß das Unternehmen schließlich scheitert, ist nicht weiter wichtig. Tschitschikow sitzt am Ende des Romans in der Troika; es ist ein neuer Aufbruch ins Freie, ins Grenzenlose:

»Unser Held lächelte nur, wenn er auf dem Wagenpolster leicht emporflog; er liebte das schnelle Fahren. Und welcher Russe liebt es nicht? Wie sollte ein Russe, dessen Seele doch immer bestrebt ist, sich vom Wirbelwind mitreißen zu lassen, wie sollte er, der doch zuweilen zu rufen pflegt: ›Hol alles der Teufel‹ das schnelle Fahren nicht lieben? Und in so einem Fahren liegt ja auch Begeisterndes und Wundervolles genug. Es ist, als habe einen eine unbekannte Kraft auf ihre Flügel gehoben, und man fliegt dahin – und alles fliegt!... Doch auch etwas Schreckliches liegt in diesem Vorüberfliegen: Jeder Gegenstand hat keine Zeit, deutlichere Formen anzunehmen, und nur der Himmel über uns, die leichten Wolken und der aufleuchtende Mond scheinen unbeweglich zu sein. Oh, Du russisches Dreigespann – du gleichst einem schnellen Vogel! Wer hat dich erdacht? Nur in Rußland konntest du entstehen, in einem Lande, das sich als unendliche Ebene über die halbe Erde breitet ...«

Könnte man diese Sätze nicht immer wieder lesen? In diesen Schlußsätzen der »Toten Seelen« schwingt auch etwas mit, was auf das dunkle Geheimnis in Gogols Leben hindeutet. Wie sonst könnten wir verstehen, daß der Mann, der solch freie Leichtigkeit verbreitet, mit zweiundvierzig Jahren stirbt im Haus Talyzin, dem Wohnsitz des Oberprokurators des Synods, des Grafen A. P. Tolstoi? Gogol war, unter einem unbekannten Leidensdruck, in den Schoß der Kirche geflüchtet und hatte mit exzessiven Kasteiungen seine körperliche Selbstvernichtung betrieben. Seine geistige vollzog er neun Tage vor seinem Tod, als er den zweiten Band der »Toten Seelen« in seinem Kamin verbrannte.

Gogol vereinigt auf ganz eigenartige Weise Unruhe und Aufbruchswillen des russischen Genies in sich, schreckt dann aber doch zurück vor dem horror vacui, vor der »unendlichen Ebene«; schließlich verkümmert er an Ort und Stelle.

Moskau ist dieser Ort des Übergangs und des Untergangs. In Moskau findet er immer wieder Unterschlupf bei Freunden; von Moskau bricht er immer wieder auf in die Fremde, ins Ausland, weil es ihm zu eng wird. Moskau wird schließlich sein Grab, dem er nicht mehr entkommen kann. Moskau ist die Stadt seines Geheimnisses, das wir nicht enträtseln werden.

Geboren ist Nikolai Gogol 1809 im Gouvernement Poltawa; von 1829 bis 1836 lebte er in Petersburg; in dieser Zeit hatte er seine größten literarischen Erfolge mit dem Prosazyklus »Abende auf dem Weiler bei Dikanka«, mit den so typisch Petersburger Novellen »Der Newski Prospekt«, »Die Nase«. Große Erfolge feierte er mit der Komödie »Der Revisor« 1836.

1832, im Juli, war er das erste Mal in Moskau im Haus S. T. Aksakows (heute ul. Mjaskovskogo 12, vgl. Kap. 5); ein anderes Wohnhaus S. T. Aksakows wurde zum Gogol-Gedenkmuseum (Sivcev Vražek 39).

Von 1836 bis 1839 lebte er im Ausland, wo er sich unter anderem in Wien mit M. P. Pogodin traf. Diese Freundschaft mit Pogodin wird zum Anlaß und Ausdruck Gogolscher Selbstquälerei. Aber noch ist es nicht soweit.

Bei seiner Rückkehr nach Rußland wurde er von Pogodin in dessen neues Stadtpalais auf dem Jungfrauenfeld eingeladen (heute: Pogodinskaja ul. 10-12, nicht erhalten; Nummer 12, ein Holzhaus mit altrussischem Schnitzwerk verziert, die sogenannte Pogodinskaja izba, stammt aus späterer Zeit). Bei Pogodin lebte er im Mezzanin, zeigte sich vor dem Mittagessen nie in den Gemeinschaftsräumen; dann speiste er mit der Familie, wo er Späße zu machen pflegte; zog sich wieder bis abends 7 Uhr zurück, kam dann hinunter, stieß weit die Türen der ganzen vorderen Zimmerenfilade auf und begann herumzuwandern ... stundenlang.

Aus unbestimmten Gründen, die wir nicht an Vordergründigkeiten festmachen wollen, vielleicht war es auch die Unruhe einer seelischen Krankheit, bricht er im Mai 1840 wieder ins Ausland auf: u. a. nach Wien und Rom.

Damals reiste man, ohne viel Geld zu haben. Gogol gab in einer Moskauer Zeitung folgende Anzeige auf: »Habe keine eigene Equipage, möchte mit jemandem bis Wien in dessen Equipage mitfahren, Auslagenteilung. Zu erfragen bei N. Gogol auf dem Jungfrauenfeld, im Haus Pogodins.« Die Zensur hatte noch folgenden Satz Gogols aus der Anzeige gestrichen: »Bin ein friedlicher und unprätentiöser Mensch: werde während der ganzen Reise keine Ansprüche an den Mitreisenden stellen und von Moskau bis Wien schlafen.« Tatsächlich meldete sich aus Slavophilenkreisen ein V. A. Panow, der ihm während der ganzen Reise praktisch und finanziell half und auch als Abschreiber diente.

Ein feierlicher Abschied fand im Park des Pogodinpalais statt, Freunde begleiteten ihn noch mit der Kutsche bis weit vor Moskau.

Vom Poklonberg, wo einst Napoleon begehrlich auf die zu erobernde Stadt blickte, schaute Gogol noch einmal auf das Moskau zurück, aus dem er floh. Es war Frühling; an der ersten Poststation nahmen die Freunde Abschied; nach russischer Sitte setzten sich alle eine Minute lang schweigend hin.

Im Oktober 41 kehrte Gogol zurück: der erste Band der »Toten Seelen« war geschrieben. Doch Gogols Kräfte hatten sich dabei erschöpft, der Geldmangel wurde immer quälender, die Furcht vor der Zensur steigerte sich.

Unaufhörlich und besessen arbeitete Gogol weiter am Großen Werk der »Toten Seelen«. In Moskau will es nicht gedeihen:

Brief an Pletnjow vom 17. März 1842: »Hier in Moskau dachte ich daran, etwas anderes zu tun als an meinem Werk zu schreiben, vielleicht ein, zwei Aufsätze, weil ich mich hier nicht mit irgendetwas Wichtigem beschäftigen kann. Aber jetzt ists ganz anders: ich habe nicht einmal die Kraft, mich zusammenzureißen.

Überdies bin ich von Natur aus nicht in der Lage, mir eine Welt lebhaft vorstellen zu können, wenn ich mich nicht von ihr entfernt habe. Deshalb kann ich über Rußland nur in Rom schreiben, nur dort habe ich es ganz vor Augen, in all seiner gewaltigen Größe. Aber hier bin ich verloren und bin mit den anderen untergegangen. Ein offener Horizont ist nicht vor mir. Außerdem fühle ich hier, außer den äußeren Umständen, die imstande sind, mich zu verwirren, ein physisches Unvermögen zu schreiben. Mein Kopf leidet ununterbrochen: ist es kalt im Zimmer, schmerzen meine Gehirnnerven, dumpf vor Kälte, und Sie können sich nicht vorstellen, welche Qual ich empfinde, wenn ich dann versuche, mich zu beherrschen, Gewalt über mich zu bekommen, und den Kopf zum Arbeiten zwingen will. Ist das Zimmer überheizt, dann erstickt mich diese künstliche Hitze ganz und gar, die geringste Anstrengung ruft in meinem Hirn eine solch seltsame Verdichtung und Verdickung von allem hervor, als ob der Kopf gleichsam zerspringen möchte. In Rom schrieb ich vor dem offenen Fenster, umfächelt von der mir wohl- und wundertätigen frischen Luft. Aber vielleicht können Sie mitempfinden, wie stark ich gerade in der Zeit leide, wenn niemand anderes meine Leiden sieht. Schon seit langem erkaltet und erloschen für alle Aufregungen und Leidenschaften der Welt, lebe ich für meine innere Welt, und eine Aufregung in dieser Welt kann mir Unglück bringen, das schlimmer als jedes reale Unglück ist.«

Lange erträgt Gogol die Aufenthalte in der Pogodinfamilie nicht mehr; der Grund ist in einer Verschlechterung der Freundschaft Pogodins und Gogols zu suchen. Aber die tieferen Ursachen kennen wir nicht.

Am 23. Mai 1842 ist es wieder soweit; Moskauer Freunde geben ihm das Abschiedsgeleit; Pogodin ist diesmal nicht dabei. Gogol hat das Pogodinhaus zu hassen begonnen; zeitweise verkehren die Freunde nur über Zettelchen miteinander. Pogodin fragt Gogol, schriftlich auf einem Zettel, ob er einen Beitrag für seine, Pogodins, Zeitschrift habe. Gogol antwortet mit einem Zettelchen: »Ničego«.

»Wie aus einem finsteren langen Gefängnisaufenthalt brach ich auf aus dem Haus am Neujungfrauenfeld, – Du warst mir schrecklich – Schon dein Anblick, besorgt und finster, hat mich mit Trübsinn erfüllt, ganze Wochen bin ich dir aus dem Weg gegangen«, schreibt Gogol am 21. Okt. (2. Nov.) aus Düsseldorf. Dann folgen seitenlange »Beichten«, Selbstanklagen, die aber nichts gestehen, sondern in Gegenbeschuldigungen umschlagen. Das Verhältnis zu Pogodin ist auf geheimnisvolle Weise irreparabel.

Gogol lebt mit Unterbrechungen bis 1848 im Ausland; krank, mit verwundeter Seele, kehrt er im Herbst 1848 nach Moskau zurück. Unterwegs hat er bereits in Hamburg (1846) Entwürfe zum 2. Teil der »Toten Seelen« verbrannt.

1848 erscheint der »Ausgewählte Briefwechsel mit Freunden«; es ist eine Feier des Patriarchalischen Rußland, eine Tolerierung des Zarentums von Nikolai I.; alles das bereitet seinen aufgeklärten Freunden keine Freude; sonderbarerweise treffen ihn aber auch Haß und Verachtung der Slavophilen. Er sagt sich schließlich – auf eine sich selbst geißelnde Weise – los von diesem »Briefwechsel«:

»Das Erscheinen meines Buchs wirkte wie eine Ohrfeige: es war eine Ohrfeige für das Publikum, eine Ohrfeige für meine Freunde und schließlich eine ganz gewaltige Ohrfeige für mich selbst ... Ich habe mich selbst zu einem Chlestakow gemacht. [Anmerkung: der Hochstapler wider Willen in Gogols Komödie ›Der Revisor‹] Auch ich müßte öffentlich geohrfeigt werden und hätte es vielleicht notwendiger als jeder andere.«

Schließlich macht er eine Pilgerreise nach Jerusalem, wo er Erlösung von seinen Seelenqualen sucht. Welche das sind, wissen wir nicht. Sie ballen sich nur zu einer eigenartigen Gogolschen Ästhetik zusammen: der Divergenz von Gutem und Schönem. Das Schöne, in seiner verführerischen Sinnlichkeit, ist sogar der unversöhnliche Gegensatz zum Guten; entgehen kann man der Verführung nur, so scheint Gogol zu glauben, durch körperliche Selbstkasteiung und geistige Selbstverbrennung.

In der schönen Biographie von Dmitri Mereshkowski – Gogol. Sein Leben, sein Werk, seine Religion (bei Georg Müller 1914) – ist dieser tödliche Konflikt von Gutem und Schönem dargestellt. Schauplatz ist die kleine Kirche Simeons des Styliten (1676-79), dem Gogol-Boulevard gegenüber. Gogol verbrachte am Ende seines Lebens ganze Nächte in der Kirche, um zu beten und sich zu kasteien. Wir schauen auf dieses kleine geduckte Wesen, das sich seinen Platz zwischen den pseudozivilisatorischen Ungetümen von Bauten des Kalininprospekts absparen muß. Welcher Wille hat das Kirchlein vor dem Abriß verschont? Das Gebet Gogols? Dmitri Mereshkowski, der diese kleine Kirche noch im Umkreis der gewachsenen Stadt erlebt hat, schildert im 12. Kapitel seiner Biographie eine Vision, deren Schauplatz er in diese Kirche verlegt: der betende Gogol wird von seinen literarischen Geschöpfen heimgesucht.

Wir versuchen, uns den betenden Gogol vorzustellen: Da sind auf einmal die Hauptpersonen seiner Erzählung »Der Wi« um ihn herum. Im Sarg liegt eine schöne Hexe. Der Student Choma Brut, der von der Hexe verführt worden ist, betritt zagend die Kirche. Das Ungetüm, der Wi, ist ihm auf den Fersen und will ihn verderben. Choma Brut betritt die Kirche, ihn schaudert, er will die Kirche hell erleuchten:

»Und er fing an, jedes Gesims, jedes Lesepult und jedes Heiligenbild mit Kerzen zu versehen, und bald war die ganze Kirche vom Licht erfüllt. Nur oben schien die Dunkelheit noch größer geworden zu sein, und die düsteren Heiligen schauten noch finsterer ... Er näherte sich dem Sarge und blickte verstohlen der Toten ins Gesicht. Er mußte die Augen schließen vor dieser dämonisch strahlenden Schönheit.«

Und wie es so ist im russischen Märchenleben, die Tote ist keine Tote, sondern eine Untote, sie richtet sich auf im Sarg; und zugleich stürzt eine Anzahl von Ungeheuern in die Kirche. Sie suchen Choma Brut, die Heiligenbilder fallen klirrend zur Erde; sie finden ihn nicht, weil er sich in einen Zauberkreis begeben hat. Und dann wird der Wi hereingeführt:

»Er war ganz in schwarze Erde gehüllt. Seine gleichfalls mit Erde bedeckten Hände und Füße streckten sich wie zähe, knorrige Wurzeln empor. Er stieß polternd mit den Füßen auf den Boden und stolperte beständig. Die großen Augenlider hingen ihm bis zur Erde herab und voller Grauen gewahrte Choma, daß sein Antlitz von Eisen war. ›Hebt mir die Lider empor, ich sehe nicht!‹ stöhnte der Wi mit unterirdischer Stimme – und die ganze Dämonenschar stürzte auf ihn zu, um ihm die Lider emporzuheben.«

Choma will nicht hinschauen, darf nicht hinschauen, tut es trotzdem, der Wi richtet seinen Finger auf ihn: »Da ist er.« Die Dämonen stürzen auf ihn zu, und Choma stirbt vor Schreck. Mereshkowski meint, »die Visionen, die Gogol vor seinem Tode bedrängten, hatten wohl diesen prophetischen Sinn: seine eigene von ihm getötete Muse, die in dämonischer Schönheit strahlende Hexe, lag in einem Sarg mitten in der Kirche und der Wi richtete seinen eisernen Finger auf den Mörder«.

Wir gehen in den Hof des Suvorovskij (Nikitskij)-Boulevards 7 a, betrachten das schöne Gogoldenkmal und betreten das kleine Museum, das aus den zwei von Gogol bewohnten ebenerdigen Zim-

Das Arbeitskabinett Gogols im Museum am Suvorovskij-Boulevard 7 a

mern rechts vom Eingang besteht. Leider ist nicht klar, in welchem Zimmer Gogol gestorben ist. Wahrscheinlich hat Graf Tolstoi ihn zu sich ins obere Stockwerk geholt. Eine nette alte Dame zeigt die in Betracht kommenden Sterbezimmer. Wenn wir der Biographie Dmitri Mereshkowskis folgen, war das Todesmartyrium Gogols unvorstellbar grausam. Nachdem Gogol die Manuskripte zum 2. Teil der »Toten Seelen« verbrannt hatte, versank er noch unaufhaltsamer in Düsternis; schließlich verweigerte er die Nahrungsaufnahme, er wollte sterben. Die Ärzte ließen ihn nicht:

»Es wurde beschlossen, ihm mit Gewalt Nahrung beizubringen. Man ging an die Untersuchung. Gogol beantwortete keine Fragen. Schließlich rief er: Um Gottes willen, quält mich doch nicht so. Man betastete seinen Bauch: er war flach wie ein Brett, weich und schlaff, offenbar ganz ohne Inhalt; man konnte bis zur Wirbelsäule hindurchtasten. Gogol schrie und stöhnte. Die Ärzte verordneten Blutegel und kalte Kopfübergüsse in einem warmen Bad. Während man ihn auszog und ins Bad brachte, stöhnte er, dies sei ganz unnötig. Als die Blutegel sich festgesaugt hatten, stammelte er: ›Tut die Blutegel weg! Tut sie vom Munde weg!‹ Man mußte seine Hände halten, damit er die Blutegel nicht entfernen konnte. Einige Stunden vor dem Tod, als die Agonie schon begonnen hatte, belegten sie ihn von allen Seiten mit heißen Broten, wobei der Kranke entsetzlich schrie und stöhnte.«

Und auch hier haben wir ein überliefertes »letztes Wort«: »Eine Leiter! Bring schnell eine Leiter her! . . .«, soll der sterbende Gogol geschrien haben (erzählt nach Mereshkowski).

Im Herbst 1851 hatte I. S. Turgenew sich wahrscheinlich in einen Wagen gesetzt vor dem Haus seiner Mutter in der Ostoženka und war den Prečistenskij-Boulevard hinaufgefahren über einen so ganz anderen Arbatplatz zum Nikitskij-Boulevard hin, um Gogol seine Aufwartung zu machen: Turgenew erinnert sich, wie er nachmittags zu Gogol kam und unverzüglich empfangen wurde. Ein Stehpult (wenn auch nicht das originale, von dem die Rede ist), befindet sich im Zimmer zur Straße. An dem kleinen Tischchen sollen Turgenew und Gogol sich unterhalten haben. Turgenew ist sehr angetan, wenn er auch einen Widerspruch in Gogols Zügen entdeckt von der klugen Stirn zum weichlichen Kinn und dem unangenehmen Mund:

»Sein Zimmer befand sich neben dem Flur rechts. Ich ging hinein, und ich sah Gogol, der vor dem Stehpult stand mit der Feder in der Hand. Ich hatte ihn 1841 zweimal bei Awdot'ja Petrowna Elagina getroffen. Damals sah er aus wie ein bodenständiger und kräftiger Kleinrusse. Jetzt schien er ein magerer und ausgezehrter Mensch, den das Leben gehörig gebeutelt hatte. Irgendein verborgener Schmerz und eine geheime Aufregung, irgendeine bekümmerte Unruhe gesellte sich zu einem anhaltend eindringlichen Ausdruck in seinem Gesicht.«

Die Turgenews, eine reiche Gutsbesitzerfamilie aus dem Gouvernement Orjol, waren erst 1827 nach Moskau gezogen, um den zwei Söhnen eine gute Ausbildung zukommen zu lassen. 1829 wurden die beiden im Internat des Lazarew-Instituts untergebracht (Armjanskij pereulok 2, vgl. 3. Kap.) zur Vorbereitung auf die Mos-

Turgenew-Haus auf der Ostoženka 37

kauer Universität: 1833 wurde der 14jährige Iwan Sergejewitsch auf Antrag bereits aufgenommen. 1834 schickte ihn der Vater auf die Petersburger Universität, die er auch beendete. Über Turgenews Verbindungen zu den russischen Hegelianern, sein Hegelstudium in Berlin, seine Freundschaft mit N. W. Stankewitsch und M. A. Bakunin haben wir schon im 5. Kapitel berichtet. Am besten bekannt ist der Nihilist Basarow, auch ein ›überflüssiger‹ Mensch, aus dem Roman »Väter und Söhne«: gewisse Denkfiguren des Basarow gehen sicher auf Turgenews Hegelstudium zurück. In der zweiten Hälfte des 19. Jahrhunderts glaubte man sogar, die Vorstellung des Nihilisten sei eine Erfindung Turgenews. Tatsächlich wurde der Begriff, wahrscheinlich zum ersten Mal in Rußland, bereits 1828 gebraucht: um Puschkin zu kritisieren.

Nach 1834 war Moskau nicht mehr ständiger Wohnort für I. S. Turgenew. Im 5. Kapitel wurde verfolgt, wie Turgenew im Winter 1841 mit A. S. Chomjakow über Hegel debattierte, nachdem er aus Berlin zurückgekehrt war. Den Herbst und Winter im Jahr 1841 verbrachte er bei seiner Mutter Warwara Petrowna. Sie war unterdessen in das Haus 37 auf der Ostoženka gezogen.

Das Haus ist heute sorgfältig restauriert, mit sechssäuligem Portikus und Fronton; Zwischenstöcke sind an der Seite zum Hof. Eine Gedenktafel weist darauf hin, daß Turgenew in diesem Haus von 1839 bis 1851 gelebt und gearbeitet hat. Im Hof verwildern Bäume und Gesträuch. Eine alte Ulme, eine Zeitgenossin Turgenews, soll sich darin erhalten haben. Es ist still und stumm um das Haus. Ist es nun erwartungsvoll oder bereits resigniert? Ein Turgenew-Gedenkmuseum fehlt in Moskau.

Die Häuser der Umgebung wurden alle Ende des 19. Jahrhunderts umgebaut. Nur direkt gegenüber erfreut der alte Prachtbau (Haus 38) des Imperatorskoe Kommerčeskoe učilišče; diese Kaiserliche Handelsschule hat Gontscharow von 1822 bis 1830 besucht.

Vom Jahr 1841 an wohnte Turgenew bei jedem Moskau-Besuch bei seiner Mutter auf der Ostoženka. Er bewohnte den Zwischenstock; die Fenster gingen auf den Garten hinaus. Alle Hausbewohner waren begeistert, wenn Iwan Sergejewitsch eintraf, denn dann wurde die herrschsüchtige Mutter etwas milder. Diesen unduldsamen Charakter der Mutter, der sich besonders gegenüber ihren Untergebenen bemerkbar machte, schildert die Erzählung »Mumu« (s. weiter unten). Aber auch den Söhnen ging es nicht viel besser; I. S. verdiente etwas Geld durch sein Schreiben, aber sein Bruder Nikolai vermochte kaum die Familie zu unterhalten. In dem gemütlichen Salon des Hauses auf der Ostoženka, dessen hohe Fenster zur Straßenseite gehen, kam es zur Aussprache. Die Mutter, mit bereits aufgeschwollenen Beinen, saß im Sessel; die Söhne sprachen leise, äußerten kein scharfes Wort. Doch die Mutter wollte keinerlei Vermögensrechte den Kindern abtreten. Der Bruch war endgültig; er endete mit dem Tod der Mutter am 21. November 1850. Turgenew traf zu spät ein: sie war bereits auf dem Friedhof des Donskoj-Klosters begraben.

Turgenew hatte, wie gesagt, Gogol besucht. Sein in Moskau veröffentlichter Nachruf auf Gogol brachte ihm Arrest im Polizeirevier und Verbannung auf sein Gut ein. Erst im Herbst 1853 wurde er begnadigt und durfte in den Hauptstädten leben. 1855 schrieb er seinen ersten Roman »Rudin« (vgl. Kap. 5). Nach dem Tode von Nikolai I. (1855) erhielt er 1856 einen Auslandspaß. Seitdem lebte er meistens im Ausland. Er versuchte, in der Nähe von Pauline Viardot-Garcia, einer Sängerin, zu bleiben, in die er sich 1843 verliebt hatte. Im Gartenhäuschen der Familie Viardot in Bougival bei Paris starb er auch 1883.

Pauline Viardot 1844

Er fuhr häufig nach Rußland. Wenn er in Moskau war, wohnte er zeitweise in dem prächtigen Palais auf dem Gogol'evskij-Boulevard 10. An den Puschkin-Feierlichkeiten 1880 nahm er teil und hielt eine Rede, ebenso wie Dostojewski (s. weiter unten).

Der Leser mag nun auf dem Gogol'evskij-Boulevard die Erzählung »Mumu« (1854) lesen und Turgenews subtile, postmortale Rache an seiner Mutter miterleben.

»In einem grauen Haus mit weißen Säulen, Zwischengeschoß und verfallenem, schiefen Balkon, das in einer abgelegenen Straße Moskaus stand, lebte einst, von zahlreichem Gesinde umgeben, eine verwitwete Landedelfrau. Ihre Söhne gingen in Petersburg ihren Dienstpflichten nach, die Töchter waren verheiratet; sie fuhr selten aus und verbrachte einsam die letzten Jahre ihres armseligen und langweiligen Alters. Ihr Tag, freudlos und trüb, war längst vorbei; doch auch ihr Lebensabend war schwärzer als die Nacht.«

Die zu Herzen gehende Geschichte eines Leibeigenen an der Ostoženka wird erzählt, der, seines Dorfes gnadenlos entrissen, sich eine kleine Insel der Zuneigung im Haus auf der Ostoženka schaffen will. Gerassim besaß ein Hündchen Mumu, welches er zärtlich liebte. Das Hündchen störte mit seinem Gebell die Stille und innere Leere der alten Frau, und sie befahl Gerassim, das Hündchen zu ersäufen. Dann geht der alte Diener den langen schweren Weg allein zum Moskvaufer, durch die Krimfurt, wo er sich schließlich mit dem Hündchen in einen Kahn begibt.

Immer wieder hat Turgenew die Ostoženka und das Marstallviertel (bis zur Arbatstraße, vgl. 5. Kap.) zum Hintergrund seiner Geschichten genommen. In der »Unglücklichen« besitzt die Tante des Erzählers ein Haus auf der Ostoženka. Das zugrundeliegende Sujet ist ein Studentenskandal, der tatsächlich stattgefunden hat und der Herzen und Stankewitsch sehr bewegte. Ein Vater beschuldigte einen Studenten, am Selbstmord seiner Tochter schuld zu sein.

Im Roman »Am Vorabend« siedelt die Familie Elenas wieder in einem Haus auf der Ostoženka; sogar der Brunnen auf dem Hof ist beschrieben.

Der Roman »Rauch« führt uns in eine Familie des verarmten Moskauer Adels, der Osinins, und malt ein Bild des heute zerstörten Hundeplätzchens (Teil der Kompozitorskaja ulica, vgl. Kap. 5 und 10):

»Die Familie Osinin, von der hier die Rede ist, bestand aus dem Mann und seiner Frau und fünf Kindern. Sie wohnten unweit des Hundeplatzes in einem kleinen ebenerdigen Holzhäuschen, dessen Straßenfront gestreift gestrichen war, während über der Tür grüne Löwen waren; solcher adliger Marotten gab es noch mehr, aber das änderte nichts daran, daß sie nur mit knapper Not ihr Leben

Iwan Turgenew 1856

zu fristen vermochten, beim Gemüsehändler Schulden machen mußten und im Winter häufig ohne Holz und Kerzen waren.«

Auch im »Adelsnest« zieht der Vater Warwaras in ein altes Haus im Marstallviertel, wobei es sich zweifellos um das Turgenewsche Haus in der Ostoženka handeln wird.

Ein anmutiges literarisches Moskau lernen wir in »Erste Liebe« kennen. Vom Zauber des Kalugaer Tors und des Neskučnyj-Parks (heute Gorkipark, alter Teil) wird erzählt und vom schwarzen Los der Kinderarbeit im vorindustriellen Rußland:

»Die Geschichte spielte sich im Sommer 1833 ab. Ich (16) wohnte in Moskau bei meinen Eltern, die eine Villa in der Nähe des Kalugaer Tors gegenüber dem Neskučnyj-Park gemietet hatten, und bereitete mich für die Universität vor, arbeitete aber wenig und beeilte mich nicht allzusehr... Unsere Villa war ein hölzernes Herrenhaus mit Säulen und zwei niedrigen Flügeln. Im linken Flügel befand sich eine winzige Fabrik zur Herstellung billiger Tapeten. Des öfteren begab ich mich dahin und beobachtete, wie ein Dutzend magerer, zerzauster Buben in schmierigen Röcken und mit blutarmen Gesichtern sich auf die hölzernen Hebel schwangen, die die viereckigen Holzklötze der Presse herabdrückten, und auf diese Weise durch die Last ihrer ausgemergelten Körper die bunten Muster der Tapete druckten. Der rechte Flügel war leer und wurde vermietet.«

Eine verarmte Adelsfrau zieht in den leeren Flügel ein, um ihre Tochter auf dem Moskauer Heiratsmarkt unterzubringen. Der Erzähler, der trotz Universitätsvorbereitung ein müßiges Leben führt, verliebt sich jünglingshaft in die Tochter. Wir begleiten den Erzähler und seinen Vater auf weiten Ritten durch Moskau, an der Moskva entlang, durch die Krimsche Furt, auf das Jungfernfeld, über sämtliche Boulevards, bis der Junge schließlich die geliebte Person in den Armen seines Vaters entdeckt.

Dostojewski hat den milden Turgenew gehaßt; vielleicht deswegen, weil Turgenew dem besessen in Baden-Baden Roulette spielenden

Dostojewski auf etwas kleinliche Weise kein Geld leihen wollte. – Dostojewski hat sich bitter gerächt, indem er Turgenew in der Figur des Karmasinow in den »Dämonen« zur Karikatur machte.

Dostojewski – das ist ein Name, der das alte Petersburg hervorruft, dessen ›überflüssige‹ Menschen in den Kellerwohnungen, auf den Dachböden, in engen niedrigen Gängen. Menschen, die von der mitleidlosen, steinernen Geometrie dieser Stadt geprägt sind und nicht von der versöhnlichen Buntheit Moskaus. So sehr ist Dostojewskis Werk von Petersburg durchwebt, daß nicht wenige erstaunt sind, wenn sie hören, daß Dostojewskis Biographie in Moskau begann: 1821 wurde er dort als zweiter Sohn eines Armenarztes geboren. Kindheit und Jugend verbrachte er in einer Gegend jenseits der Stadtringe; wie wir gehört haben, bedeutete dieses Jenseits auch Armut, soziale Verachtung, ein Dahinfristen jenseits der Schattenlinie des reichen Adels.

Dostojewskis Geburtshaus befindet sich im Flügel des ehemaligen Marijnskaja-Krankenhauses, das am ehemaligen Katharinenplatz, heute Kommuneplatz, liegt; seine Empireanmut mit dem Fronton und der dorischen Kolonnade hebt sich wohltuend oder schmerzhaft, wie man es nimmt, von der Sowjetarchitektur der Umgebung ab; Gilardi war der Baumeister Anfang des letzten Jahrhunderts.

Das Armenkrankenhaus war an passender Stelle errichtet. Die ganze Gegend atmete den trüben Geruch der Armut. Anfang des

Das Marijnskaja-Krankenhaus

19. Jahrhunderts befand sich nicht weit vom Marijnskaja Bol'nica ein Friedhof, wo die Wohnsitzlosen, die Selbstmörder, die hingerichteten Mörder und ihre unerkannten Opfer verscharrt wurden. Dieses Grenzgebiet nannte sich ubogij dom, armes Haus, woher schließlich die ganze Straße ihren Namen bekam: Božedomka.

Heute heißt die Straße ulica Dostoevskogo; das Museum befindet sich in Haus 2. Dem Arzt in der Frauenabteilung Dostojewski wurde ein Sohn Fjodor geboren: am 30. Oktober 1821 in einem der Flügel. Fjodor hatte bereits einen älteren Bruder Michail und sollte noch drei Schwestern und zwei Brüder bekommen. 1823 wurde den Dostojewskis eine Dienstwohnung im rechten Flügel zur Verfügung gestellt. Die beiden kleinen Brüder lebten in einer dunklen Kammer. Ihr Zimmerchen war ein Teil des Vorzimmers, kaum beleuchtet und noch dazu dunkelgrau getüncht. Ein Bruder, Andrej, hat die Wohnung in seinen Erinnerungen genau beschrieben: Das vom Vater bewohnte Zimmer befand sich im unteren Geschoß. Man betrat das Vorzimmer durch den üblichen eiskalten Flur; das einzige Fenster des Vorzimmers ging auf den Hof hinaus. Der hintere Teil dieses schlauchartigen Vorzimmers war durch eine Trennwand abgeteilt, die nicht bis an die Decke heranreichte: hier schliefen und spielten die beiden kleinen Brüder. Dann schloß sich der Saal an – das für Präsentationszwecke üblich geräumige Zimmer mit zwei Fenstern zur Straße und dreien zum Hof. Der anschließende Salon mit zwei Fenstern auf die Straße war wieder durch eine Trennwand abgeteilt, damit Platz für das halbdunkle Elternschlafzimmer war. Das war die ganze Wohnung! Eine Front des Krankenhauses ging auf den Katharinenplatz hinaus, von dem es durch einen Zaun und einen Abfallhaufen getrennt war. Die beiden kleinen Brüder spielten nun jeden Tag im Park des Krankenhauses: zu den frühesten Kindheitseindrücken gehörte der tägliche Anblick der Kranken in ihrer aschgrauen Armentracht.

Die Bewertung des Vaters ist für Dostojewskis Werk nicht unwichtig: schließlich begegnet uns im alten Karamasow eine der widerlichsten, aber auch untergründig vitalsten Vaterfiguren der Weltliteratur. Der Vater genoß zunächst hohes Ansehen. 1825 erhielt er für seine Verdienste den St. Annen-Orden Dritter Klasse; nach weiteren fünf Jahren wurde er zusammen mit den Söhnen ins Buch des Moskauer Erbadels eingetragen. Sein einzelgängerisches, ungastliches, strenges und grausames Temperament verhinderte leichten Umgang mit Menschen. Regelmäßige Besucherin war eine Verwandte, die ältere Schwester der Mutter, die Tante Kumanina. Sie fuhr nicht selten aus der Ordynka 17 oder später aus dem Kosmodamjanskij pereulok vor. Die Palais mit den weiten Zimmerfluchten, den Parks, dem Überfluß, und die Enge und Armut des eigenen Kinderdaseins mögen Urkontraste in die Kinderseele geprägt haben (vgl. Kapitel 6).

1831 erfüllte sich der Vater einen Traum und kaufte sich ein kleines Gut 150 Werst von Moskau entfernt: Darovoe. Die dazugehörigen Dörfer waren aber sehr arm, brannten ab, brachten nur finanzielle Sorgen. Nach dem Tod seiner Frau begann der alte Dostojewski zu trinken und wurde schließlich von seinen Bauern 1839 erschlagen. Man sagt, es sei der Zeitpunkt des Beginns der epileptischen Anfälle des jungen Dostojewski gewesen.

Zur Schule war Fjodor Dostojewski am angesehenen Institut Čermak in der Novaja Basmannaja gegangen. Ein so bekannter Lehrer wie der Schellingianer I. I. Dawydow hatte ihn unterrichtet. Gerne hätte Fjodor vielleicht die Moskauer Universität besucht, doch der Vater schickte ihn auf die Ingenieursschule in Petersburg. In den vierziger Jahren nahm er dort am Verschwörerkreis der Petraschewzen teil, was ihm eine fingierte Hinrichtung, zehn Jahre Arbeitslager und Verbannung einbrachte.

Schließlich ließ er sich, unterbrochen von langen Auslandsaufenthalten, in Petersburg nieder. Moskau besuchte er zu zahlreichen Finanzverhandlungen mit Verlegern; auch Verwandtenbesuche waren darunter, wobei es um Erbstreitigkeiten ging. Mit dem jungen Philosophen Wladimir Solowjow, der in der Nähe des Neskučnyj Sad (Gorkipark) wohnte, brach er 1878 nach Optina Pustyn' im Kalugaer Gouvernement auf. Dort sprach er mehrere Male mit dem

Starez Ambrosius, wohl dem Vorbild für den Starez Sossima. Zahlreiche Moskauer Impressionen sind in Dostojewskis Romanen verarbeitet. So hat er auch dem selbstlosen Gefängnisarzt Friedrich Haas einen Ort im Roman »Idiot« gegeben. (Lew Kopelew hat das Leben des Haas beschrieben: Der Heilige Doktor Fjodor Petrowitsch, 1984.)

Die zerstörte Kirche in Petrovsko-Razumovskoe

Uns bleibt noch ein letzter Schauplatz, der originell und abseitig ist und kaum in einem Reiseführer empfohlen wird: der Park von Petrovsko-Razumovskoe. Hier läßt sich szenarienartig ein Ereignis aus Dostojewskis Roman »Die Dämonen« darstellen – der Fememord an dem Mitglied einer russischen Terroristenvereinigung Schatow.

Wie man nach Petrovsko-Razumovskoe oder zur Landwirtschaftsakademie K. A. Timirjazev gelangt, ist am Beginn des Kapitels beschrieben. Man kann auch einige Stationen mit der Električka vom Leningradskij Vokzal fahren (bis Station Petrovsko-Razumovskoe), dann nähert man sich dem Hauptgebäude von der Nordseite, indem man eine lange lärchenbestandene Allee (Livstvenničnaja alleja) entlanggeht. Allerdings ist dieser Weg zeitraubend.

Der Ort atmet alte Moskauer Geschichte. Als Semčino ist er schon im 16. Jahrhundert in den Akten erwähnt. Das Dörfchen gehörte schließlich Aleksandr Šujskij. Der Großvater Peters des Großen, Kirill Naryškin, kaufte es von den Verwandten Šujskijs. Peter besuchte hier seine Großmutter A. L. Naryškina und soll nach der Überlieferung eine Gruppe Linden gesetzt haben. In den fünfziger Jahren des 20. Jahrhunderts sollen einige von ihnen noch vorhanden gewesen sein. Das Dörfchen nannte sich nun Petrovskoe. Mehr noch: Peter I. ließ sich hier ein Sommerpalais bauen und in einiger Entfernung Häuser in holländischem Stil: man nannte die kleine Siedlung Astradamovo, eine Verballhornung von Amsterdam. Eine Quelle sagt, Peter habe hier eine Musterfarm aufbauen wollen. Jedenfalls gibt es heute noch in der Gegend Durchfahrten und Sackgassen, die Astradam heißen.

In der Mitte des 18. Jahrhunderts wurde Graf Kirill Razumowskij Besitzer; jetzt hieß der Ort Petrovsko-Razumovskoe. Er ließ einen prächtigen Park anlegen, Teiche graben, Grotten, Pavillons und eine Orangerie bauen. Ein englischer Reisender zählte 1778 bereits achtzig Gebäude aus Holz und aus Stein, so daß der Besitz wie eine kleine Stadt wirkte. Neben den hochherrschaftlichen Gebäuden lagen, allerdings in einiger Entfernung, die armseligen Hütten der Leibeigenen. Im Park von Petrovsko-Razumovskoe soll der Dichter G. R. Dershawin Katharina die Große zum erstenmal gesehen haben, als sie 1762 von Petersburg nach Moskau auf dem Weg zur Krönung war.

Dann wechselten mehrfach die Besitzer, bis der Staat das Gelände kaufte und 1865 hier die Landwirtschaftsakademie eröffnete. Das Hauptgebäude muß wohl zum damaligen Zeitpunkt völlig umgebaut worden sein; der Park war verkleinert und hatte viel von der ehemaligen Pracht eingebüßt.

Nicht nur mit Dostojewskis Namen ist die Anlage verbunden: Majakowski und seine Familie haben hier in einem Datschengebiet gewohnt; Majakowski trieb im damals noch romantisch-verwilderten Park Malstudien. Brjussow machte hier lange Spaziergänge mit seiner künftigen Frau, und Tolstoi besuchte Verwandte.

Heute ist das Gebäude wieder restauriert, es erstrahlt in einem pastosen Weinrot und Weiß, und der Park soll den Besuchern zugänglich gemacht werden. Wenn man auf die Nordfassade des Hauptgebäudes blickt, findet man rechter Hand eine kleine Pforte, durch die man zum Park gelangt. Nach den vielen Menschen- und Automassen Moskaus überfällt die großartige Menschenleere; die

Stille ist nicht so vollkommen, denn das Brummen der Großstadt läßt sich nicht überhören.

Blumenrabatten erfreuen das asphaltmüde Herz. Vasen mit Reliefdarstellungen erheben sich allenthalben aus Sandsteinsockeln. Das Material scheint frisch und neu. Die mythologischen Figuren im Bronzeschwarz scheinen sich über die Geschichte hin gerettet zu haben. Ich grüße die standhaften Gesellen.

Wir entfernen uns von der Rückseite des Hauptgebäudes, gehen die sanft abfallende Alleestraße hinunter, wo in nicht allzu weiter Ferne weite Wasserflächen spiegeln. Dort soll sich das grausige Geschehen abgespielt haben.

»Die Dämonen« befassen sich, wie gesagt, mit dem revolutionären Terrorismus im Rußland der sechziger Jahre. Dem Roman liegen reale Ereignisse zugrunde. Ein anarchistischer Mitstreiter Bakunins, S. G. Nečaev, der zusammen mit ihm den »Katechismus des Revolutionärs« verfaßt hatte, operierte in Rußland mittels Geheimzirkeln. Nečaev war, im Unterschied zu Bakunin, eine abstoßende Persönlichkeit, dem das eigene Vermögen zur totalen Destruktivität ein reiner Selbstgenuß war. Dostojewski hat versucht, in der Figur des Pjotr Stepanowitsch Werchowenski diesen moralischen Nihilismus geballt darzustellen. Die Szene, wo sich dies in aller Nacktheit entbirgt, ist der Fememord an einem vermeintlichen oder tatsächlichen Verräter seines Geheimzirkels.

Es liegt eine tatsächliche Begebenheit zugrunde. Im Herbst 1869 war Nečaev aus Genf zurückgekehrt, um in Rußland unabhängig voneinander operierende »Fünferzellen« zu bilden. Eine gründete er unter den Studenten der Landwirtschaftlichen Akademie, der sich der Student I. Iwanow anschloß. Bald hatte er von der Person und den Methoden Nečaevs genug und wollte wieder austreten. Mit Drohungen und Verleumdungen verpflichtete Nečaev die Gruppe, sich des vermeintlichen Verräters zu entledigen. Am 21. November 1869 lockten die Verschwörer Iwanow unter einem Vorwand in die halbzerfallene Ziegelsteingrotte des Parkes und ermordeten ihn gemeinsam mit Nečaev.

Nečaev floh sofort ins Ausland, die Mitverschwörer wurden verurteilt. Nach drei Jahren lieferten die Schweizer Behörden Nečaev nach Rußland aus, wo er zu Arbeitslager verurteilt wurde.

Dostojewski ist angeblich nie in Petrovsko-Razumovskoe gewesen. Alle Einzelheiten, die er in seinem Roman schildert, soll er von seinem Schwager I. G. Sitkin, ebenfalls Student der Akademie, erfahren haben. Die Szene in den »Dämonen« ist dafür von erstaunlich realistischer und psychologischer Prägnanz:

»Es war dies ein sehr düsterer Ort am Ende des gewaltigen Stawroginschen Parkes. Ich bin später eilends hingegangen, um ihn mir anzusehen; was für einen unheimlichen Eindruck muß er erst an jenem rauhen Herbstabend gemacht haben! Hier begann der alte fiskalische Wald; die riesigen alten Fichten hoben sich als undeutliche dunkle Flecke in der Finsternis ab. Die Finsternis war so groß, daß man einander kaum auf zwei Schritt erkennen konnte; ... Man weiß nicht, wozu und wann vor undenklicher Zeit hier aus rohen, unbehauenen Steinen eine ziemlich lächerlich aussehende Grotte gebaut worden ist. Der Tisch und die Bänke im Innern der Grotte waren schon längst verfault und auseinandergefallen. Etwa zweihundert Schritt rechts davon endete der dritte Parkteich. Diese drei Teiche, die dicht beim Hause begannen, zogen sich, einer nach dem anderen, über eine Werst weit hin, bis ganz zum Ende des Parks.«

Es ist quälend zu lesen, wie Schatow (Iwanow), das Opfer, von den Verschwörern erwartet wird. Dostojewski hat noch in den Kapiteln zuvor die Sympathie für Schatow zu wecken gewußt, als er ihn geradewegs vom Lager seiner schwangeren Frau den Mördern zulaufen läßt. Wir begleiten Schatow auf dem Weg in den Tod. Im Zirkel wird noch gestritten: unruhig liest man, wie Meinungen und Emotionen der Verschwörer auf- und abwogen, bis Pjotr Werchowenski (Nečaev) alle (bis auf einen) ins Korsett seines Tötungswillens zwängt. Schatow erscheint. Er stößt noch mit dem Fuß auf die Erde, »wirklich gerade zehn Schritt von einer hinteren Ecke der Grotte, nach dem Walde zu«. Da stürzt sich einer von hinten auf ihn, ein anderer packt ihn an den Ellbogen von hinten, der dritte fiel von vorn über ihn her. Werchowenski springt mit dem Revolver hinzu und erschießt ihn: »Es wird erzählt, Schatow habe noch die Möglichkeit gehabt, den Kopf zu ihm hinzuwenden, ihn zu sehen und zu erkennen.«

»Der Ort, wo dieser dritte, ziemlich große Teich von Skvorešniki endete und zu dem sie den Ermordeten hintrugen, war eine der ödesten und am wenigsten besuchten Stellen des Parkes, besonders in dieser späten Jahreszeit. Der Teich war an diesem Ende am Ufer mit Gras durchwachsen. Die Laternen wurden hingestellt, der Leichnam geschwenkt und ins Wasser geworfen ... Die Sache war beendet.«

Wir treten am unteren Ende der Allee an die weite Wasserfläche, die wohl aus den ehemaligen drei Teichen entstanden ist. Jenseits erheben sich Hochhäuser der Stadt. Das Brummen des Durchgangsverkehrs ist wieder deutlicher.

Linker Hand, schauen wir stadtwärts auf das Wasser, ist noch ein kleiner Teich, der sogenannte Lilienteich, seine Ufer sind verwildert und »mit Gras durchwachsen«. Dorthinein könnten sie den Leichnam des vermeintlichen Verräters geworfen haben. Auch die Grotte aus Ziegelstein ist noch vorhanden: nicht mehr verfallen, sondern frisch restauriert. Man kann sich vorstellen, daß einst Bänke und Tische darin standen. Auch die »zehn Schritte zum Walde hin« können wir ausmachen und ungefähr die Stelle bestimmen, wo Schatow getroffen wurde.

Der christliche Dostojewski war nicht für die revolutionäre Gewalt, sein letztes Wort an Europa sagt anderes: 1880 fand seine letzte Reise nach Moskau statt zu den Eröffnungsfeierlichkeiten des Puschkindenkmals. Im heute getilgten Čudov-Kloster auf dem Kreml las er den »Boris Godunow«. Im Säulensaal der »Adelsversammlung« (heute Gewerkschaftshaus) hielt er seine »europäische« Puschkinrede. Manches darin klingt vielleicht mißverständlich. Doch der Kern ist rein: Rußlands Substanz liege in seiner Universalität, nicht einer mit dem Schwert errungenen, sondern durch die Kraft der christlichen Brüderlichkeit. Spuren dieser Bestrebungen sieht Dostojewski schon seit Peter: »Denn was hat Rußland denn anderes getan in den letzten zwei Jahrhunderten in seiner Politik als Europa zu dienen, vielleicht weit mehr als sich selbst? Ich glaube nicht, daß das nur wegen des Unvermögens unserer Politiker so geschehen ist. Oh, die Völker Europas wissen nicht, wie teuer sie uns sind!« Bereits das Genie Puschkins atme Universalität und Allmenschlichkeit. Hätte er länger gelebt, hätten sich vielleicht die unsterblichen großartigen Bilder seiner Seele auch den europäischen Brüdern entborgen. Die Europäer hätten die Bestrebungen zur Allmenschlichkeit besser verstanden, sie würden nicht so ungläubig und hochmütig auf die Russen herabsehen.

Klingen Dostojewskis Worte heute naiv, weil die Geschichte sie so oft durchkreuzt hat? Europa wird sich öffnen müssen, wenn Rußland nach Europa zurückkehren will.

8. LEW TOLSTOI IN CHAMOVNIKI

Das Tolstoi-Haus

Das Stadthaus Lew Tolstois im Weberviertel steht uns offen. Wir können ohne Führung durch die Zimmerfluchten wandern und Tolstois selbstgeschusterte Stiefel betrachten, das Sterbebett des jüngsten Sohns, die Kisten, auf denen die Dienstboten schliefen. Die Familie Tolstois verbrachte die Winter 1882 bis 1901 im Haus am Dolgochamovničeskij pereulok (heute: ul. L'va Tolstogo, 2). Aber Häuser leben das geheimnisvolle innere Leben ihrer Bewohner mit, schrieb Tolstoi in »Krieg und Frieden«. Es ist, als ob die wohlgeordneten und glatten Gegenstände des Museums auf ihre Erlösung warteten. Denn es ist nur scheinbar einfach, das Leben Tolstois von der Oberfläche abzulesen. Über dieses kraftvollste literarische Genie der Weltgeschichte ist alles bekannt, alles veröffentlicht: seine Tagebücher, die seiner Frau, Briefe, Erinnerungen seiner Kinder und Mitarbeiter, seiner Anhänger, der Tolstojaner. Die Szenen seiner Ehe spielten sich fast vor den Augen der Öffentlichkeit ab. Je zugänglicher eine Existenz durch nachgelassene Dokumente wird, um so mehr entzieht sie sich dem Verständnis.

Wir fahren mit der Metro zum Park Kul'tury und gehen den Komsomolprospekt entlang bis zur Nikolauskirche im Weberviertel (»v Chamovnikach«, gebaut von 1679 bis 1682). Kleinere Kinder, wenn sie denn nach Moskau mitgebracht werden, lieben diese Kirche. Sie strahlt in orange-grünem Anstrich; lebendig ist sie, Hochzeiten und Beerdigungen nimmt sie auf. Überhaupt ist hier die Lebhaftigkeit der Menschenansammlung eine andere, eine wärmere als im Zentrum der Stadt.

Verweilen wir noch ein wenig hier, ohne uns ans Gitter zu lehnen. Die Szene aus Tolstois »Krieg und Frieden« steht unvermittelt klar vor Augen. Marschall Davout zieht mit seinen Truppen ab aus der abgebrannten Stadt; sie marschieren durch die Ostoženka, dann durch die Webergassen (auch durch die heutige ul. Tolstogo) an der Weberkirche vorbei, durch die Krimfurt zum Kalugaer Tor hinunter. Sie führen einen Zug von russischen Gefangenen mit sich, unter denen sich auch Pierre Besuchow befindet. In den Zug kommt Unruhe, alle recken die Hälse, schimpfen. Gegen das Gitter der Kirche gelehnt steht aufrecht ein Toter, das Gesicht hat man ihm mit Ruß beschmiert (13. und 14. Kapitel des 4. Teils). Pierre ist empfindungslos geworden für Unrecht und Leid. Auch die drei Kutschen mit bunt bemalten russischen Mädchen, die die Franzosen an der Kirche vorbeiführen, erregen ihn nicht mehr. Für ihn ist die Welt ein »Haufen Spreu«. Erst Platon Karatajew, der einfache Soldat, der alles in sich verkörpert, was »gut, rund und russisch« ist, hilft Pierre, seine Kräfte zu sammeln und mit den einfachen organischen Rhythmen der Natur abzustimmen.

Das väterliche Landgut Jasnaja Poljana (dort geboren 1828, 300 km südlich von Moskau, bei Tula, kann besichtigt werden) und Moskau sind so ganz der natürliche Boden für das wuchernde Genie Tolstois, für das wie für kein anderes gilt, daß es sich selbst die Form gegeben hat. Aber die Stationen seines Lebens herauszusuchen, die auf den Kern seines Wesens zeigen, ist schwer. Alles scheint gleichbedeutend zu sein. Eins kann man vielleicht vorweg sagen: dieselbe starke Kraft, die ihn im Leben und im Schaffen hielt, schüttelte ihn, wenn der Tod ihn ansprang.

Lew N. Tolstoi

1837 kam er zum erstenmal nach Moskau, die Mutter, eine Fürstin Wolkonskaja, war schon tot, der Vater starb im gleichen Jahr. Er wohnte bei Verwandten auf der Pljuščicha 11. Bis 1841 hielt er sich mehrere Male in Moskau auf: die Zeit des Erwachsenwerdens in Moskau hat er in »Kindheit«, »Knabenalter«, »Jugend« beschrieben.

Erst 1848 ist er wieder in Moskau bis zum Frühjahr 49; in seinem Tagebuch läßt sich schon eine naiv skrupulöse Selbstbetrachtung verfolgen. Im Dezember 1850 wohnt er im Sivcev Vražek 34, wohin er (in »Krieg und Frieden«) Nikolai Rostow mit Mutter und Sonja versetzt. Ab Februar 1854 kämpft er im Krimkrieg bei Sevastopol: daraus gehen die »Sevastopoler Geschichten« hervor, wo das Grauen vor dem sinnlosen Hinschlachten der Völker zu spüren ist. Seiner Lehre von der Gewaltlosigkeit, die in einem Briefwechsel mit Gandhi gipfelt, ist hier der Grund gelegt. Im Januar 57 besucht er oft den Anglijskij Klub in der Tverskaja 21. Er macht 1857 (und 1860) Auslandsreisen, wo er vor allem in Deutschland pädagogische Studien betreibt. Im Oktober 57 ist er zurück und mietet sich eine Wohnung im Haus Wargin auf der Pjatnickaja (vgl. Kap. 6). 1861 verkehrt er häufig beim Kremlarzt Behrs, dessen Tochter Sofija Andrejewna er am 23. September in der Kremlhofkirche Roždestva Bogorodicy (Mariä-Geburt-Kirche) zur Frau nimmt.

Aus seinem Tagebuch entnehmen wir, daß er noch kurz vor seiner Hochzeit die Bäuerin Axinja mit der Leidenschaft seiner kräftigen Natur liebt. Dort schreibt er, er liebe das einfache Mädchen nicht mehr mit dem Brunftgefühl des Hirsches, sondern des Gatten. Und doch unterdrückt er aus Konvention diese Gefühle, verwirft sie als »nicht wahr«, als jenseits von Maß und Ordnung, und ehelicht die säuerliche Sofija Andrejewna. Wem die Existenz einer ehrgeizigen Dichtergattin nicht als Ideal vorschwebt, der ist schnell bereit, der »Sonja« (Koseform für Sofija Andrejewna) Tolstois Unrecht zu tun; Tolstoi verhielt sich zudem töricht und ließ seiner jungen, unwissenden Frau die Aufzeichnungen über sein wildes Liebesleben (Thema aufgenommen in der Kreutzersonate) vor der Hochzeit zukommen. So pflanzte er von vorneherein den Stachel der Eifersucht in diese kleinlich konstruierte Frau und machte sie durch dieses permanent bohrende Gefühl von sich abhängig. Anders läßt es sich nicht erklären, daß Sonja geradezu furienhaft Geld und Besitz im Hause Tolstoi verteidigte, ununterbrochen Kinder gebar, Handarbeiten herstellte und auf die absurdesten hysterischen Anfälle verfiel.

Die Nikolaus-Kirche in Chamovniki

Und hier liegt der zweite Wesenszug Tolstois: daß er seine Sinnlichkeit im Leben und im Schaffen (– welcher Dichter hätte eine lebensvollere Szene geschrieben als die »Wolfsjagd« in »Krieg und Frieden«? –) durch eine künstliche und aufgesetzte Moral zu kasteien begann, moralische Pamphlete verfaßte, in seinen Romanen moralisierte und das Klavierspiel zu hassen begann, weil es ihn in seinem Schmelz von den vermeintlich wahren Aufgaben ablenkte.

Aber wie schön ist es, daß seine Frauengestalten ihm davonlaufen! Zwar steckt er die mutwillige Natascha Rostowa im Epilog von »Krieg und Frieden« wie eine Häsin in die Kinderstube, zwar muß die schöne Anna Karenina sterben, weil sie mit ihrem Ehebruch gegen das natürliche Gesetz der Ehe verstoßen hat, zwar verzichtet die Maslowa (in »Auferstehung«) mit dem bezaubernden Silberblick auf eine Ehe mit dem geliebten Mann, um für ihre Bordellvergangenheit zu sühnen: doch leben die Frauengestalten im Parnaß der literarischen Gestalten weiter, frei, ewig, anmutig, und unberührt sogar von der Absicht ihres Schöpfers.

Was hat diese Selbstkasteiung Tolstois bewirkt? Diesen Bruch zwischen Gutem und Schönem hat auch Gogol erfahren. Haben wir es mit einer Zwangsvorstellung der russischen ästhetischen Tradition zu tun, daß das Schöne auch immer Gutes bewirken müsse?

Als Tolstoi »Krieg und Frieden« fast beendet hatte, lernte er Schopenhauer kennen. Ihn beeindruckte Schopenhauers indisch beeinflußte Lehre: daß die Bezüge des diesseitigen Lebens untereinander alle nichtig seien, ein Sinnengeflirr, verlogene Konventionen, Schein, ein wertloser Schleier der Maja; daß die Wahrheit jenseits liege. Diese Wahrheit entbarg sich Tolstoi als der Tod, der eigene individuelle Tod, das einzig Sichere im Leben eines Menschen, das einzig Unwägbare. Als er das begriffen hatte, befiel ihn die Schwermut wie ein Tier, sein Schaffen war nicht mehr ungebrochen. Die Krise ereilte ihn in Samara, als er sich im Gouvernement Pensa Güter erwerben wollte. 1869 fuhr er hin und schrieb an seine Frau: »Es war zwei Uhr nachts, ich war entsetzlich müde, sehr schläfrig, weh tat mir nichts, plötzlich überfielen mich Schwermut,

Angst, Entsetzen, alles so schlimm, wie ich es nie zuvor erlebt hatte.« Sehr viel später setzte er noch einmal zu einer Schilderung an:

»Woher kommt diese Schwermut, wovor fürchte ich mich? – Vor mir – antwortete unhörbar die Stimme des Todes –, ich bin hier. Mich überlief es eiskalt ... Ich entdeckte einen kupfernen Leuchter mit einer Kerze, die ich anzündete. Das rote Licht der Kerze und ihre Länge – sie war ein wenig kürzer als der Leuchter – sprachen das gleiche zu mir. Im Leben gibt es nichts, es gibt den Tod, ihn aber darf es nicht geben.«

Er fühlte »Entsetzen, rotes, weißes, quadratisches«. Der Horror vacui befiel ihn immer wieder unversehens.

Bevor wir in die Tolstoistraße einbiegen und zum Wohnhaus gehen, muß dieser Gedanke vom anwesenden Tod zu Ende gebracht werden. Auf geheimnisvolle Weise hat er etwas mit Tolstois Einzug in das Stadthaus zu tun. In einer der schönsten Erzählungen der Weltliteratur »Der Tod des Iwan Iljitsch« wird das deutlich. Die Erzählung ist vier Jahre nach dem Einzug in das Stadthaus (1882) vollendet. Beim Einzug hatte Tolstoi selber mitgeholfen; sie hatten dem Haus noch einen Paradestock aufgesetzt mit großen Zimmern

Haupteingang des Tolstoi-Hauses

und großen Fenstern und einer Paradetreppe; Tolstoi hatte auf dem heute leider zerstörten Sucharev-Markt beim Sucharev-Turm alte Möbel gekauft und sich eigenhändig um die Einrichtung bemüht. Drei Monate werkelt er freudig im Stadthaus und teilt die Fortschritte froh seiner Frau in den Briefen aus der Zeit von 1882 mit. Ähnlich schildert er seine erlebte naive Freude im »Iwan Iljitsch«:

»Iwan Iljitsch übernahm selber das Einrichten, suchte die Tapeten aus, kaufte die Möbel, wenn es ging, alte, stilvolle, und den Überzug, und alles wuchs und wurde und näherte sich ganz dem Ideal, das er sich von einer Wohnung gebildet hatte. Als die Einrichtung zur Hälfte fertig war, übertraf sie schon seine Erwartung. Er konnte jetzt schon den eleganten, vornehmen, nicht banalen Charakter feststellen, der alles kennzeichnen mußte, wenn es einmal ganz fertig sein würde. Vor dem Einschlafen stellte er sich gern den Saal vor, wie er einmal sein würde. Ging er durch den Salon, der noch nicht fertig war, so sah er schon den Kamin, den Ofenschirm, die Etagere und die kleinen Stühle, einen hier, einen dort, und die Schüsseln und Teller an den Wänden, die Bronzefiguren an Ort und Stelle. Er freute sich nicht wenig bei dem Gedanken, wie Pascha und Lisa, die auch für solche Dinge Sinn hatten, überwältigt sein würden. Sie erwarteten ja nichts dergleichen. Besonders war es ihm gelungen, einige alte Sachen billig zu kaufen, die dem Ganzen einen besonders vornehmen Charakter verleihen sollten. In seinen Briefen stellte er absichtlich alles schlechter dar, als es war, um sie zu überraschen.«

Nun geschieht etwas, was zum Beginn einer quälenden Agonie wird. Iwan Iljitsch will die Gardinen aufhängen, fällt von der Leiter und stößt sich leicht in der Seite; zunächst verspürt er nur einen harmlosen Schmerz, der nicht weicht, sich verstärkt und schließlich ein unheilbares Krebsleiden anzeigt. Tolstoi will hier seine geistige Agonie darstellen, die im geheimen mit dem Einzug ins Moskauer Winterhaus einsetzte und von der er wußte, daß sie bis zu seinem Tode währen würde. Vielleicht hat es einen Vorfall gegeben, von dem wir nichts wissen, daß Tolstoi der Meinung war, sein Sterben beginne mit dem Einzug ins Moskauer Stadthaus und lasse sich durch nichts aufhalten und werde nur durch den Einbruch der Wahrheit beendet, die der Tod selber ist.

Noch eine Botschaft, die heute alle angeht, vermittelt das Schicksal Iwan Iljitschs: Wenn schon das Leben Heuchelei und Lüge ist, soll man sich wenigstens nicht um den eigenen Tod betrügen lassen.

Weil diese Erzählung so vollkommen ist, soll sie ausführlich zitiert werden, denn einen wahreren Tolstoi finden wir auch in seinem Wohnmuseum nicht:

Die Geschichte beginnt damit, daß Freunde vom Tod des Iwan Iljitsch hören, von seinem Sterben, das drei Tage währte, währenddessen er ununterbrochen schrie. Die Meinung der Freunde, daß es nur Todesangst oder Schmerz gewesen sein könne, die ihn drei Tage so furchtbar schreien ließen, wird durch die Erzählung Schritt für Schritt dementiert. Freilich verstärkt sich in Iwan Iljitsch allmählich die Erkenntnis, daß es mit ihm vorbei sei, daß er ein Sterbender sei, er allein und sonst niemand um ihn herum, und die Todesangst packt zu:

»Und Kälte umfing ihn, und sein Atem stand still. Er hörte nur die Schläge des Herzens. ›Ich werde nicht mehr sein, was wird aber dann sein? Nichts wird sein. Wo werde ich denn sein, wenn ich nicht mehr sein werde? Ist das der Tod? Nein, ich will nicht sterben ...‹ Er sprang auf, wollte eine Kerze anzünden, suchte mit zitternden Händen, warf die Kerze mit dem Leuchter herunter und fiel wieder zurück in die Kissen. ›Wozu? Es ist alles eins‹, sprach er zu sich, mit offenen Augen in die Finsternis starrend. ›Der Tod. Ja. Der Tod. Und sie wissen nichts und wollen nichts wissen und haben kein Mitleid. Sie spielen.‹ Er hörte von weitem hinter der Tür die laute Stimme einer Sängerin und ein Ritornell. ›Ihnen ist alles gleich. Aber sie werden auch sterben, die Narren. Ich früher und sie später. Aber auch sie werden sterben. Und jetzt freuen sie sich, das Rindvieh!‹ Der Zorn drohte ihn zu ersticken. Und ihm war unsagbar, unerträglich schwer. ›Es kann doch nicht sein, daß alle zu diesem entsetzlichen Grauen verdammt sind?‹«

Aber mit ihm geschieht eine Metamorphose. Nicht mehr die Todesangst ist das, was ihn in erster Linie bedrängt, sondern die Verlogenheit seiner Umgebung, die so weiterleben möchte wie zuvor, ohne unbequemen Tod und ohne Sterben, und so Iwan Iljitsch um den eigenen Tod betrügen will:

»Die Hauptqual für Iwan Iljitsch lag in der Lüge, in der von allen anerkannten Lüge, daß er nur krank und nicht ein Sterbender sei, daß er sich nur ruhig verhalten und die Medizin nehmen solle und alles dann wieder gut werde. Was immer sie ihm eingaben – er wußte, daß für ihn nichts anderes daraus folgen würde als noch quälendere Leiden und der Tod. Und ihn peinigte diese Lüge, ihn peinigte es, daß sie nicht offen bekennen wollten, was sie wußten und was er wußte, sondern ihn belogen und ihn selber zwangen, an dieser Lüge teilzuhaben ... Der furchtbare, schreckliche Akt seines Sterbens, das sah er, wurde von allen in seiner Umgebung wie eine der vielen zufälligen Unannehmlichkeiten, ja Taktlosigkeiten des Lebens behandelt (in der Art, wie man mit einem Menschen umgeht, der im Salon einen unangenehmen Geruch um sich verbreitet), und dieses Verhalten gründete sich auf jene Anschauung von ›Anstand‹, der er sein ganzes Leben lang gehuldigt hatte ... Die Lüge um ihn und in ihm vergiftete mehr als alles andere die letzten Lebenstage von Iwan Iljitsch.«

Jetzt begreift er, daß es nicht nur seine Sterbetage sind, die ihm durch Lüge und Schein vergiftet werden, sondern daß sogar sein ganzes Leben dadurch bestimmt war, und daß er selber Schuld daran trägt, weil er niemals um ein wahrhaftiges Dasein gerungen, sondern sich mit der Oberflächlichkeit der gesellschaftlichen Anforderungen zufriedengegeben hat. Das Leben ist vertan:

»›Und wenn das wirklich so ist‹, sagte er zu sich, ›und ich aus dem Leben gehe mit dem Bewußtsein, alles verdorben zu haben, was mir gegeben wurde, und ich es nicht mehr gutmachen kann, was dann?‹«

Das Sterben währt und die Lüge geht weiter. Es ist besonders die

Gattin, unter deren Verlogenheit er leidet. Die Gattin macht die üblichen Besuche und stellt die üblichen Fragen:

»›Nicht wahr, jetzt ist dir doch besser?‹ Er antwortete, ohne sie anzusehen: ›Ja!‹

Ihre Kleidung, ihre Haltung, der Gesichtsausdruck, der Klang ihrer Stimme, alles das sagte ihm nur eines: ›Das ist es nicht. Alles, wovon du gelebt hast und lebst, ist Lüge, ist Betrug und verdeckt dir Leben und Tod.‹«

Das Begreifen, daß er so kurz vor seinem Tod, indem er seiner Frau die Lüge bestätigt, gleichzeitig in die Lüge verstrickt wird, daß er sein sinnloses Leben mit diesem verlogenen Ja noch einmal bekräftigt, ruft in ihm den letzten Paroxysmos hervor und das dreitägige, furchtbare Schreien beginnt:

»In diesen drei Tagen, in deren Verlauf die Zeit für ihn aufgehört hatte, warf er sich in jenem schwarzen Sack herum, in den ihn eine unsichtbare, unüberwindliche Kraft hineinstieß ... Er fühlte, daß die Pein sowohl darin lag, daß er in dieses schwarze Loch gestoßen wurde, und noch mehr darin, daß er nicht hineinkam. Denn daran hinderte ihn noch der Gedanke, daß sein Leben gut war. Diese Rechtfertigung seines Lebens hielt ihn noch fest und ließ ihn nicht weiter und quälte ihn mehr denn alles andere.«

Plötzlich erlöst ihn die Erkenntnis:

»›Ja, es war alles nichts‹, sagte er zu sich, ›doch das hat nichts zu bedeuten. Aus dem Nichts kann ein Etwas werden. Wie soll aber dieses Etwas sein?‹«

Wie dem Arbeiter im Weinberg, der, als letzter, ebenso entlohnt wird wie die Frühergekommenen, leuchtet ihm zum ersten und einzigen Mal wahre Seinsseligkeit in der Todesstunde:

»›Das ist es also!‹ sagte er laut. ›Welche Freude!‹ ... ›Es ist zu Ende‹, sagte jemand über ihm. Er hörte diese Worte und wiederholte sie in seiner Seele. ›Der Tod ist zu Ende‹, sagte er sich, ›er ist nicht mehr.‹ Er schöpfte Luft, blieb mitten im Atemzug stecken, streckte sich aus und starb.«

Vielleicht klingt es jetzt trivial, festzustellen, daß auch Tolstoi die

Winter in Moskau zunehmend durch die Oberflächlichkeit und den Gesellschaftshunger seiner Frau, teilweise seiner Kinder, verleidet waren. Das »falsche Leben« eines Gesellschaftsmenschen, zu dem man ihn im Moskauer Haus zwang, rief einen immerwährenden Gram in seiner Seele hervor. Nur Jasnaja Poljana, die starke und gute Arbeit auf dem Feld, das einfache Leben unter den Bauern machten ihn glücklich.

Gehen wir nun zum Museum; auf dem Weg dorthin liegt rechts ein alter Weberhof aus dem 17. Jahrhundert. Zu Tolstois Zeit hatten sich im Webergebiet mehrere Fabriken niedergelassen: eine Parfümeriefabrik, eine Brauerei, eine Seidenfaden- und eine Strumpffabrik. Auch heute sehen wir erst einmal rechts eine Fabrik, bevor wir zum Tolstoihaus gelangen. Besser gesagt: wir hören sie; es ist ein ganz eigenartiges Geräusch, das einem entgegenschlägt, ein Zischen und Sirren wie von umherschießenden Weberschiffchen. Ein ehrwürdiger Bau aus den Urzeiten der Industrialisierung ist diese Fabrik, die Fenster neonerleuchtet; und dann dieses seltsam sirrende Geräusch, von dem man meint, man habe es einmal sehr viel früher irgendwo gehört.

Das Haus wurde 1806 erbaut, 1812 brannte es nicht ab, weil es ganz im Grünen lag. Eine lange Holzpalisade schließt den Besitz nach außen ab. Wir treten durch das Tor neben dem ehemaligen Torwächterhäuschen (auch der Kutscher wohnte hier) ein. Im Hof liegen im Geviert links das Haupthaus, rechts ein großer Schuppen, wo noch der Schlitten mit der Tonne steht, mit dem Tolstoi selbst das Wasser aus der Moskva oder aus einem Brunnen zu holen pflegte. Ein Pferdestall für drei Pferde ist da, ein Winterplatz für eine Kuh und ein Holzlager. An der Längsfront vor dem Garten befindet sich ein kleines Flügelgebäude; hier richtete sich Tolstois Frau ihr Kontor ein, um die Gesamtausgabe der Werke Tolstois herauszugeben, ein Unterfangen, das von ihrem Gatten herzlich gehaßt wurde.

Der Garten ist nicht zugänglich; Linden, Ulmen, Ahorn, Birken, weißer und blauer Flieder wuchsen darin – wir erkennen hinter dem

Haus einen kleinen Pavillon. Hier beendete Tolstoi im Frühjahr 1899 seine zehnjährige Arbeit am Roman »Auferstehung«. Eine Szene beschreibt den Blick in den Garten in einer schwülen Sommernacht. Auf einem aufgeschütteten kleinen Berg und einem Eisplatz fuhr Tolstoi mit seinen Kindern Schlitten und Schlittschuh. Auf der linken Seite, dicht am Zaun, hinter dem Haupthaus ist ein Seitenflügel, der zur Küche umgebaut worden ist. Winters hatten die Diener die warmen Speisen über den Hof durch den Hintereingang ins Haus zu tragen.

Das Haus lag still, friedlich, wie auf dem Land. Gutsbesitzer lebten in Moskau wie auf ihren Landsitzen. Sie bauten auch gerne um, sie scheuten sich nicht, die Symmetrie zugunsten eines komfortablen Lebens zu zerstören. Das Paradegeschoß mit drei Zimmern und sechs Fenstern ist aufgestockt, das Parterre ist unverändert.

Es gab berechtigte Gründe, warum Sofija Andrejewna 1881 in ein Stadthaus drängte. Sergej ging auf die Universität, Tatjana auf die Kunstschule in der Mjasnickaja 21, die Söhne Ilja und Lew ins Polivanov-Privatgymnasium auf der Kropotkinskaja 32. Andrej und Michail besuchten etwas später das Katkov-Lyceum.

Mit dem Leben in Moskau verstärkt sich Tolstois Hang zum Oproščenie, dem einfachen Leben; er schraubt materielle Bedürfnisse herunter, wird Vegetarier, raucht nicht mehr, macht niedere Arbeit, holt Wasser von der Moskva, feuert selbst, räumt sein Zimmer auf. Er will nicht mehr andere für sich arbeiten lassen. Seine Glaubenslehren verbreitet er in theoretischen Schriften. Als er möglichst auch kein Geld für seine Bücher einnehmen möchte, ist der Konflikt programmiert. Dabei ist es nur allzu verständlich, daß einer, der anfängt, seine Literatur als Sinnenzauber zu betrachten, kein Geld für diese Tätigkeit beanspruchen will, soll sie nicht Prostitution sein. Der eigentliche Schmerz war das Bewußtsein, mit einer so zahlreichen Familie ein Leben in Bescheidenheit nicht durchhalten zu können, immerwährend in Zwiespalt leben zu müssen, im gesellschaftlichen Schein und in der Wahrheit der eigenen Lehre.

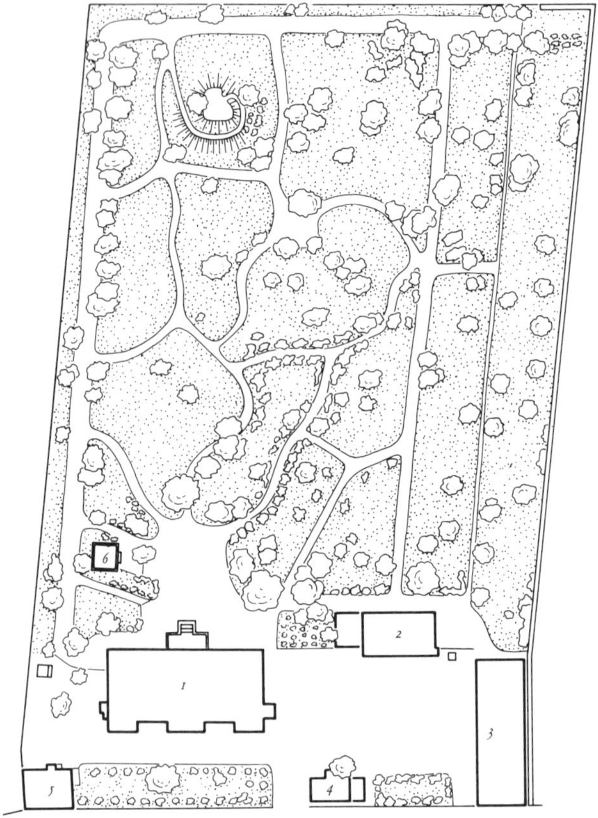

1. Haupthaus 2. Seitengebäude 3. Schuppen
4. Pförtnerhäuschen 5. Küche 6. Pavillon

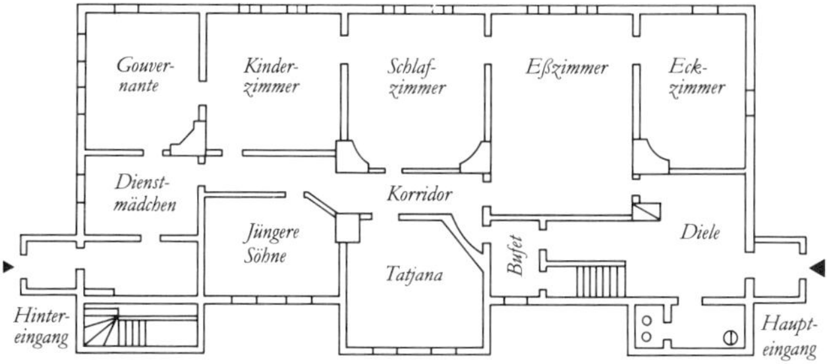

Plan des Erdgeschosses

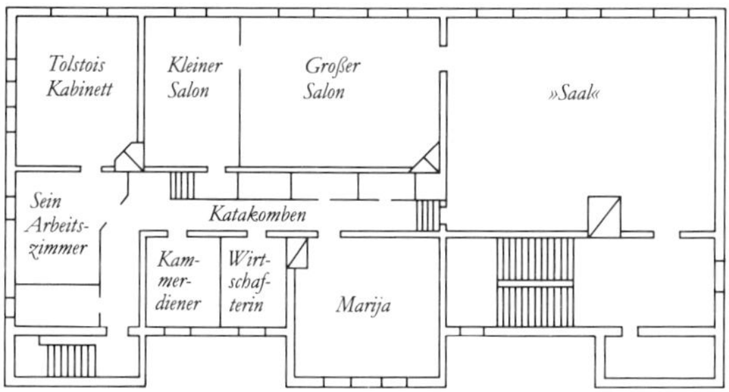

Plan des 1. Stockes

Tolstois Schreien aus dem »Iwan Iljitsch« hängt, lautlos, in den Räumen.

1892 verzichtet er auf seinen Besitz und verteilt die vorhandenen Güter auf die Familie. Das Wohnhaus fällt an den Sohn Lew Lwowitsch. 1893 kauft die Mutter dem Sohn das Haus ab. 1911, nach dem Tod Tolstois, wird das Haus an die Stadtverwaltung verkauft. 1921 wird es auf Anweisung Lenins restauriert, mit dem noch verfügbaren Originalmobiliar ausgestattet und zum Museum erklärt.

Die Familie bestand aus 10 bis 12 Personen, die Dienerschaft, Hauslehrer, Gouvernanten ausgeschlossen.

Das Wohnhaus von innen:

Untergeschoß: Vom Vorzimmer mit der Garderobe treten wir ins Eßzimmer und beginnen den Rundgang. Der Eßtisch ist für 11 Personen der Familie Tolstoi gedeckt. Um den Tisch und an der Wand stehen Wiener Stühle. Sofija Andrejewna, am Tischende, verteilte die Speisen, die dann die Diener austrugen. Die Sitzreihenfolge war festgelegt; links von der Mutter saß der jüngste Sohn Wanetschka, dann Lew Tolstoi, die älteste Tochter Tatjana, dann Marija; rechts von der Mutter die Tochter Sascha, die Söhne Mischa, Andrjuscha, Lew, Ilja; gegenüber der Mutter war ein Platz freigehalten für den ältesten Sohn Sergej.

In der großen Suppenterrine gab es die Suppe für Sofija und die Söhne, die kleine Terrine enthielt das vegetarische Mahl für Lew und die Töchter. Die Spaltung der Familie spielte sich bereits auf dem Eßtisch ab. Der Krieg um das Vegetariertum war ein Krieg, den Sonja nicht zu ihren Gunsten entscheiden konnte, obwohl sie dem Gatten immer einzureden versuchte, seine Unpäßlichkeiten rührten von der unzureichenden vegetarischen Nahrung her.

Ein altes Buffet steht vor der Tür mit einem Kaffeegeschirr, in dem Tolstois Gerstenkaffee vorbereitet wurde. Morgens, wenn alle noch schliefen, holte Tolstoi den Kaffee und trug ihn in sein Kabinett. Gegenüber hängt ein Porträt von Tolstois Lieblingstochter Marija Lwowna; durch die Tür Blick ins *Eckzimmer:*

Die Funktion des Zimmers änderte sich mit den Zeiten: in den achtziger Jahren lebten hier die ältesten Söhne; in den neunziger Jahren die Hauslehrer, nach 1897 die Tochter Marija Lwowna mit Ehemann. Zwei Fenster hat dieses Zimmer, eines geht zum Garten, das andere zum Hof. Gegenüber von der Tür hängt ein Basrelief der Profilansicht von Tatjana Lwowna, von I. E. Repin aus Gips angefertigt. Rechts von der Tür steht ein Bett aus Nußbaumholz: die farbige Wolldecke darauf knüpfte die emsig-unruhige Sofija Andrejewna. Gegenüber ist eine Plüschottomane und darüber ist ein Spiegel mit figürlichem Rahmen in »gehobenem« Geschmack. Links von der Tür in der Ecke ein Billardtisch, daneben ein Regal. Auf dem Klavier pflegte Tolstoi zu spielen. Zeitweise ließ er das Spielen, weil er es als verderbliche sinnliche Kunst empfand, die für die schwierigen sozialen Aufgaben seiner Gegenwart unnütz sei. Irgendwie muß auch in seinem Kopf die rüde Ästhetik Tschernyschewskis Platz gefunden haben, der fragte: was ist nützlicher, ein Paar Stiefel oder Raffaels Madonnen?

Schlafzimmer: Dieses große Zimmer mit Ausgang auf die Terrasse war das Eheschlafzimmer ab 1888 (vorher schliefen sie im Oberstock, im später so genannten »kleinen Salon«). Nach der Geburt des 13. Kindes, Wanetschka, wurde das Schlafzimmer nach unten verlegt. Auch diese Betten aus Nußbaumholz hat Sofija mit ihrer Fleißarbeit verschönt. Den Schirm aus dem roten Holz der karelischen Birke hatte Tolstoi auf dem Sucharevka-Markt ausgesucht, nebst Sesseln, Stühlen und einem ovalen Tisch, als er noch Freude hatte am Einrichten seines Moskauer Winterhauses. Bei Sofija Andrejewnas Bett stehen ein Waschtisch und ein Nachtschränkchen, nicht so bei Lew Tolstoi. Wenn er von oben aus seinen Arbeitsräumen schlafen ging, hatte er sich bereits in seinem Arbeitszimmer gewaschen; er ging im Schlafrock den Korridor entlang, durch das Dienstmädchenzimmer auf der Hintertreppe nach oben und nach unten.

Ein alter Schreibsekretär bei der Terrassentür ist aus Jasnaja Poljana mitgebracht: an diesem Sekretär hatte Sofija Andrejewna 1873 bis 1877 das Manuskript von Anna Karenina abgeschrieben; in Moskau schließlich einige Kapitel des Romans »Auferstehung« und vieles andere mehr. Hier erledigte die energische Frau auch ihre Geschäftskorrespondenz, die sich auf die Herausgabe der Werke Tolstois bezog. Neben dem Fenster steht noch ein Tischchen aus rotem Holz; dort machte »Sonja« die zahlreichen Handarbeiten. Überhaupt war das Schlafzimmer ihr Reich. Lew Nikolajewitsch verweilte hier höchstens, wenn er länger krank war.

Als Lew Tolstoi noch im oberen Geschoß schlief, macht er folgende Eintragung in sein Tagebuch – am 30. März 1884. Er beginnt schwer an den Privilegien seines Standes zu tragen, während seine Frau, ohne einen Schatten der Selbstkritik, das selbstherrliche Leben der Gutsbesitzerin weiterführt und die eigenen Kinder verwöhnt:

»Um 11 Uhr schlafen gelegt und wieder zeitig aufgestanden. War in der Strumpffabrik. Die Pfeifsignale bedeuten, daß um fünf ein Junge an seine Maschine tritt und bis acht daran arbeitet. Um 8 trinkt er Tee und arbeitet bis 12, um eins arbeitet er weiter bis um 4. Um 4 einhalb arbeitet er weiter bis um acht. Und das jeden Tag. Das also bedeutet das Pfeifen, das wir im Bett hören.«

Hier hat »Sonja« vielleicht heimlich die Tagebücher ihres Gatten gelesen. Ein Eintrag vom 20. September 1890 (ihrer Tagebücher, in Jasnaja Poljana geschrieben) spricht von ihrer merkwürdigen Gewohnheit.

»Ich schreibe alle vorhandenen Tagebücher von Ljowotschka ab und habe mich entschlossen, auch selbst wieder Tagebuch zu führen, vor allem auch deshalb, weil ich mich noch nie so einsam gefühlt habe wie jetzt ... L. hat jegliche Gemeinschaft mit mir aufgegeben. Warum und weshalb verstehe ich überhaupt nicht. Wenn er krank ist, nimmt er meine Pflege, als sei es meine Pflicht und Schuldigkeit, hin, jedoch spüre ich, daß ich ihm fremd bin. Dabei bemühe ich mich mit aller Kraft, eine geistige Gemeinschaft mit ihm zu finden. Ich habe heimlich seine Tagebücher gelesen, weil ich erfahren wollte, wie wir wieder einander näherkommen könnten.

Wanjas Kinderzimmer

Aber bei der Lektüre packte mich tiefe Verzweiflung. Wahrscheinlich hat er gemerkt, daß ich sie gelesen habe, denn jetzt versteckt er sie.«

Sonja führt diesen geheimen Krieg mit den Tagebüchern sicherlich im Winter in Moskau weiter. Sie haßt die Selbstvergötterung Tolstois, wie sie sich in ihrem Tagebuch ausdrückt, und möchte ihre Rechtfertigung dagegen schreiben. Tolstoi bemerkt am 4. Februar 1897 (Moskau): »Sonja hat in meiner Abwesenheit dieses Tagebuch gelesen und war sehr gekränkt, weil man später aus ihm herauslesen könnte, sie sei eine schlechte Gattin gewesen. Ich versuchte sie zu beruhigen – unser ganzes Leben und mein Verhältnis zu ihr in der jüngsten Zeit werde zeigen, was für eine Gattin sie war.«

Kinderzimmer: Bis 1895 lebte hier der Kleinste, der sanfte Wanja, der mit sieben Jahren starb; dann zog die jüngste Tochter Alexandra ein. Alles, womit sich der Siebenjährige beschäftigte, bevor er am 23. Februar um 11 Uhr abends in seinem Bettchen nach nur zweitägigem Krankenlager dem Scharlach erlag, ist so geblieben. Das Zimmer wirkt groß und hell; beim Umbau 1882 wurde die Decke angehoben. Das italienische Fenster geht zum Garten. Auf dem Fensterbrett steht ein Vogelkäfig. Auf dem Birkentischchen liegen Kindersachen: ein Tintenfaß wie ein Bulldoggenkopf, Griffelkasten, Schulhefte für Französisch und Englisch, eine Zeichnung, ein selbstgebastelter Serviettenring mit Perlen und bunten Fäden verziert, sein Brief an den Freund Serjosha und die Erzählung Wanetschkas, die er seiner Mutter in die Schreibmaschine diktierte. Auch ein Kinderstuhl aus der Babyzeit ist da. Das Sterbebett steht dem Fenster gegenüber an der Wand. Handgearbeitete Decken der Mutter hatten ihn immer zugedeckt. Der Tod des zärtlichen Kindes war für die Gatten kaum zu verwinden; kurzfristig lebten sie in verständnisvoller Harmonie miteinander. Das Bett daneben gehörte der Kinderfrau. Eine Kommode für Kinderwäsche vervollständigt die Einrichtung.

Klassenzimmer: Dieses Eckzimmer ist seit 1808 nicht umgebaut worden, deshalb auch die niedrigen Fenster. Die Kinder wurden hier unterrichtet; außerdem pflegten hier die ausländischen Gouvernanten zu schlafen – Engländerinnen, eine Französin, eine Schweizerin; eine Zeitlang mußte auch die Tochter Alexandra bei der Gouvernante schlafen.

Dienstmädchenzimmer: Auf den Truhen, den Sunduks, schliefen die Dienstmädchen; die Türe zwischen den Garderoben führt in die Damentoilette. Wenn Tolstoi vom Hintereingang ungesehen in seinen Arbeitsräumen verschwinden wollte, mußte er durch dieses Zimmer gehen.

Vom Korridor führen Türen in zwei Zimmer; das eine, einfache, war das Zimmer der jüngeren Söhne; sie schliefen auf Eisengestellen, die aber nicht mehr vorhanden sind.

Das andere Zimmer war eines der Lebenszentren des Hauses: hier wohnte die älteste Tochter Tatjana Lwowna. Sie besuchte die uns schon bekannte Kunstschule in der Mjasnickaja 21. Ihre lebenssprühende Art erlaubte es nur, in einem künstlerischen Chaos von Kleinkram zu hausen. In ihrem überladenen Geschmack erinnert sie leicht an die Mutter.

Auf dem quadratischen Tischchen liegt ein Tischtuch, wo sie alle Autographen ihrer berühmten und weniger berühmten Gäste eingestickt hat: 66 an der Zahl, darunter der realistische Maler Ilja Repin, der auch die hübsche Bleistiftzeichnung von ihr anfertigte. An den Wänden hängen eigene Arbeiten und die ihrer Freunde und Bekannten.

Das Buffet: Tisch und Schemel sind aus Fichtenholz; auch hier wurde Kaffee und Haferbrei für Tolstoi bereitet. Aus der Küche über den Hof trugen die Bediensteten in großen Gefäßen das Essen herbei und verteilten es auf Schüsseln, die dann im Eßzimmer serviert wurden. Außerdem hielt sich hier immer ein Diener auf, der den Empfang der Gäste übernehmen mußte.

Obergeschoß: Ins obere Stockwerk gelangen wir über die Paradetreppe. Tolstoi hat bei ihrem Bau mitgeholfen. Sofija bat um ausreichend Treppenpfeiler, damit die Kinder nicht fielen. Die Kinder scheinen die Treppe für ihre Rutschpartien heiß geliebt zu haben. Als sie älter waren, versammelten sie sich mit ihren Freunden auf dem unteren und oberen Treppenabsatz, um zu musizieren und zu plaudern.

Wer die ersten Stufen hochgeht, wird von einem ausgestopften Bären empfangen, der, so einladend wie er kann, ein Tellerchen für Visitenkarten in der armen toten Pfote hält. Ich habe das Tier nie gemocht, obwohl es an seinem ausgestopften Fortleben unschuldig ist. Mit Befriedigung las ich, daß Sofija Andrejewna das Tier erst 1900 geschenkt bekam von einem Bekannten, der es in den Wäldern von Jasnaja Poljana erlegt hatte. So hat der Bär also weder Tolstois Moskauer Winteraufenthalte begleitet, noch hat das erlösungsbedürftige Tier Rilke begrüßt, als dieser am 28. April 1899 (Karfreitag alten Stils) die Treppe des Hauses in Chamovniki erklomm. Er war nicht alleine; begleitet haben ihn Lou von Salomé und ihr Mann F. C. Andreas. Über Rilkes Aufenthalt bei Tolstoi wissen wir recht wenig. Am Tag nach dem Besuch schrieb Rilke an seine Mutter:

»... gestern waren wir bei Graf Leo Tolstoi zum Tee und blieben

Der große Saal

zwei Stunden tief erfreut von der Güte und Menschlichkeit des Grafen. Gerührt von der rührenden Einfachheit seines Entgegenkommens und wie gesegnet von dem großen Greise, der so jugendlich gut sein und zürnen kann!«

Lou von Salomé erinnert sich in ihrem Lebensrückblick an beide Besuche, den in Moskau und den im darauffolgenden Jahr in Jasnaja Poljana, der für sie wohl der beeindruckendere war:

»Ganz konnte man ihn auch wohl nur auf dem Lande erleben, nicht in Stadt und Zimmer – mochte sich dieses noch so bäuerlich abheben von den übrigen Gemächern des gräflichen Haushalts, oder mochte es den Hausherrn noch so unbefangen in selbstgeflicktem Kittel oder bei Handwerksarbeit zeigen oder an der Familientafel bei Grütze und Kohlsuppe im Gegensatz zu den leckern Gerichten der Tischgenossen.«

Ob Lou mit eigenen Augen den Zwiespalt im gräflichen Haus auf dem gedeckten Tisch des Eßzimmers gesehen hat, mag wohl bezweifelt werden. Dann hätte man die Gäste zu der speisenden Familie ins Eßzimmer (unten) geführt. Wahrscheinlicher ist es, daß sie die Treppe hinauf in den großen »Saal« zum Tee gebeten wurden, wie Rilke an seine Mutter schrieb. Warum Tolstoi beim Rilkebesuch »zürnte«, ist leicht zu erklären. Rilke hat gewiß seine Ergriffenheit über das russische Osterfest zu erkennen gegeben, was Tolstoi in Wut versetzt hat, denn religiöse Feste hielt er für leere, verlogene Rituale der Institution Kirche.

Saal: Schon beim Betreten des großen Saals fällt der lange Tisch auf mit dem weißen Tischtuch und den vielen Stühlen. Der Tisch hieß bei den Tolstois »Tausendfüßler« oder »Spinne«. Zum »großen Tee« versammelten sich die Gäste gegen 9 Uhr abends. Vor dem dampfenden Samowar saß Tolstois Frau, Tolstoi selbst auf der linken Seite des Tisches in der Nähe der Tür zum Fluchtweg des Korridors. War das Gespräch unter den Gästen interessant, hielt es Tolstoi lange, und er nahm lebhaft teil.

Rechts vom Türeingang steht der Flügel und ein kleiner Diwan mit einem ovalen Tisch. In dieser behaglichen Ecke veranstaltete man literarische Lesungen. Tschechow, Gorki, N. S. Leskow nahmen daran teil. Tolstoi setzte sich dann auf den Diwan nahe ans Fenster und lauschte aufmerksam, las zuweilen selber. Oft las er Tschechow, den er so schätzte; besonders hing er an der Erzählung »Herzchen«, von der er nicht genug haben konnte. Die grobe Interpretation eines Forschers lautete, Tolstoi habe sich wegen seiner eigenen leidvollen Eheerfahrung daran gelabt, wie mühelos sich »das Herzchen« den jeweiligen Gatten angepaßt habe. Der Leser möge eine andere Deutung finden!

Auch Musikabende wurden hier veranstaltet. Hier in diesem Saal hörte Tolstoi die Kreutzer gewidmete Beethovensonate; es spielte der Geiger Ljasotta, begleitet von Sergej Tolstoi, dem ältesten Sohn. Welche hoffnungslosen Empfindungen müssen sich in ihm zusammengebraut haben, daß er die »Kreutzersonate« schrieb; Eifersucht bis zum Totschlag, bitterböses Machtstreben in der Ehe, Verdammung der Sinnlichkeit, selbst die der Musik.

Und wie hat er die Musik geliebt! Auf dem Regal in der Ecke des Saals liegen die Noten von Tolstois musikalischen Lieblingswerken:

Symphonien und Sonaten Haydns, Mozartsonaten, Beethovensonaten und fast alle Klavierwerke Chopins. Man spielte Trios und Quartette unter Mitwirkung berühmter zeitgenössischer Virtuosen; viele Komponisten gingen bei ihm aus und ein wie Rimski-Korsakow, Rachmaninow, Skrjabin, Tanejew.

Im Saal spielte Tolstoi auch unzählige Schachpartien. Er versicherte, es sei reinste geistige Entspannung für ihn, Schach zu spielen; die Teile seines Gehirns, die er bei literarischer Arbeit erschöpfe, würden beim Schachspiel nicht beansprucht. Er gehörte zu den wild attackierenden Spielern. Wenn seine Angriffsstrategie gegen einen umsichtigeren Spieler nicht aufging, schrie er bisweilen vor Entsetzen auf, daß alle zusammenfuhren. Gewinnen verschaffte ihm tiefe innere Freude.

Beliebt waren auch Kostümfeste. Einmal waren der Philosoph Wladimir Solowjow, der Maler Repin und der Komponist Anton Rubinstein zugegen. Einem der Teilnehmer fiel es ein, sich als Tolstoi zu verkleiden. Der echte Tolstoi blickte dem falschen gemessen entgegen; sie schüttelten sich die Hände unter allgemeinem Gelächter. »Woher haben Sie denn mein Hemd«, fragte der echte. »Das hat man Ihnen heimlich geklaut«, erwiderte der falsche. Schließlich übernahm der falsche Tolstoi an der Treppe die Honneurs, zum Schrecken der Gäste, die nach ehrfürchtiger Begrüßung einige Schritte weiter dann auf den richtigen Tolstoi trafen.

Auch wissenschaftliche Diskussionen fanden hier statt. Dazu gesellte sich der Mathematikprofessor Bugajew, Andrej Belyjs Vater.

Großer Salon: Der Raum, der sich an den Saal anschließt, ist das Reich Sofijas, wo sie nach Herzenslust ihrem Geschmack und dem Geschmack ihrer Zeit frönen durfte. Die stickige überladene Atmosphäre solcher Prunksalons war für die Dichtergeneration der neunziger Jahre Anlaß, einen Generations- und Paradigmawechsel zu fordern. Die spätbürgerlichen Besuchsrituale einer sogenannten Dame aus gutem Hause hielten auch Tolstoi davon ab, diesen Raum zu betreten, den er »langweilig« nannte. Die Bilder an den Wänden sind Kopien. Viele Originale hängen in Jasnaja Poljana.

Sofija Andrejewna hatte aber auch eine »unordentliche« Seite, die sie jeden gesellschaftlichen Habitus vergessen ließ. Es kam dann zu den allgemein bekannten hysterischen Ausfällen, wenn sie fürchtete, daß der der Besitzlosigkeit anhängende Tolstoi sie und die Kinder um ihr Vermögen brächte.

Tolstois Frau Sofija Andrejewna

Als Tolstoi die Erzählung »Der Tod des Iwan Iljitsch« an eine schlecht zahlende Zeitschrift verkaufen wollte, rannte sie, als Reaktion, etwas Geld in der Hand, nichts als den Morgenrock über dem Hemd, auf die winterliche Straße hinaus, hastete durch die Gasse, fuhr zum Bahnhof und kam dann mit einer Erkältung wieder heim. So rannte sie immer wieder, mangelhaft bekleidet, in den Garten, sogar auf die Straße; diese Szenen waren allgemein bekannt und peinlich. Ihr Einfluß auf Tolstoi bestand nur noch im Gebrauch solcher Mittel; allerdings spricht ein solches Benehmen auch von einem übermäßigen inneren Leidensdruck.

Kleiner Salon: Hier brachte Sofija Andrejewna ihr letztes Kind Iwan (»Wanja«) zur Welt: die Mutter ertrug ihre Leiden ohne Schrei. Sie lag auf der Polsterbank. Die Entbindung war schwer, Tolstoi kam hinunter und teilte es den wartenden Kindern und Freunden mit.

Nachdem dieses Zimmer ab 1888 nicht mehr Schlafzimmer der Gatten war, diente es Tatjana, der ältesten Tochter, als Atelier. In den neunziger Jahren nächtigten darin die zahlreichen Verwandtenbesuche der Tolstois.

Die Katakomben: So nannte man den schmalen halbdunklen Gang, der im oberen Stockwerk sich vom Saal bis zum Arbeitszim-

Tolstoi mit den Töchtern Tatjana und Marija

mer Tolstois hinzog. Ein wenig kann man diese Bezeichnung als Symbol begreifen, denn dem Leben und der Lehre eines bedürfnislosen Tolstojaners, der sich um das Wohlergehen der Armen bemüht, durfte Tolstoi gleichsam nur im unterirdischen Halbdunkel dieses Hauses nachgehen. In diesem Gang konnte man ihn morgens antreffen, wenn er gespaltenes Holz auf den Schultern trug, um seinen Ofen zu heizen.

Vom Saal aus gesehen auf der rechten Seite der Katakomben sind drei Schränke, in denen teilweise die Kleider der Frau und der Töchter aufbewahrt wurden, teils das Bettzeug von Tatjana Lwowna, wenn sie auf der Ottomane schlief. Manchmal hing man auch die Pelze der Gäste hinein, wenn im Vorzimmer zu wenig Platz war. Vom dritten Schrank aus kann man auf einer Treppe in den Speicher gelangen.

Auf der linken Seite des Korridors sind drei Türen: das Zimmer von Tolstois Lieblingstochter Marija Lwowna, das Zimmer der Wirtschafterin und das des Kammerdieners.

Marija Lwownas Zimmer: Das Zimmer Maschas ist das Gegenstück zum Zimmer Tanjas, der Malerin. Mascha suchte ihrem Vater in allem nachzufolgen. Ihr Zimmer strahlt die von ihm vorgegebene asketische Einfachheit aus. Ihre Hingabe galt den Armen und Hungernden. Während der Hungersnöte im Süden des Landes half sie ihrem Vater aufopferungsvoll bei der Linderung der Not der Bauern. Für ein Medizinstudium reichte nicht die Kraft, die sie ganz in den Dienst ihres Vaters stellte; sie führte die Korrespondenz und machte Übersetzungen für ihn. 1906 starb sie in seinen Armen an einer Lungenentzündung.

Die Zimmer der Wirtschafterin und des Kammerdieners: Die Zimmer mit den Fenstern zum Hof sind die kleinsten im ganzen Haus. Die Wirtschafterin hatte die Wäsche zu besorgen und überwachte die Speisekammer. Sie mußte auch die Schlafzimmer von Sofija Andrejewna und Lew Tolstoi in Ordnung halten. Von 1882 bis 1897 lebte gemeinsam mit der Wirtschafterin die Hausschneiderin; sie besserte die Wäsche aus, räumte auch die Zimmer der Töchter auf.

Der Kammerdiener kümmerte sich um die Sachen Lew Tolstois, räumte in den Zimmern auf, wenn der Hausherr krank war, sonst tat Tolstoi es selber. Die Bediensteten waren lange Jahre, sogar Jahrzehnte hindurch im Haushalt der Tolstois angestellt.

In der Nähe der Tür bei der Hintertreppe ist eine Kammer für das Geschirr.

Die Privaträume Lew Tolstois: Arbeitszimmer und Kabinett: Im alten Teil des Hauses hatte Tolstoi seine beiden Räume, in die er sich zurückzog, wenn er arbeiten und der Gesellschaft entfliehen wollte. Zunächst schauen wir ins Arbeitszimmer. Rechts von der Tür an der Wand stand ein mit Ölfarbe gestrichener Waschtisch aus Blech und ein Eimer, die übliche, ärmliche Waschgelegenheit jener Zeit. Tolstoi holte sich in der Wassertonne Wasser aus der Moskva oder aus einem nahe gelegenen Brunnen, wusch sich, goß das Waschwasser selber aus und fegte das Zimmer. Das tat er gleich morgens, wenn er das gemeinsame Schlafzimmer verlassen hatte. Wir wissen ja, daß die Fabriksirenen diesem um Wahrheit ringenden Mann nicht das gute Gewissen für einen langen Schlaf gaben.

Morgengymnastik mit Hanteln gehörten zu seinem Programm. In diesem Zimmer hat er wohl auch gefrühstückt; Haferbrei und Gerstenkaffee, der unten, bereits zubereitet, auf ihn wartete und den er nur aufwärmte. Neben dem Tisch am Fenster stand ein Armsessel aus Buchenholz, auf dem ungestrichenen Arbeitstisch ein Zinnlämpchen. Gleich daneben ein kleiner Petroleumofen mit einem Abzugsrohr, das aus dem Fenster ragte; hier kochte Tolstoi seine Haferflocken und wärmte sein Schusterpech.

Abends schusterte er im selben Raum; hier gab es einen Eisenständer, Hammer, Raspel und Schusterpinnen. Irgendwann in den achtziger Jahren hatte sich Tolstoi einen bescheidenen Schuster ins Haus geholt und von ihm das Handwerk gelernt. Er schusterte sogar Stiefel für seine Freunde, die im Schrank aufbewahrt werden. Das Paar gehörte einst dem Lyriker und Schopenhauer-Übersetzer A. A. Fet. Der Aufwand, den Fet aus Publizitätsbedürfnis mit den Stiefeln trieb, verärgerte Tolstoi sehr und trübte sein Verhältnis zu ihm. Fet hatte sich eine schriftliche Bestätigung des Herstellers erbeten.

Wie hätte ihn ein solches Benehmen nicht verbittern sollen, der in großer Betrübnis, fast wie unter dem Zwang einer Arbeitstherapie, das Schustern betrieb. Die Tagebucheintragungen aus den achtziger Jahren sprechen von einer tiefen Verzweiflung, die dem Krebsgeschwür des Iwan Iljitsch zu vergleichen ist. Immer wieder heißt es im Tagebuch: »Stiefel genäht«, »abends Stiefel genäht«:

Am 4. April 1884: »Zu Hause ist es sehr bedrückend. Mich deprimiert, daß ich nicht mit ihnen fühlen kann. All ihre Freuden, das Examen, die Erfolge in der Gesellschaft, Musik, Möbel, Einkäufe, all das ist, meine ich, für sie ein Unglück, ein Übel, und ich vermag es ihnen nicht zu sagen. Ich vermag es, tue es auch, aber meine Worte erreichen niemanden. Sie begreifen gleichsam nicht, was meine Worte bedeuten, sie wissen nur, daß ich die üble Angewohnheit habe, so zu reden. In Augenblicken der Schwäche – jetzt ist ein solcher – wundere ich mich über ihre Unbarmherzigkeit. Sie müßten doch sehen, daß ich nicht einfach leide, sondern schon drei Jahre vom Leben ausgeschlossen bin. Mir ist die Rolle des mürrischen Alten zugeteilt, die ich in ihren Augen nicht ablegen kann: Nähme ich an ihrem Leben Anteil, würde ich die Wahrheit verleugnen, und sie wären die ersten, die mir dies vorhielten. Sehe ich ihrem Wahnsinn, wie ich es jetzt tue, voll Trauer zu, bin ich ein mürrischer Alter wie alle anderen Greise auch.«

Am 5. April: »Spät aufgestanden – matt. Die gleiche Depression.«

11. April: »Dafür sind die Tage voller Schwäche, tödlicher Schwäche. Es verlangt mich nach wirklichem Tod.«

1889, 28. Februar: »Zeitig aufgestanden, wie gerädert und schwach. Blieb lange so sitzen, machte mit Mühe meine Eintragungen.«

17. März: »Sonja ist gütiger. Hilf Herr.«

21. März: »Habe Sonja gerade gesagt, was ich schon lange wollte, daß ich mit ihrem Vorhaben einer Ausgabe nicht sympathisiere. Sie wurde sehr böse und sagte: ›Du beweist mir deinen Haß, wo immer du kannst.‹ Sie leidet und bereitet mir Schmerzen wie ein Zahn, wie ich ihr helfen soll, weiß ich nicht, suche aber.«

Im Zimmer steht auch ein Fahrrad, das ihm 1895 geschenkt wurde. Sofort eignete sich der Siebenundsechzigjährige die Kunst des Radfahrens energisch an. So sahen es oberflächliche Beobachter. Das Tagebuch Tolstois gibt anders Auskunft. 1895 war der jüngste Sohn gestorben:

13. Mai: »Ärztliche Behandlung und Fahrrad, Tiefpunkt des geistigen Lebens. Bin kürzlich sogar wütend geworden, als das Fahrrad nicht bereitstand, und habe einen Menschen beleidigt. Kann mich seit langem an keinen derartigen geistigen Niedergang erinnern. Habe mich in mich zurückgezogen, sitze und warte. Ebensowenig Egoistisches wie Göttliches.«

Kabinett: Solche Sätze schrieb Tolstoi an dem Schreibtisch in seinem Arbeitskabinett. Von 9 Uhr morgens bis 3 oder 4 Uhr nachmittags zog er sich hierher zu ungestörter Arbeit zurück. Das Kabinett ist ein Eckzimmer, ziemlich geräumig, etwa 20 qm. Die Wände sind kahl. Der Schreibtisch ist aus Nußbaumholz, nach der damaligen Mode mit einem niedrigen kleinen Geländer versehen, damit die Bücher und die unzähligen Manuskriptseiten beim Beiseiteschieben nicht hinabfielen. Tolstoi hatte den Tisch selbst 1881 auf der Tverskaja in einer Möbelfabrik gekauft. Auf dem Tisch eine unbenutzte Schreibgarnitur, denn Tolstoi tauchte seine Schreibfeder unmittelbar ins Tintenfaß. Tolstoi schrieb beim Licht einer einzigen Kerze; er war sogar stolz, keine Brille zu tragen. Zwar war er stark kurzsichtig, haßte aber, wie übrigens auch Goethe, Brillen. Die Beine seines Schreibtischstuhls wurden zurechtgesägt, damit das Auge näher am Papier war.

Hier stehen außerdem zwei Sessel, zwei Stühle und eine Polsterbank mit Lehne, alle mit dunkelgrünem Wachstuch, einer Lederimitation, überzogen. Manchmal saß er auch auf dem Diwan und arbeitete an dem runden dreibeinigen Tisch mit der Marmorplatte.

An dem Schreibtisch hat er schwere lebenspraktische Entscheidungen getroffen und schriftlich bestätigt. Die letzten Tätigkeiten an diesem Schreibtisch galten der Auseinandersetzung mit der orthodoxen Kirche, die ihn schließlich aus ihren Reihen ausschloß. Am 22. Februar 1901 wird ein Beschluß des Synods veröffentlicht, daß Tolstoi exkommuniziert sei. Dieser trägt an seinem Moskauer Schreibtisch in sein Tagebuch ein: »Mir ist jetzt völlig klargeworden, daß unser ganzer orthodoxer Glaube ein Zauber gegen Furcht ist. Und seine Wurzel liegt im Wunderglauben.« Das machte ihm Moskau vollends unerträglich. Im Mai 1901 fährt Tolstoi nach Jasnaja Poljana und kehrt nur noch einmal für ganz kurze Zeit, 1909, in sein Stadthaus zurück.

Hier entstanden »Der Tod des Iwan Iljitsch«, »Macht der Finsternis«, »Die Kreutzersonate«, »Früchte der Aufklärung«, »Hadschi Murat«, »Der lebendige Leichnam« und vieles andere. Hier schrieb er auch zehn Jahre an dem Roman »Auferstehung«; der Roman ist eher ein Traktat als ein Kunstwerk. Aber trotz vordringlichen

Tolstois Kabinett mit Schreibtisch

Moralisierens tritt die Frauengestalt der Prostituierten Maslowa in schöner Vollkommenheit hervor. Wie seltsam, daß Tolstoi das Bild einer von Liebe durchwirkten Frau niemals mißlang! War es die Magd Axinja, die er noch in seinem Innern bewahrte? (Sie lebte noch auf dem Gut Jasnaja Poljana.) Sofija Andrejewna wurde wohl im geheimen permanent von der Eifersucht geplagt, die ihr keine Ruhe ließ, sie unnachgiebig, verbissen und hysterisch machte.

Die Wahrheit über Tolstois Ehe, d. h. die Wahrheit über Tolstois Beziehung zu seiner Frau, findet man in seiner Tagebucheintragung vom 11. Juli 1890. Ein Freund hatte ihm brieflich geraten, sich des Kreuzes seiner Ehe zu entledigen:

»Er schreibt von meinem Kreuz und sieht für die Zukunft meine Qualen darin, daß ich in Verhältnissen lebe, die ich verabscheue und durchbrechen will, aber noch schwanke, es zu tun. Verabscheuen ja, aber schwanken, sie zu durchbrechen, nein, denn ich weiß, dies ist wie eine Krankheit, wie das Alter, der Tod, die segensreichen Bedingungen meines Lebens, und daher tut der Abscheu nicht weh, sondern ist ein Kreuz, dessen Bedeutung er nicht versteht. Ein

Kreuz bedeutet Unangenehmes, Schmerzhaftes, Bedrückendes, das getragen wird als etwas Unausweichliches, Notwendiges, von Gott Gesandtes und daher nicht mehr als unangenehm, schmerzhaft und bedrückend empfunden wird, sondern als etwas, dessen Fehlen unangenehm, peinlich und unnatürlich wäre.«

Es ist wahr, daß Tolstoi ohne das Kreuz seiner Ehe nicht hätte leben können und wollen. Doch sterben wollte er, wie sein Iwan Iljitsch, im Licht der Wahrheit. Gegen Ende seines Lebens häuften sich die Streitigkeiten um sein Testament. Seine Söhne waren auf seiten der Mutter. Die Frau gebärdete sich wie eine Verrückte; zuweilen mußte man sie aus dem Teich von Jasnaja Poljana fischen.

Ende 1910 brach Tolstoi aus Jasnaja Poljana auf, um endlich sein Leben zu leben, was nichts anderes hieß, als seinen eigenen Tod zu sterben. Der Tod kam auf der kleinen Bahnstation Astapovo. Der Sterbende verbot, seine Frau zu ihm zu lassen: »Ich geh irgendwohin, damit mich niemand stört. Laßt mich in Frieden.«

9. TSCHECHOW UND DIE UNENDLICHE TRAURIGKEIT DES SEINS

Tschechow, Moskau 1893

Wir besuchen das Tschechow-Museum in der Sadovaja-Kudrinskaja 6. Auf welchen Verkehrswegen der Leser sich dem Museum nähern will, überlassen wir ihm selbst: ob er zu Fuß z. B. durch die ul. Gercena geht und dann rechts in die Sadovaja Kudrinskaja einbiegt oder mit der Metro bis zur Barrikadnaja fährt und dann auf abenteuerlichen Wegen die Asphaltrennstrecke des Gartenrings überquert. Die freundlichen Mitarbeiterinnen des Museums empfangen mit dem Satz: Tschechow habe gesagt, die neue Wohnung in der Kudrinskaja sei laut, weil jede Dreiviertelstunde die Pferdebahn vorbeifahre. Wie lange noch wird das zierliche Häuschen des Dr. Anton Tschechow das Rütteln und den Qualm der Piste aushalten? Es ist nicht das letzte Mal, daß wir auf der Sadovaja Kudrinskaja sind. Auch die Stätten Bulgakows (»Der Meister und Margarita«) liegen hier auf der Bol'šaja Sadovaja Richtung Majakowski-Platz. Das »Teufelshaus« zeigt Risse und Gras, die Balkone bröckeln. Es bedarf wieder eines Teufels, um das Haus zu retten.

Nicht voreilig sein. Wir wollen das Museum nicht betreten, ohne das Wahrnehmungsvermögen geschärft zu haben. Tschechow und Tolstoi gelten als die Moskauer Dichter. Was aber ist das Moskau Tschechows? Jeder Tschechow-Liebhaber wird den Ruf aus den »Drei Schwestern« im Ohr haben: Nach Moskau, nach Moskau! In der stehenden Luft der Provinz, in der ewigen Wiederholung des alltäglichen Nichts erscheint Moskau wie eine Erlösung, wie ein Glücksversprechen. Tschechow hat in Moskau sein öffentliches und privates Glück mit der Schauspielerin des Moskauer Künstlertheaters Olga Knipper gefunden; es hat ihn, von woher auch immer, nach Moskau zurückgetrieben. Je deutlicher das Leben eines Menschen mit einem Ort, einer Stadt verbunden ist, um so mehr möchten wir glauben, daß sein Lebensgeheimnis in dieser bestimmten Stadt greifbar wird.

Diesen Moskau-Mythos um Tschechow sollten wir ein wenig zerstören. Zunächst einmal war Tschechow in seiner Kunst und in seinem Leben ein indirekter Mensch. Seine künstlerische Wahrnehmung hätte niemals das Mondlicht direkt abgebildet, sondern nur gebrochen, wenn es sich in einer Glasscherbe spiegelte. Auch sein Innerstes, seine Vorlieben, seine Schwächen hat er verborgen, in dem Maße, wie er es Gurow in der »Dame mit dem Hündchen« aussprechen läßt:

»... er glaubte nicht, was er sah, und setzte stets voraus, daß sich das wirkliche und interessanteste Leben eines jeden Menschen heimlich, gleichsam wie unter dem Mantel der Nacht, abspielte. Jede persönliche Existenz hält sich durch ein Geheimnis, und vielleicht ist deshalb ein kultivierter Mensch so leidenschaftlich bemüht, sein Persönlichstes geheimzuhalten.«

Wie hätte er Moskau anders als gebrochen erfahren können?

1902, in einem Brief an O. Knipper, erlebt der Kranke die Winter in Jalta wie eine Verbannung, und er sehnt sich nach dem grauen Winter Moskaus. Dennoch ist er sich der Dialektik der Sehnsucht, die ihn niemals zur gerade erlebten Gegenwart ja sagen läßt, völlig bewußt: »Ich muß das Leben sehen und beobachten, ich muß in Moskau leben und dort träumen von einer Reise auf die Krim, ins Ausland.« Das Moskau Tschechows ist ihm immer ein Übergang, immer die Frage, ob er einwurzeln oder verdorren solle, ist ein Sich-Hinträumen oder auch ein Sich-Hinwegträumen. Gegen Ende seines Lebens wird Tschechow wissen, daß sein Leben, mehr als jedes andere, in jedem Augenblick, dieses permanente Übergehen war – vom Leben zum Tod:

Am 10. Februar 1900 schreibt Anton Tschechow an seine künftige Frau, die Schauspielerin Olga Knipper: »Aber weshalb sind denn Sie deprimiert? ... Bei mir ist es etwas anderes. Ich bin entwurzelt, ich lebe kein ganzes Leben mehr, trinke nicht, obwohl ich gerne trinke; ich liebe den Lärm und höre keinen, mit einem Wort, ich erlebe jetzt den Zustand eines umgepflanzten Baumes, der noch schwankt: soll er anwachsen oder verdorren?«

Anton Pawlowitsch Tschechow (1860-1904) wurde in Taganrog am Asowschen Meer geboren. Vater und Mutter stammten aus Familien von freigekauften Leibeigenen; der Vater hatte einen Kolonialwarenhandel und machte Bankrott. Die Familie übersiedelte

1876 nach Moskau. Anton mußte in Taganrog bleiben und das Gymnasium beenden. Inzwischen lebte die Familie in Moskau in äußerster Armut, wechselte dauernd die Wohnung. Der Vater arbeitete im Kontor des Kaufmanns Gawrilow im Zamoskvoreč'e (vgl. Kap. 6 und Tschechows Erzählung »Drei Jahre«). Für Anton hatte aber damals die Sehnsucht nach Moskau eine nie wieder erreichte Frische, wenn er als Gymnasiast aus Taganrog schreibt, er werde, wenn er mit der Schule fertig sei, »auf Flügeln« nach Moskau geflogen kommen. Im August 1879 flog er herbei – in ein wenig anheimelndes Nest auf der Dračevka (heute Trubnaja ulica 23, Souterrain, dann 2. Geschoß). Von 1881 bis 1885 wohnen die Tschechows im Malyj Golovin pereulok 3, in einer Seitengasse der Sretenka (nicht erhalten). Den Geist der Unterwerfung, des Verbergens seiner wahren Gedanken, der ewigen Angst, sich vor scheinbar Mächtigeren falsch zu benehmen, hatte der Vater den Kindern gründlich eingeprügelt. Wie tieftraurig ist sein Beobachtungsblick, wenn Tschechow den Vogelmarkt auf dem Trubnaja-Platz beschreibt: Enge und Unfreiheit der Vögel in den Käfigen und besonders der Fische in den Wassereimern scheinen ihn an sein eigenes Los zu erinnern (Feuilleton »In Moskau, Auf dem Trubnajaplatz«, in: »Splitter aus dem Moskauer Leben«). Der »Vogelmarkt« (Tiermarkt) ist heute in der Kalitnikovskaja Srednaja ulica, Samstag und Sonntag geöffnet.

Anton Tschechows Medizinstudium von 1879 bis 1884 an der Moskauer Universität war der erste Akt der Befreiung. Dennoch war diese Studienwahl eher zufällig, obwohl er sie sein ganzes Leben lang nicht bereut hat; die Naturwissenschaften schulten den Scharfblick für die Fakten. Praktikum machte er an den Universitätskliniken auf der Roždestvenka und im Krankenhaus bei den Petrovskie Vorota (jetzt Stadtklinikkrankenhaus, Strastnoj-Boulevard 15/24; bis 1831 Englischer Klub).

Das Medizinstudium hat ihm aber nicht nur den Scharfblick für naturwissenschaftliche Fakten gegeben, sondern auch das Vermögen, die Unerbittlichkeit von Krankheit, Not und Tod zu sehen und in eine Poesie der hinnehmenden Güte zu verwandeln. Zugleich zeigt er die »verkehrte Welt«, die er als Versklavter immer erleben mußte, wo Wahnsinn sich an dem sogenannten Normalverhalten zeigt und die Wahrheit des Irrsinns übersehen wird. Besonders schön erlebt wird dies in der Erzählung »Krankenzimmer No. 6«, wo auch die Zustände in den russischen Krankenhäusern geschildert werden:

»In den Krankenzimmern, den Korridoren und dem Hof des Krankenhauses konnte man vor Gestank kaum atmen. Die Wärter und Wärterinnen schliefen mit ihren Kindern bei den Kranken auf den Stationen. Man beschwerte sich, es sei vor Schaben, Wanzen und Mäusen nicht auszuhalten. In der chirurgischen Abteilung wurde man die Wundrose nicht los. Im ganzen Krankenhaus gab es nur zwei Skalpelle und kein einziges Fieberthermometer, in den Badewannen bewahrte man Kartoffeln auf. Der Inspektor, die Hausmeisterin und der Heilgehilfe bestahlen die Kranken, und von dem alten Arzt, Andrej Jefimytschs Vorgänger, erzählte man, er habe heimlich den Krankenhausspiritus verkauft und sich einen ganzen Harem von Wärterinnen und kranken Frauen zugelegt.«

In der 1888 geschriebenen Erzählung »Der Anfall« (Pripadok) erinnert sich Tschechow noch einmal in besonderer Weise an die Gegend um den Trubnaja-Platz. Leitmotiv dieser Erzählung: »Was die Dirnen anbetrifft, so war ich meinerseits ein großer Spezialist.« So heißt es in einem Brief vom 13. 11. 1888. Im »Anfall« können wir drei Moskauer Studenten eine Nacht lang durch die zahlreichen Bordelle im Sobolev pereulok begleiten. Wer den Sobolev pereulok nicht auf seinem Stadtplan findet, dem sei der Weg beschrieben. Orientierungspunkt Trubnaja-Platz und Cvetnoj-Boulevard. Östlich vom Cvetnoj-Boulevard führt die Parallelstraße Trubnaja ulica (die ehemalige Gračevka oder Dračevka) zur Ringstraße (Sucharevskaja). Geht man hier entlang, so führen zahlreiche Gäßchen nach Osten zur Sretenka. Eines davon ist der Sobolev pereulok. Da die Gäßchen möglicherweise umbenannt sind: im ganzen sind es sieben Gäßchen; von unten, vom Roždestvenskij-Boulevard her, ist es das vierte Gäßchen; von oben, von der Sucharevskaja her, ist es das dritte Gäßchen. Als ich durch eines der Gäßchen wanderte, wußte ich noch nichts von einem Sobolev pereulok. Sonst hätte ich mir zweifellos vorstellen wollen, wie in dieser Gasse der erste Schnee fällt, wie verschlafene Kutscher fast vor jedem Haus auf die Herren warten, wie rote Lampen vor den Eingängen locken etc. Zweifellos ist von ehemaliger Hurenromantik nichts zu spüren; dennoch sind die Gäßchen skurril und gebrechlich. In einem (auf der Höhe des Cvetnoj-Boulevards 22, vgl. 10. Kapitel) bot sich ein anderer physischer Genuß: ein winziger Bäckerladen an der Ecke, weithin duftend, verkaufte acht Stück des »Hauptstadtkuchens«, eines schmackhaften Teegebäcks.

Tschechow verknüpft im »Anfall« zwei Sujets, die kausal nichts miteinander zu tun haben. Anlaß war die Verpflichtung Tschechows, zu einem Sammelband für den Schriftsteller Garschin einen Beitrag zu schreiben. Garschin hatte mit einem Sturz ins Treppenhaus Selbstmord begangen. Tschechow baut seine Erzählung so auf, als habe ein junger Mann aus Verzweiflung über die Lage der Dirnen und über seine eigene Unfähigkeit, ihnen zu helfen, einen Anfall von Depression. Tatsächlich schildert Tschechow die Bordellstraße mit solch trockenem, distanziertem Ekel, daß der sich daran anschließende Depressionsanfall völlig unmotiviert erscheint.

Das wahre Anliegen Tschechows war wohl, auf glasklare Weise das Krankheitsbild eines Depressiven zu schildern. Eindrucksvoll sind folgende Beobachtungen. Die Hauptperson, ohnehin unruhig, pflegt in ihrem Zimmer diagonal von einer Ecke zur anderen zu wandern. Als der Anfall einsetzt, erträgt er das nicht mehr, sondern schiebt sich im Viereck an den Wänden entlang. Der Seelenschmerz wächst ins Unerträgliche:

»Die ganze Aufmerksamkeit richtete er auf den Seelenschmerz, der ihn marterte. Das war ein stumpfer Schmerz, gegenstandslos, unbestimmt, ähnlich dem sich sehnenden Trübsinn, höchstähnlich der Angst und der Verzweiflung. Er hätte angeben können, wo der Schmerz situiert war: in der Brust, unter dem Herzen. Früher hatte er starken Zahnschmerz, da waren Pleuritis und Neuralgien, aber al-

ОБУВЪ
ПРОДУКТОВЫЙ
МАГАЗИН

Die alte Sretenka

les war nichts im Vergleich mit dem Seelenschmerz. Unter einem solchen Schmerz wurde das Leben widerwärtig... Von allen Gedanken, die träge in seinem Kopf herumwanderten, gingen ihm nur zwei nicht auf die Nerven: einer war, daß er es in jeder Minute in der Hand hatte, Selbstmord zu begehen, der zweite, daß der Schmerz nicht länger als drei Tage anhalten würde, das wußte er aus Erfahrung.«

Wer Krankheitserfahrungen so beschreibt, hat sie am eigenen Leib gemacht. Anton Tschechow hat äußeren Anlaß zu Depressionen. In den achtziger Jahren setzt der Bluthusten ein:

Am 7./8. Dezember 1883: »Heute ist bereits der dritte Tag, daß mir – es paßt wie die Faust aufs Auge – Blut aus der Kehle fließt... Drei Tage habe ich keine weiße Spucke mehr gesehen, und wann mir die Medikamente, mit denen meine Kollegen mich vollstopfen, helfen werden, kann ich nicht sagen...« Und weiter: »Im Dezember erkrankte ich an Bluthusten und beschloß, mir Geld zu leihen, um ins Ausland zu reisen und mich behandeln zu lassen. Jetzt bin ich ein wenig gesünder, aber ich denke dennoch, daß es ohne eine solche Reise nicht abgeht.«

Die üblen Wohnungen im Zamoskvoreč'e (vgl. 6. Kap.) haben seine Krankheit nicht gebessert. Seit 1885 lebte er auf der Bol'šaja Jakimanka, wo er am 17. November 1885 schreibt: »Es ist ein Elend! Die neue Wohnung hat sich als ein Mist erwiesen: sie ist naß und kalt. Wenn ich nicht ausziehe, wird sich in meiner Brust wahrscheinlich der Jammer von vorigem Jahr wiederholen: Husten und Blutungen.« Ab Ende August 1886 wohnt er dann im Haus Korneev an der Sadovaja Kudrinskaja – »650 Rubel im Jahr, näher an das Zentrum, sauber, ruhig und nach überallhin nah, etwas anderes als die Jakimanka«. In diesem Haus hat er es am längsten ausgehalten: bis zum April 1890, als er zu seiner großen Fahrt nach der Sträflingsinsel Sachalin aufbricht.

Man möchte in allen Ecken dieses appetitlichen kleinen Museums suchen, wo und wie denn nun der Entschluß gefaßt wurde, sich das Härteste zuzumuten und die Ärmsten der Armen auf der

Sträflingsinsel Sachalin aufzusuchen. Zierlich und sauber sind viele Gegenstände und Möbel zusammengetragen; das Parkett glänzt, und wir fahren in Filzlatschen darüber. Kein Zigarettenrauch des Lungenkranken hängt in der Luft:

Am 21. 9. 1886: »Übrigens ist es keine große Wonne, ein großer Schriftsteller zu sein. Erstens ist es ein trübsinniges Leben ... Arbeit vom Morgen bis in die Nacht, und Nutzen wenig ... Geld – soviel die Katze auf dem Schwanz davonträgt ... Ich weiß nicht, wie es bei Zola und Schtschedrin ist, aber bei mir ist es verraucht und kalt ... Zigaretten gibt man mir nach wie vor nur an Feiertagen. Unmögliche Zigaretten! Fest gestopft, feucht, wurstförmig. Bevor ich sie mir anstecke, zünde ich die Lampe an, trockne über ihr die Zigarette, dann rauche ich sie, wobei die Lampe qualmt und rußt, die Zigarette knistert und schwarz wird, ich mir die Finger verbrenne ... man könnte sich einfach erschießen!«

Nichts finden wir von den heimlichen Seelenverstecken Anton Tschechows. Das Schlafzimmer ist ein kärgliches Kämmerchen und geht auf die Straße hinaus. Man betritt es von dem geräumigen Arbeitskabinett her. Oh ja, hier kann man sich gut vorstellen, unablässig in der Diagonale herumzuwandern!

Der Salon ist im Obergeschoß, ebenso das Eßzimmer und das Zimmer für die Familie mitsamt einem Gästezimmer. Anton ließ sich eigens von oben, direkt aus dem Eßzimmer, eine Treppe hinunter in sein Kabinett bauen. Unwillkürlich denken wir, daß die Treppe hinunterführt, von der Familie zu Tschechow und nicht von Tschechow zur Familie. Ein Briefzitat läßt annehmen, daß ihm in einsamen frierenden Nächten die Anwesenheit seiner Familie unentbehrlich war; wenn die Mutter oder die Schwester zu ihm hinunterkamen mit einem Licht in der Hand, um zu schauen, ob er ruhig schliefe, ob er zugedeckt sei ...:

Am 12. 2. 1887 schreibt er: »Wenn mir nachts die Bettdecke wegrutscht, sehe ich im Traum oft riesige glitschige Steine, kaltes herbstliches Wasser, kahle Ufer – all das undeutlich, im Nebel, ohne ein Stück blauen Himmels; mutlos und schwermütig, als habe ich mich verirrt oder sei alleingelassen worden, schaue ich auf die Steine und fühle aus irgendeinem Grunde die unentrinnbare Notwendigkeit, den tiefen Fluß zu durchqueren ... Und währenddessen bin ich durchdrungen von jener eigenartigen alptraumhaften Kälte, die im Wachzustand undenkbar ist und nur von Schlafenden empfunden wird ... Wenn sich mein Körper jedoch an die Kälte gewöhnt oder jemand meiner Hausgenossen mich zudeckt, dann verschwindet die Empfindung der Kälte, der Einsamkeit und des drückenden bösen Willens allmählich. Mit der Wärme beginne ich bereits zu fühlen, als ginge ich über weiche Teppiche oder grünen Rasen, sehe die Sonne, Frauen, Kinder ...«

Es ist die Zeit seiner beginnenden Erfolge, seiner literarischen Anerkennung. Der Salon ist immer belebt: die Eltern, die Schwester Marija, die Brüder, von denen der eine, Nikolai, an der Kunstschule Mjasnickaja 21 studiert und mit I. I. Levitan befreundet ist, und der Komponist Tschaikowski stellen sich ein. 1888 schreibt Tschechow die längere Novelle »Die Steppe«. Er bekommt den Puschkinpreis.

Allmählich findet er seine Identität, begreift sich, die Abhängigkeit aus seiner Herkunft, alles, was russisch an ihm ist. Er erläutert dies, während er über den Selbstmord eines Jungen nachdenkt:

»Auf der einen Seite physische Schwäche, Nervosität, frühe Geschlechtsreife, leidenschaftlicher Durst nach Leben und Wahrheit, Träume von einem Schaffen so weit wie die Steppe, ruheloses Analysieren, Armut an Kenntnissen neben hohem Gedankenflug; auf der anderen – die unermeßliche Ebene, das rauhe Klima, das graue, rohe Volk mit seiner schweren, kalten Geschichte, Tatarenjoch, Beamtentum, Armut, Unbildung, die Feuchtigkeit der Hauptstädte, slavische Apathie usw. ... Das russische Leben schlägt den russischen Menschen so, daß kein Auge trocken bleibt, schlägt ihn wie ein Stein von tausend Pud Gewicht. In W.-Europa gehen die Menschen zugrunde, weil es ihnen zu eng und zu stickig ist zum Leben, bei uns, weil zu viel Raum ist ... Und Raum ist bei uns so viel, daß das kleine Menschenkind nicht Kraft genug hat, sich zu orientieren ... Das ist, was ich über die russischen Selbstmorde denke ...« (am 5. 2. 1888)

War Tolstoi in »Krieg und Frieden« noch der große Bändiger des epischen Raums, so erlebt man mit Tschechow den Eintritt der russischen Moderne in die Krise. Die Metaphysik des Raums führt über die Orientierungslosigkeit zurück in die Falle des eigenen Selbstmords.

Diese Identitätssuche Tschechows gehört zur Vorgeschichte der Sachalinreise. Wie seltsam, daß man in den Briefen, die im Moskauer Kabinett am Sekretär vor uns geschrieben sind, keine Entwicklung feststellen kann, die zu diesem Entschluß führt.

Der Sommer in der Ukraine 1888 spricht von Sonnenseligkeit und Wärme für den latent Kranken: Nach Moskau lockt ihn nichts, schon gar nichts nach Sachalin: Am 21. 6. 88 schreibt er aus Sumy/ Ukraine gar: »Wäre ich allein, so bliebe ich im Gouv. Poltava, da mich an Moskau keinerlei Sympathien binden. Im Sommer würde ich in der Ukraine leben, und für den Winter käme ich ins liebgewordene Piter /Petersburg / ...« Aus Feodosija heißt es an die Familie: »Ein sattes, randvolles Leben, das einen verschlingt ... Das Faulenzen am Strand, mit Chartreuse, Wein und Rum, Raketen, Baden, die fröhlichen Diners, Spazierfahrten, Romanzen – all das macht die Tage kurz, man merkt sie kaum; die Zeit fliegt, fliegt dahin, und der Kopf döst beim Rauschen der Wellen und mag nicht arbeiten ... Die Tage sind heiß, die Nächte schwül, asiatisch ... Nein, ich muß wegfahren!«

Als der Abschied vom sonnenüberfluteten Grün der Ukraine kommt: »... und spüre bedrückt schon die Prosa des Lebens in Moskau. Ach, ich habe so gar keine Lust wegzufahren! ... Moskau mit seiner Kälte, seinen schlechten Theaterstücken, Buffets und seinem russischen Denken schreckt mich ... Ich würde den Winter gern fern von ihm verbringen ...«

Am 14. 9. 88 wieder in Moskau: »Ich bin gesund und lebe in Moskau. Mehr kann ich über mich nicht sagen. Mit Respekt gesagt, die Natur und das absolute Nichtstun haben mich unendlich befriedigt, ich war zufrieden und ruhig; jetzt dagegen, wo ich lege necessitatis an die notwendige Arbeit gehen und im Schweiße meines Angesichts mein Brot essen muß, bin ich unzufrieden, ergebe mich der Trübsal, jammere, predige Moral, misanthropiere und ziehe in meinem Schädel solche Schlußfolgerungen, daß Gott mich bewahre. In den 10 Tagen, die ich bereits in Moskau bin, habe ich nur 2mal das Haus verlassen, nur für einen Augenblick, sonst sitze ich die ganze Zeit in meinen vier Wänden, treibe mich zur Arbeit an und warte auf den Frühling, wenn ich wieder untätig sein kann, bummeln, essen, lange Briefe schreiben und mich mit liberalen Jungfrauen zanken kann.«

Noch immer kein Hinweis auf Sachalin. Tschechow nimmt einen Gymnasiasten als Untermieter und macht Bekanntschaft mit einem sibirischen Kater. Lassen wir diesen Kater über das Parkett schleichen und Anton seine diagonalen Wanderungen machen:

»Dieser junge Kater hält die Menschen für Mäuse; wenn er einen Menschen sieht, schmiegt er sich mit dem Bauch an den Boden, stellt den Schwanz auf und stürzt sich auf die Beine. Heute morgen, als ich von einer Ecke in die andere schritt, hat er mir mehrere Male aufgelauert und sich à la Tiger auf meine Stiefel gestürzt. Ich glaube, der Gedanke, er sei der Schrecklichste und Größte im Hause, bereitet ihm großen Genuß.«

Am 7. 1. 1889 findet sich wieder ein Hinweis, wie Tschechow sich mit seinem Geschick auseinandersetzt, wie schwer der Weg zu innerer Freiheit fällt:

»Was die adeligen Schriftsteller von der Natur umsonst bekommen haben, das erkaufen sich die Raznočincen mit dem Preis ihrer Jugend. Schreiben Sie doch mal eine Erzählung darüber, wie ein junger Mensch, Sohn eines Leibeigenen, seinerzeit Ladenschwengel, Kirchensänger, Gymnasiast und Student, erzogen zur Ehrfurcht vor Ranghöheren, zum Küssen von Popenhänden, zur Verbeugung vor fremden Gedanken, zur Dankbarkeit für jedes Stückchen Brot, oft verprügelt, ohne Galoschen zum Unterricht gegangen, der sich geprügelt hat, Tiere gequält hat, gern bei reichen Verwandten ge-

gessen hat, ohne Notwendigkeit geheuchelt hat vor Gott und den Menschen, nur aus dem Bewußtsein seiner Minderwertigkeit, – schreiben Sie, wie dieser junge Mensch tropfenweise den Sklaven aus sich herauspreßt und wie er eines schönen Morgens aufwacht und spürt, in seinen Adern fließt kein Sklavenblut mehr, sondern echtes, menschliches . . .«

Tschechow fährt zu den Erniedrigten aller Erniedrigten, weil er fühlt, daß er nur durch Zufall oder ein gütiges Geschick davongekommen ist; weil er dem Abgrund, dem er entronnen, noch einmal nahe kommen möchte, um sich in seiner ganz anderen Möglichkeit anzuschauen.

Der Maler-Bruder Nikolai stirbt im Juni in der Ukraine; er hatte sich wohl zu Tode getrunken. Von Tschechow erhalten wir die »Langweilige Geschichte« (vgl. 5. Kapitel). Über seine Absichten, nach Sachalin zu fahren, erfahren wir in den Briefen vom Jahr 1889 nichts.

Anfang 90 hören wir aus Petersburg mit fast gekünsteltem Humor: »In Piter ist widerliches Wetter. Man fährt im Schlitten, aber ohne Schnee. Das ist kein Wetter, sondern eine Art Onanie.«

Er besucht die Hundeausstellung mit seinem Freund und Förderer Suworin und schreibt am 14. 1. 1890: »Heute bin ich auf die Hundeausstellung gegangen; ich bin mit Suworin dorthin gegangen, der, während ich diese Zeilen schreibe, neben mir steht und bittet: – Schreiben Sie, daß Sie auf die Hundeausstellung gegangen sind zusammen mit dem berühmten Hund Suworin.«

Sechs Tage später bittet er brieflich einen Würdenträger, ihn bei seinem Wunsch, die Insel Sachalin und die Strafgefangenen zu besuchen, zu unterstützen. Wie der Entschluß gefaßt wurde, ist unbekannt. Offensichtlich wurde er auch nicht im Freundeskreis besprochen: sobald Tschechow ihn öffentlich gemacht hatte, stand er auch schon unumstößlich fest.

Eine Apologie dieser Reise lesen wir im Brief an Suworin vom 9. 3. 1890 (aus dem Haus Korneew, unserem Museum, in Moskau). Wild und subjektiv, krampfhaft lustig, beginnt Tschechow, er sei ein Kleinrusse und werde faul, er müsse sich trainieren:

»Meinetwegen ist meine Reise eine Lappalie, Eigensinn, Laune, aber überlegen Sie und sagen Sie mir, was verliere ich schon, wenn ich fahre? Zeit? Geld? Ich werde Entbehrungen erleiden? Meine Zeit kostet nichts, Geld habe ich sowieso nie, und was die Entbehrungen betrifft, so werde ich 25-30 Tage im Pferdewagen fahren, mehr nicht, die ganze übrige Zeit werde ich an Deck eines Dampfers oder im Zimmer sitzen und Sie ununterbrochen mit Briefen bombardieren ... Sie schreiben, Sachalin brauche niemand und sei auch für niemand von Interesse. Sollte das wahr sein? Sachalin nicht brauchen und uninteressant finden kann nur eine Gesellschaft, die Menschen nicht zu Tausenden dorthin verbannt und nicht Millionen dafür ausgibt ... und wir brauchen das nicht, wir wissen nicht, was das für Menschen sind, wir sitzen nur in unseren vier Wänden und beklagen, daß Gott den Menschen unvollkommen erschaffen hat. Sachalin, das ist ein Ort der unerträglichsten Leiden, deren ein freier und unfreier Mensch überhaupt fähig ist ... wir (haben) in den Gefängnissen Millionen von Menschen ... verfaulen lassen, umsonst verfaulen, ziellos, barbarisch; wir haben die Menschen in Ketten Zehntausende von Werst durch die Kälte getrieben, sie mit Syphilis infiziert, demoralisiert, Verbrecher vermehrt und all das auf die rotnasigen Gefängnisaufseher abgewälzt.«

Die Frage sei noch einmal gestattet, ob es sich für den in sich verborgenen, nicht unmittelbar mitteilhaften Tschechow unter der Maske der moralischen Entrüstung um ein subjektives Experiment handelt? Ich glaube, Tschechow wollte das schlimmste Gefängnis Rußlands, die Sträflingsinsel Sachalin, aus eigner Anschauung kennenlernen, um zu erfahren, daß er von jeder inneren und äußeren Sklaverei endgültig frei sei. Das ist nicht abwertend gemeint. Es ist eine Handlung gewesen, die stellvertretend für das allgemeine Bewußtsein jener Zeit gelten kann: daß man vom leidenden und gefangenen Bruder nur durch ein gütiges Geschick getrennt sei, das sich jederzeit in sein Gegenteil verkehren kann.

Obwohl er nun frei ist und zu seiner endgültigen literarischen Form findet (»Drei Jahre« 1895, »Die Möwe« 1896, »Onkel Wanja«

Die M. Dmitrovka (heute ul. Čechova) mit der ersten Moskauer Straßenbahn

1897, »Der Mensch im Futteral« 1898, »Die Dame mit dem Hündchen« 1899, »Drei Schwestern« 1901), treibt ihn die Unruhe umher. Als er am 7. Dezember 1890 wieder bei der Familie in Moskau ist, sieht er sie nicht mehr im vertrauten Haus Korneew. Die Familie konnte das große Haus nicht mehr halten und zog in die Malaja Dmitrovka (heute ul. Čechova, 29, der kleine zweigeschossige Flügel befindet sich im Hof, überragt von Hochhäusern). Tschechow wohnt nicht das letzte Mal auf der Malaja Dmitrovka: 1899 im Haus 12 und 1900 im No. 11, immer nur für kurze Zeit.

Ins Haus 29 brachte Tschechow von seiner Reise, die ihn von Sachalin über Nagasaki, Shanghai, Hongkong, Manila, Singapur, Madras, Colombo, Aden, Port Said, Konstantinopel schließlich nach Italien führte, eine Palmkatze und eine Manguste aus Ceylon mit. Er hatte sie dort wohl in Käfigen auf dem Markt gesehen und wollte sie in sein Freiheitsgefühl einbeziehen. Aber auch diese Befreiung mißlang. Die Tiere hausten eine Zeitlang mit der großen Familie auf engem Raum, zerfetzten Kopfbedeckungen der Gäste, Bücher und Vorhänge mit ihren scharfen Zähnen und landeten schließlich im Moskauer Zoo. Und das Käfigdasein der Tiere im Zoo hatte Tschechow verschiedentlich beklagt.

1892 erfüllte sich Tschechow einen Wunsch, der offensichtlich das atavistische Bedürfnis jedes Russen ist: er kaufte sich ein Landgut im Dorf Melichovo im Serpuchovsker Bezirk des Moskauer Gouvernements. Dort blieb er eine längere fruchtbare Zeit bis 1899 und genoß es, zu pflanzen und zu bauen wie ein echter Gutsbesitzer.

Bei seinen Moskaureisen stieg er mit Vorliebe im Bol'šaja Moskovskaja Gostinica ab, wie Rilke 1899 und Roth 1926. Das Moskauer Grand Hotel lag am Auferstehungsplatz. (Rilkes Versuch, an Tschechow heranzukommen, blieb vergeblich. Rilke schrieb ihm, er habe ihn ins Deutsche übersetzt, erhielt aber keine Antwort.)

Von den hübschen Plätzen vor dem Kreml ist nichts mehr übriggeblieben außer einer ungegliederten Asphaltebene. Im Unterschied zu Rilke liebte Tschechow die Iberische Kapelle nicht, die vom Moskauer Grand Hotel zu sehen war. Tschechow lehnt diese Religiosität der Ikonenverehrung als formell ab: vgl. eine Szene im »Krankenzimmer No. 6« (1892).

Zum Trubnaja-Platz zog es ihn immer wieder zurück. Dort gab es ein Restaurant mit einer der besten Küchen Moskaus: das Ermitage. In der Erzählung »Namenstag« erwähnt Tschechow das grüne dreigeschossige Haus, das noch heute an der Ecke Trubnaja-Platz und Neglinnaja-Straße steht. Sonst hat der Trubnaja-Platz sich total verändert. Vom Roždestvenskij-Kloster stehen nur noch Mauer und Eckturm. 1897 erlitt Tschechow im Ermitage einen schweren Blutsturz.

Vom Trubnaja-Platz ist es nicht weit in den Zvonarnyj pereulok 2. Dort neben den Sandunov-Bädern hat Tschechow einen ganzen Monat mit seiner Frau gelebt. Übrigens hat Tschechow die Moskauer Dampfbäder geliebt. Anschließend wohnte er auf der Petrovka 19, um in der Nähe des Moskauer Künstlertheaters zu sein, dem er seine größten Erfolge verdankte.

Aber nicht nur berufliche Erfolge: 1898 lernt er bei den Proben

Das Restaurant »Ermitage« am Trubnaja-Platz vor der Revolutionszeit

die Schauspielerin Olga Knipper kennen. Die Liebe hält er, wie könnte es anders sein, geheim. Der Liebe verdanken wir die zauberhafte Erzählung »Die Dame mit dem Hündchen«.

Die Winter verbringt Tschechow wegen seines Leidens jetzt in Jalta. Nachdem er Olga Knipper kannte, sehnt er sich nach dem winterlichen Moskau so wie nach der geliebten Frau.

So läßt Tschechow seine Hauptfigur Gurow im Süden die »Dame mit dem Hündchen« kennenlernen: bei einem Kuraufenthalt. Beide sind verheiratet, doch gegenseitige Anziehungskraft und der Zauber des Südens läßt sie zusammenfinden. Sie trennen sich federleicht, denn nach den Ferien wartet der Alltag. Bei seiner Rückkehr genießt Gurow das winterliche Moskau, in dem Maße, wie sich Tschechow aus Jalta nach Moskau zurücksehnte:

»Zu Hause, in Moskau, war alles schon winterlich, die Öfen wurden geheizt, und morgens, wenn die Kinder sich für die Schule fertigmachten und Tee tranken, war es dunkel, und die Kinderfrau zündete für kurze Zeit das Licht an. Es begann bereits zu frieren. Wenn der erste Schnee fällt und man die erste Schlittenfahrt unternimmt, ist es so angenehm, die weiße Erde und die weißen Dächer zu betrachten, es atmet sich so leicht und gut, und man erinnert sich an die Jahre der Jugend. Die alten weißbereiften Linden und Birken haben so ein gutmütiges Aussehen bekommen, sie stehen dem Herzen näher als die Zypressen und Palmen, und in ihrer Nähe mochte man nicht mehr an die Berge und das Meer denken. Gurow war Moskauer. Er kehrte an einem schönen, frostigen Tag nach Moskau zurück, und als er den Pelz und die warmen Handschuhe ausgezogen hatte und einen Gang über die Petrovka machte, als er am Samstagabend das Läuten der Glocken hörte, da verloren die kürzliche Reise und die Orte, an denen er geweilt hatte, allen Zauber für ihn.«

Doch entgegen der Erwartung Gurows, die Erinnerung an die Tage und Nächte mit Anna Sergejewna würde wie ein Spuk verfliegen, blieb sie lebendig und wurde zu einem Glücksversprechen, angesichts dessen die Leere des Alltags um so deutlicher hervortrat:

»Unnötige Dinge und die ständigen Gespräche über ein und dasselbe nahmen die besten Jahre, die besten Kräfte in Anspruch, und zu guter Letzt blieb einem nichts als ein verstümmeltes, kraftloses Leben, ein sinnloses Dasein, und weggehen oder fliehen konnte man nicht, es war, als säße man in einem Irrenhaus oder in einer Strafanstalt.«

Und das Glücksversprechen kommt mit Macht über ihn, er findet Anna Sergejewna wieder, und sie besucht ihn wiederholt in Moskau: »In Moskau angekommen, stieg sie im ›Slavischen Bazar‹ ab und sandte unverzüglich einen Boten in roter Mütze zu Gurow. Gurow besuchte sie, und niemand in Moskau wußte etwas davon.«

Dort in einem Zimmer stellen sich die Liebenden, die nicht voneinander loskommen, die bange Frage: »Wie, wie denn, sollte man sich von diesem unerträglichen Weg befreien? Wie, wie? fragte er sich und faßte sich an den Kopf. Und es schien noch ein wenig – und die Lösung würde gefunden werden, und dann fängt ein neues Leben an; und beiden war klar, daß es bis zum Ende noch sehr weit sein würde und daß die Schwierigkeiten und Verwicklungen gerade erst begönnen.«

Nikol'skaja 17, Hotel Slavjanskij Bazar

Heute gibt es nur noch ein Restaurant Slavjanskij Bazar (Haus 19) in der Nikol'skaja (ul. 25. Oktjabrja, vgl. Kap. 5). Das Hotel befand sich in Haus 17.

Ähnlich hat Anton Tschechow seine Liebe zu Olga Knipper verborgen, bis er sie schließlich 1901 heiratete: natürlich heimlich. Ein neues Leben hatte es für Tschechow gewissermaßen auch in der Zusammenarbeit mit dem Moskauer Künstlertheater gegeben. Das alte Gebäude des MCHAT war im Karetnij Rjad 3 untergebracht: dort also sahen die Zeitgenossen »Die Möwe«, »Onkel Wanja« und die »Drei Schwestern«. Der heutige Bau des MCHAT stammt vom Tschechow-Freund F. O. Šechtel, dem Meister des Moskauer Jugendstils: mit Gorkis Stück »Die Kleinbürger« wurde am 25. Oktober 1902 das Theater eröffnet.

Am 3. Mai 1904 ist Tschechow zum letzten Mal in Moskau. In seiner letzten Wohnung in der heutigen ul. Stanislavskogo 24 las er die Korrekturen zum »Kirschgarten«; er ging nie aus, lag krank zu

Bett. Am 31. Mai machte er die letzte Fahrt durch Moskau, bevor er zur Kur nach Badenweiler abfuhr. Dort starb er am 2. Juli 1904. Er wurde nach Moskau übergeführt.

Die Moskauer begleiteten ihn zahlreich zum Friedhof auf dem Neujungfrauenkloster.

10. MOSKAU VOR DER REVOLUTION I

Belyj, Blok, Brjussow, Zwetajewa

Der Arbat-Platz mit der Boris-und-Gleb-Kirche in den späten zwanziger Jahren

1922 trafen sich die russischen Emigranten Andrej Belyj und Marina Zwetajewa in dem Berliner Café Prager Diele am Prager Platz:

»Ich wußte immer, daß Sie eine verwandte Seele sind. Sie sind die Tochter des Professor Zwetajew. Und ich bin der Sohn des Professor Bugajew... Wir sind Professorenkinder. Sie begreifen, was das bedeutet? Das ist doch ein ganzer Zirkel, ein ganzes Credo. Sie können sich nicht vorstellen, wie ich mich über Sie freue. Ich war doch das ganze Leben, weiß Gott warum, der einzige Professorensohn, und das war wie ein Brandmal...?«

Wir besuchen drei Adressen, um die Moskauer Atmosphäre des Fin de siècle aufleben zu lassen. Die Oktoberrevolution selbst war in gewissem Sinne eine Konsequenz des russischen Fin de siècle. Der nachfolgende Sozialismus haßte dieses »Silberne Zeitalter« der russischen Literatur, als Gipfel der Bourgeoisie, wie kein anderes.

Die Jahrhundertwende bringt in ganz Europa einen radikalen Paradigmawechsel. Paradoxerweise muß man gleichzeitig sagen, daß bestehende Werte nicht verwandelt, sondern bloß ins Hypertrophe gesteigert werden. Wie Moskau an dieser allgemeinen Entwicklung des Fin de siècle teilnimmt, ist nicht leicht zu sagen.

Beginnen wir mit der sozialen Schichtung: der Arbat und seine Intellektuellen geben den Ton an. Sie leben zusammen in enger Symbiose mit den Kaufleuten; und wenn wir Brjussow anschauen, müssen wir sagen, daß der erste Moskauer Décadent, Waleri Brjussow, aus dem Kaufmannsmilieu stammt. Ohne das Mäzenatentum der reichen Fabrikanten Morozow und Mamontow und mehrerer anderer wären die meisten Verlagsgründungen unmöglich gewesen. Die prächtige Sammlung moderner Impressionisten oder des jungen Picasso im Puschkinmuseum für bildende Kunst beruht auf Privatsammlungen wohlhabender Moskauer. Das »Silberne Zeitalter« russischer Literatur ist zweifellos ohne das Aufblühen des Frühkapitalismus nicht zu denken. Wer hätte den preziosen Druck der ausgefallenen Werke der Symbolisten und Décadents finanzieren sollen?

Die Hypertrophie von der Kaufmannsschicht zum Intellektuellenstand und zu deren rebellischen Dichterkindern hat Andrej Belyj sehr sinnig in seinen Erinnerungen an den Alten Arbat dargestellt. Er beschreibt den Aufstieg vom einfachen Bauern zum betuchten Krämer und schließlich zum schwergewichtigen Professor auf boshafte Weise: als Akkumulation von Schwergewichtigkeit:

»Da kommt ein Bauer und will Heu verkaufen: auf dem Heumarkt, dem Platz; da ist er auch schon Straßenverkäufer mit seinem Brett auf dem Heumarkt; es dauert nicht lang, da ist er Staronosow, führt ein Lädchen; zieht um, erweitert den Laden – da haben wir Gorškow; es geht voran, ein Mozgin kommt heraus, im Frack, sogar ein Vygodčikow; dann wird er Bajdakow, schließlich Rachmanow, der ein eigenes Haus und einen wissenschaftlichen Grad hat: unser Hausherr; der Sohn wird Janžul; dann sind aber auch alle Janžuls, oder die natürliche Krönung der Kräfte, die Synthese von schwerfälligem Geist und zentnerschwerem Körper.«

Heumarkt hieß der Smolenskaja-Platz. In früheren Zeiten wurde hier wahrscheinlich das Heu von den Wiesen der Moskva verkauft. Wir steigen an der Metro Smolenskaja aus und gehen zum Haus 55 des Arbat.

Die Namen, die Belyj aufzählt, hatten alle ihr kleines Geschäft um das Mietshaus 55 herum. Der Reiche Rachmanow hatte es erbauen lassen und vermietete es, bis er selbst den Sprung in die Wissenschaft schaffte. Allerdings hat der Nichtmoskauer Mühe, diese alte Moskauer Ecke zu rekonstruieren. Belyj sagt, daß das Haus Rachmanows weiß gewesen sei, mit Balkonen, einem Schmuckfries und gekrönt durch eine Art Türmchen. Letztere sind sicher den Umbauten zum Opfer gefallen, die noch ein Stockwerk auf den Komplex daraufsetzten. Die Balkone waren aus Stein.

Ganz rechts befindet sich eine Apotheke, Eckhaus Arbat 55. Belyj spricht von »unserer« Apotheke; die Farbe gibt er als grauolivgrün an, was auch der Farbe auf der Postkarte entspricht. Der Apotheker hieß Jogiches; mit dem Sohn zusammen hat Belyj studiert; der Papa stand mit dem Pince-nez hinter der Theke und füllte Medikamente aus seinen Giftflaschen ab. Auf alten Postkarten erkennt man ein Ladenschild, das man mit Belyj als Haus des »Schulfreunds« entziffern kann. Vorher hing an der schokoladenbraunen Wand das von Belyj nie enträtselte Schild: Karl Moora. Ob sich ein Er, eine Sie oder ein Es dahinter verbarg, wurde nie herausgefunden. Der oberste Balkon des Hauses dürfte dann zur Wohnung der Familie des Mathematikprofessors Bugajew gehört haben; hier wurde ihr Sohn Boris Bugajew, späteres Pseudonym Andrej Belyj, 1880 geboren; er lebte dort bis 1906. 1901 schrieb er auf dem Balkon in Frühlingsnächten seine »Symphonien«, die ihn in der literarischen Welt Moskaus bekannt machen sollten. Die Chance auf eine deutsche Übersetzung werden sie wohl kaum haben!

Die sozialgeschichtlichen Metamorphosen, von denen Belyj spricht, lebten alle in seiner Umgebung. Vom Balkon seiner Wohnung konnte er sie zum großen Teil erspähen. Der oben genannte Gorškow hatte einen Gemüsehandel, zu dessen Sortiment Köstlichkeiten wie Weintrauben aus Astrachan gehörten. Gorškow wohnte einige Meter von der Kirche Trojce-Arbat entfernt. Als der Sohn heiratete, fuhr er im Sechsspänner die zehn Schritte zur Kirche (wahrscheinlich unter dem großen Spott à la Ostrowski der intellektuellen Umgebung). Die Trojce-Arbat-Kirche ist nicht mehr vorhanden; sie soll an der Stelle eines Flügelgebäudes des Außenhandelsministeriums gestanden haben. In ihrem kleinen Gärtchen spielte der kleine Bugajew mit seinem Kindermädchen. Aus den Figuren des Eisengittertores dachte er sich allerlei fürchterliche Märchenfiguren, wie Drachen, aus. Obwohl der Vater Bugajew freisinnig war, hielt er sich doch an die Gemeinschaftsregeln, die mit der Zugehörigkeit zu einer Pfarre verbunden waren. Er ging zur Kirche, empfing den Popen bei dessen Routinebesuchen, fühlte sich zu seiner »Kirchengemeinde« zugehörig, ohne selbst religiös zu sein. Die Zerschlagung dieser sozialen Zellen der Pfarren hat gleichzeitig den lebendigen Organismus der Stadt Moskau zerstört. Freilich sind wir nicht naiv: europäische Großstädte leben nicht mehr in durch die Kirche bestimmten engen sozialen Zusammenhängen. Aber Moskau hat unter der Vernichtung der kirchlichen Mikroorganismen mehr gelitten, zumal man die Kirchen als sichtbare Mittelpunkte beseitigt und dazu noch die Zentren von Handel und Bevölkerung purgiert hat. Die Fußgängerzone des Arbat hat deshalb etwas von einer künstlichen Lebhaftigkeit. Auf alten Postkarten ist noch die Kirche Nikolaj Javlennyj zu sehen (vgl. 2. Kapitel). Der Platz, an dem sie stand, ist heute mit ein paar Bäumen bepflanzt. Übrigens gab es noch zwei weitere, dem heiligen Nikolaus geweihte Kirchen. Die sinnlose Zerstörungswut, unter der das ganze Arbatviertel leiden mußte, ist nicht wiedergutzumachen.

Der oben genannte Mozgin war der Fleischhändler; sein Geschäft lag im Haus 55 um die Ecke; er stolzierte, in Frack und Brille, mit dem Habitus eines Privatdozenten zwischen Hasen und Birkhennen umher, die schon einen haut goût ausströmten.

Den Laden Vygodčikows können wir sogar ausmachen (Haus 50 oder 52): er lag dem Haus 55 direkt gegenüber. Andrej Belyj beschreibt das Haus als zweigeschossig, orange-rosa; lecker verziert mit einem cremefarbenen Gesims. Im Kolonialwarenladen des Vygodčikow gab es eine ganze Menge, da kann der heutige Arbat nur staunen: Tee, Kaffee, Kerzen, Würste, Sardinen, Käse, Marmelade, Früchte, Datteln, Rachat-lukum, Lachs, etc.

Bajdakow handelte mit Baumaterialien: und obwohl er doch von Nichteßbarem umgeben war, hing ihm, dem Ohrlosen und Bartlosen, ein fetter Bauch bis zu den Knien. Die Leute sagten, eine Frau hat er ja, aber mit der kann er nichts anfangen, der Bauch stört dabei.

Janžul, Iwan Iwanowič hatte es bereits zum Professor gebracht – und zwar für Volkswirtschaft; seine Frau Ekaterina Nikolaewna schrieb Arbeiten zur Pädagogik. Sie alle wohnten irgendwo auf dem Arbat zur Untermiete.

Aber auch in den Souterrains, im Untergrund, spielte sich einiges ab: beim Abriß eines alten Häuschens, erzählt Belyj, in dem eigentlich Mittel zur Wanzenbekämpfung verkauft wurden, fand man Satansdarstellungen an den Wänden. Man munkelte, jede Woche seien dort Schwarze Messen gefeiert worden mit einer nackten Frau auf dem Altar. Andrej Belyj erzählt von anderen Gefahren: beim Friseur (es waren Polen und Italiener!), den er regelmäßig besuchte, wurden im Keller Bomben gebaut; wie leicht hätte er doch beim Bartscheren in die Luft fliegen können.

Fast hätten wir die erste Metamorphose – den Schutzmann Staronosow – vergessen. Aber damals um 1900 war ein Schutzmann nicht bloß ein Schutzmann: zwar bewachte er in einem Schilderhäuschen diese Ecke; jedoch vornehmlich nachts, denn am Tag betrieb er einen kleinen Galanteriewarenhandel. An den Feiertagen bemalte er sich die Nase und tanzte in den Küchen, unter anderen in der des Professors Bugajew; die Familie Bugajew und das Gesinde schauten zu. Belyjs Vater, der hochangesehene Mathematikprofessor Bugajew, schätzte den Schutzmann sehr, denn des Nachts, wenn er heimkam, fürchtete er Diebe, die in den Höfen herumschlichen.

Wollte man die Häuser und Läden (mit ihren Bewohnern) nach den Angaben Andrej Belyjs rekonstruieren, so hätten wir ein lebhaftes und intaktes Wohn- und Geschäftsviertel, wie wir es im heutigen Moskau noch nicht finden.

Wie sah es allerdings innen aus? Da gibt es die stickige, überhitzte Atmosphäre der spätbürgerlichen Zeit.

Bereits die Wohnungen hatten etwas Beklemmendes: Paradestück war immer ein Ruhediwan (die Duchesse), vergoldet und mit Seide bespannt; darüber ein ovaler Spiegel im Goldrahmen mit Kerzenhaltern an den Seiten; an der Wand vergoldete Zierleisten à la Louis Seize; ein großer Runddiwan im Gästezimmer; die Möbel, meist gekrönt durch ein Blumenkörbchen, waren auch vergoldet oder mit gesteppter Seide bespannt, Fransen und Schnüre kräuselten sich um sie herum. Schwere Teppiche, schwere Vorhänge. Statt der Kerzen gaben jetzt mattfarbene Kugeln von Kerosinlampen Licht, die die Räume gleichsam verdüsterten und verengten.

Und manchmal meint man, wenn Freud nicht in Wien, sondern in Moskau geboren wäre, wäre er zu denselben Ergebnissen gekommen.

In diesem Sinne läßt sich die Bugajew-Wohnung, Arbat 55, am

Andrej Belyj in der elterlichen Wohnung auf dem Arbat 55

besten mit Belyjs Roman »Kater Letajew« (1915) betreten. Leider ist der Roman nicht übersetzt. Die Beschreibung der Bugajew-Wohnung liest sich wie eine (fast karikaturhafte) Konstruktion der Freudschen Seele. Vom Flur betritt man einen langen dunklen Korridor, von dem aus viele Zimmertüren ins Helle der Wohnung führen. Im Korridor befindet sich ein großer Ofen, der die ganze Wohnung heizt. Der kleine Boris empfand ein ungenanntes Grauen vor diesem Korridor (des Unterbewußten). Er verglich ihn mit einem Labyrinth. Es wundert nicht, daß der Vater als Minotaurus empfunden wird, der dem Jungen in dem dunklen Gang auflauert. Rettung im Licht des Bewußtseins haben wir nicht durch die Mutter, die für das Kind nie greifbar ist und nur aus der Ferne begehrt wird. Rettung ist das Kindermädchen, das bei ihm im Kinderzimmer schläft und ihm Vertrauen in die im Licht erscheinende Welt einflößt. Doch die geliebte Person wird dem Dreijährigen entzogen, und er versinkt wieder in Fieberträume: einer davon ist, daß er durch ein Loch in die untere Wohnung fallen würde. Die Vaterfigur steht auch im Mittelpunkt seiner Romane »Petersburg« (übersetzt) und »Moskau« (nicht übersetzt). 1913 und 1924 geschrieben – die Vaterfigur wird in den Romanen immer brutaler Gewalt ausgesetzt.

Ja, Andrej Belyj, das Professorenkind, ist einsam. Der alternde Vater hat seine beschränkten naturwissenschaftlichen Interessen, seine Universität, das heimische Arbeitskabinett (eine winzige Kammer), in das er sich vor den (bereits bekannten) hysterischen Anfällen seiner jungen schönen Frau flüchtet. Die Gattin spielt

Klavier und geht aus. Kein Wunder, daß Söhne und Töchter auf Provokation und Konfrontation setzten, die Gesetze verlogener spätbürgerlicher Moral unterliefen und sich mannigfaltige Welten schufen, in denen sie in Gemeinschaft weniger Gleichgesinnter dichteten und lebten. Hitzige Freundschaften und Feindschaften, mit Vorliebe auch Dreierbeziehungen, gehörten zu den Dramen ihres Lebens.

So manche zärtliche Arbatszene schildert Belyj im »Kater Letajew«: wie der Slavist Buslaev winters den Gogol'evskij bul'var (Prečistenskij bul'var) hinaufspaziert in speckigem steifen Pelz, der sich gleichsam verselbständigt und alleine wandelt. Das Hündchen setzt einen gelben Kreis in den Schnee, der kleine Bugajew will es fasziniert anfassen, wird aber vom Kindermädchen zurückgerissen.

Dann eine Szene auf dem Hundeplätzchen (Sobac'ja Ploščadka, vgl. Kap. 5 und 6), von der Belyj lange nicht weiß, ob sie Fiebertraum oder Wirklichkeit war: ein Bernhardiner, der zum Schrecken der Kindermädchen und ihrer Schützlinge auf dem Hundeplätzchen ausgeführt wird, schreckt die kleinen Kinder... Er heißt »Löwe« – Lew – und noch lange geistert der Schrei »Lew kommt« durch Belyjs Fieberträume zusammen mit einem furchterregenden Löwenmaul, bis er schließlich später erfährt, daß es einer von den Bernhardinern war, die in einem Haus am Hundeplätzchen gezüchtet wurden. Wir haben die Szene deshalb ausführlich geschildert, weil das Hundeplätzchen nur noch literarisch weiterlebt (vgl. auch M. Zwetajewa weiter unten). Offensichtlich war dieser Platz mit seiner Grünanlage und seinem Brunnen einer der lauschig intimen Plätze Moskaus, die man heute vergeblich sucht.

Freundschaften unter den dekadenten und symbolistischen Künstlern und Dichtern gestalteten sich, wie gesagt, äußerst kompliziert. Als der schon gefeierte Petersburger Dichter Alexander Blok mit seiner Frau, der Tochter Mendelejews, am 10. Januar 1904 die Wohnung im Arbat 55 betrat, war das nicht nur der Beginn einer produktiven Freundschaft zwischen zwei Dichtern, sondern auch der Auftakt einer schmerzlichen Auseinandersetzung um

Alexander Blok

Bloks Frau Ljuba. Im damals kurz zuvor eröffneten Restaurant Praga am Arbatplatz (heute Arbat 2) pflegte Blok mit seiner Frau auf Belyj zu warten, um in langwierigen Unterredungen die Standpunkte zu klären. Manchmal dauerten die Begegnungen im Praga nur Sekunden, wenn Belyj wutentbrannt hineinstürzte, einen Satz hervorzischte und wieder verschwand. Ljuba Blok war in solchen Augenblicken überzeugt, Belyj werde sie im Praga vor allen Kellnern mit der Pistole erschießen.

Man kann sich des Eindrucks nicht erwehren, daß Dreierbeziehungen zum Ritual symbolistischen Dichtens gehörten: eine liaison à trois ermöglichte das Sichspiegeln im eigenen und im anderen Geschlecht, das Zelebrieren des Androgynen.

Wjatscheslaw Iwanows »Turm« genannte Wohnung in Petersburg war zum Beispiel ein Ort solcher inter-erotischen Begegnungen. Noch Marina Zwetajewa zelebriert mit leidenschaftlicher Hingabe solche zwiegeschlechtlichen erotischen Projektionen (»Erzählung von Sonetschka«, »Mein weiblicher Bruder«). Ja sogar Majakowski lebt noch solch eine Liaison, wenn er sie auch literarisch nicht gestaltet.

Wer einen wahren Moskauer Décadent kennenlernen will, muß sich aus dem Intelligenzlermilieu und dem Arbat hinausbegeben. Der Moskauer Waleri Brjussow war Kaufmannssohn. Zum jetzigen Zeitpunkt empfiehlt es sich, die Wohnstätten Brjussows nur in Kombination mit anderen Unternehmungen aufzusuchen. Die Geburtsstätte Brjussows kann man bei einem Spaziergang über die Mjasnickaja (vgl. Kap. 3) aufsuchen. Geboren ist Brjussow in einer Seitenstraße der Mjasnickaja, der stillen Marchlevskij-Straße (Miljutinskij pereulok) 1873. Das sehr hübsche zweigeschossige Palais aus der Zeit des frühen Klassizismus ist eingerüstet und wird restauriert. Der Großvater Brjussows, der Tabakfabrikant, hatte es erworben. Im Hof sind noch etliche alte Flügel; möglicherweise dienten sie als Warenlager. Der Hof ist wieder von einem schönen schmiedeeisernen Gitter abgeschlossen. Dahinter soll auch noch eine hundertjährige Eiche stehen. Vielleicht errichtet man an diesem angenehmen friedlichen Ort ein Museum. Gegenüber liegt die römisch-katholische St. Ludwigskirche, deren jetzigen Bau Gilardi 1830 errichtet hat (Gottesdienste).

Eine Zeitlang lebte die Familie auf dem Jaužskij-Boulevard Nummer 10, bis sie 1878 in das, wiederum vom Großvater erworbene, Haus Nummer 22 auf dem Cvetnoj-Boulevard einzog: von 1878 bis 1910. Von 1910 bis zu seinem Tod 1924 lebte Brjussow im Haus Nummer 32 auf der Pervaja Meščanskaja ulica (Prospekt Mira 30, Gedenktafel).

Das Haus 22 liegt auf der rechten Seite, wenn man vom Trubnaja-Platz kommt. Man kann es im Zusammenhang mit den Tschechowstätten (vgl. Kap. 9) anschauen. Von einem dekadenten Habitus ist nichts mehr zu spüren; die Fenster des unteren Geschosses sind verrammelt; auch das obere Stockwerk scheint unbewohnt. Gras und Sträucher zersetzen das Mauerwerk. Im engen Hof sollen noch die Gebäude der Tabakfirma erhalten sein. Zum jetzigen Zeitpunkt scheinen sie von Militär vereinnahmt zu sein, was nicht gerade zum Anschauen anregt. Doch wie spannend ging es darin zu!

Ein Besucher, der Dichter W. F. Chodassewitsch, erinnert sich:

»Das Haus auf dem Cvetnoj Bul'var war alt, unübersichtlich, mit Mezzanin und Anbauten, mit halbdunklen Zimmern und knarrenden Holztreppen. Es gab einen Saal, dessen Mittelteil durch zwei Bogen von den Längsseiten abgetrennt war. Halbrunde Kachelöfen schmiegten sich an die Bogen. In den Kacheln der Öfen spiegelten sich die gefingerten Schatten großer Fächerpalmen und das Blau der Fenster wider. Diese Fächerpalmen, Öfen und Fenster ermöglichen eine reale Dechiffrierung eines der frühesten Brjussowgedichte, das zu seiner Zeit als Gipfel des dekadenten Kauderwelsches galt.

Der Schatten ungeschaffener Schöpfungen
Wiegt sich im Schlaf
Gleich wie Ruderblätter von Palmen
Auf Emaillewänden …

… Im Saal stand seitlich ein Flügel, an den Wänden Wiener Stühle. Darüber hingen zwei, drei nachgedunkelte Gemälde in goldenen Rahmen. Der Saal diente auch als Eßzimmer. In der Mitte – ein Ausziehtisch mit gewürfeltem Tischtuch, eine Terrine; der Raum roch nach Gemüsesuppe.«

Jakov, der Vater, liebte den Cognac. Auch seine Gemüsesuppe würzte er gewöhnlich mit Cognac. Die Eltern lebten in einer Haushälfte, Waleri Brjussow mit Frau und Schwägerin in der anderen.

Seine Wohnung war modernistisch eingerichtet. In dieser Wohnung fanden die berühmten literarischen Mittwoche statt. Wer eingeladen wurde, hatte vielleicht die Chance, in einem der modernen Verlage gedruckt zu werden. Brjussows Verlag »Skorpion«, den offensichtlich der Tabakhandel finanzierte, befand sich im Hotel »Metropol«. Und was für preziöse Bücher sie druckten! Sie können heute noch in der ehemaligen Leninbibliothek besichtigt werden. Die russische Buchkultur erreichte ungeahnte Höhen.

Auf diesen Mittwochen wurde das Geschick, wenn schon nicht des allrussischen, so des Moskauer Modernismus entschieden. 1904 ergeht die ersehnte Einladung an Chodassewitsch; schon auf der Treppe hört er die Stimme des Gastgebers:

»›Es ist sehr wahrscheinlich, daß es auf jede Frage nicht nur eine, sondern einige richtige Antworten gibt, vielleicht ihrer acht. Wenn wir auf einer beharren, ignorieren wir voreilig noch ganze sieben.‹

Dieser Gedanke erregte einen der anderen Gäste, einen schönen, blauäugigen Studenten mit dichtem und weichen Blondhaar. Als ich das Kabinett betrat, bewegte sich der Student flatternd und tanzend im Zimmer herum und sprach, erfüllt von freudigem Eifer, von tiefem Baß zu erlesenem Alt wechselnd, teils auf den Knien, teils auf den Zehenspitzen. Es war Andrej Belyj. Ich sah ihn an diesem Abend zum ersten Mal.«

Portrait Brjussows von Wrubel

Brjussow und Belyj (sie kannten sich schon aus der Schulzeit am Polivanov-Privatgymnasium, Prečistenka 32) tauschten ein bißchen die Frauen, bedichteten sie (Brjussow im Roman »Der feurige Engel«) und ließen sie wieder fallen. Die Frauen machten mit und wähnten sich im Mittelpunkt einer Weltgenesis. Ein ›Fall‹ starb dann verarmt und süchtig in Paris. Ein anderes törichtes Opfer nahm sich das Leben. Die selbständige Marina Zwetajewa dagegen lieferte sich mit Brjussow literarische Gefechte.

Aber das gehörte wohl zu dieser Treibhausluft dazu. Das literarische Leben war kräftig und bunt wie nie zuvor. Im Haus am heutigen Prospekt Mira 30 fanden dann die Literarischen Gesellschaften Brjussows statt. Matisse, Verhaeren, Marinetti hielten Vorträge.

Die totale Ästhetisierung des Lebens ist in einer von der Technik beherrschten Welt nicht mehr vorstellbar. Das ist das eine: das andere ist, daß der Stalinismus und sein Phänomen der einheitlichen Massenkultur jenes Wuchern und Blühen kostbarer und ausgefallener Einfälle mit Stumpf und Stil ausgerottet hat. Kurioserweise stellte sich Rußlands größter Décadent, Waleri Brjussow, in den Dienst der neuen Sowjetregierung. 1924 starb er – rechtzeitig.

Chronischer Geldmangel wurde kaum bemerkt angesichts der metaphysischen und kulturphilosophischen Aufgaben, die es zu lösen galt. Jede alltägliche Handlung erhielt nur im Widerschein der

Transzendenz ihren tiefen Sinn. Und die große geistige Gemeinde von Philosophen, Künstlern und Dichtern verstand sich untereinander unbesehen. Zusammenhalt schaffte auch das europäische Bewußtsein, nämlich die Gewißheit der russischen Intellektuellen, beim großen geistigen Aufbruch Europas dabeizusein und das russische Wort zur Geschichte beitragen zu können.

Ein Beispiel für solch eine gesamteuropäische Aktivität war der Musagetes-Verlag. Man kann hingehen vom Arbat zum Gogol'evskij-Boulevard 31 und das unscheinbare Gebäude anschauen. Einst hatte hier einer der ausgefallensten Verlage seinen Sitz, der seine Mittel noch dazu von einem deutschen Förderer russischer Kultur bezog. Der Verlag wurde von E. K. Medtner gegründet; den Namen des deutschen Mäzens hielt er streng geheim. Fjodor Stepun erinnert sich:

»Die Schriftleitung des ›Musagetes‹ befand sich im zweiten Stock eines Hofgebäudes, dem Denkmal von Gogol gerade gegenüber. Im Winter 1911, der sich meinem Gedächtnis besonders deutlich eingeprägt hat, kam Medtner gewöhnlich zweimal wöchentlich in die Redaktion. Im Vorzimmer warf er seinen eleganten Pelz mit dem großen Kragen und den Ärmelaufschlägen aus Skunks ab, begab sich, noch umweht von der frischen Schneeluft und erfüllt von seinen ländlichen Meditationen über Goethe, Wagner und Nietzsche, eiligst in sein kleines, vornehm ausgestattetes Arbeitszimmer und ließ sich, die frosterstarrten Hände reibend, in seinen Redaktionssessel unter einem großen Bildnis Goethes nieder. In den wenigen Jahren seiner Tätigkeit hat unser Verlag eine große Arbeit geleistet, die den Horizont der russischen Kulturwelt sehr erweitert hat. Im Musagetes erschienen die Übertragungen der Hymnen des Orpheus und die Fragmente des Heraklit von Ephesus, die Nachthymnen des Novalis und die ›Aurora‹ von Jakob Böhme, wie auch die ›Zierde der geistlichen Hochzeit‹ und die Predigten von Meister Ekkehard, ja sogar etwas so Ausgefallenes und schwer Übertragbares wie die provenzalische Lyrik des 12. und 13. Jahrhunderts. Gleichzeitig mit dieser gelehrten Übersetzertätigkeit, die der Erweiterung und Vertiefung des russischen Kulturbewußtseins diente, begann im Musagetes die theoretische Ausarbeitung ästhetischer und geschichtsphilosophischer Fragen... Außer den fast täglichen Zusammenkünften der wichtigsten Mitarbeiter, die bald in den Nachmittagsstunden, bald am Abend stattfanden, veranstaltete der Musagetes ab und zu auch öffentliche Abende, an denen sich bis zu fünfzig Personen beteiligten. Das Hauptthema aller dieser Diskussionsversammlungen war die Krise der europäischen Kultur.«

Der Musagetes gab auch die russische Version der philosophischen Zeitschrift Logos heraus. Die deutschen Neukantianer, mit Heinrich Rickert an der Spitze, hatten hiermit ein Moskauer Forum; ohnehin beherrschten sie Anfang des 20. Jahrhunderts das Denken der Moskauer Universität.

Der Musagetes-Verlag ist noch aus einem anderen Grund wichtig: hier fanden sich auch der junge Boris Pasternak und die halbwüchsige Marina Zwetajewa ein: Marina war ein literarisches Wunderkind – im Jahr 1912 hatte sie bereits die Gedichtsammlung »Laterna magica« veröffentlicht. Marina Zwetajewa und Fjodor Stepun erinnern sich unabhängig voneinander an den Musagetes-Verlag.

Das Mädchen mit dem »blassen Gesicht unter dem gelblichen Haarschopf, den trübe glimmenden Augen, in denen zeitweilig grüne Lichter aufsprühten« ist von Stepun in wenigen prägnanten Worten geschildert:

»Marina war mit Geschmack, aber unordentlich gekleidet. An allen Fingern ihrer ungepflegten Hände trug sie Ringe mit bunten Steinen. Ringe waren ihr kein weiblicher Schmuck, viel eher eine Art Talisman oder einfach etwas sehr Schönes, das man gern vor Augen hat. Wir sprachen von romantischer Dichtung, von Goethe, Madame de Staël, Hölderlein, Novalis und Bettina von Arnim. Ich hörte aufmerksam zu und wußte nicht, worüber ich mehr staunen sollte: über die echt weibliche Einfühlungskraft, mit der Marina inmitten dieser ihr geistesnahen Menschen so lebte, als seien es Zeitgenossen, oder über ihren souveränen Verstand, seine aphoristische Beschwingtheit, seine muskulöse Männlichkeit. Trotz dieser schönen Gaben lag in Marinas Art, zu denken, zu fühlen und zu reden, etwas, das nicht ganz angenehm berührte: ein unausrottbarer Egozentrismus in all ihren geistigen und seelischen Regungen. Auch wenn sie nichts von ihrem Leben erzählte, sprach sie stets von sich. Es klang so, als ob sie noch als kleines Mädchen auf Puschkins Knien sitzend seine ungebärdigen Locken um ihre Fingerchen gewickelt hätte . . .«

Marina Zwetajewa erinnert sich ebenfalls an die Abende im Musagetes-Verlag, aber sie hat ihre eigenen Vorlieben und Vorbilder. Freilich weiß auch sie noch, daß die Vorträge und Diskussionen unter den Porträts von Goethe und Steiner vor sich gingen; beeindruckt ist sie von Andrej Belyj, der, im Rhythmus seiner Gedichte tanzend, seine Zuhörer fasziniert; mehr noch hing sie Andrej Belyjs zukünftiger Frau Asja Turgenewa an, die niemals im Musagetes-Verlag das Wort ergriff – aus Hochmut, aber doch ein geheimes Zentrum der Versammlung war. Vielleicht sagte sie einmal »ja«, eher aber doch »nein«; das klang aber so schwerwiegend wie der erste Regentropfen vor dem Gewitter. Asja rauchte und schwieg, dann stand sie unvermutet auf und verschwand, sich in einer dichten Wolke von Zigarettenrauch auflösend. Marina, die Sechzehnjährige, folgt den Vorlesungen im Musagetes-Verlag eher verstört:

»Bei den Vorlesungen im ›Musagetes‹ hörte ich ehrlich gesagt, nicht zu, weil ich nichts verstand, vielleicht verstand ich auch nichts, weil ich nicht zuhörte, ganz beschäftigt mit der ungreifbar herein- und hinausschlüpfenden Asja, dem flatternden Belyj, dem unbeweglichen Steiner, dessen schwarzes Auge und dessen verzogener Baudelaire-Mund uns von der Wand her anherrschten. Ich hörte nur: Gnoseologie und Gnostiker, deren Bedeutung ich nicht begriff und nach der ich wegen des abstoßenden nasalen Klangs auch gar nicht fragte. Im Gymnasium war's die Geometrie, im ›Musagetes‹ – die Gnoseologie.«

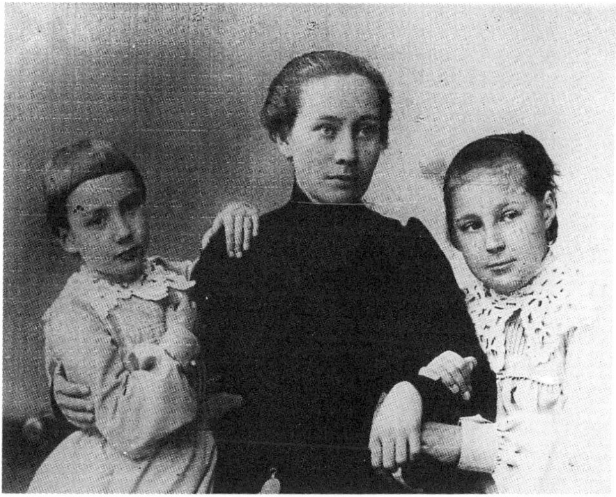

Die Schwestern Marina und Anastas'ja (links)

Marina wurde 1892 in einem ebenerdigen »schokoladenbraunen« Haus mit Mezzanin im Trjochprudnyj pereulok 8 geboren. Das Haus wurde bald nach der Revolution abgerissen. Die Gasse ist eine Seitengasse der Malaja Bronnaja. Ganz in der Nähe sind die »Patriarchenteiche«, der Erscheinungsort des Satans in Bulgakows »Der Meister und Margarita« (vgl. 14. Kapitel).

Sehr viel später, aus der Pariser Emigration, schickt Marina Zwetajewa ihre Moskauer Sehnsucht zu den Kindheits- und Jugendstädten und beschreibt sie in ihrer autobiographischen Prosa. Ähnlichkeiten mit Andrej Belyjs Herkunft sind nicht zu verkennen: Wohnungen und Häuser leben geradezu von einer muffig mysteriösen Atmosphäre, die sich aus den verdrängten Leiden und Sehnsüchten ihrer Bewohner verdichtet hat. Gleichzeitig wird so etwas wie eine verschworene Gemeinschaft geschaffen, ein Familienkollektiv, das in schmerzhafter Abhängigkeit voneinander lebt: wenn das Kollektiv zerbricht, erleiden die Mitglieder Schaden bis zu

Psychosen. Welche trügerische Gemeinschaft hatte sich in dem Haus am Trjochprudnyj pereulok zusammengefunden? Der Vater, Iwan Wladimirowitsch Zwetajew, hatte an der Moskauer Universität einen Lehrstuhl für Kunstgeschichte inne, wurde später Direktor des Rumjancev-Museums und durfte 1912 sein Lebenswerk eröffnen: Das Museum für Schöne Künste, heute: »Puschkinmuseum für bildende Künste«, an der Volchonka.

Ihm, »dem alle Schreibtische mit Ausnahme seines Schreibtisches zutiefst gleichgültig waren«, blieb wenig Zeit und Kraft für Frau und Kinder. Marinas Mutter, eine wohlhabende Baltendeutsche, war eine hochbegabte Pianistin. Sie war, 24 Jahre jünger, eine schwierige Ehe eingegangen, da sie Zwetajews erste Frau ersetzen mußte: die ewige und einzige Liebe, »die ewige Sehnsucht meines Vaters«, schrieb Marina. Zwei Halbgeschwister lebten in dem Trjochpruder Haushalt. Zwei Jahre später, 1894, wurde noch Marinas jüngere Schwester Asja geboren. Die kleinen Mädchen waren von einem merkwürdig-magischen Geist umgeben, der sich noch verstärkte, wenn der Großvater der Halbgeschwister zu Besuch kam. Sein »Haus am Alten Pimen« ist ganz in der Tradition der

Blick auf das Museum der Schönen Künste, Volchonka

»Gefängnisse« beschrieben, in denen schon Herzen, Tschechow und Dostojewski gelebt haben müssen.

Die Mutter, die weder in der Ehe noch in ihrem Klavierspiel richtig zu Hause sein darf, lenkt ihre Energien auf den Musikunterricht ihrer Kinder. Aber nur Marina unterwirft sich ihr ganz, will der Mutter um jeden Preis genügen, übt stundenlang, um ihr eine Freude zu machen.

»Die Mutter überschwemmte uns mit Musik. (Aus dieser Musik, die sich in Lyrik verwandelte, sind wir nie mehr aufgetaucht, ans Tageslicht!) Die Mutter überflutete uns wie Hochwasser. Ihre Kinder waren, wie die Hütten der Armen am Ufer aller großen Flüsse, von vornherein dem Untergang geweiht. Die Mutter überflutete uns mit der ganzen Bitterkeit ihrer nichtverwirklichten Berufung, ihres nichtverwirklichten Lebens, überflutete uns mit Musik wie mit Blut, dem Blut einer zweiten Geburt.« (Mutter und die Musik)

Im Juni 1906 kehrte die Mutter von einem Kuraufenthalt im Ausland nach Rußland zurück, um an der Tuberkulose zu sterben.

Von nun an schuf sich Marina Zwetajewa die Wirklichkeiten nach ihren Träumen; konnten sie sich nicht behaupten, ließ sie sie fallen und schuf sich neue Wirklichkeiten. Wie oft schreibt sie später, sie sei »einsam«, doch zusammen mit ihrem Schreibtisch war sie nicht mehr allein.

Nach dem Tode des Vaters 1913 zieht Marina in die Borisoglebskaja (ul. Pisemskogo), wo sie bis 1922 (dann Emigration nach Prag und Paris) bleibt. An die Eröffnung des »Museums für Schöne Künste« erinnert sie in der Skizze »Vater und das Museum«. Marina war inzwischen schwanger und hatte den Vater des Kindes geheiratet: Sergej Efron, der als Neunzehnjähriger das Polivanov-Gymnasium (Prečistenka 32) besucht.

Das junge Paar findet 1912 ein Haus im Zamoskvoreč'e-Viertel (im Malyj Ekaterinskij per., Ecke Ščetininskij und 1. Kazač'ij per.); dort wird Ariadne, »Alja« geboren.

1913 zog sie also in das Haus in der Borisoglebskij-Gasse (ul. Pisemskogo). In diese Seitengasse werden wir, entweder von der Po-

Marina mit Ehemann Sergej Efron 1911

varskaja oder dem Novyj Arbat kommend, einbiegen und bis zum Haus 6 gehen. Das Haus ist inzwischen restauriert. Die Zufahrt zum Anwesen gegenüber, wo einst das Haus des Schriftstellers Pisemski stand, ist mit Grün bepflanzt. Am Zaun in Richtung Povarskaja drängen sich zwei Bäume aneinander, deren Stammesumfang auf ein beträchtliches Alter hindeutet, die dennoch wohl keine Zeitgenossen der jungen Marina Zwetajewa waren. Wer mag wohl wieder zwei Bäume »zueinander« gesetzt haben?

Im August 1919 schreibt sie die Verse: Zwei Bäume wollen zueinander. / Zwei Bäume. Gegenüber ist mein Haus./ Die Bäume sind alt. Mein Haus ist alt / ... / Zwei Bäume: in der Glut des Sonnenuntergangs / unter dem Regen – und noch unter dem Schnee / Immer, Immer: der eine zum anderen, / So ist das Gesetz: der eine zum anderen / Ein einziges Gesetz: der eine zum anderen.

Im März 1916 besucht Ossip Mandelstam Marina in ihrem Haus. Sie schreibt neun Gedichte über Moskau u. a.:

Die nicht von Menschenhand geschaffne Stadt, die uns verband,
nimm, seltsam-schöner Bruder, sie aus meiner Hand.

Ich schenk Dir alle Kirchen, an die sechzehnhundert
und alle Tauben, die sich auf den Dächern tummeln.

...

Fünf Kathedralen, unvergleichlich hier im Kranz gelegen,
nimm, weiser Freund von altersher, von mir entgegen...

Ganz Marina Zwetajewa, spricht sie von den Tagen, »als ich Mandelstam Moskau schenkte«. Mandelstam hatte sich 1910 den Akmeisten angeschlossen, ja er begründete diese Strömung durch ein eindrucksvolles Manifest. Die Akmeisten wollten die symbolistisch-metaphysischen Tiefen oder auch Untiefen durch strenges Formbewußtsein ersetzen, das sie wiederum an klassischen Vorbildern einübten. Die Wiege der Kultur sah Mandelstam eher in den hellenistischen Schwarzmeerkulturen, in der semitischen Kultur Armeniens als in der russisch-orthodoxen Frömmigkeit der vierzig mal vierzig Kirchen Moskaus. Moskau war ihm nachgeradezu der Hort buddhistischer Geschichtslosigkeit und Passivität. Tatsächlich sind hier wohl zwei unverträgliche dichterische Temperamente aufeinandergestoßen. Aber an der Moskauer Fremdlingin erkannte er wahrscheinlich deutlicher, was sein eigenes poetisches Wesen war und aus welchen Quellen er es nähren mußte (vgl. Kap. 15).

Immerhin hat auch Mandelstam Marina Zwetajewa einige Gedichte gewidmet: in seinem Gedichtzyklus Tristia No. 71 (No. 74, 83 und 88). Dieses Faktum hielt er geheim, bis es Marina Zwetajewa in ihrem Essay »Geschichte einer Widmung« enthüllte.

Marina Zwetajewa verbrachte Kriegs- und Revolutionszeiten allein in dem Haus in der Borisoglebskaja. Sergej Efron hatte sich als Kriegsfreiwilliger gemeldet, später schloß er sich den Weißen an. Marina gebar noch eine Tochter Irina (1917). Das Moskau von 1917 bis 1920 kann man kaum besser kennenlernen als durch das Sfumato der starken Natur Marinas: »Auf eigenen Wegen« nennt sie ihr Leben im revolutionären Moskau. Besonders interessant sind die »Dachbodennotizen«: der Dachboden in ihrem Haus war das dichterische Refugium mit dem heiligen Schreibtisch. Was es mit diesem Dachboden im Haus No. 6 auf sich hat, beschreibt Marina an vielen Stellen, unter anderem in der »Erzählung von Sonetschka« (1937). Die Reste und Umrisse des Dachbodens kann man heute am besten vom Hof aus sehen:

»Jetzt muß ich ein wenig unser Haus erläutern. Es hatte zwei Etagen, und unsere Wohnung lag im ersten Stock, aber die Wohnung selbst hatte drei Etagen. Warum und wie – kann ich nicht erklären, aber es war so: unten gab es einen dunklen Flur, zwei dunkle Korridore, ein dunkles Eßzimmer, mein Zimmer und Aljas riesiges Kinderzimmer, oben gab es eben diese Küche, und noch andere Zimmer, und aus der Küche den Aufgang zum Dachboden, ja es gab sogar zwei Dachböden, zuerst einen, dann noch einen, und der eine lag über dem anderen, so daß herauskommt – es waren vier Etagen. Alles war riesig, weiträumig, verwahrlost, öde, noch vermehrt um die Weite und Leere, und den Ton für alles gab der obere Dachboden an, der sich auf den zweiten herabsenkte und sich von dort über die ganze Wohnung verbreitete, bis hin zu ihren entferntesten und gleichsam geschützten Winkeln.«

Von der unseligen Armut (Zwetajewas Geldkonten waren eingezogen worden) mit den beiden Kleinkindern und der gleichzeitigen Anspannung all ihrer schöpferischen Kräfte sprechen ihre Erinnerungen:

»Nicht aufgeschrieben habe ich das Allerwichtigste: die Fröhlichkeit, die Gedankenschärfe, die Ausbrüche von Freude beim geringsten Gelingen, die leidenschaftliche Gespanntheit der ganzen Existenz – alle Wände sind vollgekritzelt mit Gedichtzeilen und NB! fürs Notizbuch.«

Das gewaltsame und chaotische Rauschen der Revolution war nur Begleitmusik für ihre wild bewegte Seele, ihre wahrhaft »weite

Natur«. 1919 verliebte sie sich – »Ja, das war ein trockenes Feuer, reine Begeisterung, ohne den Versuch, sie auszuleben, auszukosten, oder zu realisieren. Ein Unglück, ohne den Versuch, ihm abzuhelfen« – in Sonja Holliday, eine junge Schauspielerin des »3. Studios« des Regisseurs Wachtangow (später: Wachtangow-Theater, Arbat, Haus 26). Aber nicht nur die kleine puppenhafte Frau, auch der Lyriker Pawel (Pawlik) Antokolski (zeitweilig, Arbat Haus 28) und der Schauspieler Jurij Sawadskij sind Spiegel, die für Marina Eros und Geschlecht auf mannigfache Weise wiedergeben. Medium ist das aufschäumende Moskau, in dem es keine Sicherheiten mehr gibt, nur die ewige ungreifbare Identität der Stadt selbst. Und diese Identität Moskaus wird durch seine Literatur erhalten, denn das alte warme Leben hat sich vor der Wahrnehmung zurückgezogen.

So wird das Hundeplätzchen (Sobač'ja Ploščadka, vgl. Kap. 5), wie ein gemütvolles Stilleben, durch der Zwetajewa poetisches Gedächtnis bewahrt. Wir wissen, daß das Hundeplätzchen 1960 dem Kalinin-Prospekt (jetzt Novyi Arbat) zum Opfer fiel. Marina begleitet Sonetschka von ihrem Haus in der Borisoglebskij-Gasse immer nach rechts zur Povarskaja-Seite hin; einmal gehen sie nach links zum Hundeplätzchen:

»Die fortgehende Sonetschka war für mich gleichbedeutend mit der leuchtenden Povarskaja-Straße, eine weiße Straße ohne Läden, einem Fluß ähnlich, – als ob es bei meinem Haus kein nach links gegeben hätte.

Und nur einmal kam es anders: es war Nacht, und plötzlich fiel mir ein, daß ich Sonetschka meine ›Fontäne‹ noch nicht geschenkt hatte.

Auf dem vollkommen leeren mondbeschienenen Platz, unwirklich wie ein Spielzeugplatz – tagsüber – der Sobač'ja-Platz, jetzt – der Platz von Sevilla: nur der Chorreigen der Bäume war lebendig, ein dünner Silberstrahl, aus zweifachem Silber: für die Augen, für die Ohren, – endlos ...

– Die Fontäne, Marina?

Bau des Kalinin-Prospekts und Zerstörung des Alten Arbat im Frühjahr 1964

– Marinas ›Fontäne‹, Sonetschka! Denn in diesem Haus hat Puschkin dem Naščokin seinen ›Godunow‹ vorgelesen.

– Ich mag Godunow nicht. Ich liebe – Don Juan. Oh, wie rund hier alles ist, wie rund, wie rund!

Und – wie vom Winde fortgeweht – von der Welle hinweggetragen – als ob es der Füße nicht bedürfe – waren wir schon mitten auf dem Platz.

Und dann, die Hand auf die Schulter eines unsichtbaren und sehr großen Tänzers legend, zutraulich ihm die Linke in die Hand gebend, ein wenig die Gestalt zu seiner Linken zurückbiegend, sich ein wenig auf die Zehenspitzen stellend und damit das Fehlen der Absätze wettmachend, umweht von dem weißen Kleid und mich mit ihm umwehend ...

Sie umtanzte sie, die Fontäne, und diese Fontäne war – eine Urne, der Tanz um die Urne, der Tanz um den Tod ...«

Das Hundeplätzchen und die Fontäne sind begraben wie auch

die Borisoglebskij-Kirche auf dem Arbatplatz (vgl. Abb. S. 259). Der Arbatplatz ist durch den Metrobau und den Kalinin-Prospekt (jetzt Novyj Arbat) bis zur Unkenntlichkeit verändert. Die Borisoglebskij-Kirche war »rund und weiß wie eine Hostie«; Marina erlebt hier eine ihrer letzten Osternächte (1919) vor der Emigration. Am Ostersamstag nimmt sie von allem an Moskau Abschied, was sie so stürmisch liebte und nie mehr so wiedersehen sollte:

»Es war also Ostersamstag, elf Uhr abends. Alja schlief – so wie sie war, im Kleid, und ich auch im Kleid, aber ich schlafe nicht, sondern liege da und quäle mich vor Bitterkeit über das erste Ostern meines Lebens ohne ›Christus ist auferstanden‹, und darüber, daß sich gezeigt hat, daß ich hündisch alleine bin ... Ich, die ich mich den ganzen Winter über so abgerackert habe: die Kinder und das Schlangestehen und das Mehl organisieren, wobei ich fast draufgegangen wäre, und der Dienst im Narkomnac und das Holzhacken und das Heizen und die drei Theaterstücke – und ich beginne gerade das vierte – und soviele Gedichte – und so gute – und kein Hund weit und breit ...«

Plötzlich klopft es und Wolodja holt sie ab und Alja sagt, Gott selbst ist gekommen, um sie abzuholen.

»Die Boris-und-Gleb-Kirche: unsere Kirche. Sie ist rund und weiß, wie eine Hostie. Vor dieser Kirche werden den ganzen Winter über, ausgerechnet zu Stunden des Gottesdienstes, Soldaten ausgebildet. Innen wird gedient und draußen wird marschiert: auch hier wird gedient. Aber jetzt schlafen die Soldaten.

Wir treten in das warme, belebte, kerzenstrahlende Funkeln und Fluten. Frauenstimmen singen, ihr Gesang ist dünn, bei all ihrer Lust und ihrem Unvermögen, es fällt schwer, zuzuhören, der Gesang ist so dünn, daß er fast zerreißt, er scheint an einem seidenen Faden zu hängen ... Wir gehen mit dem Volk hinaus – nur die alten Frauen bleiben zurück ... Wir (Wolodja) gehen hinaus. Wir gehen auf dem Prečistenskij Boulevard zur Moskva. Wir stehen am Ufer (alles ist wie ein Traum) – wir schauen auf den Fluß ... Und jetzt, während ich das schreibe, spüre ich wieder an den oberen

Rippen den Stein der Balustrade, über die wir beide uns, wer weiß warum, schrecklich weit hinübergelehnt haben, um etwas ausfindig zu machen: die Vergangenheit? die Zukunft? oder die Gegenwart, die sich im Inneren vollzieht?

Das war die Nacht der Geländer, der Gitter, der Brücken. Wir haben die ganze Zeit nach etwas Ausschau gehalten und – wenn wir nichts erspäht hatten – gingen wir weiter, zur nächsten Uferstraße, auf die nächste Brücke, als ob es einen bestimmten Platz geben müßte, von dem aus uns plötzlich alles klar würde, bis ans Ende aller Zeiten ... Aber vielleicht haben wir gemeinsam – von alledem: der Moskva, den Brücken, den Plätzen, den Kreuzen – Abschied genommen?«

Im Herbst 1918 wird Marina Zwetajewa eine Arbeit angeboten. Fünfeinhalb Monate erträgt Marina den Dienst am Schreibtisch: Sie archiviert Zeitungsausschnitte über Kriegsgefangene, über den Vormarsch der Roten Armee, klebt alles auf riesengroße Bögen und kennzeichnet diese mit lila Bleistift. Die Behörde nennt sich »Volkskommissariat für Nationalitätenfragen« und hat ihren Sitz – immer wieder schließt sich der Kreis in Moskau – im Haus Sologubs, dem vermuteten Adelspalais der Grafen Rostow aus »Krieg und Frieden« (vgl. 2. Kapitel).

Kein Wunder, daß Marina pfeilschnell aus dem Borisoglebskij pereulok in die Povarskaja (ul. Vorovskogo, 52) fliegt. Und kraft ihrer Imaginationsfreude treffen sich dort Puschkin und vielleicht Natascha Rostow.

»Natascha Rostowa! Sind Sie jemals hierhergekommen? Meine Ball-Psyche! Warum sind nicht Sie –, später, irgendwann einmal – Puschkin begegnet? Der Name ist ja derselbe! Die Literaturgeschichtsschreiber hätten nicht einmal umlernen müssen! Puschkin – statt Pierre und Parnaß – statt Plackerei mit Windeln. Fruchtbarkeitsgöttin werden, nachdem man Psyche war, Natascha Rostowa, ist das nicht Sünde?«

Allerdings ist das Sünde; und die ganz große Sünde beging Tolstoi, der nichts Besseres zu tun hatte, als im »Epilog« zu schreiben, das Schwirren und Flirren der kleinen Natascha habe nur den einzigen Zweck gehabt, die Bedingungen für Ehe und Mutterschaft zu schaffen. Da wird das große Genie Tolstoi zum Vereinfacher.

Endlich dürfen wir noch einmal das Palais betreten (vgl. Kap. 2). Marina erinnert sich seltsamerweise an zwei Ritterrüstungen, deren eisernes Bein sie in der Eingangshalle streichelt, und an die Farbe Rosa: der große Saal (wo die Rostows Namenstag gefeiert haben) ist rosa, »er ist ganz und gar rosa, Fensternischen aus Marmor, zwei riesengroße, verhängte Kristallüster. Die kleineren Dinge (wie etwa Möbel!) sind verschwunden ... Rosafarbene Wände, im Fenster Säulen und Schnee. Mein rosafarbenes, paradiesisches Adelsinstitut.« Die Küche, so erfahren wir, liegt tief im Kellergeschoß, über 22 Stufen zu erreichen. Eine riesige Herdplatte wärmt einen Kessel voll Tee. Auch vor dem Tee und bereits damals stand man Schlange. Neben dem rosa Saal befindet sich noch eine Hauskapelle.

Später zieht man aus, man plündert ein wenig:

»Sie holen: Sofas, Kommoden, Kristallüster. Meine Ritter bleiben da. Die auf die Wand gemalten Porträts anscheinend auch. Noch an Ort und Stelle – Beuteteilung. Eifersüchtiger Streit der ›Tische‹: ›Der ist für unseren Abteilungsleiter!‹ ›Nein, für unseren!‹ ›Wir haben doch schon den Tisch aus karelischer Birke, dazu gehört auch der Sessel.‹ ›Gerade weil ihr schon den Tisch habt, bleibt der Sessel bei uns!‹ ›Aber man kann doch nicht die Garnitur spalten!‹ Ich, sentenziös: ›Man kann nur Köpfe spalten!‹«

Und damals geschahen noch Wunder. Aus dem häßlichen Volkskommissariat wird der »Palast der Künste«, und die noch junge Revolution läßt ihre Besten Dichterlesungen halten – am 6. Juli 1919 liest Marina Zwetajewa:

»Ich las in ebenjenem rosa Saal, in dem ich gearbeitet hatte. Der Kristallüster strahlte (früher steckte er in einem Überzug). Die Möbel waren wieder aufgetaucht. Die Wände waren durch die Porträts der Ahnherrinnen wieder sehend geworden. (Sowohl Lüster wie Möbel, Urahnen, Luxusgegenstände und Gerätschaften – bis hin zum Küchengeschirr –, all das hatte der ›Palast der Künste‹

dem Narkomnaz wieder abspenstig gemacht. Klagt, Abteilungsleiter!)

In einem der Säle – eine bezaubernde, marmorne Psyche. Das Auf-der-Hut-Sein der Seele und der Badenden. Viel Bronze und viel Dunkelheit. Die Zimmer sind gesättigt. Damals, im Dezember, waren sie hungrig: nackt. Ein solches Haus verlangt nach Dingen. Hier sind die Dinge am allerwenigsten – Materialität. Ein nicht verkäufliches Ding ist schon ein Zeichen. Und hinter dem Zeichen ist – unausweichlich – ein Sinn. In einem solchen Haus sind die Dinge ›Sinne‹.«

Man möchte hinzufügen: in der Literatur vielfach sich spiegelnder Sinn. Warum sitzen in solchen Häusern »Präsidien«, warum sind sie nicht zugänglich, damit der Sinn und die Sinne sich wieder beleben?

Im Januar 1920 liest Alexander Blok im »Palast der Künste«. Ein kleines Mädchen steckt ihm einen Umschlag zu. Marinas Tochter übergibt ihm Gedichte ihrer Mutter.

11. MOSKAU VOR DER REVOLUTION II

Gorki, Sawinkow, Majakowski, Jessenin, Ehrenburg, Wja. Iwanow, Gerschenson

Jessenin mit Schwester auf dem Prečistenskij-
(heute Gogol'evskij) Boulevard 1924

Hatten wir im vorigen Kapitel Dichter der Jahrhundertwende aufgesucht, die im alten schwindenden Moskau Heimat und Sammelpunkt ihrer menschlichen und dichterischen Emotionen hatten, so stellen wir nun solche vor, die nach Moskau zugezogen sind und von einer ärmlichen Wohnung zur anderen wandern, denen Moskau schließlich Stadt der Revolution wird, wo kein Stein auf dem anderen bleibt. Sie aufzusuchen ist nicht leicht; zwar gibt es das Majakowski-Museum am Anfang der Mjasnickaja, das Gorki-Museum in der Kačalov-Straße; doch in beiden Häusern wohnten die Dichter nach der Revolution; eher zufällig sind die Behausungen mit dem Namen der Dichter verbunden. So muß sich der Leser an dieses vorrevolutionäre Unbehaustsein gewöhnen. Die literarisch-topographischen Fixpunkte werden ungreifbarer, ausdrucksloser. Das literarische Moskau ist von nun ab wie auf der Flucht.

Die Moskauer Topographie ist so weit zerstreut wie das geistige und literarische Leben vor der Revolution. Aber trotz einer nie wieder erreichten Vielfalt sind zwei Bestimmungen allen gemeinsam: jenseits aller Ideologien und Philosophien, mit denen fast spielerisch hantiert wird, steht ein ekstatisches sich Selber-Wollen, ein kräftiger Individualismus, der noch weit über die Revolution hinwegschwappte und von Stalin schließlich mit Gewalt im »sozialistischen Realismus« kaserniert wurde.

Die andere Bestimmung – sie war eher ein Instinkt, ein Fühlen, obwohl durch Wladimir Solowjews Spätphilosophie vorbereitet – äußerte sich in einer allgemeinen endzeitlichen Erwartung: die Krise Rußlands schien unausweichlich, der Zusammenbruch unvermeidlich und die Ankunft des Retters ersehnt oder mit Furcht erwartet. Nicht erstaunlich ist es, wenn Andrej Belyj und Alexander Blok, die metaphysischen Symbolisten, 1918 in den Poemen »Christus ist auferstanden« und »Die Zwölf« die Ankunft Christi zusammen mit den roten Revolutionsgarden feiern. Majakowski erwidert darauf voller Spott: »Und Blok wird traurig. Denn wahrlich ihm ist der Erlöser nicht erschienen. Ums Eck kamen Menschen, die sangen. Doch Christ – Christ war nicht unter ihnen.« Auch die Himmelssymbole sind zur Erde gezerrt: der Mond ist nur seine Spiegelung in der irdischen Pfütze und »wir waschen uns im Mond« singt Jessenin.

Extremer Individualismus, Endzeiterwartung und ein Zerfall der moralischen Werte führten dazu, daß eine Art literarischer Terrorismus salonfähig wurde. Freilich gab es in der russischen Literatur bereits die Tradition der Darstellung des Nihilisten und Terroristen: Turgenews Basarow in »Väter und Söhne«, Dostojewskis »Dämonen« behandeln die literarischen Folgen einer alles verneinenden Weltanschauung. Sie hatten die realen Bilder im politischen Leben vor sich: die Anarchisten Bakunin, Kropotkin, die Lehren des individuellen Terrors der Narodowolzen. Um 1900 formierte sich in der Schweiz eine neue russische Terrorgruppe, die Partei der Sozialrevolutionäre.

Man kann davon ausgehen, daß die Starre und Wandlungsunfähigkeit des Zarenregimes eine verhaltene bis zustimmende Beurteilung der Attentatsserien bewirkte – auch unter den Literaten.

Mich hat dennoch der antiquarische Fund eines ins Deutsche übersetzten Buchs verblüfft, wo die Petersburger Dichterin Sinaida Hippius die Gewalt rechtfertigt: »Der Zar und die Revolution« (Piper, 1908). Hippius war die Frau Dmitri Mereshkowskis, Theoretiker religiöser Zirkel in Petersburg; nach der Revolution ist Sinaida Hippius emigriert und hat die Sowjets und ihre Revolution wütend bekämpft. Sie schreibt:

»Jenen aber, die sich vor der rohen Gewalt des Kampfes fürchten, aus diesem Grunde nicht mitkämpfen und sich fügen, möchte man zurufen: ›Ja, die rohe Gewalt ist ungerecht, doch gerechtfertigt. Blut darf nicht vergossen werden, da es unmöglich ist, Blut zu vergießen. Damit aber diese Unmöglichkeit verwirklicht wird, muß man heute noch Blut vergießen. Die Last ist schwer zu tragen, wenn man sich aber in Ehrfurcht vor der Zeit beugt, so findet man Sühne und Rechtfertigung.‹«

Sinaida Hippius hat diese Zeilen vermutlich kurz nach dem Oktobermanifest des Zaren von 1905 geschrieben. Der Terror hatte einen großen Erfolg erzielt: nicht der Blutsonntag, sondern die Ermordung des Generalgouverneurs von Moskau, des Großfürsten Sergej Aleksandrovič, hatte bewirkt (Stökl), daß der Zar eine Ständevertretung, die Duma, und einige bürgerlichen Grundrechte zugestehen wollte.

Der Hauptarrangeur dieses Attentats war das führende Mitglied der sozialrevolutionären Partei, Boris Sawinkow: seine Persönlichkeit ist außerordentlich eigenartig; er verkehrte in Dmitri Mereshkowskis und Sinaida Hippius' Salons in Petersburg, um – sozusagen vor den Augen der Geheimpolizei – eine Art Erlösung oder Rechtfertigung bei den führenden literarischen Köpfen zu suchen. Er verfaßte selber Literatur, schrieb einen Roman (Blednyj kon') über das Empfinden eines Revolutionärs, was ihm, dem Erstarrten, natürlich gänzlich mißlingen mußte. Seine »Memoiren eines Terroristen« dagegen sind glänzend gelungen: wo er in eisiger und faszinierender Manier die Attentatsserie der Sozialrevolutionäre beschreibt, die alle sozusagen mit Wissen der Geheimpolizei vor sich gingen, da sie von einem Verräter aus den eigenen Reihen der Sozialrevolutionäre, dem Agent provocateur Azef, an die Ochrana verraten waren. Wie es dennoch zu dieser Attentatsserie kommen konnte, ist eines der großen Rätsel aus der vorrevolutionären Geschichte. Andrej Belyj hat das Thema des Agent provocateur Azef in seinen Roman »Petersburg« aufgenommen, wie Rußland von der durch die Geheimpolizei provozierten Attentatsserie bewegungslos, darniederliegt.

Boris Sawinkows Beschreibung des Attentats auf den Moskauer Generalgouverneur legt ein Netz von topographischen Punkten Moskaus frei, das geknüpft wird von der unheimlichen Absicht eines terroristischen Anschlags. Das Heimliche, Flüchtig-Gespenstische ist Ausdruck des Moskau der Revolutionszeiten von 1905.

Die Teilnehmer sind moskauunkundig; es sind der Agent Boris Sawinkow, zwei Observanten, die Bombenwerfer Moissejenko und Kaljajew und die Dynamitspezialistin Dora Brilliant. Moissejenko und Kaljajew waren zunächst mit der Observierung des Großfür-

Das Neskucnyj (Alexander)-Palais

sten befaßt. Zu diesem Zweck mieteten sie sich zwei Schlitten und Droschkenpferde. Sie hausten im Fuhrmannspark an der Tverskaja-Jamskaja (vgl. Kap. 1). Sawinkow trafen sie im Schlitten oder in einer Kneipe am Sucharevturm:

»Vor allem stand uns bevor, festzustellen, wo der Generalgouverneur lebte. Das wußte jeder Moskauer, aber keiner von uns war aus Moskau. Wir schwankten, welchen der Paläste des Großfürsten wir zum Ausgangspunkt der Beobachtung nehmen sollten: das Haus des Generalgouverneurs in der Tverskaja, das Nikolai-Palais oder das Neskučnyj-Palais. Im Adreßbuch konnten wir keine Hinweise finden, fragen konnten wir aber niemanden anderen, als die Mitglieder des Moskauer Komitees.

Moissejenko löste die Aufgabe. Er stieg auf den Glockenturm Ivan Velikij und begann, den Führer nach den Sehenswürdigkeiten auszufragen. Im Gespräch bat er, ihm das Schloß des Generalgouverneurs zu zeigen. Der Führer zeigte auf die Tverskaja Ploščad' und teilte mit, daß der Großfürst dort lebte.«

Die genannten Örtlichkeiten sind uns bekannt: das Nikolai-Palais befand sich auf dem Kremlterrain und wurde abgerissen (vgl.

Kap. 4). Das Neskučnyj-Palais (Leninskij Prospekt 14) beherbergt heute das Präsidium der Akademie der Wissenschaften. Das Neskučnyj- oder Alexanderpalais war das Hauptgebäude einer prächtigen Schloßanlage, die vom Ende des 17. Jahrhunderts stammt und mehrere Umbauten erfahren hat. Der alte Teil des großartigen Parks gehört heute zum Gorkikulturpark. Im Paradehof des Palais steht seit 1934 der Brunnen von Vitali, der einst den Lubjanskaja-Platz zierte. Das eigentliche Palais der Moskauer Generalgouverneure befand sich seit 1790 in einem 1782 von M. F. Kazakow erbauten Gebäude in der Tverskaja 13. Das Gebäude hat durch die »Rekonstruktionsmaßnahmen« an der alten Tverskaja 1939 gelitten: 1939 wurde es 13,6 Meter in das Quartal hineingerückt, damit die Straße verbreitert und begradigt werden konnte. In den vierziger Jahren wurden noch zwei Geschosse auf das Bauwerk daraufgesetzt.

Bald stellten die Observateure fest, daß Sergej häufig um die gleiche Stunde in den Kreml fuhr. Aber aus undurchsichtigen Gründen residierte der Großfürst plötzlich nicht mehr im Palais der Tverskaja, sondern zog sich ins Neskučnyj-Palais zurück:

»... mußte der Großfürst einen Weg von einigen Kilometern zurücklegen: vom Neskučnyj bis zum Kalugator und darauf am Moskvafluß entlang über die Pjatnickaja, die große Jakimanka, die Poljanka oder die Ordynka [vgl. 6. Kap.]... Bald stellten Moissejenko und Kaljajew fest, daß der Großfürst weiterhin in den Kreml fuhr, aber an verschiedenen Tagen und zu verschiedenen Stunden, wenn auch fast stets auf dem gleichen Wege, über die große Poljanka ... Bald stellten wir fest, daß der Großfürst häufig durch das Nikol'skijtor [vgl. 4. Kap.] fuhr. Diese Ausfahrten fanden an verschiedenen Tagen statt, aber zu den gleichen Stunden wie früher: nicht vor zwei Uhr und nicht später als fünf. Wir begannen, an der Iberischen Mutter Gottes zu beobachten und stellten sehr rasch fest, wohin der Großfürst ausfuhr: er fuhr in seine Kanzlei im Generalgouverneurshaus an der Tverskaja.«

Ein System der Ausfahrten war schwer aufzudecken; schließlich entschloß man sich, den Großfürsten bei einer Feierlichkeit, wie etwa einem Theaterbesuch, wie er in den Zeitungen angekündigt wurde, zu töten. Die Dynamitspezialistin Dora Brilliant stieg im Hotel Slavjanskij Bazar in der Nikol'skaja (ul. 25. Okt., s. 5. Kap.) ab und machte am 2. Februar 1905 zwei Bomben zurecht. Sawinkow stopfte die Bomben in seine Aktentasche, um sie zu verteilen. Der eine Bombenwerfer stand auf der Fahrstraße des Alexandergartens, Kaljajew am Voskresenskij-Platz, an der Stadtduma (ehemals Leninmuseum, am Roten Platz). Sergej, der inzwischen im Nikolai-Palais residierte, hatte nur zwei Wege: aus dem Nikolai-Palais durch das Nikol'skij-Tor ins Bol'šoj-Teatr. Beide waren durch Bombenwerfer besetzt. Sawinkow hatte Kaljajew vorher in einer schmutzigen Kneipe im Zamoskvoreč'e (6. Kap.) getroffen:

»Aber (Kaljajew) fühlte bereits, daß das Ende seines Lebens herannahte, und dieses Vorgefühl spiegelte sich in seiner ständigen Nervosität... Er war mager, hatte einen großen Bart, und seine leuchtenden Augen waren eingefallen. Er hatte einen blauen Kutschermantel an und ein rotes Baumwollhalstuch um den Hals. Er sagte: ›Ich bin sehr müde geworden... Die Nerven sind müde. Weißt du, ich glaube, ich kann nicht mehr...‹«

Sawinkow wartet im Alexandergarten auf die Explosion, Kaljajew ist am Auferstehungstor (heute: zwischen Hist. Museum und Leninmuseum) postiert:

»Es herrschte scharfer Frost. Kaljajew stand im Schatten vom Tore des Stadthauses, auf dem einsamen dunklen Platz. Kurz nach acht Uhr tauchte vom Nikol'skij-Tor her der Wagen des Großfürsten auf. Kaljajew erkannte ihn sofort an den weißen und hellen Lichtern der Laternen. Der Wagen schwenkte auf den Vozkresenskij-Platz ein, und in der Dunkelheit schien es Kaljajew, daß er den Kutscher Rudinkin erkannte, der immer den Großfürsten fuhr. Da warf sich Kaljajew ohne Schwanken dem Wagen entgegen, um ihm den Weg abzuschneiden. Er hatte schon die Hand erhoben, um die Bombe zu werfen. Aber außer dem Großfürsten Sergius erblickte er unerwarteterweise auch noch die Großfürstin Elisabeth und die

Die Fuhrmannstraße Tverskaja Jamskaja, nach der Revolution

Kinder des Großfürsten Paul, Marja und Dmitri. Er ließ seine Bombe sinken und ging weg. Der Wagen blieb an der Zufahrt zum Großen Theater stehen. Kaljajew ging in den Alexandergarten. Als er zu mir trat, sagte er: ›ich glaube, ich habe richtig gehandelt; darf man denn Kinder umbringen?‹ Vor Erregung konnte er nicht fortfahren.«

Zwei Tage später hörten sie doch die große Explosion, die Bombenbastlerin Dora Brilliant und Sawinkow zusammen: »Ich habe ihn umgebracht«, schluchzt Dora Brilliant ... »ich«. »Wen?« fragte Sawinkow, da er dachte, sie spreche von Kaljajew. »Den Großfürsten«, schluchzt sie. An der Iberischen Gottesmutter kam ihnen ein Straßenjunge entgegengelaufen, ohne Mütze: Den Großfürsten hat's erschlagen. Den Kopf hat's ihm abgerissen. Kaljajew hatte die Bombe schließlich doch noch geworfen zwischen Arsenal und ehemaligem Senat (vgl. 4. Kapitel); zum Zeitpunkt des Attentats befand sich das Gerichtsgebäude im Senat auf dem Kreml.

Ein Augenzeuge berichtete in der »Revoljucionnaja Rossija«:

»Besonders im Gerichtsgebäude gab es einen großen Tumult ... Die Fenster an der Fassade waren alle zerbrochen, die Richter, die Kanzlisten hatte es von den Stühlen gerissen. Als sie schließlich zur

Besinnung kamen und begriffen, was geschehen war, stürzten viele aus dem Gebäude zur Unglücksstelle. Am Hinrichtungsplatz lag ein formloser, etwa einen halben Meter hoher Haufen aus winzigen Splittern der Kutsche, Kleidungsfetzen und einem verunstalteten Körper ... Der Kopf war weg; von den übrigen Körperteilen waren nur ein Arm und Teile eines Beins zu erkennen.«

Kaljajew, der Bombenwerfer, überlebte das Attentat, im Mai 1905 wurde er in Petersburg hingerichtet.

Im Vergleich zu diesem präzisen, marmorkalten Dokument zerrinnt die Darstellung Moskaus im Revolutionsjahr von 1905 in Maxim Gorkis »Das Leben des Klim Samgin« im Nebel von langatmigen Dialogen.

Maxim Gorki hatte Moskau 1889 kennengelernt auf seinen Wanderungen durch Rußland. Vergeblich wollte er Tolstoi besuchen, mußte die Nacht im »Nachtasyl« verbringen, deren prägnante Eindrücke er im Stück »Nachtasyl« (Na dne) verarbeitete. Er arbeitete mit den von Lenin geführten Bolschewiken zusammen, die aus einer Spaltung der 1898 gegründeten »Russischen Sozialdemokratischen Arbeiterpartei« (RSDRP) hervorgegangen waren. 1921, nach der Revolution fährt Gorki zur Heilung nach Italien (Sorrent); übrigens war er schon 1907 auf Capri, wo er Rilke kennenlernte. 1931 kehrt er endgültig nach Sowjetrußland zurück und erhält die Villa Rjabušinskij, eine von F. O. Šechtel (Inneneinrichtung 1904-1906 von I. A. Fomin) erbaute reizende Jugendstilvilla, zum Domizil: heute ist im Haus 6/2 in der ulica Kačalova (M. Nikitskaja) das Gorki-Gedenkmuseum. Viele ausländische Besucher wie Bernard Shaw und Romain Rolland haben Gorki besucht; auch wird er dort zusammen mit Stalin die künstlerische Doktrin des Sozialistischen Realismus ausgearbeitet haben, die Stalin ein Instrument in die Hand gab, alle Schriftsteller auf eine beispiellos simple »künstlerische« Ideologie zu verpflichten und alle unbotmäßigen Schriftsteller auszuschalten. 1936 starb Gorki unter ungeklärten Umständen. André Gide, der den Kranken besuchen wollte, hielt in Moskau eine Leichenrede (vgl. Kap. 13).

Bewohner des Nachtasyls

Wladimir Wladimirowitsch Majakowski (1893-1930) ist ein ganz anderes Temperament als der weiche, etwas tränenselige Maxim Gorki. Das Geschick führt ihn von weither (Kutais, Georgien) nach Moskau in die Zeit der Revolution. Aber auch er, dieser scheinbar vor Lebens- und Schaffensenergie sprühende Mensch, ist nicht Herr der Revolutionsereignisse und ihrer Folgen, sondern ein Opfer.

In den literarischen Führern Moskaus in russischer Sprache wird Majakowski als »versonnener Moskauer Fußgänger« gerühmt, der Moskau in seinen Werken mehr als zweihundertmal erwähnt habe. Leider ist Moskau keine Stadt mehr für Fußgänger, und der Leser wird sich begnügen, Majakowskis Moskauer revolutionäre Irrwischexistenz im Geiste zu verfolgen. Manche Fixpunkte wollen wir doch festhalten; vielfach sind die Orte uns auch bekannt.

Im Juli 1906 kam die Familie (Mutter und Schwester) nach Moskau. Sie lebten anfangs und dann immer wieder einmal bei Bekannten auf einer Datscha in Petrovsko-Razumovskoe (vgl. 7. Kap.). Schließlich beginnen sie eine ärmliche Existenz im dritten Geschoß des Hauses Elčinskij, Spiridon'evskij pereulok 12/9. Die Gasse geht auf die Malaja Bronnaja, deshalb steht in Majakowskis Autobiographie »Ich« (S. 52): »Wir mieteten eine Wohnung auf der Bronnaja.«

»Der Vater starb ... Der Wohlstand war vorbei. Nach Vaters Beerdigung – verblieben uns drei Rubel. Instinktiv, Hals über Kopf verkauften wir Tische und Stühle. Machten uns auf nach Moskau. Wozu? Hatten nicht einmal Bekannte dort ... Hielten in Razumovskoje an. Bekannte der Schwester – Plotnikows. Am Morgen mit dem Dampfer nach Moskau. Mieteten eine bescheidene Wohnung in der Bronnaja. Moskauisches. Mit dem Essen steht es schlecht. Rente – 10 Rubel im Monat. Ich und beide Schwestern gehen zur Schule. Mutter muß Zimmer vermieten und für Kostgänger kochen. Die Zimmer sind elend. Von armen Studenten bewohnt. Sozialisten. Ich weiß noch – der erste ›Bolschewik‹, auf den ich stieß, war Vasja Kandelaki. Erfreuliches. Sollte Petroleum holen. 5 Rubel. Im Kolonialwarengeschäft gab man mir 14 Rubel 50 Kopeken Rest; 10 Rubel – Reinverdienst. Hatte Gewissensbisse. Ging zweimal um den Laden herum (Das ›Erfurter‹ nagte an mir). – Wer hatte sich verrechnet, der Besitzer oder der Angestellte, – fragte ich leise den Gehilfen. – Der Besitzer! – Kaufte und verspeiste vier Rosinenstollen. Für das übrige tummelte ich mich in einem Boot auf den Patriarchen-Teichen. Kann seit dieser Zeit Rosinenstollen nicht mehr sehen.«

Er trat 1908 der RSDAP der Bolschewiken bei. 1909 wurde Majakowski zum dritten Mal verhaftet und schließlich für elf Monate ins Butyrka-Gefängnis gesteckt: Einzelzelle Nr. 103. Er las alles über neuere Literatur, dessen er habhaft werden konnte, auch die für ihn unverständlichen Symbolisten Belyj und Balmont. Nach der Entlassung aus dem Gefängnis: »Kam raus, Verwirrt ... Schüttelte man aus mir das Gelesene heraus, was bleibt da übrig? Die marxistische Methode ... Ich stellte die Parteiarbeit ein. Ich setzte mich hin und lernte.«

Im Poem »Ich liebe« erinnert er sich 1922 an seinen sehnsüchtigen Blick aus der Zelle des Gefängnisses.

Er hört mit der Politik auf, studiert, bereitet sich für das Examen auf der Kunstschule, Mjasnickaja 21 (Učilišče živopisi, vajanja i zodčestva) vor. Zu diesem Zeitpunkt unterrichtete Pasternaks Vater Leonid dort:

»Trat in die Lehranstalt für Malerei, Bildhauerei und Baukunst ein: der einzige Ort, wo man ohne polizeiliches Führungszeugnis aufgenommen wurde. Arbeitete gut. Seltsam: die Nachahmer wurden gefördert – die Eigenwilligen gefeuert. Larionov. Maškov. Mein Revinstinkt war auf seiten der Rausgeschmissenen.«

Während des Sommers lebte er auf einer Datscha in Petrovsko-Razumovskoe und macht Studien im Park der Landwirtschaftsakademie in Petrovsko-Razumovskoe. Es gibt eine Studie von ihm: »Teich in Petrovsko-Razumovskoe«.

Entscheidend war die Begegnung mit David Burljuk, dem Futuristen, Maler und Dichter. Es geschah im Herbst 1912, spät abends. Majakowski und Burljuk spazierten auf dem Sretenskij-Boulevard. Er las David einige Gedichte vor, für deren Verfasser er einen anderen ausgab:

»David blieb stehen. Musterte mich. Fuhr mich an: ›Das haben Sie doch selbst geschrieben! Sie sind ja ein genialer Dichter!‹ Daß man mich mit einem so grandiosen und unverdienten Epitheton bedachte, machte mich froh. Ich verkroch mich völlig in die Gedichte. An diesem Abend wurde ich ganz unerwartet zum Dichter.«

Zusammen mit Burljuk, Chlebnikow und A. Krutschenonych veröffentlichte er den Sammelband »Eine Ohrfeige dem öffentlichen Geschmack« mit dem gleichnamigen Manifest der Futu-

Majakowski während seines Studiums an der Moskauer Kunstschule, im Jahre 1910

risten. Der Sbornik erschien im Dezember 1912 und enthielt Majakowskis erstveröffentlichte Gedichte »Noč'« und »Utro«. Dieses Manifest »Die Ohrfeige« ist eine wahre vorrevolutionäre Bilderstürmerei gegen alles Spießbürgertum und alle vermeintlich veraltete Kunst mit solch berühmten Sätzen wie: »Werft Puschkin vom Dampfer der Gegenwart!« Aber noch andere Sätze wollen wir aus der »Ohrfeige«, der Zeit der wilden russischen Happenings, zitieren. Man muß sich klarmachen, daß gerade der Sowjetstaat ein neues Spießbürgertum erzeugte (vgl. Kap. 13, Joseph Roth), während die futuristische vorrevolutionäre Zeit ein munteres Scheibenschießen auf alle gültigen Vorbilder der Bourgeoisie unternahm:

»An die Leser unseres Neuen Ersten Unerwarteten.

Nur wir sind das Antlitz unserer Zeit. Das Horn des Zeitalters bläst durch uns hindurch in der Wortkunst.

Die Vergangenheit ist eng. Die Akademie und Puschkin sind unverständlicher als Hieroglyphen.

Werft Puschkin, Dostojewski, Tolstoi usw. usw. vom Dampfer der Gegenwart ...

Wascht euch die Hände, wenn sie den Schmutzschleim der Bücher berührt haben, die verfaßt sind von diesen zahllosen Literaten à la Leonid Andrejew. All diese Herrschaften wie Maxim Gorki, Kuprin, Blok, Sologub, Remisow, Awertschenko, Tschorny, Kusmin, Bunin usw. usw. benötigen ja nichts weiter als ein Landhäuschen am Flußufer. Solch eine Auszeichnung gewährt das Schicksal den Schneidermeistern.«

Technische Neuerungen der Sprache und des Verses werden gegen die alte Form gesetzt. Doch Majakowski ist, im Gegensatz zu Chlebnikow, auch ein Dichter der Inhalte, der Inhalte, die ihm in der mitleidlosen Stadt Moskau begegnen. Majakowskis Gedicht »Gute Behandlung der Pferde« ist mein Lieblingsgedicht. Es geht um einen Droschkengaul, der auf dem Kuzneckij Most (vgl. 1. Kap.) gestürzt ist. In dem Tränenblick des Pferdes erkennt Majakowski sich, uns alle, wieder:

Am Kuzneckij-Most
staun sich schon gaffende Mäuler...
›Ein Gaul ist gestürzt!‹
›Gestürzt ist ein Gaul.‹

Der Kuzneckij lachte.
Nur ich allein
trat hin
und tat keinen Ton ins Geheule...
Trat hin, sah:
Träne um Träne träuft,
rinnt über die Backen,
versiegt in der Mähne...
Und tierische Schwermut,
die überläuft,
brach strömend aus mir
in verrauschender Strähne.

Mein Pferd, nicht weinen,
Ich kenne die Beschwerde –
Wer sagt Ihnen denn, Sie sei'n weniger wert?
Kindchen,
wir alle sind ein wenig Pferde,
jeder von uns ist auf seine Art Pferd.

Die Erinnerungen Ehrenburgs passen gut zu dem Bild Majakowskis, das aus seinen Dichtungen hervortritt.

»Ich weiß nicht mehr, wer mich Majakowski vorstellte. Wir saßen zuerst in irgendeinem Café und sprachen über Filme. Dann gingen wir zu ihm: in ein kleines Zimmer der Pension ›San Remo‹ in der Saltykov-Gasse. Kurz vorher hatte ich sein Buch ›Einfach wie Kuhgebrüll‹ gelesen. Dem daraus entstandenen Bild glich der wirkliche Mensch aufs Haar: groß, mit einem schweren Unterkiefer, mit Augen, die zwischen Traurigkeit und Härte schillerten, laut, ungelenk, jederzeit bereit, in eine Rauferei einzugreifen, halb Athlet, halb Träumer, die Kreuzung aus einem mittelalterlichen Jongleur und einem fanatischen Ikonenstürmer.«

Ehrenburg erzählt, daß Majakowski auch in seinem späteren nachrevolutionären Benehmen immer den futuristischen Anfängen verhaftet blieb. Die gewollt absurde Atmosphäre eines solchen »futuristischen« Treffpunkts, das »Café der Dichter«, schildert Ehrenburg im Winter 17/18:

»Es war eine recht eigenartige Örtlichkeit. Die Wände waren mit möglichst ausgefallener Malerei bedeckt und mit nicht minder ausgefallenen Sprüchen. ›Ich liebe es zuzuschauen, wenn Kinder sterben‹ – diese Zeile aus einem Frühwerk Majakowskis prangte an der Wand, um die Gäste vor den Kopf zu stoßen ... Majakowskis Lied über den Bourgeois, der sich kurz vor Ultimo den Bauch mit Ananas vollschlägt, war überdies durchaus eingängig. Ananas wurden in der Nastas'in-Gasse nicht geführt, aber das ordinäre Schweinefleisch blieb manchem Gast im Halse stecken. Dafür wurden sie durch andere Attraktionen entschädigt. Die Bühne bestieg beispielsweise David Burljuk, stark gepudert, eine Lorgnette in der Hand, und rezitierte: ›Mir gefällt ein schwangerer Mann ...‹«

Seit Ende August 1913 lebt Familie Majakowski auf der Bol'šaja Presnja (heute: Krasnaja Presnja) in Haus 36, Wohnung 24 (Gedenktafel); das Poem »Ich und Napoleon« erinnert an diese Wohnung. Der lyrische Ton wandelt sich nun zum realistischen, der in den Dienst der proletarischen Revolution gestellt ist. Ab 1919 bewohnt er bis zum Tod (1930) die Wohnung Lubjanskij Proezd Nr. 3. Hier ist die Beschreibung aus dem Poem »Chorošo!«:

Ich wohn in A. Stachejews Haus,
jetzt Volkswirtschaftsrat.
Raus mußten bei Gewehrgeklirr
die Reichen und die Kassen.
Jetzt hausen alle Arten hier
von Leuten und von Klassen.

Im Winter frißt ihr kleiner Herd
Shakespeares Gesammelte Werke.
Die Zähne klappern. Herrlich nährt
sie die Kartoffelstärke...

Hier befindet sich das Majakowski-Museum. Es liegt heute am Anfang der Mjasnickaja (Proezd Serova 3/6), im Hof.

Die letzten vierzehn Jahre lebte er in einer merkwürdigen Liebesbeziehung zu Ossip Briks Frau, Lilja Brik. Erschöpft diese Beziehung ihn? Oder findet die Kraft seines »Ich« keine Welt mehr und zerschellt an sich selbst? Er erschießt sich am 14. 4. 1930 in seinem geliebten Zimmerchen, das ihm wie ein kleines Boot – komnata-lodočka – ist. Sein Vermächtnis:

Ich sterbe. An alle.
Ich sterbe, macht niemanden dafür verantwortlich, und bitte kein Gerede.
Der Verstorbene haßte das... Wie man so sagt: der Fall ist jetzt erledigt,
das Boot der Liebe
ist am Sein zerschellt.
Ich bin mit dem Leben quitt,
es ist nicht nötig,
daß man sich Not
und Qual
entgegenhält.
Den Hinterbliebenen Glück.
12. 4. 30 Wladimir Majakowskij

Sergej Jessenins (1895-1925) Moskauer Biographie verweilt nicht und lädt nicht zum Verweilen ein. Vielleicht findet man ihn am ehesten bei seinem Grab auf dem Vagan'kovskoe-Friedhof. Auch ihn trieb es aus der Provinz nach Moskau, wo er sich kurz mit der Revolution verbündete, aber nie in ihr aufging, um dann dreißigjährig in einem Ausbruch von selbstvergessenem Pathos zu verlöschen.

1912, Ende des Sommers, holt der Vater ihn als Verkäufer nach Moskau. Mit einem Kaufmann zum Vater ist der Generationsstreit vorbestimmt. Der Junge zieht zum Vater ins Kaufmannsviertel des Zamoskvoreč'e (vgl. Kap. 6). Die Adresse: Bol'šoj Stročenovskij per., Haus Krylov 24, kv. 11. Noch heute soll der Fleck lauschig, verschwiegen und abseitig sein.

Nachdem er sich mit seinem Vater zerstritten hat, lebt er immerhin als Buchverkäufer, aber doch am Rande des Existenzminimums. Im März 1913 findet er Arbeit in Sytins Druckerei (jetzt 1. Obrazcovaja), wo es ihm gelingt, durch Verbindungen seine ersten Gedichte drucken zu lassen. 1915 endete fürs erste das Moskauer Leben. Februar- und Oktoberrevolution erlebte er in Petrograd.

Im Frühling 1918 wird er wieder Moskauer Bürger. »Zusammen mit der Sowjetmacht verließ ich Petrograd«, schreibt Jessenin in einer seiner Autobiographien. In Moskau lebt er wieder beim Vater im Haus 24. Er besucht das Haus des Proletkults auf der Vozdviženka 16, das Haus im mauretanischen Stil, das einst einem Kaufmann Morozov gehörte (vgl. Kap. 2 und Kap. 12).

Er nähert sich den Egofuturisten und den Imaginisten an. Die russischen Obrazonosci hatten allerdings nichts mit den französischen Imaginisten zu tun. Die russischen Imaginisten standen in der lauten und bunten Tätigkeit den Futuristen nicht nach. Trotz Papiermangels hatten sie einen Buchladen im Haus 15 auf der Bol'šaja Nikitskaja (jetzt ul. Gercena), wo Jessenin Bücher verkaufte. Sie hatten auch ihr literarisches Café, »Stojlo Pegasus«, den Pegasusstall, auf der Tverskaja im Haus No 37 (nicht erhalten). 1919 wohnte Jessenin zusammen mit dem Dichter Marienhof im Bogoslovskij pereulok (ul. Moskvina), Haus 5, Wohnung 46. Hier schrieb er an seinem Poem »Pugatschow«, das er zu vollenden trachtete, als er 1921 aus Mittelasien und den Orenburgischen Steppen zurückkehrte.

Jessenins Wort zur Revolution, zu einer kommenden gesellschaftlichen Utopie, ist von eigentümlicher Art. In »Inonien« – Anderland – soll sich Rußlands Schicksal erfüllen. Die Übersetzung von Paul Celan öffnet auch dem deutschen Leser einen wahren Zugang:

Rußlandhin ein Glockenbellen –:
Kreml, deine Mauer klagt.
Erde, auf die Sternenstrahlen
spieß ich auf dich, daß du ragst!

Zu der Stadt, der ungesehnen,
stoß ich vor durch Sternenmilch.
Gottes Bart: mit meinen Zähnen
zupf und rupf und rauf ich dich!

. . .

Ich lecke es von den Ikonen,
das Heiligenantlitz seht – seht!
Ich verheiß euch das Land Inonien,
wo die Gottheit der Lebenden lebt!

Jessenin besingt auf seine – die russische Art – das Ende der alten Religion: er rauft Gottes Bart, er leckt das Heiligenantlitz von den Ikonen. Nicht Moskau ist die neue Hauptstadt, sondern eine ungesehene Stadt, ein dörfliches Utopia. Das Besingen eines neuen Gottes, der in Fruchtbarkeitsritualen des Kuhkalbens erzeugt wird, zeigt an, daß Jessenin das Ende des Symbolismus und damit das Ende der Metaphysik auf seine betont provokante Weise ansagt. Das Kalb ist eine Parodie auf das »Lamm«: »Das wird die Herrschaft des Kalbes sein, und sie wird ein neues Rus', verwandelt, anders, nicht Rus', sondern Inonija, Andersland.«

Ich reiß Christus die Hosen herunter –
Gebrüllt, so hört ihr's, geschnaubt:
In der Schüssel des Mondes, munter,
da waschet euch Hände und Haupt!

...
Es wird keine Flucht euch frommen,
das Kalb, er trägt es aus.
Er wirfts – wirft die neue Sonne
in unser russisches Haus.

Der verwegene Ton, die fanatische Bilderstürmerei stimmen nicht mit seinem fast sanften Äußeren überein, wie es Chodassewitsch in Erinnerung hat:

»Im Herbst 1918 in Moskau traf ich Jessenin zum erstenmal. Er war auch irgendwie physisch angenehm. Es gefiel der ebenmäßige Körperbau; die weichen und selbstsicheren Bewegungen; kein schönes Gesicht, aber angenehm. Am besten war sein Frohsinn, leicht, mutvoll, nicht lärmend und nicht übertrieben. Er war sehr rhythmisch. Schaute direkt in die Augen und machte sofort den Eindruck eines Menschen mit aufrichtigem Herzen, eines durch und durch treuen Kameraden.«

Das Hohelied des dörflichen archaischen Lebens, das Jessenin singt, verbindet er mit einer Absage an Amerika und seine Technik. Ein Sänger des Kommunismus hätte er so nicht werden können, dessen Lebensnerv darin bestand, mit dem technisierten Amerika zu wetteifern:

Ich spalte die Welt durch die Mitte,
und du, Amerika, hör:
Schick keine eisernen Schiffe
über des Unglaubens Meer!

Doch konnte sich Jessenin nicht über die unaufhaltsamen Tendenzen der Moderne hinwegtäuschen: er war von der Gewißheit, daß die bäuerliche Utopie nicht mehr wiederzuerrichten ist, durchdrungen. Diese Gewißheit, Lieder für ein Nirgendwo zu singen, brachte ihn um den Verlust der eigenen Mitte. Nur ironisch oder aggressiv kann man sich gegenüber hinwegtreibenden Wirklichkeiten verhalten. In Moskau führte er für ein paar Jahre ein Leben der vorweg-

Jessenin mit seiner Mutter 1924

genommenen Selbstvernichtung: er zog durch Kaschemmen und ertränkte sich in Alkohol. Seine Sammlung »Kaschemmenmoskau« (Kabackaja Moskva) erinnert daran. Aber dennoch ist Moskau für ihn nicht eigentlich die Stadt der Bedrohung durch Technik und Großstadtkälte: Moskau behält etwas von asiatischer Weisheit und der Trägheit provinzieller Weiten, die sich nach Osten öffnen. Mandelstam wird einige Jahre später solche Züge an Moskau hassen. Für Jessenin ist die Stadt eine Ahnung Asiens: »schläfrig und golden«.

Also hier, in Moskau, auf der Straße,
hauch ich, so wills Gott, die Seele aus.

Ja, ich lieb sie, diese Stadt: verquollen
und versumpft, nun ja, und matt.
Asien, du schläfrig und du golden,
fandst die Kuppeln, fandst die Ruhestatt.

Und ich geh, geh nächtens, unterm Monde,
geh im Mondschein, geh im Teufelsschein,

torkle durch die Gasse, die gewohnte,
und in meiner Kneipe kehr ich ein.

Laut gehts zu und bang in meiner Kneipe,
aber nachtlang, bis es Morgen wird,
rezitier ich Dirnen, was ich schreibe,
und mit Gaunern gönne ich mir Sprit.

[...]

Treuer Hund, liegst längst schon unterm Grase.
Unbewohnt, verhutzelt – du mein Haus.
Also hier, in Moskau, auf der Straße,
hauch ich, so wills Gott, die Seele aus.

Aber nicht in Moskau, sondern in der Nacht vom 27. zum 28. Dezember 1925 in Leningrad im Hotel Astoria (dem damaligen Angleterre) hauchte Jessenin die Seele aus. Er schlang den Riemen seines Koffers, den er sich aus dem Ausland mitgebracht hatte, zweimal um den Hals, stieß den Schemel unter seinen Füßen weg und hing mit dem Gesicht zur Isaakskathedrale.

Noch war es nicht soweit. 1922 traf Jessenin Isadora Duncan. Sie lernten sich auf einer Abendgesellschaft kennen, die der Künstler G. Jakulow für seine Freunde in seinem Studio in der Bol'šaja Sadovaja Nummer 10, Wohnung 38 gab. Wie es sich so trifft: in den Jahren 22 und 23 wohnte auch der Dichter Bulgakow in diesem Haus und erklärte es zum Sitz des Bösen in seinem Roman »Der Meister und Margarita«. Im 14. Kapitel wird das Haus ausführlich beschrieben.

Die Tänzerin Duncan war 1921 kühn ins Sowjetrußland gezogen, um die Kinder von Arbeitern und Bauern das Tanzen zu lehren. Die Sowjetherrschaft stellte der Duncan Räumlichkeiten in der ehemaligen Villa der Ballerina Balašowaja in der Prečistenka 20, (ul. Kropotkinskaja) zur Verfügung. Bald nach diesem Abend wurde das Palais in der Prečistenka auch für Jessenin zum vorübergehenden Wohnsitz. Jessenin findet sich unversehens aus den Kaschemmen in einen klassizistischen Palast versetzt. Ein Freund erinnerte sich, wie er bei seinem Besuch eine breite Marmortreppe hinaufsteigt, wie er eine schwere Tür zu einem weiten kalten Vestibül öffnet. Jessenin kam ihm entgegen in einen bunten Hausmantel gehüllt. Sie betraten ein riesiges Zimmer, fast einen Saal, mittendrin ein Schreibtisch mit Handschriften, Duncanporträts und einer Büste von Jessenin selbst. Der Raum war unordentlich wie nach einem Erdbeben. Jessenins Augenlider waren geschwollen, seine Stimme brüchig. Er kündigte seine Abreise nach Amerika an.

Am 2. Mai 1922 ließen sie in Chamovniki ihre Ehe registrieren, am 10. Mai flogen sie mit der ersten sowjetischen Fluglinie nach Königsberg.

Am 12. November 1922 schreibt er aus New York: »Das Beste, was ich auf dieser Welt gesehen habe, ist dennoch Moskau. Ich hab nur Moskau, immer wieder Moskau im Kopf. Schäm mich dafür, daß es so à la Tschechow ist.«

Am 3. August 1923 kehrt er nach Moskau zurück: Skandale häufen sich: schließlich die Trennung von der Duncan. Ehrenburg erinnert sich an das Paar, wie er ihnen in Berlin begegnet war:

»In Berlin traf ich ihn mehrmals mit Isadora Duncan. Sie begriff, daß er es schwer hatte, wollte ihm helfen – und brachte es nicht fertig. Sie war fast doppelt so alt wie Jessenin, besaß nicht nur ein großes Talent, sondern auch Menschlichkeit und Zärtlichkeit und Takt. Er aber war ein unsteter Zigeuner, der sich vor nichts mehr fürchtete als vor der Seßhaftigkeit des Herzens.«

Im Juni 1925 heiratete er eine Enkelin Tolstois. Er zieht zu ihr in den Pomerancev pereulok, 3, Kv. 8. Am 26. November lag er in der Klinik; die Ärzte hatten einen zweimonatigen Aufenthalt angeordnet. Am 7. Dezember bereits telegraphierte er seinem Freund, er solle ihm zwei, drei Zimmer mieten, er beabsichtige vom 20. Dezember an in Leningrad zu leben. Am 21. Dezember verließ er die

Klinik und fuhr nach zwei, drei Tagen nach Leningrad. Am 31. Dezember wurde er in Moskau begraben. In Leningrad muß die Einsicht übermächtig geworden sein, die er sich mit Blut auf seine Manschette schrieb:

> Sterben –, nun, ich weiß, das hat es schon gegeben;
> doch: auch Leben gabs ja schon einmal.

Epilog

Moskau, die zärtliche Mutter, der verschwiegene alte Arbat, sie fanden mit der Revolution und in den zwei Jahrzehnten danach ihr Ende. Lassen wir einmal die Menschenopfer außer Betracht, so trat auch durch den ersten Weltkrieg und die Revolutionsereignisse eine solche Verstörung gegenüber den Häusern und Dingen ein, die man einst geliebt, geschont und verschönt hatte, die unvorstellbar ist. Zwar ist es nicht die Schändung und Pervertierung der uns vertrauten Heimstätten, wie sie von Schklowski in folgendem Zitat beschrieben wird. Aber man schätzte die alten Dinge nicht um ihrer selbst willen, sondern nur, wenn man mit ihnen ein hinreichend windiges Zeugnis ablegen konnte für einen vermeintlich erreichten ideologischen Endzustand. Nun wartet das Alte auf seine Wiederherstellung, so wie es an sich selbst ist.

»Ich war einmal zu Besuch bei alten Freunden von mir. Sie wohnten in einem Haus in einer vornehmen Straße, zuerst verheizten sie das Mobiliar, dann die Fußböden, und dann zogen sie in die nächste Wohnung um. Das war eine Art Kahlschlagsystem.

In Moskau gab es mehr zu essen, aber es war kälter und enger.

In einem Haus in Moskau war eine Militäreinheit einquartiert; man hatte ihr zwei Etagen zugewiesen. Zuerst hausten die Soldaten nur im unteren Stockwerk, verheizten es, zogen dann in die obere Etage um, schlugen ein Loch in den Fußboden, schlossen die untere Wohnung ab und benutzten das Loch als Klosettöffnung. Dieses Unternehmen war ein volles Jahr in Betrieb. Das war weniger eine Schweinerei als eine Nutzbarmachung der Dinge nach neuen Gesichtspunkten, und Schwäche.«

Dennoch muß man die Revolutionsereignisse dialektisch betrachten. Es gab einen intellektuellen Rausch der Revolution, den wir den damaligen Russen vielleicht weniger nachempfinden können als die körperlichen Entbehrungen, die Wohnungsnot, die primitiven Gesetze des Überlebens. Es war jener sprudelnde, vielfältig intellektuelle Freiheitsrausch, der die Revolution erst ermöglicht hatte und der sie noch eine Weile auf der Woge der Begeisterung trug. Es muß ein Gefühl gewesen sein, als sei man Herr der Geschichte, Herr aller Traditionen, Herr über eine neue Zukunft.

Und dazu kam der Enthusiasmus, beschrieben im »Briefwechsel aus zwei Zimmerecken«: die Revolution hat reingewaschen, der Mensch ist jungfräulich, er kann neu beginnen. Dieses merkwürdige kleine Werk, eines der lebendigsten Beispiele russischen Denkens, entstand 1922. Nach der Erinnerung F. Chodassewitschs trafen sich zwei Protagonisten der russischen Kultur, der Essayist und Wissenschaftler Michail Gerschenson und der Dichter des Hellenismus Wjatscheslaw Iwanow im Zimmer eines »Erholungsheims für erschöpfte Werktätige geistiger Arbeit«. Es befand sich zwischen der ehemaligen Pljuščicha und dem Smolenskij Rynok, in der Dritten Neopalimovskij-Gasse in einem weißen, zweigeschossigen Haus. Iwanow und Gerschenson hausten im Zimmer diagonal gegenüber: links von der Tür hatte Gerschenson Bett und Tisch und rechts vom Fenster Iwanow seinen Besitz. Beide bemerkten bald, daß sie wegen intensiver Gespräche nicht mehr Zeit zu ihrer eigenen Arbeit fanden. Sie beschlossen, ihre Themen in kurzer Form schriftlich zu behandeln, und so fand ein Briefwechsel zwischen zwei Zimmerecken statt. Iwanow verteidigte leidenschaftlich Tradition und die gewachsene historische Ordnung der Kultur. Gerschenson, der Gebildetste unter den Gebildeten, frohlockte über ihren Untergang. Gerschenson an Wja. J. Iwanow:

»Mir scheint: was für ein Glück wäre es, in die Lethe zu tauchen, um spurlos von der Seele alle Religionen und philosophischen Systeme zu waschen, alles Wissen, alle Künste, Poesien, und wieder ans Ufer zu treten, nackt, wie der erste Mensch, nackt, leicht, und froh und frei dem Himmel die entblößten Hände entgegenzurichten, aus der Vergangenheit nur eines erinnernd – wie es schwer und stickig war in diesen Gewändern, und wie leicht es ist ohne sie.«

Dieses federleichte intellektuelle Gefühl hat Gerschenson nicht nur einmal geäußert; und es waren nicht wenige, die in den Revolutionszeiten von diesem Gefühl, das Gerschenson auf den Punkt gebracht hat, erfüllt waren.

12. »MARINA, DIE STÜRZENDEN STERNE!«

Rilke, Pasternak, Zwetajewa

Blick Rilkes auf die Moskvorecker Brücke und den Kreml
vom Hotel Novomoskovskoe podvor'e aus (2. Moskau-Reise 1900)

Rilke, Pasternak und Marina Zwetajewa trafen sich im Unendlichen. Im Jahr 1926 schrieben sie sich innige Briefe, obwohl sie sich kaum oder nie gesehen hatten. Pasternak schrieb aus Moskau, Rilke aus dem Wallis, Marina Zwetajewa aus Paris. Gemeinsam war ihnen die Stadt Moskau; nicht das wirkliche nachrevolutionäre Moskau, sondern eine himmlische Stadt, ein mystischer Ort.

Lange kann man darüber nachdenken, wo denn in Moskau dieser Briefwechsel am besten zu lesen wäre. Aber es bot sich nichts zwingend an. Der Briefwechsel mit Rilke ist in deutscher und jetzt auch in russischer Sprache erschienen. Alle können nun aus ihm lernen, wie einig Europa und Rußland einst waren; und einst wird Moskau der Ort sein, wo sie wieder einig sein werden.

Berichten wir zunächst als Chronisten: Rilke starb am 29. Dezember 1926 im Wallis. Gut ein Jahr zuvor hatte ihn ein Brief aus Berlin erreicht: »Ist es wirklich kein Traum, daß ich noch, dessen Name (Leonid Ossipowitsch Pasternak – Moskau) Sie sich wohl erinnern werden – mir die Freude gestatten kann, Sie, meinen lieben alten Correspondenten – jetzt die europäische Größe, umarmen und mit dem 50. Jubiläumstag herzlichst begrüßen und beglückwünschen kann!« Leonid Pasternak, inzwischen Emigrant in Berlin, erinnert Rilke an seine beiden in Moskau verbliebenen Söhne: »Besonders mein ältester Sohn Boris – ein berühmt gewordener und in Rußland geachteter junger Poet – ist Ihr glühendster Anbeter, Ihr ernsthaftester und aufrichtigster Verehrer – wohl auch Ihr Schüler und einer der ersten, der Ihr Schaffen propagierte, als man Sie in Rußland noch nicht kannte.«

Rilke antwortet, angerührt wie durch eine alte Märchenmelodie – »das alte Rußland ... (die unvergeßliche heimliche ›skazka‹)«: »Und nun will ich Ihnen gleich versichern ... wie alles, woran Sie mich in Ihrem Schreiben erinnern, mir nah, lieb und heilig geblieben ist, für immer eingelassen in die Grundmauern meines Lebens!« Rilke, der als Heimatloser einst glaubte, in Moskau seine Heimat gefunden zu haben, weiß auch gute Worte dem exilierten Pasternak zuzusprechen:

Der Maler Leonid Pasternak, Vater von Boris Pasternak

»... aber wenn wir es auch nicht mehr in seiner Auferstehung erleben werden, das tiefe, das eigentliche, das immer überlebende Rußland ist nur in die heimliche Wurzel-Schicht zurückgefallen, wie früher einst unter der Tatarščina; wer dürfte zweifeln, daß es da ist und sich in seinem Dunkel, unsichtbar für seine eigenen Kinder, langsam, mit seiner heiligen Langsamkeit, zu einer vielleicht noch fernen Zukunft zusammennimmt?! Ihr eigenes Exil, das Exil von so vielen ihm Getreuesten, nährt diese gewissermaßen unterirdische Vorbereitung: denn wie das eigentliche Rußland unter die Erde, in die Erde sich verborgen hat, so sind Sie alle ja nur fortgegangen, um seiner augenblicklichen Verborgenheit treu zu bleiben.«

Diese Worte sind wie ein unverhofftes Geschenk für Leonid Pasternak; sie machen ihn reicher, weil sie ein Bild der entschwundenen Heimat, der Heimatstadt zeichnen, welches man so vorher nicht kannte und in dem man sich jetzt aufs neue wiedererkennt. Beschenktsein heißt aber für ihn auch weiterverschenken, und so geht der Rilkebrief als Abschrift an seine Tochter in München; schließlich eine weitere Abschrift, wegen der Zensur abgewandelt, nach Moskau zu Boris. Dieser Boris schreibt am 12. April aus Moskau eine überschwengliche Antwort an Rilke: auch er will schenken in seiner Freude, und er bittet nicht für sich, sondern für eine andere Exilierte, Marina Zwetajewa, »die Sie nicht weniger und nicht anders liebt als ich«:

»Sie lebt in der Emigration in Paris. Ich möchte, o bitte verzeihen Sie mir die Kühnheit und die scheinbare Zudringlichkeit, ich möchte, ich dürfte wünschen, daß sie für ihren Teil etwas der Freude Ähnliches erlebte, die sich über mich dank Ihnen ergoß. Ich stellte mir vor, was für sie ein Buch von Ihnen, vielleicht die ›Duineser Elegien‹, deren Name ich nur vom Hörensagen kenne, mit Ihrer Aufschrift wäre. O verzeihen Sie bitte mich! Aber in dem gebrochenen Lichte der tiefen, weiten Zufälligkeit, der Blindheit dieses freudigen Zustands darf ich wähnen, daß die Brechung eine Wahrheit ist, daß meine Bitte erfüllbar und irgendwie brauchbar ist. Für wen, wofür? Das könnte ich nicht sagen. Vielleicht für den Dichter, der in der Dichtung enthalten ist und durch die Zeiten verschiedene Namen führt. Sie heißt Marina Zwetajewa und lebt in Paris; 19 me arr., 8, rue Rouvet.«

Rilke erfüllt Pasternaks Wunsch, schickt Marina die »Duineser Elegien«, rühmt die ihm bekannten Dichtungen Boris Pasternaks und endet: »Aber warum, so muß ich mich jetzt fragen, – warum ist es mir nicht vergönnt gewesen, *Ihnen* zu begegnen, Marina Iwanowna Zwetajewa? Nach Boris Pasternaks Brief muß ich glauben, daß uns beide eine solche Begegnung zur tiefsten innersten Freude ausgefallen wäre. Wird sich das jemals nachholen lassen?!«

Rilke und Marina Zwetajewa haben sich nicht gesehen. Für Rilke, den die Todesahnung gefangenhielt, war das nicht entscheidend. Nicht zufällig hatte er im Brief an Leonid Pasternak das Bild vom Zurücksinken ins Wurzelwerk gebraucht. Sein wesentlicher Gedanke ist: Völker und Menschen können Irrwege gehen, wenn sie aber das bewahrt haben, aus dem sie wahrhaft hervorgegangen sind, ist Rettung und Erlösung.

Der bewahrte und aufgehobene Anfang und das Zurücksinken in diese Anfänge – das ist die Todesmelodie Rilkes. Weil er in seinen Rußlandreisen 1899 und 1900 festen Grund in die Untiefen seines Wesens legte, war es an der Zeit für ihn, am Ende seines Lebens in sein Wurzelwerk zu sinken oder, wie er es allgemeiner in der Elegie für Marina sagt: »Jeder verzichtende Sprung stürzt in den Ursprung und heilt.«

Wie sind die Anfänge von Rilkes Menschsein mit Rußland, mit

Moskau verbunden? Leibhaftig begegnete Rilke Rußland zum ersten Mal, als er Lou von Salomé (geb. 1861 in Petersburg) am 12. Mai 1897 in München kennenlernte. Die frei- und eigensinnige Lou hatte Nietzsche und Paul Rée, mit denen sie einst eine geistige Dreiergemeinde innerhalb eines gemeinsamen Haushalts plante, durch ihren körperlichen Entzug viele Schmerzen bereitet. Friedrich Carl Andreas zwang sie schließlich durch angedrohten Selbstmord zur Ehe, die Lou aber nach ihrem Belieben, frei in Europa reisend und schreibend, gestaltete. Die Ehe mit Andreas war zu rein freundschaftlichen Konditionen ausgehandelt. Der Hartnäckigkeit der Werbung des jungen Rilke widerstand Lou nicht. Ja, wie bezaubernd schrieb er ihr doch: »Ich bin mit ein paar Rosen in der Hand in der Stadt und dem Anfange des Englischen Gartens herumgewandert, um Ihnen die Rosen zu schenken. Ja, statt sie an der Tür mit dem goldenen Schlüssel abzugeben, trug ich sie mit mir herum, zitternd vor lauter Willen, Ihnen irgendwo zu begegnen. Und das war doch ungefähr so, wie wenn Einer einen Brief ins Meer wirft, damit die Wellen denselben an den Strand des Freundes tragen.«

Doch waren ihm viele überhitzte und angestrengte ›Gewundenheiten‹ eigen, die er durch ihren Einfluß abstreifte. Er strebte nach einem einfacheren, reineren Stil. Lou war ihm Gefährtin für Seele und Leib. Den Sommer verbrachten sie in Wolfratshausen bei München, den Winter im Berliner Schmargendorf zusammen mit dem Ehemann Andreas.

Nach einem Italienaufenthalt, wo er die Petersburgerin Helena Woronina kennenlernte, war er mit Lou Mitte Juni 1898 wieder vereint. Doch machte sie ihm keine Hoffnung auf eine enge Verbindung, wünschte eine intellektuelle Freundschaft. Rilke mietete sich ein Zimmer in Berlin, und in der Villa Schmargendorf begann man zu dritt die Pläne für eine Rußlandreise zu schmieden. Baedeker, Pässe, Empfehlungsschreiben – alles war im April 1899 vorbereitet.

Lou hielt in einem Kalender Einzelheiten des Reiseprogramms fest. Die Datierung ist die des neuen Stils. (Für die Zeitrechnung alten Stils müssen im 19. Jahrhundert 12, im 20. Jahrhundert 13 Tage abgezogen werden.) Die Besucher nächtigen am 27. April im Bol'šaja Moskovskaja Gostinica. Das Moskauer Grandhotel lag am Auferstehungsplatz gegenüber dem Auferstehungstor, wo sich die Iberische Kapelle befand (wie mehrfach erwähnt: abgerissen und umgebaut). (Vgl. Abb. S. 347). Das rote Lämpchen unter der Ikone zur Iberischen Gottesmutter sah Rilke von seinem Fenster aus glimmen. Es war die Osterzeit.

Am Morgen des 28. April besuchen sie den Maler Leonid Pasternak mit Empfehlungsschreiben. Leonid Pasternak unterrichtet an der Kunstschule in der Mjasnickaja (Kirova 21) und hat dort sein Atelier und nacheinander zwei Wohnungen (bis 1911). Das Haus mit der einst prächtigen Halbrotunde wurde, in dem klassizistischen Stil, den es heute noch zeigt, etwa 1780 (möglicherweise von Baženov) errichtet. Nach mehreren Besitzern, die schon in die Mitte des 18. Jahrhunderts datieren, kam es Ende des Jahrhunderts an I. I. Juškov. Nachdem die Juškovs das Gebäude nicht mehr halten konnten, kaufte es 1844 die Moskauer Kunst-Gesellschaft. Seitdem war es eine Lehranstalt für Malerei, Bildhauerei und Architektur. An der Schule studierten der Bruder Tschechows, die Tochter Tolstois, Majakowski, aber auch das Genie Kasimir Malewitsch. Nach der Revolution wurde hier der Vchutemas – die Höheren Staatlichen Künstlerisch-technischen Werkstätten – errichtet, deren ungebundener Ideen- und Formenreichtum bald liquidiert wurde. 1894 war Tolstoi bei Leonid Pasternak zu Gast: Leonid hatte zu einem Geigenkonzert eingeladen, das Tolstoi so gut gefiel, daß er es in seinem Haus in Chamovniki (vgl. 8. Kap.) wiederholen ließ. Leonid Pasternak schuf auch die Illustrationen zu Tolstois Roman »Auferstehung«. Rilke und Pasternak korrespondierten ausführlich über diese Illustrationen.

Leonid Pasternak erinnert sich an Rilkes Besuch im Jahr 1899:

»Es war vor mehr als vierzig Jahren, in Moskau. An einem wundervollen Frühlingstag, der nach einem langen, strengen Winter gleichsam alles mit der Ekstase des Sonnenscheins übergoß, stand mir in meinem Atelier ein junger, sehr junger Mann gegenüber,

КООПЕРАТИВ РАБОТНИКОВ

Die alte Mjasnickaja

blaß, zerbrechlich, in einem dunkelgrünen Lodenmantel ... mit seinem kleinen weißen Bärtchen und den großen blauen kindlich-reinen, fragenden Augen (glich er) eher einem subtilen russischen Intellektuellen, seine edle Haltung, sein lebensfrohes, lebendiges Wesen, seine unbändige, strahlende Freude, ja Begeisterung für alles schon in Rußland Gesehene, für dieses, wie er sich ausdrückte, ›ihm heilige‹ Land – das alles bezauberte mich sofort.«

Dank der Vermittlung Leonid Pasternaks konnten sie bereits am selben Abend Tolstoi in seinem Haus im Weberviertel besuchen (vgl. Kap. 8). Rilkes Ostervorfreude rief den Unwillen Tolstois hervor: er mochte mit Ritualen der Kirche nichts mehr zu tun haben, da er überzeugt war, die Zwangsvorstellung des Wunderglaubens halte das Volk in Abhängigkeit.

Rilke ließ sich vom Zorn Tolstois nicht beeindrucken: die erste Osternacht in Moskau wird ihm zum einzigen Ostern seines Lebens:

»Mir war ein einziges Mal Ostern; das war damals in jener langen, ungewöhnlichen, ungemeinen, erregten Nacht, da alles Volk sich drängte, und als der Ivan Velikij (vgl. Kap. 4) mich schlug in der Dunkelheit, Schlag für Schlag. Das war mein Ostern, und ich glaube es reicht für ein ganzes Leben aus; die Botschaft ist mir in jener Moskauer Nacht seltsam groß gegeben worden, ist mir ins Blut gegeben worden und ins Herz. Ich weiß es jetzt: Christos voskres!«

Christus ist auferstanden: für Rilke war dieser russische Ostergruß, den die Angesprochenen mit »Christus ist wahrhaft auferstanden« erwidern, ein Zuruf, »die versunkene Stadt«, seine »bange und verworrene Kindheit« (Brief an Suworin von 1902) wiederzuerinnern, sich mit diesen Anfängen zu versöhnen und sie zu erlösen. Daß Rilke mit seiner »kleinen Kerze« eine ganze Osternacht lang, vom 29. zum 30. April, vor den Kathedralen des Kreml stand, mit sich allein und auf sich zurückgeworfen, dürfen wir nicht als unbedeutend auffassen, sondern als den Anfang, den erinnerten Anfang, eines Dichterlebens.

Die Erlöserkirche, heute Freischwimmbad »Moskva«

An den folgenden drei Tagen besuchen Rilke und Andreas (Lou ist erkältet) Kirchen und Kathedralen. Lou ist nur bei der Erlöserkirche (heute: Freischwimmbad an der Volchonka), der Tret'jakovgalerie (Lavrušinskij pereulok) und dem Haus der Bojaren Romanov (Varvarka; ul. Razina 10) dabei. Das Haus war einst ein Museum und soll es – einst – wieder werden. Inzwischen berichten wir aus dem Baedeker, was Rilke damals gesehen hat:

»Haus der Bojaren Romanov, ein auf dem Abhang der Straße liegendes einstöckiges (nach dem Hofe vierstöckiges) Gebäude mit 17 m breiter Front, das ein treues Bild der Einrichtung reicher russischer Wohnhäuser aus der Zeit des 16. und 17. Jahrhunderts gibt (Eintr., dem Diener 30 Kop.). In ihm wurde Michail Fedorovic, der erste Zar aus dem Hause Romanov geboren, der es später dem Znamenskij-Kloster schenkte... Im Erdgeschoß die Vorratsräume; darüber die Küche und Dienstbotenzimmer. Im zweiten Stock die Bojaren-Zimmer und eine Kapelle. Die Krestovaja palata, das Empfangszimmer des Hausherrn, hat eine Vitrine mit dem Familien-Tafelgeschirr... In der Kapelle Heiligenbilder... Im obersten

Haus des Bojaren Romanov

Stock das Terem oder Frauengemach, das Schlafzimmer des Patriarchen Filaret u. a. Auffallend sind im ganzen Gebäude die kleinen Türen und engen Treppen.«

Am Abend des 2. Mai fahren sie nach Petersburg. Am 25. Mai kommen sie noch einmal für drei Tage nach Moskau. Sie besichtigten wiederum den Kreml und seine Kathedralen, das Historische Museum am Roten Platz, das Stroganov-Museum (Mjasnickaja 43). Am 27. Mai sind sie in Ostankino, flanieren im Alexandergarten und über die Petrovka (der Baedeker schreibt von den »eleganten Läden« der Petrovka). Auch Abramcevo, das Künstlerzentrum des Sawa Mamontow, ein hübsches altes Landgut (Museum!) in der Nähe von Zagorsk besuchen sie; Rilke mag die kleine Kirche, die Wiktor Wasnecow gebaut hat.

Es wäre töricht zu meinen, Rilke habe aus einem kindischen Mißverständnis heraus eine gänzlich formell gewordene Religion ins Mystische überhöht. Rilke kannte solche Einwände durchaus, ließ sich davon nicht beeindrucken, sondern betrachtete russische Frömmigkeit als eine Form ursprünglichen Menschseins:

»Irgendwo, wo Sich-Verneigen nicht Gottesdienst ist und nicht Cultus ... sondern eine Gebärde der Macht und der Milde zugleich. Etwas, was sich nur mittelbar auf Bilder und Kreuze bezieht und für sich eine Bedeutung und Beziehung hat zu dem, der es tut, zu seiner Sehnsucht, zu seiner Liebe, zu dem Erleben seines Gemütes. Ist das etwas nach außen Beabsichtigtes, wenn so ein russischer Bauer sich verneigt?, bewahre; er geht in die Kirche, und wie er sich neigt und neigt, beginnt er den Gott in sich zu wiegen, zu wiegen mit seiner Bewegung, wie ein Kind, das sich beruhigen soll; denn sein Gott ist in ihm wie ein liebes Kind in der Wiege, und vielleicht ist es gerade unruhig geworden aus irgendeinem Grunde: so wiegt er es, auf ab, auf ab.« (An Helena Woronina, 27. Juli 1899.)

In der Seligkeit der Armut, in der Einfachheit der Gebärde, in der Demut und dem Hochgefühl der Selbstbeschränkung zeigt sich der neue Mensch:

»... daß er ebenso Eines und ein Einsames sei wie er selbst. Dieses aber ist der Mensch von in tausend Jahren und von – vielleicht vor tausend Jahren: kurz, der Mensch, nicht der seiende und nicht der vergangene, nicht der aus naher Zukunft, der dauernde, ewige, immer mögliche wunderbare Mensch: fühlen Sie Rußland?«

Der einfache, fromme und arme Mensch war Rilke also nicht bereits die Vollendetheit des Menschseins, sondern ist Zeichen der Möglichkeit, von der unklar ist, ob sie je Wirklichkeit werden wird. Für diesen Gedanken findet Rilke das Bild des unvollendeten, werdenden Gottes; Gott ist als dunkler Grund im Menschen anwesend. Von dieser Gewißheit spricht das »Stundenbuch. Vom mönchischen Leben«: »Du bist der dunkle Unbewußte, Du bist der Schlichte welcher sparte.« Die Möglichkeit zum reinen Menschsein ist der werdende Gott in uns.

Die Osternacht auf dem Kreml 1899 war deshalb für Rilke die einzige wahre Auferstehung: der Mensch und der Dichter Rilke gingen daraus hervor; nicht in dem Sinne, daß er nun meinte, endlich seiner habhaft zu sein, sondern daß er sich »sein« ließ, nur noch auf das organische dunkle Werden in ihm lauschte. Später wird er es die

»vierte Dimension der Freiheit« nennen: Die Ergebenheit in den Sinn des zuwartenden Schicksals. Das organische Reifen in der Stille war eine andere Seinsweise als die Aktivitäten der Zivilisation. Das Erlebnis Rußland konnte ihn deshalb bis an sein Lebensende nicht verlassen: während der Osternacht, der Auferstehungsfeier auf dem Kreml, erlebte er den Anfang des Werdens seiner zu sich selbst. Diesen dunklen Anfang hat er immer in sich bewahrt, und dieser bewahrte Anfang erstand am Ende seines Lebens, als er im Geiste der Russin Zwetajewa begegnete. Der Lebenskreis Rilkes hatte sich geschlossen.

Die zweite Reise:
Die zweite (große) Rußlandreise machen Lou Salomé und Rilke alleine: von Anfang Mai 1900 bis zum 22. August. Zunächst bleiben sie drei Wochen in Moskau, wenn auch die Osterzeit vorbei ist, wie wir dem Willkommensbrief der Freundin Sofija Schill entnehmen:

»Bei Ihnen läuten bereits die Osterglocken, auch bei uns in Moskau ist es trotz der Karwoche irgendwie fröhlich: Sonne und blauer Himmel, im Kreml ist der Zar eingetroffen, gestern und vorgestern wehten Fahnen an der Einfahrt, und die große Glocke ertönte anläßlich seiner Ankunft. Doch die Bäume sind noch kahl, eben erst ist das Eis auf der Moskva gebrochen, und die Luft ist recht frisch. – Wie Sie sich denken können, vergeht diese Woche bei uns in reger Geschäftigkeit: man muß in der Kirche sein, wo solch wundersame Gebete gesungen werden, zu Hause müssen die Osterbrötchen und das Osterlamm bereitet werden, auch die Eier müssen zum Ostersonntag bemalt sein. All das macht man nicht, weil man ohne es nicht auskommen kann, sondern einfach wegen des gewissen patriarchalischen Reizes, der mit dieser Geschäftigkeit verbunden ist und an die glückliche Zeit der ersten Kindheit und an den reinen Glauben jener Jahre erinnert. In dieser Woche muß ich mich noch auf das Abendmahl vorbereiten, weil ich es mir so gelobt habe, als ich in Berlin in der Klinik lag. Dazu muß man gesund und stark sein!«

Schill will für Lou und Rilke Privatzimmer suchen, eine billige Unterkunftsmöglichkeit, von der der heutige Tourist nur träumen kann, doch Rilke setzt auf die Wiederholung, er möchte unbedingt wieder im Grandhotel logieren, »in unseren alten Stuben in der Bol'šaja Gostinica absteigen. Sie sind uns so lieb geworden, und wir würden nicht glauben, in Moskau zu sein, wenn nicht wieder das silberne Kapellchen der Iverskaja vor unsern Fenstern stünde. Es wird so mehr wie eine Wiederkehr sein!«

Eine Wiederholung scheint gerade in den Nichtigkeiten des Alltagsgeschäfts nicht immer möglich. Rilke jedenfalls fand offensichtlich kein Zimmer im Grandhotel und mußte sich mit den möblierten Zimmern in der Pension »Amerika«, Vozdviženka, 11, begnügen. Ihm gegenüber, Haus Nummer 16, der mauretanische Traum des Kaufmanns Morozov. (Haus Nummer 9 ist ein Schauplatz von »Krieg und Frieden«, vgl. Kap. 2.)

Ein Besucher, Pawel Ettinger, erinnert sich an die »chambres garnies«, »deren es zu jener Zeit in Moskau unendlich viele gab... Glücklicherweise war Rilke zu Hause, und ich traf ihn allein in einem kleinen, einfenstrigen Zimmer. Im Gedächtnis ist mir ein blasses, längliches Gesicht mit vollem, sinnlichen Mund verblieben und reichliches aschblondes Haar.«

Sie besuchen wieder die öffentlichen und privaten Kunstsammlungen; auf dem Kreml sehen sie auch das Čudov-Kloster. Am 24. Mai fahren sie nach Ostankino, und am 27. Mai besichtigen sie das Neujungfrauenkloster.

Diesmal nimmt Sofija Schill sie auch zu den Abendkursen der Arbeiter auf der Prečistenka mit. Sie fanden im Haus 22 (vgl. 3. Kap.) statt. Schill selbst unterrichtete dort; sie trafen aber auch mit einem der Gründer der Abendschule für Arbeiter (1897), Sergej Lewickij, zusammen: Lou von Salomé erinnert sich, daß er eine »kristallklare Seele« hatte; er verzichtete auf Grafentitel und große Güter in Südrußland, »um ganz dem Volk und nach Tolstoischen Ideen zu leben«. Willen und Kraft zur Erneuerung beherrschte, wie man sieht, alle Stände und alle Couleurs. Lou und Rilke lernten die-

Neujungfrauenkloster

ses Moskau von arm und reich gründlich kennen. Aus den Erinnerungen von Sofija Schill:

»Sie gingen oft in die Kneipen der Lastenträger, um Tee zu trinken, ihren Gesprächen zu lauschen und sich zu unterhalten. Morgens verschwanden sie in Bildergalerien und Museen; besuchten die Gottesdienste in den Kirchen, drängten sich auf der Sucharevka, auf dem Smolensker Markt; durchstreiften die finstersten Winkel der Stadt. Und sie sahen über das Grobe, den Schmutz und die Elendshütten hinweg. Überall sprachen sie mit dem Volk, und überall begegnete ihnen – wie sie danach erzählten – gutmütige Bereitschaft zu Offenheit und freundliches Entgegenkommen. Sie suchten allerorts das echte Antlitz Rußlands. Je weiter es von der Literatur und dem Europäertum entfernt war, um so besser... Dafür zeigten sie ein ungewöhnliches Interesse für meine Zuhörer der Prečistenskij-Kurse für Arbeiter. Einige Male veranstaltete man für sie bei mir Teestunden, und die ausländischen Gäste lauschten den Erzählungen unserer Weber und Setzer...«

Von sowjetischen Literaturwissenschaftlern hörte man immer den törichten Satz, Rilke habe nicht das »wahre« Rußland sehen wollen. Natürlich war Rilke noch nicht im Besitz der marxistischen Geschichtswissenschaft, die nach unfehlbaren ökonomischen Gesetzen vorschreibt, welcher Wahrheitswert den einzelnen Epochen zuzuschreiben ist. Aber auch ohne diese ironische Replik ist eines sicher: Rilke hat sich, wie kaum ein anderer ausländischer Dichter, in die russische Sprache und Kultur hineinversenkt: Das Rußlandbild, das daraus hervorging, in Liebe und Intuition erfühlt, aber auch durch mühevolle Arbeit erdacht, ist wahrer als jede pseudophilosophische Analyse. Vielleicht lohnt es sich, Rilkes Rußlandbild wieder ernst zu nehmen und davon zu lernen.

Rilke hat mit einem der Teilnehmer der Kurse, Smirnov, noch eine Zeitlang korrespondiert. Von dieser Korrespondenz hatte er keinerlei gesellschaftliche Vorteile. Er tat es, weil er das einfache und schlichte Rußland, das er in seinem Herzen weiterliebte, nicht verriet und niemals verraten hat.

Am 31. Mai brachen Lou Salomé und Rilke vom Kursker Bahnhof in Moskau zu einer langen Reise durch Südrußland auf: Am Bahnhof trafen sie die Pasternaks, und der junge Boris wird den unauslöschlichen Eindruck von Rilke mitnehmen, der ihn in seinem Dichterleben nicht mehr verließ:

»An einem heißen Sommermorgen des Jahres 1900 verließ ein Schnellzug den Kursker Bahnhof in Moskau. Unmittelbar vor der Abfahrt trat ein Mann in schwarzem Tiroler Umhang an das Fenster unseres Abteils. Mit ihm eine hochgewachsene Frau. Sie mochte wohl seine Mutter oder seine ältere Schwester sein. Die beiden unterhielten sich mit meinem Vater über ein Thema, dem sie sich alle drei mit der gleichen Wärme hingaben. Die Frau wechselte ab und zu ein paar Worte Russisch mit meiner Mutter, der Fremde sprach nur Deutsch. Obwohl ich diese Sprache gut kannte, hatte ich sie noch nie so sprechen hören. Und deshalb erschien mir dieser Mann in dem Gedränge, das zwischen dem ersten und dem zweiten Läuten auf dem Bahnsteig herrschte, wie eine Silhouette inmitten von Körpern, wie eine Fiktion im Dickicht der Wirklichkeit.«

Sie fuhren auf der Wolga, lebten drei Tage in einer einfachen Bauernhütte bei Jaroslawl', besuchten den Bauerndichter S. D. Droshshin. Nachdem sie zurückgekehrt waren, blieben sie noch ein paar Tage in Moskau. Nun sahen sie den Kreml vom Flußufer her. Soeben hatte in Moskau ein neues Hotel eröffnet: das Novomoskovskoe podvor'e. Das Hotel (Straße: Balčug, vgl. Abb. S. 314) wurde in den dreißiger Jahren durch das Aufsetzen zweier Stockwerke verhäßlicht. Es ist heute restauriert. Rilke schreibt:

»Diese letzten Moskauer Tage waren sehr reich und schön. Wir wohnten im Novomoskovskoe podvor'e, alle Tage und Nächte den Kreml vor uns aufgetan – hell und herrlich und doch so einfach im Ausdruck seiner Pracht. So nur mit dem Kreml vor Augen kann man Moskau in seinem vollen Leben begleiten, kein Lächeln seiner Mienen versäumen und kein ernstes Wort überhören, welches aus seinen großen dunklen Glocken kommt.« (An Schill, 20. Juli 1900.)

Die Tage in Petersburg warfen ihre Schatten voraus auf das künftige Verhältnis Rilke und Salomé. Sie war alleine zu ihren Verwandten nach Finnland gereist; der Zurückgelassene schrieb verzweifelte Briefe.

Rilkes Trachten ging danach, sich mit seinen erworbenen Kenntnissen eine Existenz durch Übersetzen russischer Werke und Verfassen von kunstästhetischen Aufsätzen aufzubauen. Schließlich wollte er sogar, im Jahr 1902, mit seiner jungen Frau Clara nach Rußland übersiedeln. Ein flehender Brief an A. Suworin gibt darüber Aufschluß: der Brief fand keine Antwort. Rilke ging nach Paris zu Auguste Rodin.

Am Ende des Lebens treten die »Anfänge« seines Menschseins, die ihm in der Moskauer Auferstehungsnacht geschenkt waren, ins Licht. Und wir erfahren, daß Rilke von diesen Anfängen eine ganz einfache Vorstellung hatte: sie waren für ihn der Beginn der Einigkeit mit dem Leibe. Rilke war zu einem einigen und einfachen Umgang mit sich selbst, mit seiner Leibseligkeit gelangt, den ihm eine verdunkelte Kindheit und eine Jugend unter den Prager Militärkadetten versagt hatte. Rußland hatte ihn, wie er vielfach sagte, mit sich versöhnt.

An Marina Zwetajewa schreibt er 1926 ausdrücklich, daß die errungene Einheit mit dem Leib, daß dieser mit ihm so einige Leib den Rußlandaufenthalten zu verdanken seien,

»als ich mit ihm, seit einer gewissen Wendung meines Daseins (die, um 1899 und 1900, mit meinem Wohnen in Rußland zusammenfiel), ohne Arzt, in einer so vollkommenen Übereinstimmung zu leben gewohnt war, daß ich ihn oft für ein Kind meiner Seele hätte halten können: leicht und brauchbar wie er war und mitnehmbar bis ins Geistigste hinein, wie oft aufgehoben, mit Gewicht begabt nur noch aus Courtoisie und sichtbar nur noch, um das Unsichtbare nicht zu erschrecken! So innig mein; Freund, wirklich mein Träger, der Hälter meines Herzens; fähig aller meiner Freuden, keine herabsetzend, jede mir eigenthümlicher aneignend; sie mir schenkend genau im Durchschnittspunkt meiner Sinne... Genial, von Jahrhunderten erzogen, großartig in der heiteren Unschuld seines Nicht-Ich's, rührend in seiner Lust, dem ›Ich‹ in allen seinen Übergängen und Schwankungen treu zu sein. Einfältig und weise.« (An Marina Zwetajewa, am 17. Mai 1926.)

Marina Zwetajewa mit ihrer Tochter 1926

Mit diesem Leib nun, von dem Rilke manchmal nicht wußte, »wer glücklicher dichtet: er, ich, wir beide?«, ist er »zerworfen«, die »Unzustimmungen des Leibes« beunruhigen ihn tief. Seit Dezember 1925 ist er teilweise in einem Walliser Sanatorium, hat aber kein Vertrauen zum Arzt: er will ihn nicht einlassen »in das einzige Verhältnis von Sich zu Sich, das keinen Mittler verträgt« (am 10. Mai).

Diese so wunden Zeilen, die der Mensch-Rilke an die Russin Marina Zwetajewa schreibt, weil er – noch einmal und abermals – eine heilende Gebärde Rußlands erhofft, werden von Marina nicht gehört, überhört ...

In einem Sturmlauf der Gefühle will Marina Zwetajewa den Dichter-Rilke sich anverwandeln, will ihn für sich haben, ohne den Mittler Pasternak oder irgendeinen anderen. Freilich kennt sie ihre eigene Schwäche, die Kraft ausüben will, so daß das Eigensein des anderen zergeht wie Schnee: Herrisch, aber auch furchtsam schließt sie ihre Briefe: »Doch ich gab immer zu viel, ich übertönte immer die mögliche Antwort. Die Antwort erschrak. Ich nahm den ganzen Widerhall vorweg.«

Aber auch Rilke hatte zu Beginn des Briefwechsels sich auf ein »Uns-Ineinander« mit der Dichterin Marina Zwetajewa eingelassen. Die mystische Glut seiner Briefe sucht ihresgleichen:

»... daß wir zwei Schichten, zwei Lagen dichtzart, zwei Hälften eines Nests wären (wie gern wüßt ich jetzt wieder, wie Nest russisch heißt, [vergessen]!) des Schlaf-Nests, in dem ein großer Vogel, ein Raubvogel des Geistes (nicht blinzeln!) sich niederläßt ...«

»... heute, im ewigen Heut des Geistes, heut, Marina empfing ich Dich in meinem Gemüth, in meinem ganzen Bewußtsein, das erbebt von Dir, von Deinem Kommen, als wär Dein großer Mit-Leser, der Ozean, mit Dir, Herzfluth, über mich hereingebrochen ...«

Marina schreibt: »Ihre Bücher erwarte ich wie ein Gewitter, das – ob ich will oder nicht – kommen wird. Fast wie eine Operation des Herzens (keine Metaphore: jedes Gedicht [Deines] schneidet ins Herz und schnitzt es nach seinem Wissen – ob ich will oder nicht.) Nichts wollen! Weißt Du, warum ich Dir Du sage und Dich liebe und – und – und – Weil Du eine Kraft bist. Das seltenste.«

Am 8. Juni 1926 schickt Rilke ihr die Marina-Elegie. Er schreibt sie im Wissen der Entsagung. Ein Vers daraus: »Jeder verzichtende Sprung stürzt in den Ursprung und heilt.«

Rilke weiß, daß es mit Marina Zwetajewa keine Zukunft gibt, nur die erinnerte Vergangenheit Rußlands, den bewahrten Anfang. Und der Tod, der nichts anderes als ein dem Leben Entsagen ist, wird ein Sturz in den Ursprung sein.

Rilke versucht, ihr im Begleitbrief die Not seines auslöschenden Lebens klarzumachen: »Und, seit einer Zeit, vermuthlich vom Physischen aus, so ängstlich, es könnte jemand, es könnte ein Liebes, Leistung oder Wendung von mir erwarten, und ich versagen, hinter dem Erwarteten zurückbleiben.«

Marina stürmt oder schweigt gekränkt. Sie gewährt Rilke nicht den »Beistand nach Maß«, den Rilke von der Russin erwartet hat: »so daß ich von den Dingen, die kommen wollen, jetzt nicht sie selbst, sondern eine genau besondere Hülfe erwarte, einen Beistand nach Maaß?« Es ist der 19. August und das letzte Mal, daß Rilke ihr schreibt. Er weist sie noch zurecht, sie sei »streng« gegen ihn, »wenn Du willst, daß mir Rußland nie und nirgends sei, als durch Dich! Aufgelehnt gegen jede Ausschließung, (die aus der Liebeswurzel wächst und verholzt ...): erkennst Du mich so, auch so?« ...

Das waren Rilkes letzte Worte an Marina, wohl wissend, daß sie ihn »so, auch so?« nicht erkennen wollte. Marina suchte eine leibhaftige Begegnung in der Dürre ihres Emigrantendaseins, eine Liebesbegegnung, von der sie hoffte, sich selbst ungeahnte Weltinnenräume der Inspiration eröffnen zu können. Der letzte »Beistand nach Maß« blieb der Russin Lou Salomé vorbehalten, der Rilke, als einziger, in den Todestagen die Krankheitsberichte der Ärzte zuschicken ließ.

Während Marina Zwetajewa Rilke sozusagen an sich reißt, irrt Pasternak blind und trüb in Moskau herum. Den Briefkontakt Rilke–Zwetajewa hatte er aus einem übergroßen Schenkenwollen vermittelt. Marina Zwetajewa will ihm, während sie mit Rilke korrespondiert, aus heiterem Himmel nicht mehr schreiben; sie will ihn nicht hineinnehmen in das, was ihr mit Rilke geschieht. Pasternak rätselt über den Briefwechsel zwischen Rilke und Zwetajewa, wagt selbst nicht mehr, an Rilke zu schreiben.

Boris Pasternak 1922

In Moskau, während der Revolution, war Boris Pasternak Marina Zwetajewa nur flüchtig, ohne größere Aufwallungen begegnet. Nach der Revolution hatten seine Eltern mit den Schwestern Moskau verlassen, um zu emigrieren. Boris Pasternak und sein Bruder blieben zurück. Pasternak wohnte in der Volchonka 14, Wohnung 9, der ganze Komplex wird heute restauriert. Die schöne Wohnung der Eltern war in eine Kommunalwohnung aufgeteilt, wenig Raum blieb ihm für sich, seine Frau und sein kleines Kind. Das Leben in einer Moskauer Kommunalwohnung nach der Revolution hat er sehr viel später in »Doktor Schiwago« dargestellt, als Schiwago aus Sibirien zu seiner Familie nach Moskau zurückkehrt.

Boris Pasternak fühlt sich nicht glücklich in der Moskauer Enge seiner Ehe und seiner Wohnung. Da schreibt ihm Marina Zwetajewa Lobendes über seine Publikation »Meine Schwester das Leben«. Der Einsame bringt Marina Zwetajewa nun glühende Verehrung entgegen; er will sie in Paris besuchen: er nennt sie seine »gesetzmäßige Frau«, wie es einen »gesetzmäßigen Himmel« gibt. Noch mehr trifft Pasternak die Mitteilung, daß Rilke seine Gedichte kennt und liest. Das kleine Briefchen, das er schließlich von Rilke erhält, gehört zu wenigen großen »Erschütterungen« seines Lebens: »Wie soll ich Ihnen danken, daß Sie mich haben sehen und fühlen lassen, was Sie in sich so wunderbar vermehrt haben. Daß Sie mir so großen Ertrag Ihres Gemüts zuwenden können, ist ein Ruhm Ihres fruchtbaren Herzens. Möge aller Segen über Ihren Wegen sein. Ich umarme Sie. Ihr Rainer Maria Rilke.«

Pasternak bewahrte diesen Brief sein Leben lang auf: nach seinem Tod fand man ihn in einem Umschlag mit der Aufschrift: »Das Teuerste«.

Rilke, Ostern 1924 in Muzot

Rilkes Zeilen waren Boris Pasternaks wahrer »Geleitbrief« im Leben und im Dichten. 1935, als er der sowjetischen Delegation zum internationalen »antifaschistischen« Kultur-Kongreß angehörte, nahm er den Rilkebrief als Amulett mit.

Er traf Marina Zwetajewa 1935 in Paris. Doch es war eine »Nicht-Begegnung«, wie sie schrieb. Pasternak muß in jener Zeit vor Angst krank gewesen sein. Er besuchte nicht einmal seine Eltern im Exil in München. – So scheinen all die Fäden, die sich von Marina Zwetajewa zu Boris Pasternak und zu Rilke spinnen, auf ein großes Verfehlen untereinander zu deuten. Aber das ist nur der Widerschein einer falschen Wirklichkeit. Ihre Wege trafen sich im Unendlichen.

Auch Marina Zwetajewa hat Rilke unbewußt doch verstanden. Zusammen mit der Marina-Elegie hatte er ihr, im Juni 26, Photographien, »liebe kleine Bilder« von sich geschickt. Eines zeigt ihn, wie er auf einem schnurgeraden Gartenweg unter einem Spalier von entlaubten Obstbäumen steht. Marina schreibt ihm zu dem Bildchen:

»Und das andere, kleinere – ein Abschied ist's. Ein Abreisender, der noch einmal, scheinlich flüchtig – die Pferde warten schon – seinen Garten übersieht, wie ein beschriebenes Blatt, bevor es abgeht. Nicht sich losreißend – loslösend. Einer der eine ganze Landschaft – sanft – fallen läßt. (Rainer, nimm mich mit!)«

Obwohl alles dagegen spricht, daß Marina Zwetajewa, als sie 1941 in Jelabuga den Strick nahm, einen Tod hatte, der eine ganze

Landschaft – das ganze Leben – sanft fallen ließ, will doch der tröstliche Gedanke nicht weichen, wenn er vielleicht auch ungehörig sentimental klingt: Marina gedachte vor dem Tod dessen, daß sie einst schrieb »Rainer, nimm mich mit!«; sie war nicht allein.

13. ABERMALS: LICHT AUS DEM OSTEN?

Die literarischen Rußlandfahrer: Benjamin, Toller, Roth, Gide, Feuchtwanger

Demonstrationen am ersten Grabmal Lenins
in den zwanziger Jahren

Rilke hat das vorrevolutionäre Moskau, das in sein »Wurzelwerk« zurückgesunkene Moskau, im Innenraum seiner Seele bewahrt. Das reale Moskau nach der Revolution interessierte ihn nur insoweit, als er Rußland, nach langem organischen Zuwarten, eine neue Auferstehung voraussagte.

Das »Experiment« des Sozialismus und Kommunismus der Sowjetunion zieht zum erstenmal an neuen gesellschaftlichen Möglichkeiten interessierte Reisende aus Westeuropa in großer Zahl an. Wir haben fünf Namen ausgewählt: es sind Ernst Toller, Walter Benjamin und Joseph Roth, die in der zweiten Hälfte der zwanziger Jahre, zur Zeit der »Neuen ökonomischen Politik«, fuhren. Lion Feuchtwanger und André Gide besuchten die Sowjetunion zehn Jahre später: sie gerieten in die Zeit der stalinistischen Schauprozesse. Kommunismus und Faschismus hatten sich auf ungute Weise polarisiert; die westeuropäische Linke suchte »Heimat« und suchte sie im Osten des Kontinents. Das Kritikvermögen war auf diese Weise eingeschränkt: denn bezog man sich kritisch auf die Sowjetunion, erhielt man Beifall aus dem Lager des Faschismus, wurde von den eigenen Freunden als Verräter beschimpft. Dieser Widerspruch, der durch das öffentliche Leben diktiert wurde, war nicht aufzulösen: Gide und Feuchtwanger wurden seine Opfer.

Benjamins Moskauer Tagebuch von 1926, das er geheimnisvollerweise »Spanische Reise« nennt, bildet zu allen Berichten die große Ausnahme. Moskau wird so erlebt, wie es heute nicht mehr möglich ist. Benjamin fährt nach Moskau – aus privaten Gründen, ein bißchen aus politischer Neugier; er mietet sich ein billiges Zimmer in einem Hotel; er ißt in Konditoreien; er streift durch die Stadt, besucht Märkte, kauft russische Handarbeiten, besucht Theater und Museen nach Geschmack; den Zeitpunkt seiner Abreise kann er verschieben von einem Termin zum anderen. Wann werden Touristikminister begreifen, daß nur diese Weise des Reisens erstrebenswert ist und daß jede vorneweg festgelegte Ghettoisierung in Hotels und Intouristbussen pervers ist?

»Daß ich nur anschaulich, nicht theoretisch bereichert zurückkomme, das ist mein Vorsatz gewesen und ich halte es für Gewinn« (Benjamin in einem Brief an Kracauer). Benjamin hat seine anschaulichen Eindrücke der Stadt Moskau im »Moskauer Tagebuch« dargestellt: Moskau, die Stadt, wie sie friert, riecht und schmeckt, wie sie bei Schneefall lautlos ist, ohne ihre Kirchenglocken. Kein Zwang zur ideologischen Wahrnehmung ist zu spüren. Im Gegenteil: der Tagebuchcharakter enthüllt, daß Benjamin durch eine erotische Obsession, die Lettin Asja Lacis, nach Moskau gezogen wurde. Benjamin hatte Asja Lacis auf Capri kennengelernt und war ihr dort nahegekommen. Die Spannung des Moskauer Tagebuchs besteht in einer Art reziproker Steigerung: Benjamins Beschreibung seines immer wieder enttäuschten Bemühens, die Liaison mit Asja Lacis wiederaufzunehmen und seiner Wahrnehmung der Stadt Moskau, die im Laufe der zunehmenden Liebesenttäuschung immer größere Prägnanz gewinnt. Kurios ist auch die gegenstrebige Gier, die beide entwickeln. Der frustrierte Benjamin wirft sich auf Kuchen und Konditoreien, soweit er ihrer habhaft werden kann, sowie auf eine rührende Suche nach russischen Spielzeugen und Kinderbüchern für seinen Sohn Stefan. Asja Lacis dagegen zieht Benjamin, durchaus mit Erfolg, zu Modeläden und Schneiderinnen.

Es ist ein Vergnügen, mit Benjamins Moskauer Tagebuch die Stadt von einer Ecke zur anderen, zu Fuß oder mit der Straßenbahn, zu durchqueren. Man möchte eigentlich jeden Ort auffinden, um das Moskau Benjamins in allen Sinneseindrücken nachvollziehen zu können. Aber jeder Moskaubesucher muß dieses Tagebuch selber lesen. Wir wollen uns damit begnügen, einige der »Trampelpfade« Benjamins nachzuzeichnen.

Benjamins wichtigster Aufenthaltsort ist das Sanatorium Rott, in einer Seitenstraße der Tverskaja gelegen, in dem sich Asja Lacis wegen eines Nervenzusammenbruchs aufhält. Neben die Zimmergenossinnen gesellt sich noch der Lebensgefährte, der Regisseur Bernhard Reich, ins Zimmer des Sanatoriums, so daß Benjamin die verehrte Frau dort nur selten alleine trifft.

Benjamins Hotels lagen in der Sadovaja Triumfal'naja (stadtauswärts, am Majakowski-Platz rechter Hand), Hotel Liverpool und dann Hotel Tirol. Dieser Teil des Gartenrings ist gänzlich neu angelegt: die Hotelromantik vergangener Zeiten ist nicht mehr da, wenn auch Benjamin das Leben im Hotel – zusammen in einem Zimmer mit Reich – nur mäßig erheiternd findet. (Es scheint sich hier um das Hotel Tirol zu handeln, denn die Beschreibung Tollers [s. weiter unten] vom Hotel Liverpool lautet anders):

»24. Dezember: Einiges über mein Zimmer. Alle Möbel in ihm tragen eine Blechmarke: ›Moskauer Gasthöfe‹, dann die Inventarnummer. Die Gasthöfe sämtlich unter Verwaltung des Staates (oder der Stadt?). Die Doppelfenster in meinem Zimmer sind jetzt, winters, verkittet. Man kann nur eine kleine Klappe oben öffnen. Der kleine Waschtisch ist aus Blech, das unten lackiert, oben sehr blank ist und er trägt einen Spiegel. Das Becken ist auf dem Grunde mit Abflußlöchern versehen, die man nicht schließen kann. Aus einem Hahn fließt ein dünner Wasserstrahl. Geheizt wird der Raum von außen, aber durch eine besondere Lage des Zimmers ist auch der Fußboden warm und bei mäßig kaltem Wetter herrscht, so wie das Fensterchen zu ist, drückende Hitze. Morgens vor 9 Uhr, wenn geheizt wird, klopft immer ein Angestellter und fragt, ob auch die Klappe geschlossen ist. Das ist das einzige, worauf man sich hier verlassen kann. Das Hotel hat keine Küche, so daß man nicht einmal eine Tasse Tee haben kann. Und als wir einmal, am Vorabend des Tages, da wir zu Daga fuhren, darum baten geweckt zu werden, entspann sich zwischen dem Schweitzer (das ist der russische Name für den Hoteldiener) und Reich eine shakespearische Unterhaltung über das Motiv ›wecken‹. Der Mann, auf die Frage, ob wir geweckt werden könnten: ›Wenn wir daran denken, dann werden wir wecken. Wenn wir aber nicht daran denken, dann werden wir nicht wecken. Eigentlich, meistens denken wir ja daran, dann wecken wir eben. Aber gewiß, wir vergessen es auch manchmal, wenn wir nicht daran denken. Dann wecken wir nicht. Verpflichtet sind wir ja nicht, aber, wenn es uns noch zur rechten Zeit einfällt, dann tun wir es doch. Wann wollen Sie denn geweckt sein? – Um sieben. Dann wollen wir das aufschreiben. Sie sehen ich tue den Zettel dahin, er wird ihn doch finden? Natürlich, wenn er ihn nicht findet, wird er nicht wecken. Aber meistens wecken wir ja.‹ Am Ende wurden wir natürlich dann nicht geweckt und man erklärte: ›Sie waren ja wach, was sollten wir da noch wecken.‹«

In derselben Straße hat Benjamin seine Lieblingskonditorei, die ihm einen anständigen Kuchen serviert.

Mittagessen, wenn Benjamin nicht gerade Kuchen oder Schokolade aß, gab es im Restaurant des Sitzes der VAPP, der Allrussischen Assoziation Proletarischer Schriftsteller. Der Sitz war auf dem Tverskoj-Boulevard, 25, dem Haus, wo Herzen 1812 geboren wurde: das sogenannte Herzenhaus (Kap. 14). Im Haus 25 spielte Benjamin auch Schach.

Er findet kleine Schätze, wie alle Moskaubesucher, auf der Sucharevka. Rilke hatte dort sogar ein Bojarenkreuz aus dem 17. Jahrhundert gefunden.

Gegen Ende seines Aufenthalts ist er ständiger Besucher im Spielzeugmuseum, das sich damals in der Prečistenka (Kropotkinskaja 12) befand. Über seine Galerienbesuche vgl. Kap. 6.

Seine Sehnsucht nach Moskau, die ihn nach der Rückkehr in Berlin überkommt und die sich verhalten schon in Moskau selbst angekündigt hat, ist einfach und zu Herzen gehend:

»Es ist nicht nur der Schnee, der einem Sehnsucht nach Moskau würde machen können, sondern auch der Himmel. In keiner anderen Großstadt hat man so viel Himmel über sich. Das machen die oft sehr niedrigen Häuser. Der weite Horizont der russischen Ebene ist in dieser Stadt immer zu fühlen ... Berlin ist für den, der aus Moskau kommt, eine tote Stadt. Die Menschen auf der Straße erscheinen einem ganz trostlos vereinzelt, jeder hat es sehr weit zum anderen und ist inmitten eines großen Stücks Straße vereinsamt.«

Dem Benjamin-Tagebuch ist zu entnehmen, daß unmittelbar vor ihm Ernst Toller, Schwabinger Dichter und Kämpfer für die Münchner Räterepublik, zu Besuch in Moskau war. Ernst Toller (1893-

1939) hielt sich von März bis Mai 1926 in Moskau auf. Seine Theaterstücke wurden in den 20er Jahren auf russischen Bühnen häufig gespielt. Er wohnte wie Benjamin im Hotel Liverpool und weiß seinerseits zu berichten:

»Ich wohne in einem kleinen, ziemlich primitiv eingerichteten Hotel in der Sadovaja-Triumfal'naja, das früher in zaristischer Zeit, wie ich hörte, als Stundenhotel fungierte. Jetzt ist es nationalisiert und wird von Sowjetbeamten verwaltet. Das Zimmer ist nicht billig, es kostet 6 Rubel (etwa 13 Mark), teuer sind auch die Mahlzeiten, und von der berühmten russischen Küche kann man im Restaurant nicht viel merken. Die Küche im Hotel ist an einen Privatunternehmer verpachtet. Als ich mich bei ihm beschwere, weil er mir für einen Topf Wasser 30 Kopeken (etwa 65 Pfg.), für Tee und trockenes Brot 1 Rubel (2,16 Mark) abfordert, gibt er mir zur Antwort, er müsse so hohe Preise nehmen, er könne sonst die Steuern nicht herauswirtschaften.«

Benjamin erzählt, vielleicht nicht ohne Bosheit, die Geschichte von Tollers Moskaubesuch, die in einem kleinen Skandal gipfelte, der aber so bezeichnend für die sowjetisch-russische Unsicherheit in der Beurteilung von fremden Einflüssen ist:

»Hier trage ich die Geschichte von Tollers Moskauer Aufenthalt nach, die ich am ersten Tage zu hören bekam. Er wurde mit unglaublichem Aufwand empfangen. Schilder kündigen in der ganzen Stadt sein Kommen an. Man gibt ihm einen Stab von Personal, Übersetzerinnen, Sekretärinnen, hübschen Frauen bei. Vorträge von ihm werden angekündigt. Doch zu dieser Zeit ist in Moskau eine Tagung der Komintern. Unter den deutschen Vertretern ist Werner, ein Todfeind von Toller. Er veranlaßt oder verfaßt in der Pravda einen Artikel: Toller habe die Revolution verraten, sei Schuld am Scheitern einer deutschen Räterepublik. Die Pravda vermerkt kurz redaktionell dahinter: Verzeihung, wir wußten das nicht. Toller ist in Moskau darauf unmöglich. Er begibt sich, um einen großangekündigten Vortrag zu halten, zu einem Versammlungsort – das Gebäude ist verschlossen. Das Institut der Kameneva benachrichtigt ihn: Verzeihung, der Saal war heute nicht zu haben. Man hat vergessen, Ihnen zu telefonieren.«

Ernst Toller bestätigt in seinen Reiseerinnerungen an Rußland im wesentlichen, was Benjamin pointiert zusammenfaßt. Im Kapitel »Kleiner Zwischenfall« seiner Reiseerinnerungen »Quer durch« reichert er das Erlebnis noch um einige Nuancen und Rechtfertigungen seiner Rolle während der Münchner Räterepublik an.

Toller zitiert Karl Radek, der ihm gesagt habe: »Solche Dinge dürfen Sie bei uns nicht tragisch nehmen, man kann leichter zu dem Attribut Konterrevolutionär kommen als eine Hure zum Liebhaber.« Ob Radek ahnen konnte, daß ihn ebendieses Schicksal zehn Jahre später treffen wird, als er das Opfer der stalinistischen Schauprozesse wird? Auf undurchsichtige Weise, vielleicht mit Hilfe der Fürsprache Lion Feuchtwangers, hat er 1937 den Kopf aus der Schlinge gezogen (vgl. weiter unten: der Beobachter der Schauprozesse Lion Feuchtwanger).

Tollers Eindrücke über seine »Ersten Tage in Moskau« sind nicht kunstvoll wie die von Benjamin und nicht von feiner Intellektualität wie die von Roth, sondern naiv und unmittelbar. Alle Beobachtungen kommen auch dem heutigen Moskaukenner bekannt vor:

»Ich fahre im Schlitten durch Moskau. Welch ein barbarisches Durcheinander von Dorf und Stadt, Stillosigkeit der Häuser so ins Wüste getürmt, daß die Stillosigkeit mählich Stil wird. Zuerst erschrickt man, dann ist man geneigt, über den Wirrwarr kleiner und großer Häuser in allen Stilnachahmungen (besonders grotesk wirkt der deutsche Jugendstil) zu lachen. Schließlich wird man vertraut, und nach ein paar Tagen ist man zufrieden. Der erste starke Eindruck in den Straßen: Fehlen der Spannung von Luxus und kläglicher Armut. Alle Menschen tragen dürftige Kleidung, man glaubt in den ersten Tagen, alle seien Arbeiter. Schließlich nimmt das Auge differenzierende Nuancen wahr und bemerkt Nepleute, Bourgeoisie-Splitter, Intellektuelle. Aber die Bourgeoisie beherrscht kein Moskauer Stadtviertel wie in Berlin, London, Paris. Die Stadt wird beherrscht vom arbeitenden Menschen.

In Schaufenstern der Läden Lebensmittel, Delikatessen, Kleider, alles sehr teuer, aber dreifach teuer für den Europäer, da der Rubel ein Drittel Realwert hat.

Es gibt keine offizielle Inflation, der Rubel wird an den großen Börsen des Auslands nicht gehandelt, die Inflation wird bemerkbar durch das Steigen der Preise.

Manche Gegenstände sind nicht aufzutreiben, zum Beispiel Galoschen. In Rußland! Frauen-Galoschen sind noch in wenigen Paaren zu bekommen, die Frauen stehen Polonäse vor den Läden. Männer-Galoschen kann man selbst zu Schieberpreisen auf den halb geduldeten und halb verbotenen Trödelmärkten nicht auftreiben. Irgendjemand versucht mir klarzumachen, daß man waggonweise Galoschen in entfernte Gegenden geschickt habe, daher der Mangel.«

Offensichtlich wird von vielen ausländischen Rußlandfahrern nach der Revolution sofort die falsche Überlagerung von religiösen und sozialistischen Ritualen bemerkt. Toller macht sich folgende Gedanken vor dem Auferstehungstor mit der Iberischen Kapelle:

»Ich gehe durch die Tverskaja zur Kapelle der iberischen Mutter Gottes, zu jener Kapelle, die seit Jahrzehnten russische Pilger besuchten, zu der Greise aus allen Provinzen Rußlands wanderten, um vor ihr zu sterben, die aufgenommen hat Millionen Bitten und Wünsche hilfloser, geängstigter und törichter Menschenherzen. Ein paar Beter sehe ich, einen Popen. Verschwunden die Scharen, die in den ersten Revolutionsjahren die Kapelle belagert haben sollen.

Links an der Mauer des Rathauses eine bronzene Tafel, darauf die Inschrift: ›Religion ist Opium fürs Volk.‹ Die Bauern, wenn sie an ihr vorbeigehen, bekreuzigen sich, die einen im Glauben, der Teufel selbst sitze dort, die anderen, ein neues Heiligtum sei hier errichtet.«

Deutlicher noch wendet er sich gegen die Leninverehrung mit der in Samt ausgeschlagenen Nische in jedem Haus, die jetzt statt der Ikone ein Leninbild ziert, gegen den Kreml mit der roten Fahne, gegen das Leninmausoleum:

»Darf der Sozialismus Ersatz geben wollen für Heroenkult bürgerlicher Gesellschaft, für mystische Heiligenverehrung der Kirche? Liegt hier wirklich eine zeitlose Tendenz des Volkes zur Vergottung vor, der die Bolschewiki Rechnung tragen müssen? Es gibt eine Grenze auch für politische Taktik. Es gibt Rechnungen, die auf die Dauer nicht stimmen. Im Augenblick erreicht man viel, übermorgen sieht man, daß man zu wenig erreicht hat. Man darf nicht um der Gegenwart willen Künftiges hemmen. Denn immer lähmt Kult Selbstverantwortung, Entfaltung eigener Fähigkeiten, und gibt Kultanhängern den Glauben, daß das, was erkannt und getan werden muß, vom Idol schon erkannt und getan sei.«

Wenn Toller über das Schicksal der Dichter der Revolution trauert, über Jessenin, der mit Selbstmord endet, so nimmt er auch sein eigenes Schicksal vorweg, das des gescheiterten Dichter-Revolutionärs, der 1939 im Zeitalter des Faschismus mit Selbstmord endete. Jessenins Grab auf dem Vagan'kovskoe-Friedhof scheint eine Art Pilgerstätte der Selbstmörder à la Werther gewesen zu sein:

»Im Anfang waren sie alle Hymniker und Sänger der proletarischen Revolution, ihre besten Gedichte wurden Marschlieder der Rotgardisten, ihre Titel Propagandalosungen der Agitation. In der Zeit der Nep-Politik kamen die ersten Enttäuschungen. Dann die Desillusion durch den Menschen... Die nicht mitkonnten, verharrten im Banne alter Tradition, der Traum neuer Menschheit war zerbrochen, sie wußten nicht, was schreiben. Nicht selten begingen sie Selbstmord. Andere wieder flohen in Mystik oder sehnten sich nach fremden Ländern, dort ›das Wunder‹ erhoffend! Auch Jessenin, der große Lyriker des neuen Rußland, gehörte zu jenen Verzweifelten. Er haßte die Stadt, er liebte das Dorf, aber das Dorf liebte ihn und seine Lieder nicht. Daß die Städter ihn liebten, war ihm gleichgiltig. Er fuhr nach Westeuropa, dort würde er seines Lebens neuen Sinn finden. Als auch diese Illusion zerbrach, kehrte er müde und hoffnungslos zurück. Er wollte nicht mehr, er setzte seinem Leben ein Ende. Aber ist es nicht merkwürdig, daß dieser Dichter von vielen jungen Revolutionären gelesen wird, daß man in

Theaterplatz, im Hintergrund (rechts) das Grand Hotel in den zwanziger Jahren

den Schulen beobachten kann, wie unter dem marxistischen Lehrbuch versteckt, seine Verse liegen? Sein Grab ist stets mit Blumen geschmückt, und einige Wochen hindurch soll eine Wache dort postiert gewesen sein, weil Lebensmüde diese Stelle aufsuchten, um sich zu töten.«

Benjamin war nicht nur unmittelbar nach Toller da, ja, er traf einen anderen Rußlandfahrer: Joseph Roth. Walter Benjamin hat Roth in dessen Hotel besucht. Roth gab seine Adresse in Moskau mit dem Grand Hotel – Bol'šaja Moskovskaja Gostinica an: Rilke war in diesem Hotel 1899 abgestiegen (vgl. Kap. 11). Roth residiert in diesem Hotel, nachdem es nach der Revolution umgebaut wurde. Der Auferstehungsplatz, an dem es lag, ist, wie schon wiederholt gesagt, zu diesen ungemütlichen Autorennstrecken vor dem Kremlareal verkommen.

Man kann sich des Eindrucks nicht erwehren, daß Benjamin die Begegnung mit Roth in dessen Hotel mit einem Schatten von Mißgunst beschreibt. Es muß an der besonderen Atmosphäre von Moskau gelegen haben, daß unter den westeuropäischen Besuchern

bare Existenz einer Art von ›Spieß-Proleten‹, wenn Sie mir diese Bezeichnung gestatten, einer Spezies, die mir die Freiheit, die ich meine, noch weniger gestattet, als ihre bürgerliche Verwandtschaft . . . Ich bringe also keine Voraussetzungen mit für einen ›Hereinfall‹, wie ihn die meisten literarischen Rußlandfahrer der letzten Jahre erlebt haben.« (Paris, am 2. Juni 1926.)

In diesen Briefen an den Redakteur Benno Reifenberg spürt man das Wechselbad der Gefühle, dem sich Roth in Sowjetrußland ausgesetzt sah: »In Rußland entsteht ohne Zweifel eine neue Welt – mit aller Kritik betrachtet. Ich bin glücklich, hier sehen zu können. Man kann nicht leben, ohne hier gewesen zu sein, es ist, wie wenn Sie im Krieg zu Hause geblieben wären.«

Aus Odessa kommen am 1. Oktober bereits andere Töne: »Ich sehne mich nach Paris, ich habe es nicht aufgegeben, niemals, ich bin ein Franzose aus dem Osten, ein Humanist, ein Rationalist mit Religion, ein Katholik mit jüdischem Gehirn, ein wirklicher Revolutionär.«

Und schließlich aus Moskau läßt er sich Ende Oktober unsicher und isoliert vernehmen: »Ich werde ganz verrückt, träume schwer, lebe in einer großen Einsamkeit, in einer Taubheit sozusagen. Der Schnee fällt und zergeht, Winde blasen, ich habe ewig nasse Füße, habe mir schon ein zweites Paar Stiefel bestellt . . .«

Joseph Roth gesteht freimütig ein, daß er in Rußland sich selber sucht, daß er, indem er begreift, »ein Mittelmeer-Mensch, ein Römer und ein Katholik, ein Humanist und ein Renaissance-Mensch« zu sein, keineswegs »rosarote Erwartungen« von politischen Utopien mit dem realexistierenden Sowjetrußland verbinden kann. Gerade dadurch, daß das Individuum Roth mit sich selbst mitleidlos seinen Standort bestimmt, gewinnen seine Analysen eine luzide und kämpferische Schärfe:

»Alles, was gegen es geschrieben wird, ist nicht nur ungerecht, sondern auch verkehrt. Es ist, als wenn man mit Fliegenaugen eine menschliche Wohnstätte gesehn hätte. Es handelt sich mir nicht um die positive oder negative Einstellung den Sowjetstaaten gegenüber

– ich will Ihnen deutlich machen, daß sowohl die Positiven als auch die Negativen vollkommen falsch sehn, wenn sie politisch sehn. Das Problem aber ist keineswegs ein politisches, sondern ein kulturelles, ein geistiges, ein religiöses, ein metaphysisches.«

Der Vergleich Rußland und Amerika, den Roth zieht, entlarvt die Unvereinbarkeit von alter europäischer Kultur und Neuer Welt, die Rußland und Amerika vorstellen. Ein flacher Rationalismus ist beiden eigen, im Gegensatz zur metaphysischen Tiefe und zur Formvollendetheit der Alten Welt. Der Gegensatz heißt nicht mehr Ost oder West bei Roth: sondern oberflächliche Zivilisation oder organisch gewordene Kultur. Weil sie so glänzend sind, ausführliche Zitate aus dem 11. Kapitel: »Rußland geht nach Amerika«:

»Wer in den Ländern der westlichen Welt den Blick nach dem Osten erhebt, um den roten Feuerschein einer geistigen Revolution zu betrachten, der muß sich schon die Mühe nehmen, ihn selbst an den Horizont zu malen. Viele tun es. Sie sind weniger Revolutionäre als Romantiker der Revolution. Indessen ist die russische Revolution schon längst in das Stadium einer gewissen Stabilität gekommen. Der illuminierte laute Feiertag ist ausgeklungen. Der nüchterne, graue, mühselige Wochentag hat angefangen. Im Westen aber wartet ein großer Teil der geistigen Elite auf das bekannte Licht vom Osten. Die Stagnation europäischen geistigen Lebens, die Brutalität politischer Reaktion, die korrupte Atmosphäre, in der das Geld gemacht und ausgegeben wird, die Hypokrisie der Offiziellen, der falsche Glanz der Autoritäten, die Tyrannei der Anciennität: das alles zwingt die Freien und die Jungen, von Rußland mehr zu erwarten, als die Revolution geben kann. Wie groß ist ihr Irrtum! Sie mögen herkommen und durch trübe, graue Straßen wandern; überladene Menschen sprechen, die ewig zwischen einer Konferenz und einem notdürftigen Einkauf auf Rabatt und Ratenzahlung im Staatlichen Warenhaus stehn; in Wohnungen sitzen, um die fortwährend Prozesse in Mietämtern schweben und deren Insassen seit Jahren in einem Provisorium leben wie in einem Wartesaal; den emsigen, millionenarmigen Apparat dieses Riesenstaates sehen – in einer unaufhörlichen, verwirrenden und manchmal verwirrten und zwecklosen Bewegung – sie mögen das alles sehn und dann noch glauben, daß hier Zeit und Raum ist für geistige ›Probleme‹ und Ekstase. Die Brandfackeln der Revolution sind ausgelöscht. Sie zündet wieder die ordentlichen, guten und braven Laternen an ...

Fazit: Wenn bei uns eine alte und, wie man sagt: müde Kultur durch Girls, Fascismus, flache Romantik pathologisch banal wird, so wird hier eine eben erst geweckte, brutal kräftige Welt gesund banal. Unserer dekadenten Banalität steht gegenüber die neurussische, frische, rotbackige Banalität ... Man verachtet ›Amerika‹, das heißt den seelenlosen großen Kapitalismus, das Land, in dem Gold Gott ist. Aber man bewundert ›Amerika‹, das heißt den Fortschritt, das elektrische Bügeleisen, die Hygiene und die Wasserleitung. Man will die vollkommene Produktionstechnik. Aber die unmittelbare Folge dieser Bestrebungen ist eine unbewußte Anpassung an das geistige Amerika. Und das ist die geistige Leere. Die großen Kulturleistungen Europas, das klassische Altertum, die römische Kirche, die Renaissance und der Humanismus, ein großer Teil der Aufklärung und die ganze christliche Romantik – sie alle sind bürgerlich. Die alten Kulturleistungen Rußlands: der Mystizismus, die religiöse Kunst, die Poesie der Slawophilie, die Romantik des Bauerntums, die gesellschaftliche Kultur des Hofes, Turgenew und Dostojewski: sie alle sind selbstverständlich reaktionär. Woher also geistige Grundlagen für eine neue Welt nehmen? Was bleibt übrig? – Amerika! Die frische, ahnungslose, gymnastisch-hygienische rationale Geistigkeit Amerikas – ohne die Hypokrisie der protestantischen Sektierei: aber dafür mit der Scheuklappenfrömmigkeit des strengen Kommunismus.«

Und Joseph Roth gesteht ein Gefühl, und er tadelt sich selbst für dieses Gefühl und empfindet Scham, ein Gefühl, das sich irgendwann bei allen westeuropäischen Besuchern einschleicht, ob sie es gestehen oder nicht. Es ist die beißende Sehnsucht nach den Mittelmeerkulturen, ein Hunger nach den Formen romanischer Kunst, nach südlicher Lebensart. Auch russische Dichter haben dieses Gefühl empfunden, vor allen Dingen Ossip Mandelstam, der das Leben im »buddhistischen« Moskau wie eine Verbannung empfand und sich nach den Schwarzmeerkulturen sehnte (vgl. 6. Kap.). Joseph Roth sagt:

»... (Rußland) fehlt der helle Frohsinn, den nur eine alte formvollendete Welt hervorbringt, niemals eine werdende. (Rußland) fehlt die Leichtigkeit, die ein Kind des Überflusses ist. Hier sieht man nur Not – oder Notwendiges. Es kommt mir vor, daß ich durch Äcker gehe, in denen lauter Kartoffeln wachsen, bitter gebrauchte, reichlich gesäte... Ich gestehe beschämt, daß mich manchmal in den Straßen eine ganz bestimmte Trauer befällt. Mitten in der Bewunderung für eine Welt, die aus eigener Kraft, mit mehr Ekstase als Material, ohne Geld, ohne Freunde, Zeitungen druckt, Bücher schreibt, Maschinen baut und Fabriken, Kanäle gräbt, nachdem sie noch kaum ihre Toten bestattet hat – mitten in der Bewunderung ergreift mich ein Heimweh nach unserem Leichtsinn und unserer Verwerflichkeit, eine Sehnsucht nach dem Aroma der Zivilisation, ein süßer Schmerz um unsere schon wissenschaftlich ausgemachte Dekadenz, ein kindischer, dummer, aber inbrünstiger Wunsch, noch einmal eine Modenschau bei Moulineux zu sehen, ein holdseliges Abendkleid auf einem törichten Mädchen, eine Nummer vom ›Sourire‹ und den ganzen Untergang des Abendlandes: wahrscheinlich ist das ein bourgeoiser Atavismus.«

Hätte die Sowjetherrschaft noch eine andere Entwicklung nehmen können? Wenn man Joseph Roths Schilderung der Revolutionsfeiern auf dem Roten Platz, neun Jahre nach der Revolution, liest, denkt man an ein Kostümfest, eine Burleske, etwas Harmlos-Liebenswürdiges. Das Mausoleum Lenins war noch aus Holz, die Straßenbahn überquerte noch den Roten Platz; der Rote Platz hatte sich noch nicht in ein Aufmarschgebiet aller Waffengattungen für die politischen Festtage verwandelt. Noch schauen sich in den zwanziger Jahren Revolutionsfeiern so friedlich an:

»Am nächsten Morgen, Sonntag, um neun Uhr früh beginnt die berühmte, schon historisch gewordene Parade der Roten Armee auf dem Roten Platz im Kreml. Diese Szenerie und diese Parade hätte Shakespeare dichten können. Der Rote Platz ist so groß, daß er mindestens drei moderne breite Großstadt-Boulevards in sich fassen könnte. Ein Tor eröffnet ihn, eine vielkuppelige Kirche schließt ihn ab. Vor der gezackten Kreml-Mauer steht das hölzerne Grabmal Lenins. Es ist eine ungewollte, aber symbolisch wirkende Mischung von Denkmal und Rednertribüne. Der viereckige umgitterte Rasen, der es einsäumt, ist nur wie eine leise Andeutung von Friedhof... Drei Reiter sprengen vor. Galopp. Lange Mäntel wehen. Der Kommandeur der Armee und zwei Begleiter. Vor jedem Soldaten-Karree reißen sie die Pferde nach rechts. Jede Abteilung ruft: Hurra! Eine Minute Galopp, eine Sekunde Hurra. Rings um den Platz! Wendung! Zurück! Musik spielt die Internationale. –

Soll man rufen, soll man schauen? Und ehe man sich noch entschieden hat (noch ruft man: es lebe die einige Partei!), ist man schon vorbei, schon vorwärts gedrängt von anderen – vorbei, vorbei, noch ein Feiertag vorbei – und hinter dem Roten Platz, in der Straße, steht die Weltgeschichte mit verschleiertem Gesicht. –«

Zehn Jahre danach war alles zu spät. Die Weltgeschichte hatte Grund, sich ganz zu verschleiern. Faschismus und Nationalsozialismus gaben dem Stalinismus noch einmal eine neue Existenzberechtigung. Mitte der dreißiger Jahre nahm die sowjetische Innenpolitik immer grausamere Wendungen. Stalin veranstaltete Schauprozesse, die Angeklagten dieser Prozesse gestanden weitverzweigte trotzkistische Verschwörungen, die sie mit nationalsozialistischer Unterstützung geplant hätten. Wer sich kritisch auf diese Prozesse bezog, lief Gefahr, von der vereinigten europäischen Linken als Verräter beschimpft zu werden und, was noch schlimmer war, er bekam Beifall aus dem rechten Lager. Ein Dilemma, an dem viele scheitern: zum Beispiel Lion Feuchtwanger. Der Schriftsteller, der so lebhaft in seinem Roman »Der Erfolg« mit dem reaktionären Bayern der zwanziger Jahre abgerechnet hatte, verlor vor der diabolischen Persönlichkeit Stalins sein Urteilsvermögen. Im

André Gide mit Freunden in der Sowjetunion

Zeitalter der faschistischen Bedrohung glaubte Feuchtwanger, in seinem Reisebericht ein trotziges Ja sagen zu müssen zu einer Ideologie, die in den dreißiger Jahren immer neue Blutopfer unter den Intellektuellen und Bauern einforderte.

Die Geschichte ist kurz erzählt: André Gide, der sich zur Überraschung aller einige Jahre zuvor als glühender Anhänger des Sowjetexperiments ausgegeben hatte, fährt nach Moskau, um Gorki zu besuchen. Daß Maxim Gorki 1935 nicht Mitglied der sowjetischen Delegation auf dem internationalen Pariser Schriftsteller-Kongreß war, hatte die ausländischen Schriftsteller beunruhigt. Gide fährt nach Moskau, den kranken Gorki zu besuchen.

Quellen sagen, Stalin habe Gorki umbringen lassen, um das Treffen mit Gide zu verhindern. Am 18. 6. 1936 ist Gorki tot, und Gide hält auf dem Roten Platz eine Grabrede. Er möchte mit Stalin sprechen, doch dieser verweigert sich. Gide fährt mit einer Gruppe von jungen französischen Freunden zwei Monate durch die Sowjetunion unter riesigem Propagandaaufwand der sowjetischen Publikationsorgane.

Inzwischen laufen die Schauprozesse »gegen die Sechzehn«, unter ihnen Kamenev und Sinov'ev. Am 24. August wurde das Todesurteil gegen die sechzehn bestätigt; am 25. August wurde es als ausgeführt gemeldet. Einen Tag danach reiste Gide ab.

Im November 1936 schlägt die Bombe ein: In »Retour à l'URSS« rechnet Gide ab.

Im Dezember 1936 trifft Lion Feuchtwanger ein; er gerät mitten in den Trubel um das Buch Gides. Er wohnt im Nobelhotel »Metropol« (heute: prächtig restauriert). Er wird als ausländischer Beobachter zu dem zweiten Schauprozeß »gegen die Siebzehn« zugelassen. Der Schauprozeß findet im ehemaligen Adelsklub, jetzt Gewerkschaftshaus (Dom sojuzov) statt. Im berühmten Säulensaal hat Puschkin getanzt, Dostojewski 1880 die berühmte Puschkinrede gehalten (vgl. 7. Kapitel). Feuchtwanger beobachtet mit kalter Faszination, wie die Angeklagten, einer nach dem anderen, bereitwillig Geständnisse ablegen. Er kommt zu dem Schluß, daß Unschuldige niemals so umfassend und detailliert gestehen könnten, ohne den leisesten Versuch der Verteidigung, folglich: sie sind schuldig, sie verdienen die Todesstrafe. Ein Exklusivgespräch mit Stalin mag ihn zusätzlich von der Schuld der Angeklagten überzeugt haben. Das alles ist nachzulesen in Feuchtwangers: Moskau 1937. Ein Reisebericht für meine Freunde. Querido-Verlag N. V. Amsterdam 1937.

Unter den Opfern der Stalinherrschaft ist auch die Stadt Moskau. Ihr traditionelles Gesicht hat sie durch den Generalplan der Rekonstruktion von 1935 verloren. Ist es nun Zufall, daß Lion Feuchtwanger auch diese Gewalttat gegen eine Stadt rechtfertigt und angesichts der architektonischen Planwirtschaft in kindische Begeisterungsstürme ausbricht? Joseph Roth hätte einen solchen fürchterlichen Kahlschlag dem »flachen Rationalismus« zugeschrieben, der Amerika und Rußland gleicherweise beherrscht. Feuchtwanger – man muß es einräumen – flieht den Irrationalismus des Faschismus; doch feiert er die Vernunft am falschen Ort. Feuchtwanger zum Thema »Generalplan der Stadt Moskau« wird ausführlich zitiert, damit einmal klar wird, auf welchem fürchterlichen Seziertisch die arme Stadt Moskau von den Operateuren Stalin und Chruschtschow zerlegt wird:

Lion Feuchtwanger

»Ja, das Mathematische, Vernünftige, das dem ganzen Leben der Sowjetunion den Stempel aufdrückt, zeigt sich besonders augenfällig in dem großartigen Plan der Rekonstruktion Moskaus. Vielleicht gewinnt man auf keine Art einen schnelleren, tieferen Einblick in das Wesen der Sowjetunion als durch die Besichtigung jenes Modells auf der Bauausstellung, welches das zukünftige Moskau zeigt...

Das Stärkste dieser Art ist die Rekonstruktion Moskaus. Man weiß, daß die Stadt seit Beginn der Revolution im Umbau begriffen ist; überall und ständig wird gegraben, geschürft, gehämmert, gebaut, Straßen verschwinden und entstehen; was heute groß schien, scheint morgen klein, weil plötzlich ein Turmbau es überschattet, und alles ist Fluß und Wechsel. Erst im Juli 1935 hat der Rat der Volkskommissare beschlossen, Gesetz in diesen Wechsel zu bringen, das heißt, auch das äußere Stadtbild Moskaus so planmäßig zu gestalten wie die gesamte Struktur der Union, und das binnen zehn Jahren... Man steht auf einer Estrade vor dem gigantischen Modell, welches dieses Moskau des Jahres 1945 darstellt, ein Moskau, das sich zum heutigen verhält wie das heutige zu dem des Zaren, das ein großes Dorf war. Das Modell ist elektrifiziert, und immer neue blaue, grüne, rote elektrische Linien zeigen den Lauf der Straßen, der Untergrundbahnen, der Autowege, zeigen, wie planmäßig Wohnwesen und Verkehr der großen Stadt konstruiert sein werden. Die mächtigen Diagonalen, welche die Stadt zerteilen, die Ringstraßen, die sie zergliedern, die Boulevards, die Radialstraßen, die Haupt- und Nebenwege, Bürohäuser und Wohnblocks, Industriegebäude und Parks, Schulen, Regierungsgebäude, Krankenhäuser, Bildungs- und Vergnügungsstätten, die Anlage und Verteilung alles dessen ist mit geometrischer Vernunft geregelt. Noch niemals ist eine Millionenstadt so von Grund auf nach Gesetzen der Zweckmäßigkeit und der Schönheit erbaut worden wie dieses neue Moskau ... Ja, es ist ein ästhetischer Genuß sondergleichen, das Modell einer solchen Großstadt zu beschauen, die von Grund auf nach den Regeln der Vernunft gebaut ist, der ersten in ihrer Art, seitdem Menschen Geschichte schreiben. Es heißen aber die Väter dieses Projekts N. S. Chruschtschow, L. M. Kaganowitsch und Josef Wisarionowitsch Stalin.«

Seit 1931 hatte Gide seine Sympathie für den Kommunismus sowjetischer Prägung gezeigt. In seinem Buch »Zurück aus Sowjetrußland« und in einer Nachschrift dazu (»Retouches à mon Retour«) sagte er sich los von seinen früheren Überzeugungen, die er freilich als gefährlichen Vergleich formulierte: »Und ich bezweifle, daß in irgendeinem Lande der Gegenwart, und wäre es in Hitlerdeutschland, der Geist weniger frei, mehr gebeugt sei, mehr verängstigt (terrorisiert), in tiefere Abhängigkeit geraten.«

André Gides Kritik ist eher intuitiv; sie beruht auf inniger Zuneigung zum russischen Menschen und aufrichtigem Bedauern um sein gegenwärtiges Geschick unter der Stalin-Herrschaft. Manche Kritikpunkte sind gleichsam zeitlos und werden von jedem auswärtigen Moskaubesucher bestätigt. So könnte Gides Gang ins Kaufhaus GUM und seine Zustimmung zum kapitalistischen Marktsystem auch fünfzig Jahre später geschrieben sein:

»Was tun die Leute da vor dem Kaufhaus? Sie ›bilden Schlange‹ – eine Schlange, die bis in die nächste Straße reicht. Es mögen zweihundert bis dreihundert Menschen sein, die da warten, in völliger Ruhe und Geduld. Es ist früh am Morgen; das Warenhaus hat seine Pforten noch nicht geöffnet. Nach drei viertel Stunden komme ich wieder vorbei: dieselbe Menge ist noch da. Ich erstaune: was nützt es, so lange im voraus zu kommen? Was gewinnt man dabei? ›Wie?! ... Was man dabei gewinnt!? ... Nur die Zuerstkommenden erhalten Ware‹ ... Die Menge zerteilend oder von ihr getragen, habe ich das Kaufhaus von oben bis unten, in die Länge und Breite besichtigt. Die Waren sind, fast ohne Ausnahme, abschreckend. Man könnte sogar auf die Idee kommen, daß, zur Dämpfung der Kauflust, alle diese Gegenstände, Artikel, Stoffe sich absichtlich so reizlos wie möglich gemacht hätten, damit die Kunden nur bei dringendstem Bedarf und keineswegs aus Wohlgefallen eine Ware erständen.«

Was André Gide vor allem bewegte und beglückte, war das »Menschheitsbad«, das er in Rußland nehmen durfte. Ein solches Menschheitsbad nahm Gide mit Vorliebe im Gorkipark, der ihm von allen sowjetischen Kulturparks am besten gefiel. Glück und Tragik verbindet sich ihm im russischen Menschen:

»Der Kontakt mit allen und jedem – nirgends ergibt er sich so leicht, so unmittelbar, so tief und so ergreifend wie in Sowjetrußland. Es weben sich auf der Stelle – bisweilen genügt ein Blick – Bande einer heftigen Sympathie. Wirklich, ich glaube, man kann den Menschheitsgedanken nirgends so tief und so stark empfinden wie im Lande der Sowjets. Trotz des Sprachenunterschiedes hatte ich mich noch niemals und nirgends mit so quellender Seele als Kamerad und Bruder gefühlt; und ich gäbe die allerschönsten Landschaften der Welt gerne dafür hin ...«

Er vermerkt die Fähigkeit des russischen Volkes »zu leben«: »Eine Liebe zum Leben, die alles überwindet, vielleicht aus Gleichgültigkeit, aus Unverwundbarkeit, viel mehr aber noch und weit öfter durch die Fülle seelischen Reichtums, durch Amüsement, lyrisches Genießen, durch das Aufquellen und Aufsprudeln einer unmotivierten, unmotivierbaren Freude, jenseits aller Gegebenheiten von Zeit, Ort, Situation ... Ich hätte sagen sollen: eine außerordentliche Begabung und Neigung zum Glück – entgegen jeder Wahrscheinlichkeit. Ebendas ist es, wodurch Dostojewski so repräsentativ bleibt. Und ebendadurch berührt er mich so tief, so brüderlich: er und, in seiner Deutung, in seiner Gemeinschaft, das ganze russische Volk. Gewiß hätte sich kein anderes Volk so großmütig hergegeben für ein so tragisches Experiment.«

Schließen wir den Kreis. Benjamin gehörte zu jenen, die vor dem Faschismus fliehen, aber in der Sowjetideologie keine Heimat finden konnten. Die paar Zeilen, die Asja Lacis aus Moskau an Benjamin richtet, berühren durch ihre Naivität, auch durch das hoffnungslose Verstricktsein des Einzelnen ins Unentrinnbare einer Diktatur. Asja hatte eine Zeitlang bei Benjamin in Berlin gelebt, war aber wieder nach Moskau zurückgekehrt. Von dort schickt sie ihm im Juli 1936 dumme, zugleich rührende kleine Ratschläge:

»Lieber Walter, ich möchte dich sehr sehen – Ich habe dir geschrieben du sollst zu *Gide* gehen Soll dich empfehlen für Moscau Warum hast du das nicht getan. Warum?! Geh zu ihm sage, du willst kommen arbeiten – er ist doch tief ein Mensch ... Warum bist du nicht lebendiger, beweglicher, aktiver – daß du mehr Verbindung hast –«

Als Gide in Moskau unmöglich geworden ist, lautet ihr Brief vom Dezember 36:

»Wir haben Sowjetkongress. Wo unsere neue Verfassung angenommen und besprochen wird. Kennst du die neue Verfassung? Ist es nicht unerhört schön über den Demokratismus und Nationen?!

Mit den Gide ist es aus. Ich wundere nicht mal so sehr daß er gegen Sowjet geschrieben hat ... ein Kabinett Estet kann nie alle kompliziertesten Methoden unseren Aufbaus verstehen. Er ist zu schwach für so was ...«.

Walter Benjamin beging 1940 Selbstmord. Ernst Toller beging 1939 Selbstmord. Joseph Roth trank sich 1939 in Paris zu Tode.

14. DAS BÖSE IN MOSKAU

Michail Bulgakows Roman
»Der Meister und Margarita«

Naščokinskij per. 3, Bulgakows Wohnung von 1934 bis 1940

Ob Bulgakows Roman vor der Weltliteratur Bestand haben wird? Eines ist jedenfalls sicher: er ist einer der zärtlichsten Moskauromane, die je geschrieben wurden. Da ist so viel von der Moskauer Gemütswärme zu spüren, die entsteht, wenn in dieser überfüllten Stadt die Menschen sich aneinander reiben. Da begreift man so viel von den Moskauer Märchenwelten, vom Moskauer Drang nach »Romanen«, nach Liebesaffären, wenn anders die tödliche Öde des Alltags nicht auszuhalten ist. In diesem Moskau hat auch der Teufel seinen Platz: wer wollte bestreiten, daß der Teufel des Romans mindestens ebenso lebensnah ist wie seine Mitstreiter oder Kontrahenten? Spätestens seit Gogol sind Teufel und Hexen literaturfähig geworden. Und man konnte überzeugt sein, daß bei einer Umfrage weit mehr Moskauer an den real existierenden Teufel als an den real existierenden Sozialismus glaubten.

Ein Streifzug durch das Moskau der Bulgakowschen Schauplätze gehört zu den anschaulichsten literarischen Erlebnissen; immer vorausgesetzt, daß der Leser den Roman kennt. Die Lektüre mag zunächst fremdartig und schwierig sein: allzusehr verschlingen sich die Handlungsstränge, reihen sich Satire und bitterer Ernst, Schabernack und Tragik, Märchen und realistische Darstellung. Aber wer nicht die Mühe auf sich nimmt, diesem Roman nahezukommen, verfehlt eine Möglichkeit des Zugangs zum Rätsel Moskau.

Michail Bulgakow (geb. 1891 in Kiew – gest. 1940 in Moskau) schrieb seinen Roman »Der Meister und Margarita« in der Zeit von 1929 bis 1940. Die erste gekürzte Fassung des Werks erschien in der Sowjetunion in den sechziger Jahren. Der Roman, so können wir aus diesen Fakten schließen, ist eine kritische Begleitmelodie der schwersten Zeiten des nachrevolutionären Staates. Der Teufel namens Woland, als das personifizierte Böse, entschließt sich eines Tages, die Stadt Moskau heimzusuchen. Er bringt einige Gehilfen mit, außerdem Behemoth, einen großen schwarzen Kater, und Hella, eine blutsaugende Vampirin. Was will der Teufel mit seiner Suite in Moskau? Zunächst scheint es, als wolle er in eine gute Welt den Samen des Bösen hineintragen. Überall tut er Böses und verführt zum

Bösen. Besonders entlarvend sind seine Auftritte im Varietétheater. Er zaubert grüne Dollarscheine in die Taschen und Pariser Modesalons auf die Bühne. Die Moskauer Varietébesucher rasen vor Begeisterung. Und zur Strafe, weil ihre Gier doch unangemessen und böse ist, werden sie vom Teufel entlarvt und den Schergen des Guten, dem herrschenden politischen System ausgeliefert.

Auf diese äußerst subtile Weise gelingt es Bulgakow zu zeigen, daß das Moskau der dreißiger Jahre eine verkehrte Welt ist, in der das Böse gut und das scheinbar Gute und Bestehende böse und absurd ist.

Die bösen Mächte entlarven ein in Moskau gegenwärtiges moralisches System, wo das Böse einen neuen, absurden Stellenwert gefunden hat: so ist es böse, mit Ausländern zu verkehren, es ist böse, ausländische Valuten zu besitzen, es ist böse, nach ausländischen Waren zu gieren und vieles mehr. Insofern nun Bulgakow durch den Teufel Woland dieses System des politisch Bösen entlarvt, entlarvt er auch das zugrundeliegende, wahre, abgrundtiefe Böse: nämlich den politischen Machtwillen, der mit absurden Geboten kleinmütige, schwache, feige Menschen entmündigt und zerbricht.

Der Teufel sucht Moskau heim, um die Prinzipien von Gut und Böse wieder ins richtige Lot zu bringen.

Wirkliche Hilfe gewährt der Teufel aber nur einer liebenden Frau und den Dichtern, sofern sie die Feigheit überwinden, den Mut zur Wahrheit haben und ›gut‹ ›gut‹ und ›böse‹ ›böse‹ sein lassen. Gegenüber dem Staat unbotmäßige Dichter werden, nach guter alter russischer Tradition, in ein Irrenhaus vor den Toren der Stadt Moskau verbracht.

Die Wahrheit im Moskau der dreißiger Jahre zu sagen heißt, die Kreuzigung abermals auf sich zu nehmen.

Auch diesen Gedanken kann Bulgakow nur verschlüsselt darstellen: er erzählt die Geschichte von Jeshua und seinem Richter Pontius Pilatus – bis zur Kreuzigung auf dem Berg Golgatha. Die Stadt Jerusalem ist, in dieser Parallelhandlung des Romans, das Andere Moskau, eine Stadt des Lichts und der Erlösung nach dem

Kreuzesopfer. Christus stirbt stellvertretend für den sowjetischen Schriftsteller in dürftiger dunkler Zeit.

Es ist nicht klar, warum Bulgakow das Opfer des »Meisters«, der stellvertretend alle Leidenswege der russischen Dichter repräsentiert, nicht darstellt. »Der Meister« und seine Geliebte Margarita werden durch den Teufel vor dem teuflischen politischen System gerettet, insofern er den Meister und Margarita durch die Luft in ein Friedensreich jenseits der Grenzen Moskaus hinwegführt.

Was aber ist Wahrheit? Was ist das Böse? Die Antwort gibt der Roman in vielen satirischen Genrebildern. Das Lachen darüber kann wohl nur ein Russe verstehen, der schon mit der Gogolschen Literatur vertraut und darin geübt ist, unter dem Lachen die Tränen zu verdrängen.

Die Metro Majakowski-Platz kennen wir bereits. Wir gehen die Bol'šaja Sadovaja nach Süden. Das Theater der Satire (Majakowski-Platz 2) und Haus 10 auf der genannten Straße beachten wir erst einmal nicht. Wir merken uns höchstens, daß Bulgakow, nachdem er in seiner Geburtsstadt Kiew das Medizinstudium beendet hat, von 1921 bis 1924 ein Zimmer in diesem Haus 10 (Wohnung 50, auch Wohnung 34) bewohnt. Dieses Haus versieht Bulgakow in »Meister und Margarita« mit der fiktiven »Nummer 302 b« und erklärt es zum Wohnsitz der bösen Mächte.

M. A. Bulgakow 1927

Aber die bösen Mächte müssen

in Moskau erst einmal einfallen, und wie sie das tun, gehört zu den eindrucksvollen Anfangsszenen des Romans. Die Szene führt uns an einen lieblichen Ort der Stadt Moskau – zu den »Patriarchenteichen«.

Wir gehen also die Bol'šaja Sadovaja weiter bis zur Malaja Bronnaja, biegen dann nach links und treffen auf die Patriarchenteiche. Offensichtlich müssen es früher mehrere Teiche gewesen sein; heute ist das Wasser im Viereck eingefaßt; aber seine Fläche schimmert weithin, an seinen Ufern sind Rasen und Trauerweiden. Um den Teich ziehen sich Alleen mit schattigen Bäumen.

Wer die Teiche an einem warmen Junimorgen besucht, so wie ich, wird viel Volk finden. Die Moskauer lieben diese Gegend. Bestimmt lieben sie sie auch, weil es Bulgakows Teufel einfiel, an dieser Stelle zu erscheinen und allen wahren politischen Teufeln ein Schnippchen zu schlagen. Kein Wunder, daß Moskauer Stadtforscher die Gegend aufs eingehendste gemäß Bulgakows Roman rekonstruiert haben (etwa Boris Mjagkov). Und die Verwirrung, die man beim Lesen des Romans während eines deutschen Winterabends empfindet, fällt ab. Alles, was man als ganz und gar unwahrscheinlich empfunden hat, wird im Angesicht der Patriarchenteiche deutlich und unwiderruflich. Ja, so muß es gewesen sein. Man begreift, warum dieser Roman für die Moskauer ein Kultbuch ist, weil der Roman und seine Figuren sich in Moskau mit den Händen greifen lassen. Wer also den Roman verstehen will, muß ihn in Moskau erwandern.

Lassen wir uns auf einer Parkbank nieder, aber auch diese sollte dem Roman schon nahe kommen. Wir empfehlen eine Bank in der Nähe der Kreuzung Malaja Bronnaja, ul. Žoltovskogo (Ermolaevskij pereulok). Der Leser wie der Besucher mögen es verschmerzen, daß ihm wahrscheinlich kein ungewöhnlich heißer Maiabend mit einem rot-staubigen Sonnenuntergang zuteil wird, wo sich die Menschen längst in ihre Häuser zurückgezogen haben und die Alleen verlassen und einsam sind.

Nur zwei Bürger tauchen auf: es sind Berlioz, der Vorsitzende einer der größten Moskauer Literaturassoziationen (Massolit) und ein junger Lyriker, der sich Besdomny, der Unbehauste nennt. Sie unterhalten sich: Besdomny will ein Poem über Christus schreiben, mit negativen Zügen zwar, aber doch so, als ob Christus wirklich und wahrhaftig gelebt habe. Berlioz ist nun dabei, Besdomny klarzumachen, daß es seine erste Dichterpflicht sei, Christus als Konstrukt der Geschichte, als Mythos hinzustellen.

Das Gespräch allein ist schon dazu angetan, diabolische Mächte herbeizurufen, und so lassen die unheilschwangeren Zeichen nicht lange auf sich warten:

»Es ist nun an der Zeit, die erste Merkwürdigkeit dieses schlimmen Maiabends zu erwähnen. Nicht nur bei dem Büdchen, nein in der ganzen Allee, die parallel zur Kleinen Bronnaja-Straße läuft, war keine Menschenseele zu sehen ... In einer Stunde, in der wohl keiner mehr die drückende Luft atmen mochte und die Sonne, nachdem sie Moskau durchglüht hatte, im trockenen Dunst irgendwo hinterm Sadowoje-Ring wegsackte, kam niemand unter die Linden, saß niemand auf den Bänken, und die Allee war leer.«

Unheilvoll ist auch – Bulgakows satirische Darstellung der Moskauer Lebensverhältnisse setzt ein –, daß es an der nahe gelegenen Bude »Wasser und Bier« weder Mineralwasser noch Bier, sondern nur warme Aprikosenlimonade zu kaufen gab, die gelb schäumend Friseurladengeruch verbreitete.

Nach dem Genuß dieser Flüssigkeit, die einen merkwürdigen Schluckauf erzeugte, zahlten die Literaten »und setzten sich auf die Bank, das Gesicht dem Teich, den Rücken der Kleinen Bronnaja-Straße zugekehrt«. Langjährige Anwohner der Patriarchenteiche versichern, daß der Zeitungskiosk am entgegengesetzten Ende der Allee die kleine Getränkebude von früher ersetzt hat.

Berlioz, als ob er schon ahnte, daß er das erste Opfer der diabolischen Mächte sein würde, verfällt in Halluzinationen. Die flimmernde Hitze formt sich vor seinen Augen zu einem Zweimetermann mit Jockeimütze und kariertem Anzug (es ist einer der Gehilfen des Teufels). Doch die Fata Morgana löst sich wieder auf.

Das Gespräch kreist weiter um die Wahrhaftigkeit der Existenz von Christus. Muß da nicht die lebendige Antithese, das Böse leibhaftig, auftreten?:

»... da erschien in der Allee auf einmal ein Mann ... Das Gesicht glattrasiert. Brünett. Das rechte Auge war schwarz, das linke aber grün. Die Brauen waren schwarz, doch saß die eine etwas höher als die andere. Kurzum – ein Ausländer.«

Die Komik, daß das Böse ein Ausländer (d. h. ein Spion) sein muß, kann wohl nur ein Russe so recht verstehen. Nachdem »der Ausländer« (es ist niemand anders als der Oberteufel Woland) eine Diskussion über die Hinfälligkeit der Kantischen Gottesbeweise angezettelt hat, prophezeit er Berlioz das baldige Lebensende – und zwar ein mit diabolischer, »ausländischer« List ausgeklügeltes Ende: es droht Enthauptung mittels Einwirkung von verschüttetem Sonnenblumenöl durch eine Weibsperson namens Annuschka, genannt »Annuschka die Pest«.

Diese absurde Prophezeiung erfüllt sich auf überzeugende Weise in der realen Landschaft der Patriarchenteiche.

Die Bulgakow-Topographen haben nichts unversucht gelassen, die Szene bis ins Detail zu rekonstruieren.

Wichtigste Voraussetzung für die Enthauptungsszene war eine Straßenbahn. Aber woher eine nehmen? Jahrelang ging man eigenartigerweise davon aus, daß Ecke Malaja Bronnaja niemals eine Straßenbahn gefahren war. Und bei der geweissagten Todesart war nun einmal eine Straßenbahn vonnöten.

Lesen wir erst einmal die entsprechende Stelle des Romans. Berlioz werden die Phantastereien des »Ausländers« zuviel, und als wohlerzogener Sowjetbürger läuft er, die Polizei anzurufen. Er läuft von der Parkbank zum Ausgang der Patriarchenteiche an der Malaja Bronnaja-Straße Ecke Ermolaevskij-Gasse. Dort kann er nicht so einfach auf die Straße, weil das Parkareal durch ein Gitter gesichert ist. Vor dem Gitter führen Straßenbahnschienen vorbei. Berlioz muß durch ein Drehkreuz, auf dem Warnzeichen das Herannahen der Straßenbahn ankündigen:

»... er lief zum Drehkreuz und faßte es mit der Hand. Nachdem er es weitergedreht hatte, wollte er eben die Schienen betreten, als ihm rotes und weißes Licht ins Gesicht spritzte: Im Glaskästchen war die Schrift ›Achtung, Straßenbahn!‹ aufgeleuchtet. Da brauste sie auch schon heran, die Straßenbahn, die auf der neuen Linie von der Ermolaevskij-Gasse in die Bronnaja einbog. Gleich hinter der Kurve, wo es geradeaus weiterging, flammte in ihr plötzlich das elektrische Licht auf, und aufheulend legte sie Tempo zu.«

Berlioz, vorsichtig wie er war, wollte wieder hinters Drehkreuz zurückkehren, legte die Hand auf die Holme und machte einen Schritt rückwärts; da hatte aber die böse Vorsehung, mittels des Werkzeugs Annuschka, Sonnenblumenöl verschüttet und Berlioz rutschte auf dem sonnenölverschmierten Pflaster aus und fiel auf die Gleise:

»Noch einmal sah er hoch oben, ob rechts oder links konnte er nicht mehr erkennen, den goldgelben Mond. Es gelang ihm, sich auf die Seite zu drehen, mit einer wütenden Bewegung zog er die Beine an den Bauch und erblickte nun die mit unaufhaltsamer Kraft auf ihn zurasende Straßenbahn, das entsetzensbleiche Gesicht der Wagenführerin und ihre rote Armbinde. Berlioz schrie nicht auf, doch ringsum gellte die ganze Straße in hysterischem Frauengekreisch... Die Straßenbahn überrollte Berlioz, unterm Gitter der Patriarchenallee hervor sprang ein dunkler runder Gegenstand die gepflasterte Böschung hinauf, rollte wieder hinunter und hüpfte über den Fahrdamm.

Es war der abgetrennte Kopf von Berlioz.«

Lange scheinen Bulgakow- und Moskaukenner der Meinung gewesen zu sein, an der vom Roman beschriebenen Stelle sei niemals eine Straßenbahn gefahren. Das ist deshalb seltsam, weil andere Moskauer wie selbstverständlich versicherten, dort sei immer eine Straßenbahn gefahren. Und unter dem Asphalt der Malaja Bronnaja sind die Schienenspuren noch deutlich zu erkennen. Inzwischen gilt es als erwiesen, daß vom Gartenring eine Bahn stadtwärts fuhr die Malaja Bronnaja entlang. An der Ecke zur Ermolaevskij-Gasse (ul. Žoltovskogo) war eine Schienengabelung. Eine neugelegte Linie kam von der Ermolaevskij-Gasse und bog in die Malaja Bronnaja. Diese enthauptete das Opfer Berlioz.

Bei allem kriminalistischen Eifer, der auch mich erfaßte, konnte ich die ehemalige Einbuchtung für das Drehkreuz allerdings nicht entdecken. Ich machte mir auch Gedanken darüber, wie der abgetrennte Kopf unter dem Gitter hervorspringen mag, eine gepflasterte Böschung hinauf- und hinunterrollt, um dann über den Fahrdamm zu hüpfen. Das Gitter faßt und schaut sich wunderschön alt an. Die dünnen Pfeiler werden von kleinen Pinienzapfen (sehr ähnlich!) gekrönt. Zwischen drei Gitterstäben befindet sich eine Zierleiste von sich krümmenden Voluten. Und die Stäbe sind schwertförmig gezackt, so daß einer gut und gern den Kopf hätte aufspießen können.

Nichtsdestoweniger beschäftigt die Szene auf den Wegen durch Moskau. Unvermittelt begegneten mir Straßenbahnen hart an den Ausgängen beim Čistye-Prudy-Boulevard und am Pokrovskij-Boulevard. Früher soll es gar eine Ringlinie gegeben haben, die um den ganzen Boulevardring ratterte. Wer einmal hart vor einer herannahenden Straßenbahn an einem der Boulevards zurücksprang, weiß, wovon in den ersten Szenen in »Meister und Margarita« die Rede ist.

Im Gefolge des Teufels posiert auch der possierliche Kater Behemoth, possierlich nur durch sein Gehabe, nicht durch seine Größe, die wohl eher einer kleineren Raubkatze nahekommt. Der Kater pflegt aufrecht zu gehen, aber ohne Stiefel, damit er nicht mit dem »Gestiefelten Kater« verwechselt werde. Eine liebenswürdige Kritik an der ordnungswütigen Bürokratie ist die Szene, wo vor den Augen des entsetzten Dichters Besdomny der riesenhafte Kater in die Straßenbahn einsteigt und bei der Schaffnerin eine Fahrkarte lösen will. Diese nun traut durchaus ihren Augen angesichts eines straßenbahnwilligen Katers, schreit aber, überwältigt von bürokratischem Eifer: »Kater dürfen hier nicht mitfahren!«. Übrigens: die Bürokratie darf man den Russen nicht verübeln: schon Custine meinte, die Bürokratie sei von den deutschen Herrscherhäusern nach Rußland importiert, über ein gänzlich bürokratieunfähiges Volk gestülpt worden und habe sich dann zum Riesenhaften entwickelt.

Und der unbotmäßige Kater – als nicht-gestiefelter Kater jedenfalls kein deutscher Kater – springt auf den Anhänger der Straßenbahn und hält sich mit leichter Pfote außen fest.

Der Dichter Besdomny, der Zeuge der Enthauptung durch die Straßenbahn, nimmt die Verfolgung der bösen Mächte auf. Die Verfolgung führt durchs Zentrum und den Arbat bis zur Moskva. Bevor wir aber diesen Bulgakowschen Spuren durch ganz Moskau folgen, kehren wir zurück in die Bol'šaja Sadovaja 10. Denn der Tod von Berlioz ist sozusagen eine Wohnungsbeschaffungsmaßnahme des Teufels Woland. Schließlich will Woland sein Standquartier nicht im Hotel Metropol aufschlagen, dort argwöhnt er zu viele Ohren. Wann und warum der Teufel sich die Wohnung 50 in der Bol'šaja Sadovaja, zum Hauptquartier ausgesucht hat, bleibt unklar. Die teuflische Planung scheint schon zwei Jahre zurückzuliegen, denn zu diesem Zeitpunkt verschwanden – einer nach dem anderen – die Bewohner auf unheimliche Weise: zunächst die Besitzerin, eine Juwelierswitwe (für deren Verschwinden es mancherlei vernünftige Erklärungen gäbe), schließlich die Untermieter.

Dann waren Berlioz und der Varietédirektor, mit Vornamen Stjopa, eingezogen. Berlioz wird enthauptet und Stjopa wird disloziert; er findet sich unvermutet in Jalta wieder. Die Wohnung, drei Zimmer, ist im Besitz von Woland.

Wie schon gesagt, erhielt Bulgakow in dieser Wohnung, in den zwanziger Jahren, mit Hilfe der Institution Glavpolitprosvet ein kleines Zimmer. Das Haus ist 1903 erbaut im Auftrag des Tabakfabrikanten I. D. Pigit von den Architekten E. I. Judickij und A. N. Milkov im Stil der späten Moskauer Moderne. Wie sehr muß man um die delikat verzierte Hauptfassade des Hauses fürchten. Bei dem donnernden Verkehr auf dem Gartenring hat man den Eindruck, als hüpfe das Gebäude bei jedem schweren Lastwagen in die Höhe.

Die Erker, die Balkone mit ihren Schwüngen und Voluten, der verschnörkelte Fries bröckeln und brechen.

Im Hofgebäude waren einst Ateliers von bekannten Künstlern. Zu Gast war das ganze Moskau der Kunst: Schaljapin, die Pianisten Borowskij und Igumnow; Jessenin lernte in der Wohnung 38 Isadora Duncan kennen. Nach der Oktoberrevolution war das Pigit-Haus eines der ersten, die in die kommunale Selbstverwaltung der Arbeiter übergingen.

Der Teufel weiß nun, daß er im Besitz der Wohnung ist. Nicht aber die Hausbewohner und andere Aspiranten, die die Wohnung für mietbar halten. Keine leichte Aufgabe für den Hauptverwalter des Kommunalhauses Nikanor Iwanowitsch Bossoi, wie man aus dem Roman erfährt. Nach dem Tode von Berlioz gingen mündlich und schriftlich zweiunddreißig Erklärungen beim Hausverwalter ein, in denen auf den Wohnraum Anspruch erhoben wurde durch »Bitten, Drohungen, Verleumdungen und Denunziationen, ferner das Versprechen, auf eigene Kosten renovieren zu lassen, Hinweise auf unerträgliche Beengtheit und darauf, daß es unmöglich sei, mit Banditen in einer Wohnung zu hausen. Unter anderem gab es da die durch ihre künstlerische Kraft erschütternde Schilderung eines Raubes von Fleischpastetchen, die in der Wohnung 31 in einer Jackentasche verschwunden seien, zwei Ankündigungen, das Leben durch Selbstmord zu beenden, und ein Geständnis heimlicher Schwangerschaft.«

Haus Pigits (Teufelshaus), Bol'šaja Sadovaja 10

Die Wohnungsnot war groß in Moskau. Daß die Fähigkeit, auf illegale Weise sein Geld zu vermehren, ohne dafür etwas tun zu müssen, auch im Sowjetmoskau weit verbreitet war, zeigt die Anekdote von der wunderbaren Wohnungsvermehrung, die im Roman erzählt wird. Leider gibt es kein Happy-End:

»So hörte ich zum Beispiel erzählen, daß ein Einwohner der Stadt eine Dreizimmerwohnung auf dem Zemljanoj Val bekam ... (er) verwandelte sie in eine Vierzimmerwohnung, indem er das eine Zimmer durch eine Wand teilte. Diese Wohnung tauschte er gegen zwei andere in verschiedenen Moskauer Stadtbezirken: eine Drei- und eine Zweizimmerwohnung. Sie werden mir beipflichten, daß er jetzt schon fünf Zimmer besaß. Die Dreizimmerwohnung tauschte er gegen zwei Zweizimmerwohnungen und war nun, wie Sie sehen, Besitzer von sechs Zimmern, die freilich über ganz Moskau verstreut lagen. Schon holte er zum letzten und glänzendsten Schlag aus, indem er ein Zeitungsinserat veröffentlichte, daß er sechs Zimmer in verschiedenen Bezirken von Moskau gegen eine Fünfzimmerwohnung auf dem Zemljanoj Val tausche, als seine Tätigkeit aus Gründen, auf die er keinen Einfluß hatte, unterbunden wurde. Wahrscheinlich hat er jetzt nur noch ein Zimmer, und das liegt, ich wage es zu versichern, nicht in Moskau.«

Die Geldgier wird auch dem Hausverwalter zum Verhängnis. Er wohnt Eingang 2, Wohnung 35. Der Teufel besticht ihn ein wenig mit grünen Dollarnoten, die irgendwo in der Toilette versteckt werden. Aber die Denunziation folgt umgehend! Und auch die Gefahr der Wohnungsinbesitznahme, die vom Hausverwalter droht, ist beseitigt. Der Teufel und seine Suite sind endgültig ungestört – zunächst.

»Die unheimliche Wohnung« oder die »Wohnung des Bösen« hat auch heute noch die Nummer 50. Aber wie bei allen russischen Wohnungen, muß man erst einmal den richtigen Hauseingang finden. Wir gehen durch die Toreinfahrt in den Hof und wissen, hier sind wir richtig. Überall an den Wänden haben unzählige Besucher bereits ihre Zeichnungen und Grüße an den Teufel hinterlassen. In einer Inschrift wird ihm ewiges Leben geweissagt.

Bei meinem Besuch liegt der Hof verlassen. Ich suche den richtigen Hauseingang an der linken Hofseite: Über dem Hauseingang ist ein Schild »Wohnung 42-51«. Vom Hellen schaut man in den dunklen Schlund des Flurs: der Eingang ist ein wahres Tor zur Hölle. Wir gehen hinein und steigen auf »unendlich langer Treppe« hinauf, während man die Sgrafitti der früheren Besucher bewundert, bis wir schließlich »ganz, ganz oben« zur Türe der bekannten Wohnung gelangen. Die Treppe, das ganze Haus wirkt, als sei es vor langen Zeiten vom Teufel verlassen und niemals wieder von Menschen in Besitz genommen worden. Angeblich soll in der Wohnung eine Behörde ihren Sitz haben: doch davon keine Spur. Das Haus scheint geräumt. Aber nein, junge Leute klingeln ganz oben rechts an der Wohnungstür; die Tür wird geöffnet, aber gleich wieder zugeschlagen. Die Privatleute, die sich hier offensichtlich niedergelassen haben, wollen von Teufelsanbetern nicht gestört werden. Allerdings soll das Zimmer (das dritte rechts in der Wohnung) M. A. Bulgakows – wie es immer so schön heißt: in nicht allzuferner Zeit – zum Gedenkmuseum werden. Aber ich bin skeptisch, ob in einem blankgeputzten Museum, wo man in Filzlatschen durchfährt, noch etwas von der besonderen Atmosphäre dieses Hauses zu spüren sein wird.

Graffiti im Hofeingang zum Teufelshaus: »Woland (Der Teufel) lebte, Woland lebt, Woland wird leben«

Geht man die Treppe wieder hinab, fallen noch andere Einzelheiten auf: der obere Treppenabsatz, wo die ungebetenen Gäste und Pechvögel des Magiers landeten, wenn sie unsanft zur Tür hinausbefördert wurden. Eine Etage darunter ist die Wohnung 48, wo die Pest-Annuschka lebte, diejenige, die durch Vergießen von Sonnenblumenöl die Enthauptungsszene erst möglich machte. Ganz unten, direkt gegenüber der Haustür, ist auch die Besenkammer. Dort unten verkroch sich der Onkel des verblichenen Berlioz, nachdem er im obersten Geschoß übel empfangen worden war. Er hatte sich mit einem halben kalten Hühnchen aus Kiew nach Moskau aufgemacht in der schwankenden Hoffnung, vielleicht die Wohnung seines Neffen Berlioz zu erben. Die drohende Haltung des Katers ließ den Onkel die Treppe hinunterstürmen und sich im Besenkämmerchen im Erdgeschoß verstecken. Die Knochen des Hähnchens, das der Kater vorher noch schnell benagt hat, fliegen hinter ihm her. In der Besenkammer wartet der Onkel auf die Wiederkunft eines zweiten Besuchers der Wohnung 50, um ihn zu fragen, wie es ihm da oben wohl ergangen sei.

Dieser zweite Besucher ist Andrej Fokitsch, der Kantinenwirt des Varietétheaters. (Das Varietétheater liegt heute Majakowski-Platz 2, praktisch um die Ecke.) Dem Wirt gelingt es sogar, bis zu Woland vorzudringen, der »nur mit schwarzer Wäsche und schwarzen spitzen Schuhen bekleidet war... Durch die farbigen Scheiben der großen Fenster (ein Einfall der spurlos verschwundenen Juwelierswitwe) flutete gedämpftes Licht herein wie in einer Kirche. In dem riesigen altertümlichen Kamin brannten trotz des Frühlingstages Holzscheite... Vor dem Kamin hockte auf einem Tigerfell ein riesiger schwarzer Kater und blinzelte stillzufrieden ins Feuer. Ein Tisch stand da, bei dessen Anblick der gottesfürchtige Kantinenwirt zusammenzuckte: er war mit Kirchenbrokat bedeckt...«

Ein Strafgericht bricht über den Kantinenwirt herein. Woland war, bei seinem Theaterbesuch, an der Theke des Varietétheaters vorbeigegangen und sieht noch jetzt den Stör und den Schafskäse vor seinem inneren Auge:

»Teurer Freund! Schafskäse darf nicht grün sein, da hat man Sie betrogen. Weiß muß er sein. Na, und der Tee? Das war doch Spülwasser! Ich habe mit eigenen Augen gesehen, wie eine Schlampe einen Eimer klares Wasser in Ihren riesigen Samowar gegossen hat, aber der Tee wurde weiterhin ausgeschenkt.«

Andrej Fokitsch entschuldigt sich, der Stör sei ihm »im zweiten Frischegrad« geliefert worden. »Zweiter Frischegrad, das ist Blödsinn! Es gibt nur einen Frischegrad, den ersten, und der ist zugleich der letzte. Wenn der Stör von zweitem Frischegrad war, heißt das, er war verfault.«

Es hat sich auch die Feuertreppe erhalten, von der die Arbeitermiliz den fliehenden Kater Behemoth beschoß. Auch der Hintereingang in die Wohnung, den die bösen Mächte so gerne benutzten, soll sich angeblich finden lassen. Das alles aber nur, wenn man in dem gottverlassenen Haus energisch herumstöbert. Freilich, was die Schwarzen Messen anbetrifft, die Voland und Gefolge in der Wohnung feierten: deren hausbackene Schilderung dürfte keinen Hund hinter einem Ofen hervorlocken. Für die dumpfe Moral der dreißiger Jahre waren ein paar nackte Hexen auf dem Besenstiel wohl der Gipfel der Verkommenheit.

Das Bulgakowsche Varietétheater ist, wie gesagt, einige Schritte Richtung Majakowski-Platz entfernt und nennt sich heute Theater der Satire. In dem traurigen grauen Klotz, der uns entgegenstarrt, hätte Woland keinesfalls seine Seancen abgehalten, wo er die verwerflichen Bourgeois-Instinkte der Moskauer entlarvt, indem er ausländisches Geld und französische Haute Couture dem begeisterten Publikum zukommen läßt. Alle herbeigezauberten Preziositäten lösen sich aber wieder in Rauch auf, und die Damen laufen in Unterwäsche auf den Straßen herum. Die Schwarze Magie entlarvt die Gier der kleinen Leute, mehr aber noch entlarvt sie die diabolischen Praktiken eines Systems, das sich primitivster Verbote bedient, um ein Volk durch seine eigenen Schwächen zu entmündigen.

Das Varietétheater wurde 1911 (vgl. Abb. S. 22, 23) gebaut.

Der Sommergarten aus Bulgakows Roman, im Hintergrund die Rundkuppel des zerstörten Varieté-Theaters

Zunächst hatte der Zirkus der Gebrüder Nikitin dort seinen Platz, dann in den Jahren 26-36 die Moskauer »Music Hall«, der Prototyp des Bulgakowschen Varietétheaters.

Das Theater ist heute umgebaut und nicht mehr wiederzuerkennen. Zum Theater gehörte ein Sommergarten, der sein früheres Aussehen bewahrt haben soll. Zu Bulgakows Zeiten hieß er Aquariumgarten. Verkaufsbuden, kalte Buffets (mit Stör zweiten Frischegrades), eine Freilichtbühne und das »Blaue Häuschen« (die Toilette), wo Warenucha von der Vampirin gebissen wurde, sind freilich verschwunden.

Wir kehren an den Anfang des Romans und zu den Patriarchenteichen zurück: der Dichter Besdomny nimmt, nach dem Todesfall von Berlioz, die Verfolgung der teuflischen Mächte auf, eine Jagd, die ihn bis hinunter zur Moskva führt. Wir nennen die heutigen Straßennamen – es geht durch die Adam-Mickiewicz-Straße, die Alexei-Tolstoi-Straße über den Nikitskie-Vorota-Platz zum Arbatplatz, durch die Arbatgassen zur Prečistenka und weiter durch die

Ostoženka zur Moskva. Dort hat der Dichter zwar nicht den Teufel eingeholt, doch ihn selbst hat der Wahnsinn eingeholt.

Die Prečistenka-Gegend war Bulgakow bestens bekannt. Mit seiner zweiten Frau lebte er im Čistyj pereulok 9 (1924 bis 1925) und Malyj Levšinskij pereulok 4 (1926). Beide Häuser sind nicht erhalten. Nach den Erinnerungen der Zeitgenossen hatten sich viele Mitglieder der alten Intelligencija in den Prečistenka-Bezirk zurückgezogen; sie lebten dort ihren geistigen Interessen und vermieden es möglichst, am lauten sowjetischen Leben teilzunehmen. In den Spitzwegwohnungen hatten sie die letzten Schätze verborgen, ihre kostbaren Bibliotheken, das Mahagonimobiliar aus den vergangenen Zeiten, die Ölporträts. Zwar lebten sie ein eingesperrtes Gewächshausleben, doch war es gewiß nicht unbehaglich, wenn man sie nur in Ruhe ließ.

Es lohnt sich, in den Gäßchen jenseits der Ostoženka zur Moskva hin ein wenig herumzustreifen. Wer die lange Wanderung des Dichters Besdomny durch Moskau nicht mitmachen will, der fahre zur Metrostation Arbatskaja.

In den Seitengassen der Ostoženka zu Moskva hin hat man das Gefühl, man sei ans Ende der Welt gelangt. Kein Wunder, daß der Teufel sich in diesen, auch heute noch verwahrlosten Gäßchen verkrochen hat. Ich weiß nicht mehr, ob er auch am Začat'evskij-Kloster vorbeikommt. Wenn wir durch die Začat'evskij-Gassen gehen, die einen kreuz und quer führen, als wüßten sie selbst nicht, welche Richtung sie einschlagen sollen, stoßen wir auf das Začat'evskij-Frauenkloster. Eine schöne alte Backsteinmauer umschließt das Gelände, das man nicht betreten kann. Fast ist zu fürchten, daß wieder Militär in den Mauern haust. Eine Kirche erspäht man, von der nicht mehr als eine ausladende Rundkuppel zu sehen ist mit einem zierlichen Zwiebelchen darauf. Auch die Kirche ist aus rotem Ziegelstein; die weiße Verzierung scheint nur aufgetüncht und geht schon wieder ins Rot des Ziegels über. Die Kuppel ist mit Schindeln belegt, so daß sie wie ein Schuppentier aussieht oder wie die hochbegehrte russische Ananasfrucht. Das Začat'evskij-Kloster war einst ein Frauenkloster, 1623 vom Zaren Michail Fedorovič gegründet. Drei Kirchen aus Stein gehörten zum Kloster. Der Kirchenschatz barg ein kostbares juwelenverziertes Kreuz. Spätestens hier fragt man sich, wo diese Schätze wohl alle hingeraten sind?

Es ist nicht weit bis zum Savel'evskij per. 12. Dort lebten die Freunde des Dichters, die Ljamins. In ihrer Wohnung las Bulgakow häufig aus seinen Werken.

In dieser Wohnung spielt eine markante Szene des Romans. Der verstörte Besdomny gerät auf der Suche nach dem Teufel ins Badezimmer und trifft dort auf eine nackte Frau.

Das Haus 12, in dem die Ljamins lebten, wurde 1898 gebaut für eine reiche Aktionärsgesellschaft; die Wohnungen waren weiträumig und nicht billig. Die Hauptfassade mit Erkern und Balkonen sprüht nur so von architektonischen Einfällen. Das Haus ist auch heute gut erhalten.

Der Moskauforscher Mjagkov berichtet (Mitte der achtziger Jahre), die Witwe N. N. Ljamins, Natal'ja Abramowna Ušakowa, lebe in dieser Wohnung, d. h. im großen ehemaligen Salon, wo Bulgakows Dichterlesungen stattgefunden hätten. Im Zimmer Natal'ja Abramownas stehe ein reichverzierter Kamin mit einem hohen Spiegel, und von der Decke hänge noch ein alter blauer Luster. Es sei durchaus möglich, daß dieses Interieur auch die Beschreibung für den Salon der Juwelierswitwe (eigentlich Haus 10 der B. Sadovaja) lieferte, wo der Kater Behemoth seine letzten Gefechte gegen die Söldner des wahren Bösen führte. Schade, daß man den blauen Luster nicht besichtigen und sich vorstellen kann, wie der Kater, mit einem Spirituskocher bewaffnet, sich umherschwingt und auf die Arbeitermiliztruppen feuert. Zu dem Liebreiz des Romans gehört es, daß das wilde Feuergefecht keine Wirkung zeigt und alle unbeschadet davonkommen.

Besondere Aufmerksamkeit galt der Frage, wo der »Meister« auf dem Arbat gewohnt und seinen Roman über Christus und Pontius Pilatus, den »grausamen fünften Prokurator von Judäa« geschrieben

Mansurovskij per. 9

haben könnte. Sein abgeschiedenes Nischendasein ist anziehend und zärtlich geschildert:

»... und mietete in einer Seitengasse nahe dem Arbat zwei Zimmer im Kellergeschoß eines kleinen Gartenhauses... Eine abgeschlossene Wohnung, noch dazu mit Korridor und darin ein Ausguß mit fließendem Wasser... die kleinen Fenster lagen direkt über dem Gehsteig, der zur Pforte führte. Vier Schritte gegenüber wuchsen am Zaun Flieder, eine Linde und ein Ahorn. Ach, war das schön! Im Winter war es sehr selten, daß ich an dem Fenster schwarze Füße vorübergehen sah und den Schnee darunter knirschen hörte. Und in meinem Ofen brannte ewig das Feuer! Aber plötzlich kam der Frühling, durch die trüben Fensterscheiben sah ich die ersten kahlen, dann von Grün umhüllten Fliederzweige... Ich öffnete die Fenster und saß in meinem winzigen zweiten Zimmer... So groß! Ein Sofa, gegenüber noch ein Sofa, dazwischen ein kleiner Tisch, darauf eine schöne Nachttischlampe, zum Fenster hin Bücher, hier ein kleiner Schreibtisch, und im ersten Zimmer – es war riesengroß, vierzehn Quadratmeter! – Bücher, Bücher und ein Ofen. Ach, habe ich schön gewohnt. Wie der Flieder duftete! Der Kopf war mir leicht vor Ermüdung, und Pilatus eilte dem Ende zu . . .«

Bulgakows biographische Spuren auf dem Arbat sind zahlreich, und so gibt es einige Vorschläge, wo diese verwunschene Souterrainwohnung hätte liegen können. Wer dem Vorschlag Mansurovskij pereulok 9 folgt, ist sofort überzeugt. Das alte ebenerdige Moskauer Stadtpalais muß einfach in die Literatur eingegangen sein! Ich betrachtete bei meinem Besuch den weise beobachtenden Hund im Fenster und dachte: auch er ist sich seiner Anwesenheit im zeitlos poetischen Roman bewußt. Außer dem Hund werden wohl noch andere Bewohner das Vergnügen haben, in diesem typischen Moskauer Domizil zu leben. Das Tor ist fest verschlossen und gab weder den Blick auf das Souterrain, wo Bulgakow gewohnt haben könnte, noch auf den reich begrünten Garten frei.

Zu Zeiten Bulgakows lebten hier seine Freunde, die Brüder Topleninov. Oft ging Bulgakow zu ihnen und arbeitete dort in einem eigens für ihn hergerichteten Zimmer.

Das Haus wird heute vom Staat, als sogenanntes Stadtpalais, erhalten. Es wurde nur durch Initiative des Restaurators vor der Vernichtung gerettet.

Bulgakows zweite Frau, L. J. Beloserskaja, ist dagegen der Meinung, daß es sich um eine Wohnung der Popovs im Plotnikov pereulok No. 12 handelt. Vielleicht ist sie keine so verläßliche Zeugin, denn das Vorbild für die Margarita des Romans ist Jelena Sergejewna Schilowskaja, die dritte Frau Bulgakows.

Die Margarita des Romans lebt, bestens verheiratet, ebenfalls auf dem Arbat in einer »gotischen« Villa. Es gelüstet sie, aus der bürgerlichen Wohlsituiertheit ihrer Ehe in ein armes Musendasein auszubrechen, und so schleicht sie Tag für Tag aus ihrer Villa in die Kellerwohnung des Dichter-Meisters. Ein hübsches Beispiel für die gotische Villa findet man in der Ostoženka 21. Der Architekt Lew Nikolaewič Kekušew hat sie 1901 erbaut. Seine Tochter pflegte S. S.

Bulgakow mit seiner dritten Frau Jelena Sergejewna, 1935

Topleninov, einen Bewohner des Mansurovskij per. 9, regelmäßig zu besuchen.

Wir wollen es genug sein lassen mit den möglichen Adressen der Margarita. Erwiesen scheint, daß Bulgakow seine »Margarita« im Bol'šoj Gnezdikovskij pereulok, Nummer 10 kennengelernt hat. Dieses zehnstöckige Haus galt als einer der ersten Wolkenkratzer Moskaus, 1912 erbaut, nach einem Entwurf von E. K. Nirenzee. Im Februar 1929 soll Bulgakow seine »Margarita« zum ersten Mal gesehen haben. Sie trug häßliche Mimosen in der Hand. Die entsprechende Szene aus »Meister und Margarita«:

»Sie hatte widerliche Blumen von beängstigendem Gelb in der Hand. Weiß der Teufel, wie sie heißen, aber es sind die ersten, die man in Moskau bekommt... Sie bog von der Tverskaja in eine Gasse ein und drehte sich um... Die Liebe sprang uns an, wie ein Mörder in einer dunklen Gasse sein Opfer anspringt, und traf uns beide... Wir unterhielten uns, als hätten wir uns am Abend zuvor getrennt, als kennten wir uns schon viele Jahre. Am nächsten Tag trafen wir uns wieder am Moskvakai. Die Maisonne schien auf uns herab. Bald, sehr bald wurde sie meine heimliche Frau.«

Vom Bol'šoj Gnezdikovskij pereulok ist es nicht weit bis zum Tverskoj-Boulevard. Haus 25, so scheint's, ist der meisterwähnte literarische Knotenpunkt Moskaus. Immer wieder sind wir ihm auf den Wegen durch Moskau begegnet. Zuletzt (Kap. 13) aß hier Walter Benjamin zu Mittag und spielte Schach. Allgemein ist es bekannt als »Herzen-Haus«: Bulgakow nennt es in seinem Roman Gribojedow-Haus.

Die Verbindung zum Namen von A. S. Gribojedow, des Dichters der Komödie »Verstand schafft Leiden« (geschrieben: 1822-1824), kann auf allerlei Umwegen hergestellt werden.

Wie bekannt, war der Kammerherr A. A. Jakowlew, Bruder von I. A. Jakowlew, dessen unehelich geborener Sohn Alexander Herzen war, Besitzer dieses Hauses Anfang des letzten Jahrhunderts. Herzen wurde 1812 im Haus seines Onkels geboren. Den Sohn von A. A. Jakowlew, seinen Cousin, beschrieb Herzen ausführlich und mit großer Sympathie in den Erinnerungen »Byloe i dumy«. Herzens Cousin war allbekannt unter dem Namen des »Chemikers«. Auch Gribojedow widmet dem Chemiker eine Verszeile: »Vom Staatsdienst will er nichts wissen, er ist Chemiker, er ist Botaniker, Fürst Fjodor, mein Neffe«, sagt die alte Fürstin Tugouchowskaja in den hübsch gereimten russischen Versen der Komödie »Verstand schafft Leiden«.

Einem Besuch Alexander Herzens bei seinem Cousin verdanken wir wohl die älteste und lebendigste Schilderung des Hausinneren:

»Ich besuchte den Chemiker nur von Zeit zu Zeit. Er wohnte außerordentlich eigenartig; in dem großen Hause auf dem Tverskoj-Boulevard bewohnte er selbst nur ein winziges Zimmer, ein zweites beherbergte das Laboratorium. Seine alte Mutter wohnte in einem anderen Zimmerchen ... Der Diener zündete eine Kerze an und geleitete mich durch dieses Zeughaus, wobei er jedesmal bemerkte, es sei nicht nötig den Mantel abzulegen, in den Sälen sei es sehr kalt; dicke Staubschichten bedeckten die verschnörkelten, kuriosen Gegenstände, die von bizarr geformten Spiegeln zurückgeworfen wurden und sich im Widerschein der Kerze darin mitbewegten ... Durch eine Reihe solcher Zimmer erreichte man schließlich eine Tür, die mit einem Teppich verhangen war und in ein überheiztes Kabinett führte. Darin saß der Chemiker in einem mit Grauwerk gefütterten verschmierten Schlafrock, umgeben von Büchern, umstellt von Fläschchen, Retorten, Tiegeln und Apparaten, ohne jemals auszugehen ... In eben diesem Hause ist auch im Jahre 1817 meine Frau geboren worden. Der Chemiker verkaufte zwei Jahre später sein Haus, und ich hatte wiederum Gelegenheit, darin zu weilen, nämlich auf den Abendgesellschaften bei Swerbeew, wo ich über den Panslawismus stritt und mich über Chomjakow ärgerte, der sich niemals und über nichts ärgerte.«

Da die Hauptpersonen von Bulgakows Roman Schriftsteller oder – schlimmer – Kritiker von Schriftstellern sind, kehren sie immer wieder in das Haus 25 auf dem Tverskoj-Boulevard ein. Iwan Besdomny läuft, nach seiner vergeblichen Jagd auf den Teufel oder den »Ausländer«, ins Gribojedowhaus oder »Massolit« und macht dort in verwirrtem Zustand einen Skandal. Hier, im Haus 25 auf dem Tverskoj-Boulevard, waren in den zwanziger Jahren die verschiedenen Schriftstellerorganisationen untergebracht: zunächst RAPP, später VAPP und andere kleinere Gruppierungen, die damals noch zugelassen waren.

Gab's dort wirklich das beste Moskauer Restaurant, wie Bulgakow schreibt? Die Moskauforscher meinen, das Essen sei nicht so exquisit gewesen. Doch die Atmosphäre des Restaurants der Literaturorganisation verbreitete so etwas wie einen Hauch der Moskauer Golden Twenties. Ja, so etwas muß es wirklich in Moskau gegeben haben, man staune. Das Jazzunterhaltungsorchester, das der Roman immer wieder erwähnt, hat wirklich existiert unter der Leitung von Aleksandr Cfasman. Und der Abend strebte seinem Höhepunkt entgegen, wenn das Orchester einen amerikanischen Foxtrott in eigener Interpretation spielte, die in dem Aufschrei »Halleluja« gipfelte. Wie ein Leitmotiv taucht dieser Ausbruch Moskauer Lebensfreude im Roman auf...

Der herrliche Spaß der Twenties muß zu Ende gewesen sein, als unter der Ägide Stalins 1933 hier das Literaturinstitut »imeni Gor'kogo« eröffnete. Damit hatte er wohl eine Zuchtanstalt für künftige Schreiber des Sozrealismus geplant.

In der Tat: die Funktion der planwirtschaftlich betriebenen Dichterzucht schien das Gebäude noch lange zu haben. Bei einem früheren Besuch konnte man die Schaukästen des Seitengebäudes studieren. Dort waren minutiös die Wettbewerbs- und Eintrittsbedingungen für die Möglichkeit eines staatlich geförderten Dichterlebens verzeichnet. Die Regeln erforderten zunächst das Einreichen von allerlei poetisch Selbsterdachtem. Einmal in die engere Wahl gekommen, wurde die letzte Qualifikation durch einen Ausscheidungswettbewerb ermittelt. Die glücklichen Lehrlinge des Dichterhandwerks konnte man dann im kleinen Park des Herzenhauses beobachten, wie sie unter dem strengen Blick des gußeisernen Herzendenkmals plaudernd und lachend die Pausen verbringen. Zumindest schien das Dichtenlernen im Schoße des Staates gute Laune zu machen. Aber Rußlands zukünftige Dichter?

Auch den Kater Behemoth und seinen Begleiter stimmt die planwirtschaftlich betriebene Dichterzucht bedenklich:

»›Sieh an! Das ist doch das Schriftstellerhaus! Weißt du, Behemoth, von diesem Haus hab ich schon viel Gutes und Lobendes gehört. Schau es dir an, mein Freund. Welch angenehmer Gedanke, daß unter diesem Dach verborgen eine ganze Masse von Talenten heranreift‹ – ›Wie Ananas im Gewächshaus‹, sagte Behemoth und stieg auf den Betonsockel des Eisengitters, um das cremefarbene Haus mit den Säulen besser betrachten zu können ... ›Ja, Erstaunliches ist noch zu erwarten aus den Treibkästen dieses Hauses, das unter seinem Dach ein paar tausend selbstlose Streiter vereint, die entschlossen sind, ihr Leben dem Dienst der Melpomene, der Polyhymnia und der Thalia zu weihen ... Aber nur, wenn nicht irgendein Mikroorganismus diese zarten Treibhauspflanzen befällt und ihre Wurzeln zerfrißt, nur wenn sie nicht faulen! Das kommt bei Ananas ja vor. Oi, oi, oi, wie oft kommt das vor!‹«

Behemoth und der andere Teufelsgeselle wollen ins Restaurant und werden von einer Weibsperson aufgehalten, die aus unerfindlichen Gründen die Gäste in ein Buch einträgt. Sie verlangt die Schriftstellerausweise. Die Kräfte des Bösen argumentieren mit ihr: »Also, um überzeugt zu sein, daß Dostojewski Schriftsteller ist, müssen Sie ihn unbedingt nach seinem Ausweis fragen?«

Bulgakow lebte von 1934 bis zu seinem Tod im März 1940 im Naščokinskij pereulok 3, Wohnung 44. Dieses Wohnhaus für

Schriftsteller wurde in den siebziger Jahren abgerissen (vgl. 15. Kap.). Es gibt noch Photographien, die sein Arbeitszimmer zeigen. Bulgakow hatte in den dreißiger Jahren keine Arbeitsmöglichkeit. Er wandte sich in seiner Verzweiflung brieflich an Stalin und bat um Arbeit oder um Emigration. Eine Beschäftigung am Theater wurde ihm zugewiesen.

Bulgakow war es also nicht vergönnt, wie der Meister und Margarita mit den geflügelten Teufelsgesellen sich in die Lüfte zu heben und aus dem Moskau des Bösen hinwegzufliegen. Im Roman gilt der letzte Gruß der Fliehenden den Türmen des Neujungfrauenklosters.

1940 hat man Bulgakow im Neujungfrauenkloster bestattet. Das Grab befindet sich, zwischen Kirschbäumen, auf dem alten Teil des Friedhofs. Moskauer sagen, der große schwarze Grabstein erinnere an Golgatha, an die Stätte, wo der Erste einer langen Reihe gekreuzigt worden ist.

15. MOSKAUER LEERSTELLEN

Zwetajewa, Mandelstam, Pasternak

Überdachter Hauseingang mit Ziergitter

»Statt des Wassers der Hippokrene / Stürzt alter Ängste Strom / in die schütteren Mauern / Der Moskauer Wohnstatt des Unheils«.

Die Moskauer Wohnstatt des Unheils: es ist nicht von der fiktiven »bösen« Wohnung des Bulgakowromans die Rede, sondern von einer realen Wohnung, der letzten Wohnung Ossip Mandelstams im Naščokinskij pereulok 5, Wohnung 26. Nicht freie Inspiration, sondern Angst west in den Räumen.

Wir können auf den Arbat in die heutige ulica Furmanova gehen und schauen: der Kreml ist ganz nah. Aber auch bei größerer Entfernung: der riesige Schatten des »Kremlbewohners« Stalin reichte bis in die Seelen der Mutigen und Schwachen. Man weiß eigentlich nicht, zu welchen Mandelstam gehörte. Unter der tödlichen Bedrohung verwischen sich die Grenzen. Wir können es heute auch nicht mehr nachvollziehen, weil wir das Maß der Bedrohung nicht kennen. Mandelstam ist gewiß zu den Verzweifeltsten zu zählen. Sein klassisches Form- und Traditionsbewußtsein, nach dem er sich in seinen Dichtungen richtete, gesellte ihn zu denen, die am meisten bedroht waren. Als Dichter hatte er keine andere Wahl. Er wußte, er würde notwendig untergehen, und weil er das wußte, betrieb er seinen Untergang auf die radikalste Weise. Nackte, physiologische Angst ließ die einen verstummen, ihn, Mandelstam, trieb sie zu offener Aggressivität.

1932 hatte Stalin die Dichter auf den Sozialistischen Realismus verpflichtet (1932, das Jahr der Gleichschaltung der sowjetischen Literatur, Parteierlaß vom 23. 4. 1932). Mandelstam war in höchster Gefahr. Er ahnte es, sein poetischer Ton nahm an Schärfe zu. Er war der einzige russische Dichter, der eine verzweifelte Flucht nach vorn versuchte.

Bevor er im August 1933 in diese letzte Wohnung im Naščokinskij pereulok zog, hatte er vergeblich versucht, in Leningrad eine Aufenthaltsgenehmigung zu bekommen. Er und seine Frau Nadeshda erhielten, wie schon in den zwanziger Jahren, ein Zimmer im Herzenhaus; im rechten und im linken Flügel des Hauses 25 am Tverskoj-Boulevard (vgl. 14. Kap. u. a.). Das Bewußtsein, sozusagen eingereiht zu sein in die Schar der jasagenden Schriftsteller, erregte in ihm Haßausbrüche gegen die dort hausenden Schriftsteller. Man spürt aber auch die untergründige Angst Mandelstams vor der Gefahr, der Bequemlichkeit nachzugeben, sich anzupassen, ein Konformist zu werden wie die anderen. Er mußte mitleidlos gegen sich selber sein, um solche Gewaltausbrüche gegen die Zunft, die ja auch die seine war, schreiben zu können:

»Schreibertum ist eine Rasse mit widerwärtigem Hautgeruch und den schmutzigsten Methoden der Essenszubereitung. Es ist eine nomadisierende Rasse, die in ihrem eigenen Erbrochenen die Nacht zubringt, aus den Städten verbannt, in den Dörfern gejagt ist, doch allüberall der Macht nahesteht, die ihr wie den Prostituierten in den Abschaumquartieren einen Platz zuweist. Denn die Literatur erfüllt allüberall die eine Bestimmung: sie hilft den Befehlshabern, die Soldaten bei Gehorsam zu halten, und den Richtern, die Verurteilten der Vollstreckung zuzuführen. Der Schriftsteller ist ein Gemisch aus Papagei und Pope. Er ist ein Plapperchen im wahrsten

Naščokinskij per. 3-5, in den siebziger Jahren abgerissen

Sinne des Wortes. Er spricht französisch, wenn sein Herr Franzose ist, wird er jedoch nach Persien verkauft, sagt er auf persisch: ›Plapperchen-Dummkopf‹ oder ›Plapperchen will Zucker‹.«

Die Adresse der einzigen richtigen Wohnung, die die Mandelstams je hatten, war auch die letzte Wohnung, die sie ihr eigen nannten: Naščokinskij pereulok, Haus 5, Wohnung 26. Ende August 1933 zogen sie in das erste Schriftstellerwohnheim, das in Kooperative gebaut worden war. Irgendwer hatte den Mandelstams Geld geliehen, damit sie sich die Wohnung kaufen konnten. Als der Bau fertig war, hieß es, derjenige der mit einem Bett eine Wohnung in Beschlag lege, dürfe diese Wohnung als die seinige betrachten. Nadeshda Mandelstam wartete eine ganze Nacht und schleppte am frühen Morgen eine Matratze in den 4. Stock.

Suchen wir das Haus Nummer 5 in Naščokinskij per. (ul. Furmanova). Man kann vom Arbatplatz den schönen Gogol-Boulevard entlangschlendern und dann in die alte Arbatgasse Sivcev Vražek rechts einbiegen und gleich links die Gasse hinuntergehen: das typische Moskauer Gemisch von ebenerdigen und einstöckigen Häusern, dann wieder Wohnblöcke. Das Haus Nummer 5 läßt sich nicht finden. Schließlich die Auskunft: das Haus No 5 existiere nicht mehr, an seiner Stelle befinde sich ein »Loch«, eine dyrka.

Wir erinnern uns, Michail Bulgakow hat ebenfalls hier gewohnt (Naščokinskij pereulok 3, Wohnung 44) bis zu seinem Tod 1940. Achmatowa, Pasternak, die Großen sind hier aus und ein gegangen. Freilich, das Schriftstellerwohnheim, das da in Kooperative entstand, war nicht sonderlich attraktiv; wir sehen es auf der Abbildung (S. 190); ein typisches Zwischenkriegsgeschöpf, eintönig, die Balkone hängen unregelmäßig wie Vogelnester an der Fassade. Die Mandelstams hatten ihre Wohnung an der Rückseite des Hauses, was ihnen einen prächtigen Blick über Moskau gewährte.

Ende der siebziger Jahre wurde der Block abgerissen. Es ist gefährlich, alles abzureißen und an seiner Stelle Gras zu säen. Die Leerstellen sind weiße Flecken der Geschichte; aber im Bewußtsein der Moskauer sind sie nicht ausradiert; und eines Tages werden sie

Ossip Mandelstam in den dreißiger Jahren

sich wieder mit Leben füllen, auf die eine oder andere Weise auferstehen. Die Wohnung Mandelstams im Naščokinskij pereulok hat nie aufgehört zu existieren.

Eine ehemalige Bewohnerin, Natascha Koževnikowa, hat mir ihre alte Aufnahme vom Naščokinskij pereulok geschenkt. In den siebziger Jahren, als das Gebäude abgerissen wurde, wurden alle Bewohner aus dem Zentrum und der Nähe des Kremls in gesichtslose Massensiedlungen am Stadtrand umgesiedelt. Wo liegt da der Sinn der Großstadtplanung, das Zentrum zu entvölkern und mit Büros und Bürokratie zu besetzen?

Natascha hatte, seit dem Einzug 1933 bis in die siebziger Jahre, im Schriftstellerhaus des Naščokinskij pereulok gewohnt. Sie rühmt die ehemaligen Wohnungen: sie waren für damalige Verhältnisse luxuriös. Sie zeichnet mir den Grundriß der Mandelstam-Wohnung auf: eine große helle Küche, der Luxus eines Badezimmers und einer Toilette, dann noch zwei Wohnräume. Die Wände waren mit Filz isoliert, den bald die Motten fraßen. Mottenfang wurde zur Abendbeschäftigung der Besucher.

Im November 1933 besuchte Boris Pasternak die Mandelstams in der neuen Wohnung. Pasternak ermuntert Mandelstam, nun da er eine neue Wohnung und einen Schreibtisch habe, könne er auch Gedichte schreiben. Mandelstam ärgerte sich über den herablassenden Rat, denn er schrieb Gedichte, wie sie ihm einfielen, am liebsten beim Herumgehen. Sozusagen gegen den spießigen Schreibtisch Pasternaks schrieb er sein Gedicht »Die Wohnung«. Das ist die Entstehungsgeschichte des Gedichts »Die Wohnung«, wie Nadeshda Mandelstam sie erzählt:

Die Wohnung: papierene Stille,
Wie öd, ohne jegliche Zier –
Nur hörbar, wie's gluckert, verrinnend
Im Innern, im Röhrengewirr.

Die Habe geordnet, in Schachteln,
Erstarrt dieser Frosch: Telephon,
Die weit schon gewanderten Sachen –
Sie wollen nur raus und davon!

Wie dünn die verfluchten, die Wände,
Kein Ausweg mehr, nirgendwo hin –
Und spielen muß ich ohne Hände
Für wen ich ein Kasper nur bin . . .

Noch frecher als Komsomol-Banden,
Noch gröbres Getön als die Herrn,
Die Schulbänke drücken im Lande,
Um Henker das Zwitschern zu lehrn.

Ich lese nur Zeug, mir zuwider,
Wie hänfen das Reden hier rinnt,
Und schreckliche Wiegenlieder
Sing ich für das Kulakenkind.

Nur irgendein biederer Wischer,
Ein Hechler von Kolchosen-Flachs,
Ein Tinten- und Blutspurvermischer
Wär würdig des mißratnen Dachs.

Angst herrscht in den Moskauer Wohnungen der dreißiger Jahre; und die Erinnerung daran kann man nicht auslöschen, abreißen, zu Leerstellen tilgen.

Nicht nur die Wohnung ist in diesem Gedicht angesprochen:

auch die Furcht Mandelstams, wegen des Privilegs einer Moskauer Wohnung, die so rar waren im Moskau der dreißiger Jahre, ein »Kasper« der Schriftstellervereinigung werden zu müssen; ein »Kasper«, dem die Hände der freien Inspiration gebunden sind, der mit gebundenen Händen Lieder spielt für die Machthaber ohne Stimme, um »Henker das Zwitschern zu lehrn«. Er singt aber auch Wiegenlieder für das Kulakenkind; es sind schreckliche Todeslieder für die Kinder der Kulakenbauern, die durch Stalins Zwangskollektivierung verhungern mußten. Und dann springt Mandelstam das Monstrum an, rasend vor Haß und Angst: Ein Tinten- und Blutspurvermischer wäre würdig des »mißratenen Dachs«. Nadeshda Mandelstam begriff, daß ihr Gatte auf das Todesurteil nicht länger warten wollte:

»Ich kann mich an nichts Schrecklicheres erinnern als den Winter 1933/34, den wir in unserer neuen Wohnung verbrachten, in der einzigen Wohnung, die ich in meinem Leben besaß. Durch die Wand hörten wir Kirsanov auf seiner Hawaiigitarre spielen, durch die Belüftungsrohre kamen die Essensgerüche aus den Wohnungen anderer Schriftsteller zu uns heraufgezogen und mit ihnen der Gestank der Ungeziefervertilgungsmittel, mit denen sie die Wanzen bekämpften. Geld hatten wir keines, nichts zu essen und am Abend viele Gäste, von denen die Hälfte Polizeispitzel waren. Der Untergang konnte schnell oder in Form langsamer, sozusagen stufenweiser Vernichtung kommen. O. M. als ungeduldiger Mensch wollte, daß er schnell käme.«

Das todsichere Mittel dazu war nicht nur dieses Gedicht, sondern das »Epigramm auf Stalin«. Mandelstam sorgte für seine Verbreitung durch Erzählen und Zitieren. Warum hätte er es auch schreiben sollen, wenn er es nicht hätte einem Publikum vorstellen wollen? Nadeshda Mandelstam spricht davon, als habe man das Epigramm höchst geheimhalten wollen, als sei es kaum einem bekannt gewesen. Tatsächlich war das Wissen davon verbreitet:

»Wir leben, ohne das Land unter uns zu spüren, / Was wir sagen, hört man zehn Schritte nur weit, // Haben wir aber den Mut zu halben Gesprächen, / so lähmt uns der Gedanke an den Kaukasier im Kreml. // Seine dicken Finger sind wie Würmer so fett, / Und seine Worte sind unanfechtbar wie Pudgewichte. // Der Schabenschnurrbart lacht, / Seine Stiefelschäfte glänzen. // Rings um ihn wimmelt sein Gesindel kriecherischer Führer, / Er benutzt die Dienste von Halbmenschen. // Der eine pfeift, der andere miaut, der dritte jammert, // ER allein tönt, und sein Finger hebt sich richtungsweisend. // Einen Erlaß nach dem anderen hufeisengleich schmiedend: / Den schlägt er damit in den Leib, den vor die Stirn, den ins Gesicht, den in die Augen. // Jede Hinrichtung bereitet ihm Vergnügen / Und bläht des Osseten Brust.« (Zitiert nach B. Sarnow: Der »Fall Mandelstam«.)

Noch hatten die »fetten Finger« Stalins Mandelstams Todesurteil nicht unterschrieben. Im Gegenteil, es geschahen seltsame Dinge, und es war ein langsamer Tod.

Mittels der Wohnung war der Dichter auch rein physisch ganz nahe an Stalin, den »Bergmenschen im Kreml«, herangerückt. Der Kreml war ganz nah an Mandelstams Wohnung. Der Kreml liegt ja dem Arbat gegenüber. Eine gefährliche Nähe zur Macht: anziehend und abstoßend zugleich. Man kann sich gut vorstellen, daß die wohl unvermeidliche Kollision mit Stalin für Mandelstam jetzt hörbar und fühlbar geworden war. Die bedrohliche Witterung Stalins konnte Mandelstam jeden Tag aufnehmen. Er mußte einfach der Kollision entgegeneilen und das bitterböse Epigramm gegen Stalin schreiben; er mußte den »Bergmenschen« herausfordern. In der Nacht zum 14. Mai 1934 fand die Durchsuchung der Wohnung und die Verhaftung Mandelstams statt.

Bereits im Frühjahr 1934 lebten die Mandelstams in Unruhe. Wiederholte Male rief Ossip Mandelstam seine Freundin Anna Achmatowa in Leningrad an, bat sie immer wieder, ihn zu besuchen. Schließlich kam sie und war, wie Nadeshda Mandelstam erzählt, Zeugin dessen, was in der Nacht vom 13. zum 14. Mai in der Wohnung des Naščokinskij per. 5 geschah:

»Wenn Anna Andrejewna zu uns kam, brachten wir sie immer in

der kleinen Küche unter – wir hatten noch kein Gas, und ich bereitete unser bescheidenes Essen im Korridor auf einem Petroleumkocher zu, den unnütz herumstehenden Gasherd hatte ich zu Ehren unseres Gastes mit einem Wachstuch bedeckt und, damit er aus den Augen war, unter den Tisch geschoben. Unsere Küche hatte den Spitznamen ›Götzentempel‹. ›Was liegen Sie hier als Abgott in Ihrem Götzentempel herum?‹ fragte einmal Narbut, als er Anna Andrejewna in der Küche sah. ›Sie täten besser daran, in einer Versammlung zu sitzen.‹ So war unsere Küche zum Tempel geworden, und wir beide saßen darin, hatten O. M. im Stich gelassen, ... als plötzlich, ungefähr um ein Uhr nachts, das schicksalsschwere, unerträglich bedeutungsvolle Klopfen uns aufschreckte. ›Das gilt Osja‹, sagte ich und ging, um aufzumachen. An der Tür standen Männer – mir schien es, als wären es viele –, alle in Zivilmänteln. Für den Bruchteil einer Sekunde flammte die Hoffnung auf, daß es doch nicht so sei: ich hatte die Uniformen unter den Mänteln nicht wahrgenommen. Diese Deckmäntel – im wahrsten Sinne des Wortes – dienten eigentlich auch schon als Uniform, wenn sie auch eine Maskierung waren, wie früher der Schelmenanzug; ich wußte das damals noch nicht. Meine Hoffnung verflog, als die ungebetenen Gäste die Wohnung betraten.«

Die Geschichte des literarischen Orts: Lubjanka-Gefängnis (ehemals Dzierżyński-Platz) ist noch nicht geschrieben. Die Folterkammern der Geheimdienste sind schrecklicher als Hinrichtungsstätten. Hier schafft man bloß den Körper vom Leben zum Tode, dort brennt man dem Menschen die Würde aus dem Leib. Nadeshda Mandelstam irrt wartend durch die Gänge der Lubjanka, begegnet entstellten Gesichtern; das Grauen ist nicht mehr nachvollziehbar.

Überraschenderweise fällt Mandelstams Urteil milde aus: er wird zu drei Jahren Verbannung nach Čerdyn im Ural verurteilt. Mandelstam begeht einen Selbstmordversuch; er leidet an Psychosen. Im Krankenhaus sagt man, daß es allen so gehe, die von ›dort‹ kämen. Schließlich wird das Urteil revidiert. Mandelstam darf die

Stadt der Verbannung, mit Ausnahme von zwölf Städten, frei wählen. Seine Frau darf ihn begleiten. Die Mandelstams wählen Woronesh. Daß es zur Revision des Urteils kam, ist mit merkwürdigen Umständen verknüpft. Aus irgendeinem perversen Interesse heraus richtete Stalin die Aufmerksamkeit auf diesen unbotmäßigen Dichter. Vielleicht verstand er dumpf, daß Unbotmäßigkeit auch dichterische Dignität beweisen kann. Und die poetisch formulierte Weigerung Mandelstams, einen »mißratenen Dachs« zu besingen, rief bei diesem vielleicht den Argwohn hervor, es könnte gerade solch ein Dichter berufen sein, das Hohelied der Macht für den roten Zaren zu singen.

Aufgrund allerlei politischer Machenschaften kommt es im Juli 1934 zu einem merkwürdigen Anruf Stalins bei Boris Pasternak in der Volchonka 14, Wohnung 9. Dieses Ereignis wird von der Memoirenliteratur in vielen Varianten erzählt; die »kanonische« soll die Anna Achmatowas sein. Wir geben die Version Nadeshda Mandelstams wieder, die der Wahrheit ebenfalls nahe kommen dürfte. Nadeshda Mandelstam wußte lange Zeit nichts von diesem Anruf Stalins bei Pasternak, obwohl Pasternak den Wortlaut des Dialogs sofort in Moskau verbreitete. Nadeshda Mandelstam hörte schließlich davon etwas und fuhr in die Volchonka 14, um sich bei Pasternak selbst zu vergewissern. Sie gibt Pasternaks Darstellung wieder:

»Pasternak wurde ans Telefon gerufen, und man sagte ihm schon gleich im voraus, wer ihn sprechen wolle. Als erstes beklagte er sich, daß er schlecht verstehe, weil er aus einer Kommunalwohnung spreche und im Korridor die Kinder lärmten. Eine solche Beschwerde bedeutete damals noch längst keine Bitte um ein Wunder, das heißt um Verbesserung der Wohnverhältnisse. Pasternak begann damals einfach jedes Telefongespräch mit dieser Beschwerde. Wenn er Anna Achmatowa oder mich anrief, so fragten wir einander nebenbei immer leise: ›Ist er jetzt mit der Kommunalwohnung fertig?‹ Mit Stalin sprach er genauso wie mit jedem von uns.

Stalin teilte Pasternak mit, daß Mandelstams Urteil revidiert sei und seine Sache gut ausgehen werde. Dann folgte ein unerwarteter Vorwurf: Warum sich Pasternak nicht an die Schriftstellerverbände oder ihn (Stalin) gewandt habe, warum er sich nicht für Mandelstam einsetzte: ›Wenn ich ein Dichter wäre und meinen Dichter-Freund ein solches Unglück träfe, so würde ich alles tun, um ihm zu helfen.‹

Pasternak antwortete: ›Die Schriftstellerverbände befassen sich mit solchen Sachen nicht mehr, und wenn ich mich eingesetzt hätte, so hätten Sie wahrscheinlich nichts davon erfahren.‹ Dann bezog sich Pasternak noch auf das Wort ›Freund‹; er wolle damit seine Beziehung zu O. M. deutlicher umreißen, der Begriff Freundschaft sei nicht ganz zutreffend. Diese Bemerkung entsprach ganz Pasternaks Stil und hatte nicht das geringste mit der Sache selbst zu tun. Stalin unterbrach ihn mit der Frage: ›Aber er ist doch ein Genie, nicht wahr, ein Genie?‹ Pasternak antwortete: ›Darum geht es nicht.‹ ›Worum dann?‹ fragte Stalin. Pasternak sagte, er würde sich gern mit ihm darüber persönlich unterhalten. ›Worüber?‹ – ›Über das Leben und den Tod.‹«

Selbstredend kam es nie zu solch einem Gespräch über Leben und Tod. Es heißt, daß Pasternak tagtäglich dieses Gespräch erwartet habe, daß er von dem Gedanken besessen gewesen sei, mit Stalin zu sprechen, noch Jahre danach. Über Leben und Tod wollte Stalin nichts hören; er konnte ja jederzeit darüber bestimmen ohne jegliche Diskussion. Für Mandelstam wurde zunächst »Leben« signalisiert oder in der Diktion Stalins: »Isolieren, aber am Leben halten.«

Das Bewußtsein, eine Geisel zu sein, die in jedem Augenblick vom Leben zum Tode befördert werden kann, rang Mandelstam 1937 aus der Verbannung ein ›Herrscherlob‹ ab: eine »Ode an Stalin«.

Er richtete folgende Verse an Stalin: »Und zu ihm – in sein Herz, in sein Innres – / In den Kreml ging ich ohne Schein, / Hatt zerfetzt der Entfernungen Tücher / Durch mein schuldschwerbeladenes Haupt/«.

Hier schreibt Mandelstam nichts anderes als: der Kreml und Stalin sind weit. Doch Schuldbewußtsein tilgt die Entfernung: jetzt könne er aber zu Stalin hintreten in sein Herz, in sein Inneres.

Warum Schuldbewußtsein?

Wir wollen die Frage auf einer niedereren Ebene als der dichterischen beantworten. Die Psychologie der Geiselhaft treibt wohl zu einer Identifikation mit dem Geiselnehmer und zu einer Selbstsuggestion, die den Geiselnehmer frei spricht von jeder Schuld an der eigenen ausweglosen Situation. Diese wird als selbstverschuldet empfunden, anders scheinen Gefangennahme und drohender Tod nicht erträglich.

Vielleicht ist es auch ein alter Glauben, daß der Dichter stellvertretend die Schuld des Mächtigen wie ein Kreuz zu tragen habe.

Die unheimliche Nähe, die erschreckende Nähe, die Dichter und Herrscher in der Geschichte Rußlands immer wieder zueinander gesucht haben, ist im Verhältnis Mandelstams und Stalins auf die Spitze getrieben.

Man lese »Bakunins Beichte«, die dieser aus den Kasematten an den Zaren Nikolai schrieb. Die Beichte ist durchaus nicht schmeichlerisch gemeint, um etwa Hafterleichterungen zu erreichen. Die Beichte ist aufrührerisch und gleichzeitig wie schuldbeladen vor einem zürnenden Vater. Das ganze patriarchalische Rußland ist in dem Verhältnis von unbotmäßigem Intellektuellen und machtbewußtem Herrscher gegenwärtig. Werden demokratische Zeiten es beenden? Im Mai 37 kehrten die Mandelstams für kurze Zeit in ihre Wohnung im Naščokinskij pereulok zurück. 1938 erfolgte die zweite Verurteilung. Wahrscheinlich starb Mandelstam 1938 in einem Durchgangslager.

Und Boris Pasternak in den dreißiger Jahren?

Von seinem Ende, das ihn weltweit bekannt machte, wissen wir genug. Seit 1945 Arbeit am Roman »Doktor Schiwago«. 1957 wird der Roman in Italien veröffentlicht. 1958 Verleihung des Nobelpreises für Literatur in absentia; Ausschluß aus dem sowjetischen Schriftstellerverband. 1960 Tod in Peredelkino, wo er auf seiner

Datscha wohnte. Begraben ist er dort auf dem Friedhof in ländlicher Stille.

Er hat die dreißiger Jahre überlebt, und ein Teil der Nachwelt ist geneigt, ihm dies zum Vorwurf zu machen. Er verläßt 1931 seine Frau und sein Kind, verbindet sich mit Sinaida Neuhaus, der Frau des Pianisten. (Mir fiel bei der Brieflektüre auf, daß Pasternak öfters beteuert, wie gut Sina die Böden schrubbe.) Kurzfristig beziehen sie ein Zimmer im Herzen-Haus. 1936, kurz vor Beginn der Rasereien Stalins, hat er sein bürgerliches Glück gemacht: er hat eine Wohnung im Schriftstellerwohnhaus Lavrušinskij pereulok 17 und eine Datscha in Peredelkino. Stalin hat darauf verzichtet, ihn über Leben und Tod zu belehren.

1936 findet der erste Schauprozeß »gegen die Sechzehn« statt. Zwei Schriftsteller gehörten zur Gruppe der Angeklagten, was die Schriftsteller zur Stellungnahme zwang. Unter der Überschrift: »Von der Erde wegradieren« forderten 16 Moskauer Schriftsteller in der Prawda die Todesstrafe durch Erschießen. Pasternaks Name ist bei den Unterzeichnern genannt.

Marina Zwetajewa schreibt am 14. November aus Paris an ihre tschechische Freundin Anna Tesková und schickt ihr die Marina-Elegie Rilkes: »Hier haben Sie statt eines Briefes die letzte Elegie Rilkes, die niemand gelesen hat, außer Boris Pasternak (und der hat sie schlecht gelesen: kann man denn nach solcher Elegie seinen Namen unter ein Gesuch der Todesstrafe [Prozeß der sechzehn] setzen?).«

Besonders unangenehm berührt das Faktum, daß in demselben Säulensaal des Gewerkschaftshauses (des ehemaligen Adelsklubs, vgl. Kap. 13), wo beim zweiten Prozeß die 17 Todeskandidaten ihre vorbereiteten Geständnisse aufsagen mußten, am 22. Februar von den Schriftstellern der hundertste Todestag Puschkins feierlich begangen wurde. Es gereicht Pasternak immerhin zur Ehre, daß er bei der Hundertjahrfeier von einigen Schriftstellerkollegen hart kritisiert worden ist. Dennoch wurde er kein »Opfer«; auch als er sich weigerte, der Verurteilung der georgischen Dichter Tabidse und

Jashwili zuzustimmen, blieb sein Handeln ohne weitreichende Folgen für ihn.

Mir gelang es nicht, Pasternaks Moskau aufzufinden. In Pasternaks »Doktor Schiwago« ist Moskau so kristallen, man blickt durch die literarische Stadt hindurch, ohne sie anfassen zu können.

Pasternak und Moskau: das ist ein Thema für Andrej Wosnessenski, einen Dichter, der Pasternak gekannt hat, der mit ihm in den fünfziger Jahren das leibhaftige Moskau erwandert hat:

»Ewig schade ist es um die ausgemerzten Zeilen, wie es auch, so töricht es klingen mag, schade ist um die verschwundenen Gassen des Alten Arbat. Überhaupt steckt in seinem Schaffen viel von Moskau mit all den Straßen und Häusern, die endlos umgebaut und umgekrempelt werden und stets von Baugerüsten verstellt sind.

Pasternak ist ein durch und durch Moskauer Dichter. Wir finden bei ihm das Gewirr der Gassen von Zamoskvoreč'e, die Höfe und Torwege an den Čistyje prudy und die Sperlingsberge – ihre Sprache, ihren Alltag, die Klappfenster, die Moskauer Linden, die Moskauer Gangart...«

Marina Zwetajewa kehrt am 18. Juni 1939 mit ihrem Sohn Mur (E. T. A. Hoffmanns »Kater Murr«) nach Moskau zurück. Das Datum markiert nur einen Haltepunkt einer alptraumhaften individuellen Existenz auf dem Hintergrund der politischen Geschichte. Zwetajewas Mann, Sergej Efron, der noch in den Revolutionszeiten bei den Weißgardisten gekämpft hatte, näherte sich in der Pariser Emigration den Sowjets an. Spätestens seit 1931 hatte er Kontakte zum sowjetischen Geheimdienst. Wohl um seine Rückkehr in die Sowjetunion zu erkaufen, nahm er, 1937, aktiv an den Morden der Tscheka an abtrünnigen sowjetischen Diplomaten teil. Kurzfristig wurde die zutiefst überraschte Marina Zwetajewa von der französischen Polizei verhaftet.

Im März 1937 war bereits Marinas Tochter Alja nach Moskau zurückgekehrt, Sergej Efron war 1937 das Entkommen nach Moskau gelungen. Schließlich kehrte auch Marina Zwetajewa 1939 zu ihrer Familie nach Moskau zurück.

Die Schrecken gingen weiter: am 27. August 1939, also kurz nach der Rückkehr Marina Zwetajewas nach Moskau, wurde Alja verhaftet und deportiert, am 10. Oktober 1939 Sergej Efron. Marina Zwetajewa blieb, man darf annehmen: von Entsetzen geschüttelt, allein mit ihrem Sohn. Monate verbringt sie in den Moskauer Datschenorten Bol'ševo und Golycino. Die Nächte auf dem Land in einer unstabilen Datscha schrecken sie – das viele Glas der Terrassen, die Finsternis, der Trübsinn.

Der Suizid rückt für sie ins Bewußtsein: »Ein Jahr schon gehe ich mit dem Gedanken an den Tod um. Aber alles ist so widerwärtig und – schrecklich. Schlucken ist ekelhaft, hinunterspringen so feindlich, Wasser ist von seinem Wesen her abstoßend. Ich will ja auch kein Schreckgespenst werden (nach dem Tod), mir scheint's, ich hab schon jetzt Angst vor mir – nach dem Tode. Ich will nicht – sterben, ich will bloß – nicht sein« (September 1940).

Und dann ein rührender Satz, den wir Deutschen zugleich als ewigen Vorwurf aufzufassen haben: »N. N. brachte deutsche Übersetzungen. Das Liebste, was ich habe: deutsche Volkslieder. Liedchen. Oh, wie habe ich das alles geliebt.«

Der halbwüchsige Sohn ist ungebärdig gegen die Mutter; die ihr seit der Kindheit nahe deutsche Kultur hat sich ihr durch den Militarismus Hitlers entfremdet. Es ist so wenig, was Marina Zwetajewa am Leben hält. Die Invasion der Deutschen im Juni 1941 hat Marina Zwetajewas Untergang noch beschleunigt.

Aber zunächst hofft sie noch, hofft auf die bergende Stadt – die Mutter Moskau. Dort zieht sie von Notunterkunft zu Notunterkunft. Die Freunde zögern – und halten sich zurück. Das Verhältnis hat sich auch umgekehrt: die einst vergötterte, geliebte Marina ist jetzt eine gealterte Frau, eine Nehmende. Sie weiß das: »Wenn ich zehn Jahre jünger wäre: nein – bloß fünf – würde ein Teil dieser Schwierigkeiten – mit meinem eigenen Stolz – gelöst werden können, durch das, was wir der Kürze halber weiblichen Schmelz (ich spreche von meinen männlichen Freunden) nennen – aber so, mit meinem grauen Kopf – hege ich nicht die geringste Illusion: alles, was sie für mich tun, tun sie eben für mich und nicht für sich selber... Das ist bitter. Ich bin so daran gewöhnt zu schenken!«

Am 3. Oktober 1940 schreibt sie an ihre Schwägerin. Sie hat eine Moskauer Wohnung erhalten: Pokrovskij-Boulevard, Haus 14/5, Eingang 4, Wohnung 62. Sie teilt ihrer Schwägerin mit, daß sie eine Nachricht habe, Sergej Efron befinde sich noch in einem Moskauer Gefängnis. Über die Wohnung schreibt sie nicht viel – es sei eine gute Gegend, aber nicht unbedingt die ihrige.

Suchen wir das Haus 14! An einem stillen Moskauer Wochenende präsentiert sich die Gegend am Pokrovskij-Boulevard in angenehmsten Licht. Haus 14 sieht nicht gerade einfallsreich mit seinen weiß übertünchten Ziegelmauerwänden und seinen Streichholzschachtelbalkonen aus. Aber es wirkt sachlich und stabil, für heutige Moskauer Wohnverhältnisse eine ideale Gegend.

Marina Zwetajewa und Sohn Mur wohnten im obersten Stock von Haus 14/5. Marina schwört in dem oben zitierten Brief, nie wieder mit dem Lift zu fahren: »Das letzte Mal hat mich eine Frauenstimme furchtbar erschreckt (die Liftaufseherin sitzt irgendwo im Keller und spricht in ein Mikrophon): ›Also, funktioniert der Lift?‹ Ich antworte zittrig (wie der Lift): ›Doch, doch. Scheint, es geht.‹ – ›Vielleicht schaffen Sie's auch nicht bis hinauf: der Zug ist so schwach, im 5. Stock hat er schon angehalten.‹ Ich: ›Um Gottes Willen erschrecken Sie mich doch nicht so, ich bin ohnehin schon halbtot vor Angst.‹« Vielleicht hätte noch alles gut werden können. Am 18. Juni 1941 holten sie Alexej Krutschonych und Lidija Libedinskaja aus dieser Wohnung zu einem Ausflug nach Kuskovo ab. (Ein Besuch des Šeremet'ev-Schlosses von Kuskovo mit seinem Porzellan- und Keramikmuseum und seinen weiten Parkanlagen ist sehr zu empfehlen.) Marina Zwetajewa bedankt sich bei den Freunden mit einer Widmung auf der im Park aufgenommenen Photographie (ihrer letzten): »Meinem teuren Alexej Jelissejewitsch Krutschonych zum Dank für die erste Schönheit hier. Kuskovo, See und Insel, Porzellan. Am 2. Jahrestag meiner Einreise.« Am 22. 6. 1941 fand der deutsche Überfall auf die Sowjetunion statt.

Schloß Kuskovo

Marina Zwetajewa wurde nach Jelabuga evakuiert und wählte den Freitod durch den Strick.

Es ist unbekannt, wo Marina Zwetajewa und Ossip Mandelstam verscharrt sind. Marina Zwetajewa hat man vor einigen Jahren an dem Ort ihrer Kindheit auf dem Lande – Tarusa – einen Gedenkstein gesetzt mit einer Aufschrift, die sie in der Emigration erdachte – »Hier möchte Marina Zwetajewa liegen« –. Es gibt einen Ort in Moskau, wo man in der Stille derjenigen gedenken kann, die ohne Grab geblieben sind. Es ist der Friedhof des Donskoj-Klosters. Grabsteine und Monumente aus zwei Jahrhunderten türmen sich regellos unter alten schattigen Bäumen. Stundenlang kann man in Frieden zwischen den Skulpturen spazierengehen und studieren, wie jeweils individuelle Trauer in die Allgemeinheit des Steins geprägt ist. Selbst Lecointe de Laveau hat schon diesen Friedhof geliebt und 1826 in seinem Reiseführer beschrieben.

Eine schlichte Grabplatte gehört dem Denker Pjotr Tschaadajew (Bezirk II, 25, an der Westmauer der alten Kathedrale). Fast immer liegen frische Blumen auf seinem Grab. Je mehr die Dichter von den Oberen verkannt oder verachtet wurden, um so mehr liebt sie das Volk.

Epilog

Wenn man lange durch Moskau gewandert ist, muß man auf rechte Weise Abschied nehmen.

Es gibt diesen Ort, wo das alte Moskau, »schläfrig und golden«, sich seiner erinnert. Er ist einen zwanzigminütigen Fußmarsch vom Roten Platz entfernt; fährt man zur Metrostation Kitaj-Gorod, so braucht man nur die Straße zur Soljanka hin zu überqueren und in die Zabelinstraße einzubiegen, den ehemaligen Bol'šoj Ivanovskij pereulok. Wir gehen den sanft ansteigenden Ivanovskaja-Hügel (Ivanovskaja Gorka) hinauf, und kurz vor der Anhöhe ragen rechter Hand die Glockentürme des Ivanovskij-Frauenklosters empor. Es ist 1533 zu Ehren der Geburt Iwans des Schrecklichen gegründet und einem wichtigen orthodoxen Feiertag geweiht, der Enthauptung Johannes des Täufers. In seinen Mauern wurden nach altem russischen Brauch in jahrzehntelanger harter Gefangenschaft unliebsame Frauen festgehalten. Beim Brand von 1812 litt das Kloster erheblich und wurde aufgelassen. 1860 bis 1879 wurde das Kloster vollständig renoviert. Der Architekt M. D. Bykovskij verschmolz, wie schon oft in der russischen Architekturgeschichte, altrussische Elemente mit italienischen Renaissancemotiven. Ein System von offenen Bogengalerien, das die Gebäude untereinander verbindet, hat er der altrussischen Rostover Baukunst entnommen. Die mächtige Rundkuppel der Klosterkirche ist eine Kopie des von Brunelleschi geschaffenen Florentiner Doms. Um das Kloster herum krümmen sich zärtliche stille Gäßchen mit geschichtsträchtigen Palästen und abgeschiedenen Nischen.

Beim Anblick der Glockentürme, die beide die Toreinfahrt zum Kloster bewachen, kam mir der Gedanke, man müßte eine einfache Formgeste einer Kultur entdecken, um einen Schlüssel zu ihrem Verständnis zu haben. Die beiden Glockentürme, die um so mächtiger gegen den Himmel ragen, wenn man sie aus einem kleinen Seitenarm unterhalb des Klosters betrachtet, geben diesen Hinweis auf eine ursprüngliche Formgebärde russischer Kultur. Die hohen Schallbögen öffnen sich gegen die Leere des Himmels. Wählt man die richtige Perspektive, so bildet das tiefe Blau des Himmels mit dem rötlichen Stein ein einheitliches Bild. Äther und Stein in der reinen Anschauung bedingen sich wechselseitig; ebenso wie Leere und Form in der russischen Kultur einander bedürfen. Die Form überwältigt nicht ein Nichts, das dann nicht mehr wahrgenommen wird, sondern verbindet sich mit der Leere zu einem einheitlichen transparenten Gebilde. Das Schnitzwerk an den Holzhäusern, die Barockfriese aus Kalkstein mit den Durchbrüchen und Durchstichen, die Zeltdachtürme mit dem Filigran der vielen kleinen Schallöffnungen, ja sogar die schmiedeeisernen Gitter (vgl. Abb. S. 387)mit ihren ausgesuchten Mustern sprechen von dieser eigentümlichen Verbindung von Form und Leere.

Vielleicht sagt jemand, es sei weit hergeholt; dazu ein unwiderlegliches Argument. Der geniale Mandelstam hat diesen Gedanken in der »Vierten Prosa« bereits viel besser formuliert. Allerdings nimmt er dazu andere Beispiele. Er betrachtet ein kleinrussisches Gebäckstück in Form eines Kringels mit einem Loch in der Mitte, den Bublik: »Für mich ist am Bublik eines wichtig: das Loch (dyrka). Was macht man aber mit dem Bublikteig? Den Bublik kann man verspeisen, das Loch aber bleibt.« (Bubliki kann man heute noch in einem alten Traditionsgeschäft auf dem Arbat, Haus 22, kaufen.)

Deutlicher sagt er es noch mit einem Gleichnis über die Brüsseler Spitze. Er hätte genausogut die Filigranarbeiten der russischen Architektur nehmen können: Wichtig an der Spitze sind die luftigen Durchbrüche und Auslassungen, das, woran sich das Muster halten kann. Die lebende und atmende Leere ist das, worauf es ankommt.

Moskauer Leerstellen sind also nie tot, sondern werden sich eines Tages mit neuem Leben füllen.

So müssen wir auch Tschaadajews vielkritisierten Satz vom Rußland, das eine Lücke in der moralischen Weltordnung sei, neu verstehen. Tschaadajew lobt in dem Ersten Philosophischen Brief die geschichtliche Entwicklung des christlichen Westeuropa, sein stetiges und gesetzmäßiges Fortschreiten auf ein Endziel zu. Aber vielleicht hat sich der verwurzelte Moskauer Tschaadajew schließlich mit dem Geschichtsrhythmus versöhnt, der Rußland bestimmt: dem von Systole und Diastole, von Einatmen und Ausatmen, von wechselnder Erfülltheit und Leere, ein Zurücksinken ins Wurzelwerk (Rilke) und ein erneutes Aufkeimen.

Es gibt keinen, der Tschaadajew besser verstanden hätte als Mandelstam: Mandelstam fühlte, daß Rußland im Schaffen Tschaadajews der »gewaltige und schreckliche Grund« aller seiner Anstrengungen gewesen sein muß. Dafür spreche auch die unvollendete, die fragmentarische Form der Werke Tschaadajews. Der Hiatus der Leere zwischen den Fragmenten sei »der abwesende Gedanke an Rußland«.

Moskauer Leerstellen – sie sind der Übergang zu einer neuen belebten Moskauer Geschichte.

BILDNACHWEIS

Sigrun Bielfeldt (Fotos): 41, 65, 67, 69, 73, 115, 151, 159, 160, 168, 187, 189, 372, 374, 380

Sigrun Bielfeldt (Sammlung): 71, 77, 83, 85, 97, 110, 138, 191, 192, 203, 206, 211, 223, 226, 229, 230, 235, 253, 299, 323, 387, 388

Jurij Aleksandrovič Fedosjuk (Sammlung): 22/23, 26, 27, 35, 56, 57, 93, 99, 101, 102, 109, 113, 127, 134, 135, 255, 257, 259, 276, 282, 295, 324

Eva Hoffmann (Grafik): 95, 218/219

Insel Verlag Frankfurt am Main und Leipzig: 266, 331, 335

Jürgens Ost und Europa Photo, Berlin: Umschlagabbildung

Natal'ja Kozevnikova: 390

Moskauer Literaturmuseum: 17, 64, 123, 137, 142, 149, 163, 174, 194, 237, 268, 271, 275, 278, 287, 307, 313, 316, 334, 355, 357, 361, 365, 382, 392

Alexys A. Sidorow, Moskau. Mit Originalaufnahmen von Eremin, Grünberg, Klepikow u. a. (Ein Band der Reihe »Das Gesicht der Städte«. Herausgegeben von C. O. Justh). Albertus-Verlag, Berlin 1928: 11, 21, 32/33, 37, 52, 59, 61, 80, 87, 92, 104/105, 133, 177, 197, 208/209, 244/245, 292, 297, 320/321, 328, 338, 347, 377, 404

AUSWAHLBIBLIOGRAPHIE

Nach der wissenschaftlichen Transkription alphabetisch geordnet

Achmatova, Anna Andreevna: Gedichte. Ausgew. v. Hans Baumann. Ebenhausen (Langewiesche-Brandt) 1967.
Achmatova, Anna: Requiem, aus dem Russ. von Rosemarie Düring. Berlin 1987.
Benjamin, Walter, s. Fuld, Werner: Walter Benjamin. Zwischen den Stühlen. Eine Biogr. München, Wien (Hanser) 1979.
Blok, A: s. Stanislav Lesnevskij: Put', otkrytyj vzoram. Moskovskaja zemlja v žizni Aleksandra Bloka. Biografičeskaja chronika. Moskva 1980.
Belyj: Ich, ein Symbolist. Eine Selbstbiographie. Ediert und übers. v. S. Bielfeldt. Frankfurt 1987.
Bulgakov, Michail: Chanskij ogon'. Povesti i rasskazy. Hg. v. V. Sacharov. Moskva 1988.
Bulgakov, Michail: s. Boris Mjagkov: Moskva. Po sledam bulgakovskich geroev. In: Družba. Nr. 4, Juli/August 1986.
Čechov (Tschechow), Anton s.: Die besten Geschichten von Anton Čechov. Zürich 1985.
Čechov (Tschechow), Anton: Briefe. Bd. 1-5. Hg. u. übers. v. P. Urban. Zürich 1979.
Čechov (Tschechow), Anton: Čechov-Chronik. Daten zu Leben und Werk. Zusammengestellt v. P. Urban. Zürich 1981.
Čechov (Tschechow), Anton: Drei Jahre. Mein Leben. Kleine Romane III. Zürich 1976.
Čechov (Tschechow), Anton: Sein Leben in Bildern. Hrsg. v. P. Urban. Zürich (Diogenes) 1987.
Chlebnikov, Velemir: Poesie. Prosa. Schriften. Briefe. Hamburg 1985.
Chodasevič, V. F.: Nekropol'. Russ. Paris 1976.
Čukovskaja (Tschukowskaja), Lydia: Aufzeichnungen über Anna Achmatowa. Mit einem Vorwort von Raissa Orlowa-Kopelew. Übersetzt von Kay Borowsky unter Mitarbeit von Nelli Kosko. Tübingen 1987.
Custine de, Astolphe: Russische Schatten. Prophetische Briefe aus dem Jahre 1839. Nördlingen 1985.
Cvetaeva (Zwetajewa), Marina, s. Razumovsky, Maria: Marina Zwetajewa. Mythos und und Wahrheit. Wien 1981.

Cvetaeva (Zwetajewa), Marina, s. Saakjanc, A.: Marina Cvetaeva. Stranicy žizni i tvorčestva (1910-1922). Moskva 1986.
Cvetaeva (Zwetajewa), Marina: Auf eigenen Wegen. Tagebuchprosa. Moskau 1917-1920. Paris 1934. Übersetzung und Nachwort von Marie-Luise Bott. Frankfurt (Suhrkamp) 1987.
Cvetaeva (Zwetajewa), Marina: Erzählung von Sonečka. Aus dem Russ. und mit Nachwort von Margarete Schubert. Berlin (Lilith) 1984.
Cvetaeva (Zwetajewa), Marina: Gedichte. Aus d. Russ. v. Christa Reinig. Berlin (Wagenbach) 1968.
Cvetaeva (Zwetajewa), Marina: Mutter und die Musik. Autobiographische Prosa. Aus dem Russischen und mit einem Nachwort von Ilma Rakusa. Frankfurt (Suhrkamp) 1989.
Cvetaeva (Zwetajewa), Marina: Prosa. Hg. von Ilma Rakusa. Aus d. Russ. Zürich, Köln (Benziger) 1973.
Cvetaeva, Marina: Neizdannye pis'ma (k L. Ellisu, V. Rozanovu, A. Achmatovoj, . . ., . . ., L. Pasternaku, B. Pasternaku, V. Buninoj, i. dr. s četyr'mi priloženijami). Redd. G. u. N. Struve., Ymca Paris 1972.
Erenburg (Ehrenburg), Il'ja: Die berühmten Ehrenburg-Memoiren. Menschen. Jahre. Leben. Aus d. Russ. v. A. Kaempfe, Bd. I (1891-1922), München 1962.
Esenin (Jessenin), Sergej: Gedichte. Ausgewählt und übertragen von Paul Celan. Frankfurt 1961.
Feuchtwanger, Lion: Moskau 1937. Ein Reisebericht für meine Freunde. Amsterdam (Querido Verlag N. V.) 1937.
Gercen (Herzen), Alexander: Mein Leben. Memoiren und Reflexionen. 1812-1847. Berlin (Aufbau-Verlag) 1962.
Gide, André: Zurück aus Sowjetrußland (Deutsch von Ferdinand Hardekopf). In: ders.: Reisen. Stuttgart 1966.
Gide, André: Zurück aus Sowjetrußland. Retuschen zu meinem Rußlandbuch. Übers. v. Ferdinand Hardekopf, in: ders.: Reisen. Stuttgart (DVA) 1966.
Gogol', Nikolaj Vasil'evič, s. B. S. Zemenkov: Gogol' v Moskve. Moskva 1954.
Gogol', Nikolaj, s. D. Merežkovskij: Gogol'. München, Leipzig 1914.
Gogol', Nikolaj, s. Perepiska N. V. Gogolja: T. 1.2. Moskva 1988.
Gor'kij, Maksim: Erinnerungen an Zeitgenossen. Frankfurt 1973.
Gor'kij, Maksim: Klim Samgin. Vierzig Jahre. Bd. 1-4. München 1980.
Herberstain, Sigmund Freiherr von: Moscovia. Übers. aus dem Lateinischen v. W. von den Steinen. Eingel. u. hg. v. Hans Nauders. Erlangen 1926.

Ivinskaja, Ol'ga: Lara. Meine Zeit mit Pasternak. Aus dem Russ. übers. u. eingeleitet von Heddy Pross-Weerth. München (dtv) 1984.
Krapotkin, Pjotr: Memoiren eines Revolutionärs. Autorisierte Übersetzung von M. Pannwitz. In zwei Bänden. 1. Bd. Stuttgart 1948.
Kuhlmann, Quirinus, s. Walter Dietze: Quirinus Kuhlmann. Ketzer und Poet. Versuch einer monographischen Darstellung von Leben und Werk. Berlin (Rütten & Loening) 1963.
Majakovskij, Vladimir: Werke. 1. Band. Gedichte. 2. Band. Poeme. Fünfter Band. Publizistik. Hrsg. v. L. Kossuth. Dt. Nachdichtung von Hugo Huppert. Frankfurt (Insel) 1973.
Majakovskij, Vladimir: Ich. Ein Selbstbildnis. Collagiert und kommentiert von Karl Dedecius. Frankfurt (Suhrkamp) 1973.
Mandel'štam, Nadežda: Das Jahrhundert der Wölfe. Eine Autobiographie. Aus dem Russ. von E. Mahler. Frankfurt 1971.
Mandel'štam, Nadežda: Generation ohne Tränen. Erinnerungen. Aus dem Russischen von Godehart Schramm. Frankfurt 1975.
Mandel'štam, Osip: »Als riefe man mich beim Namen«. Von Ralph Dutli. Dialog mit Frankreich. Ein Essay über Dichtung und Kultur. Zürich 1985.
Mandel'štam, Osip: Das Rauschen der Zeit. Gesammelte »autobiographische« Prosa der 20er Jahre. Aus dem Russischen übertragen und herausgegeben von Ralph Dutli. Zürich 1985.
Mandel'štam, Osip: Die Reise nach Armenien. Übertragung aus dem Russischen und Nachwort von Ralph Dutli. Frankfurt (Suhrkamp) 1983.
Mandel'štam, Osip: Gedichte. Aus dem Russischen übertragen von Paul Celan. Frankfurt 1983.
Mandel'štam, Osip: Mitternacht in Moskau. Die Moskauer Hefte. Gedichte 1930-1934. Aus dem Russ. u. hg. von Ralph Dutli. Zürich (Amman) 1986.
Mandel'štam, Osip: Slovo i kul'tura. Moskva 1987.
Mandel'štam, Osip: Tristia. Berlin (Volk und Welt) 1985.
Mandel'štam, Osip: Schwarzerde. Gedichte aus den Woronescher Heften. Russisch und deutsch. Übertragung und Nachwort von Ralph Dutli. Frankfurt (Suhrkamp) 1984.
Moskau, s. Architektura i stroitel'stvo Moskvy. Jahrgänge 1988-1990.
Moskau, s. Belousov, I.: Pisatel'skie gnezda. Moskva 1930.
Moskau, s. Fabricius, M. P.: Le Kremlin de Moscou. Moscou 1883.
Moskau, s. Fedosjuk, Jurij: Moskva v kol' ce Sadovych. Moskva 1983.
Moskau, s. Giljarovskij, Vl.: Moskva i Moskviči. Moskva 1983.

Moskau, s. Gorod čudnyj, gorod drevnij. Moskva v russkoj poezii XVII-nacala XX vekov. Moskva 1985.
Moskau, s. Kuranty. Vyp. 3, Moskva 1989.
Moskau, s. Kuznecov, A.: Literaturnoe Petrovsko-Razumovskoe. Moskva 1963.
Moskau, s. Laveau, de Lecointe G.: Moscou. Moscou, T. 1 u. 2. 1835.
Moskau, s. Literaturnye ekskursii po Moskve. Moskva 1948.
Moskau, s. Moskau in: Baedeker's Rußland. Leipzig 1904.
Moskau, s. Moskovskie svjatyni i pamjatniki. Moskva 1903.
Moskau, s. Pyljaev, M. J.: Staraja Moskva. SPb 1891.
Moskau, s. Samaro, A. A.: Dejstvie proischodit v Moskve. Moskva 1979.
Moskau, s. Schlögel, K.: Moskau lesen. Berlin 1984.
Moskau, s. Snegirev, V.: Moskovskie slobody. Moskva 1947.
Moskau, s. Starodub, K. V., Emel'janova V. V., Krausova I. V.: Ot Kremlja do Sadovych: Putevoditel' po literaturnym mestam Moskvy. Moskva 1984.
Moskau, s. Topf, Sylvia: Moskau. Mit Zagorsk. München, Zürich 1989.
Moskau, s. Vel'tman, A.: Dostopamjatnosti Moskovskogo Kremlja. Moskva 1843.
Moskau, s. Zabel, E.: Moskau. Leipzig u. Berlin 1902.
Moskau, s. Zabelin, I.: Istorija goroda Moskvy, c. 1. Moskva 1902.
Ostrovskij, A. N., s. A. I. Revjakin: Moskva v žizni i tvorcestve A. N. Ostrovskogo. Moskva 1962.
Pasternak, Boris, s. Pasternak A. L.: Vospominanija. München 1983.
Pasternak, Boris, s. Flejšman, L.: Boris Pasternak v tricatye gody. Jerusalem 1984.
Pasternak, Boris, Freudenberg, Olga: Briefwechsel 1910-1954. Eingel. u. komm. v. J. R. Döring-Smirnow. Mit e. Vorwort v. R. Orlowa-Kopelew. Aus d. Russ. v. R. Tietze. Frankfurt 1986.
Pasternak, Boris, s. Hingley, Ronald: Pasternak. A biography. London 1983.
Pasternak, Boris, s. Voznesenskij: Begegnung mit Pasternak. Ausgewählte Prosa. Mit 18 Fotos. Nachwort von Fritz Mie. Berlin (Aufbauverlag) 1984.
Pasternak, Boris: Geleitbrief. Entwurf zu einem Selbstbildnis. Durchges. u. erg. v. B. Conrad. Aus d. Russ. v. Gisela Drohla. Frankfurt 1986.
Pasternak, Boris: Pis'ma iz ssylki. Ariadna Efron B. Pasternaku. Paris 1982.
Puškin, A. S., s. Sinjavskij, Andrej: Promenaden mit Puschkin. Aus dem Russischen von Swetlana Geier. Frankfurt 1977.
Puškin, A. S., s. Lotman, Ju. M.: Roman A. S. Puškina »Evgenij Onegin«. Kommentarij. Leningrad 1980.

Puškin, A. S., s. N. Ašukin: Moskva v žizni i tvorcestve A. S. Puškina. Moskva 1949.
Puškin, A. S., s. Tynjanov, Jurij: Puškin. Historischer Roman. Aus d. Russ. von Traute und Günther Stein. Berlin (Verlag Volk und Welt) 1980.
Puškin, A. S.: Eugen Onegin. Gesammelte Werke. Frankfurt (Insel) 1973.
Rilke, Rainer Maria, s. Rilke und Rußland: (Hrsg. v. K. Asadowski) Briefe, Erinnerungen, Gedichte. Aus d. Russ. 1. Aufl. Frankfurt (Insel) 1986.
Rilke, Rainer Maria, s. Brutzer, Sophie: Rilkes russische Reisen. Darmstadt 1969. Unv. reprogr. Nachdruck der Ausgabe Königsberg in Preußen 1934.
Rilke, s. Donald A. Prater: Ein klingendes Glas. Das Leben Rainer Maria Rilkes. Aus dem Englischen von Fred Wagner. München (Hanser) 1986.
Rilke, s. Else Buddeberg: Rainer Maria Rilke. Eine innere Biographie. Stuttgart (Metzler) 1954.
Rilke, s. Rainer Maria Rilke. Briefe. Hg. v. Rilke-Archiv in Weimar. In Verb. m. Ruth Sieber-Rilke, besorgt durch Karl Altheim. Frankfurt (Insel) 1980.
Rilke, s. Wolfgang Leppmann: Rilke. Sein Leben, seine Welt, sein Werk. 2. Auflage. Scherz 1981.
Rilke, s. Rainer Maria Rilke: Leben und Werk im Bild. Mit einer biograph. Einführung u. e. Zeittafel von Ingeborg Schnack. 3. verb. Auflage. Frankfurt (Insel) 1977.
Roth, Joseph: Briefe 1911-1939. Hrsg. u. eingel. v. Hermann Kesten. Köln, Berlin (Kiepenheuer & Witsch) 1970.
Rotbuch. Moskauer Schauprozesse 1936. Frankfurt 1988.
Roth, Joseph: Der Neue Tag. Unbekannte politische Arbeiten 1919 bis 1927. Hrsg. u. m. Vorw. v. Ingeborg Sültemeyer. Wien, Berlin, Moskau.
Seume, Johann Gottfried: Werke in zwei Bänden. 2. Band: Mein Sommer 1805. Berlin und Weimar (Aufbau-Verlag) 1983.
Šklovskij, Viktor: Sentimentale Reise. Aus d. Russ. v. R.-E. Rith und G. Drohla. Erlebnisse von 1917-23. Frankfurt 1974.
Toller, Ernst: Quer durch. Reisebilder und Reden. Berlin (Gustav Kiepenheuer Verlag) 1930.
Tolstoj, L. N., s. N. Rodionov: L. N. Tolstoj v Moskve, 2. Auflage. Moskva 1958.
Tolstoj, L. N.: Tagebücher. 1847-1910. Aus d. Russ. v. G. Dalitz. München 1979.
Tolstoj, L., s. A. Opul'skij: Dom L'va Tolstogo v Moskve. Moskva 1960.
Tolstoj, L., s. Viktor Šklovskij: Leo Tolstoj. Eine Biographie. Aus d. Russ. v. E. Panzig. Wien 1981.

Tolstoj, L.: Die Romane. Frankfurt (Insel) 1984.
Tolstoj, L.: Sämtliche Erzählungen. Frankfurt (Insel) 1981.
Tolstoj, Sof'ja A.: Tagebücher. Bd. 1. 1862-1897. Aus d. Russ. v. R. Döring u. R. Tietze. Frankfurt (Athenäum) 1982.
Turgenev, I. S.: Erste Liebe und andere Novellen. Frankfurt (Insel) 1977.
Turgenev, I. S.: Literarische und alltägliche Erinnerungen. Russ. Bd. 11 d. Gesamtausgabe. Moskva 1983.
Turgenev, I. S.: Romane. München 1972.